Henri Troyat

PETER DER GROSSE

Eine Biographie

Henri Troyat

PETER DER GROSSE

Eine Biographie

Pawlak

Die Originalausgabe ist 1979 bei Flammarion & Cie., Paris, unter dem Titel
PIERRE LE GRAND erschienen.

Deutsch von Heinz von Sauter

Umschlagmotiv:
Peter der Große
Porträt von Pierre Gobert
Schloß Versailles

Lizenzausgabe 1990 für
Manfred Pawlak Verlagsgesellschaft mbH,
Herrsching

Umschlaggestaltung: Bine Cordes, Weyarn
Umschlagmotiv:
Archiv für Kunst und Geschichte, Berlin
Gesamtherstellung: Mohndruck, Gütersloh
ISBN 3-88199-680-X

Inhalt

1. Kapitel
Gewalt im Kreml

Beim Tode seiner Frau am 14. März 1669 ließ sich der Zar Alexej Michailowitsch zu so heftigen Schmerzausbrüchen hinreißen, daß seine Umgebung befürchtete, es werde für die Verstorbene niemals eine Nachfolgerin geben. Welche Frau hätte auch die schöne Marie aus der Sippe der Miloslawski ersetzen können, der man nachgesagt hatte, sie sei so etwas wie eine Hexe und habe einen Bocksfuß? Sinnlich und fruchtbar hatte sie ihrem Gatten in den einundzwanzig Jahren ihrer Ehe fünf Söhne und sechs Töchter geboren. Allerdings waren drei der Söhne bald nach der Geburt gestorben, und die beiden Überlebenden, Feodor (geb. 1661) und Iwan (geb. 1666), schienen nicht besonders kräftig. Feodor war zwar recht begabt, aber so schwächlich, daß später das Gewicht des Krönungsmantels seine schmächtigen Schultern zu erdrücken schien. Und was Iwan betraf, wie hätte ein Vater ohne Schaudern den Gedanken erwägen können, den russischen Thron diesem degenerierten, epileptischen Halbwüchsigen zu überlassen, der zudem von einer Hängelippe und Triefaugen verunstaltet war? Unter seinen Töchtern verdiente es nur Sophie (geb. 1657), erwähnt zu werden, die Intelligenz, Geschick, Energie und einen fülligen Körper besaß. Aber dem Zaren widerstrebte der Gedanke an einen Rock in seiner Nachfolge. Andere Söhne waren nötig, mit kräftigen Knochen und klarem Kopf. Sein leeres Ehebett bedrückte ihn. Er wußte nicht recht, beweinte er in der Entschwundenen die Gefährtin seiner Nächte oder die pünktliche Gebärerin? Schließlich war er noch nicht so alt – erst vierzig – und die Kraft seiner Lenden ungeschmälert. Sein sehr frommes, unentschlossenes, träges, vorsichtiges und friedliebendes Gemüt verwehrte es ihm lange, sich seine Wünsche einzugestehen. Dann plötzlich, nach zweijähriger Witwerschaft und vielen Gebeten, entschied er sich: er war es Rußlands Größe schuldig, sich wieder zu vermählen. Ein zeitgenössisches Bild zeigt ihn uns in einer steifen, schweren, mit Rubinen, Smaragden und Perlen übersäten Brokatrobe, den Kopf bedeckt mit einer spitz zulaufenden, zobelverbrämten und von einem Kreuz überragten Mütze, das Zepter in der rechten Hand, die Weltkugel in der linken, beleibt, untersetzt, bärtig, mit purpurroten Lippen unter dem hängenden Schnurrbart, hart blickenden Augen und einer kräftigen Nase. Offensichtlich ein trotz aller Gottesfurcht dem Irdischen nicht abholder Mann.

Kaum hatte er seine Absicht bekanntgegeben, geriet der ganze Hof in wilde Aufregung. Denn nach hundertjähriger Tradition wählte der Zar seine Braut unter den schönsten und vorzüglichsten Jungfrauen Rußlands, die zu diesem Zweck in den Moskauer Kreml gerufen wurden. Um der Sitte des *Smotrini*, der Brautschau, zu genügen, erschienen die Bewerberinnen, von ihren Eltern geleitet, in Scharen an dem durch das Protokoll festgesetzten Tag, dem 14. September 1670. Ob groß oder klein, blond oder braun, hübsch oder unscheinbar, jung oder nicht mehr ganz so jung, reich geschmückt oder bescheiden gekleidet, ihnen allen war gemeinsam ihre Jungfräulichkeit, gute körperliche Verfassung, Wohlerzogenheit und der glühende Wunsch, erwählt zu werden. Kaum im Palast angekommen, wurden sie in den *Terem*, das Frauenhaus, geführt, wo erfahrene Matronen sie gründlich überprüften, sie ausfragten, entkleideten und betasteten, um festzustellen, ob sie der Gunst des Zaren würdig wären. Auch die intimsten Körperstellen entgingen dieser Prüfung nicht. Die für den Ehevollzug ungeeigneten Mädchen wurden sogleich ausgeschieden. Die anderen, eine schnatternde Schar, geleitete man in den Schlafsaal. Dort erwarteten sie aufgeregt die Ankunft des Herrn und Meisters dieses Raumes, der über ihr Geschick entscheiden würde.

Man flüstert, betet, zittert, die Türe öffnet sich. Er naht, der bärtige Zar, der allmächtige Witwer, Alexej Michailowitsch. Jede träumt davon, ihn zu trösten. Von einem Arzt begleitet, geht er zwischen den Betten hindurch, sein Blick streift die Bewerberinnen, ohne sie zu sehen. Plötzlich bleibt er bei einer gewissen Nathalie Naryschkin stehen und reicht ihr ein mit Gold und Perlen besticktes Taschentuch. Nathalie schlägt die Augen nieder. Sie wird Zarin sein.

In Wirklichkeit kannte natürlich der Zar das junge Mädchen schon seit langem. Er war ihr bei seinem Freund Artamon Matwejew begegnet, dem Leiter des Prikas der Gesandten, nach heutigen Begriffen des Außenministeriums, einem recht kultivierten, wegen seiner Bibliothek, seines Chemielabors und besonders wegen seiner höchst ungewöhnlichen Gattin, einer Schottin, berühmten Mann. Dieser dem Westen zuneigende Neuerer hatte sein reizendes Mündel Nathalie Kirillowna Naryschkin, Tochter eines armen und unbedeutenden Adligen aus der Provinz, nicht in seinem *Terem* einsperren wollen. Zur Tafel ihres Vormunds selbst in Anwesenheit von Gästen zugelassen, hatte sie bereits beim ersten Zusammentreffen mit ihrer hochgewachsenen Gestalt, ihrem schönen Teint, den schwarzen, von langen Wimpern beschatteten Augen und dem züchtigen Auftreten Alexej Michailowitsch für sich eingenommen. Auch zeichnete sie sich durch Frömmigkeit, Anstand, Sanftmut und Gehorsam aus. Zwar war sie zwanzig Jahre jünger als der Zar, aber der Altersunterschied beunruhigte den hohen Gast nicht, ganz im Gegenteil erwartete er von ihrer Frische eine Belebung seiner abgestumpften Sinne. Seit einiger Zeit verspürte er Mattigkeit und allerlei Beschwerden, von denen ihn die Nähe eines jungen Körpers heilen mochte. Indem er alle Töchter der Bojaren zum *Smotrini* in den Kreml rief, tat er dem Brauch Genüge, aber es gab für ihn keinen Zweifel, welche der Jungfrauen sein Lager teilen sollte.

Die Hochzeit wurde am 22. Januar 1671 gefeiert. Von einem Tag auf den andern mußte die zahlreiche und anspruchsvolle

Sippe der Miloslawski, die ihre Bedeutung bei Hofe allein der verstorbenen Zarin Marie verdankte, der nicht weniger zahlreichen und nicht weniger anspruchsvollen Sippe der Naryschkin, den Verwandten der neuen Zarin Nathalie, weichen. Bei diesem Wechselreigen entsprach der anmaßende Stolz der Neuankömmlinge dem schweigenden Haß der Verdrängten. Unterdessen bezauberte Nathalie den Zaren durch ihre Heiterkeit und kokette Zurückhaltung. Er war nicht der einzige, der die Reize der jungen Frau zu schätzen wußte. Der Patriarch Joasaph verliebte sich prompt in sie und sollte ihr von nun an nicht mehr von den Fersen weichen. Dieser heilige Mann genoß sowohl den Ruf eines streitbaren Verfolgers der Schismatiker als auch den eines unersättlichen Liebhabers. Einen weiteren »Anbeter« fand die schöne Nathalie in einem Höfling niederer Herkunft, Tichon Streschnjew. Man tuschelte, der Zar verschließe die Augen vor den häufigen Besuchen dieser beiden Lebemänner und noch einiger anderer ihres Schlages bei seiner Gemahlin.

Am 30. Mai 1672 – im Jahre 7180 seit der Erschaffung der Welt nach dem damals im Lande gebräuchlichen Kalender – schenkte Nathalie einem Sohn das Leben. Das Kind erhielt den Namen Peter. Wenn auch noch niemand so kühn war, ihn Peter den Großen zu nennen, sagten ihm doch die herbeibemühten Astrologen eine glorreiche Zukunft voraus. Nicht nur stand sein Aszendent in nächster Nähe des Planeten Mars, auch schickte sich gerade am Tag seiner Geburt die Armee Ludwigs XIV. unter Condé und Turenne an, den Rhein zu überschreiten. Nach Aussage der Sternkundigen verhieß dieses militärische Ereignis dem Neugeborenen eine große kriegerische Laufbahn.

Hocherfreut dankte der Zar Gott, begnadigte einige Verurteilte, befreite die Steuerschuldner von ihren Verpflichtungen, ließ Wodka faßweise verteilen und veranstaltete ein rauschendes Gastmahl für vierhundert Geladene und mit hundertzwanzig Gängen, an dessen Ende das Dessert in Form einer scheußlichen Apotheose aufgetragen wurde: Ein gigantischer Adler aus Kandis, dazu eine Ente, ein Kanarienvogel und ein Papagei in Zuckerguß und schließlich der Kreml mit seinen Mauern, Türmen, Kanonen und Wachsoldaten zu Fuß und zu Pferd aus verschiedenfarbigem Backwerk. Während sich die bereits übersättigten Gäste noch zu ein paar Bissen von den Leckereien zwangen, bemühten sich Akrobaten, Tänzer und Zimbelspieler, sie von ihren Tellern abzulenken. In den folgenen Tagen organisierte der Bojar Artamon Matwejew, dessen Mündel Zarin geworden war, europäischen Gepflogenheiten folgend Theateraufführungen in seinem Haus wie auch im Palast. Die meisten Stücke wurden in deutscher Sprache gespielt, von deutschen Schauspielern, die man aus der Künstlerkolonie der Hauptstadt angeworben hatte. Aber als kühne Neuheit hatte der gelehrte Mönch Simeon Polozki, der Erzieher der Zarenkinder, zu diesem Anlaß auch zwei Stücke in russischer Sprache geschrieben: »Der verlorene Sohn« und »Nabuchodonosor« (Nebukadnezar).

Am glücklichsten war Alexej Michailowitsch darüber, daß sein neuer Sprößling vor Gesundheit strotzte. Alle seine anderen Kinder hatten schon in der Wiege Anzeichen von Mißbildung und Degeneration erkennen lassen. Dieses hingegen war ein Muster an Kraft, Schönheit und Temperament. Das genügte den Klatschmäulern im Palast, die Vaterschaft des Zaren zu bezweifeln. Man flüsterte sich zu, er hätte in seinem Alter und von Krankheit geschwächt niemals einen Sohn von so blühender Gesundheit zeugen können. Mutmaßungen über den Namen des vermeintlichen Vaters gingen um: Wahrscheinlich der Patriarch Joasaph, dieser Riese, diese Naturkraft, dieser gewalttätige, herrische und geniale Mann, vielleicht aber auch der gewandte und energische Tichon Streschnjew, der zur engsten Umgebung des Herrscherpaares gehörte. Viele Jahre später sollte Peter, vom Zweifel über seine Abstammung gequält, bei einem Bankett unvermittelt diese Frage aufwerfen. Er wies auf den Grafen Iwan Mussin-Puschkin, einen natürlichen Sohn des

Zaren Alexej, und rief aus: »Der weiß wenigstens, daß er der Sohn meines Vaters ist. Aber ich habe keine Gewißheit darüber, wessen Sohn ich bin.« Und sich an Tichon Streschnjew wendend, fuhr er mit trunkener Stimme fort: »Sag mir die Wahrheit, bist du mein Vater? Gehorche! Sprich ohne Furcht, oder ich erwürge dich!« – »Majestät«, erwiderte Streschnjew, »das kann ich nicht sagen. Ich war nicht der einzige.« Da bedeckte Peter das Gesicht mit beiden Händen und verließ schwankend den Saal.[1]

Der Zweifel, der ihn sein ganzes Leben lang verfolgen sollte, berührte indessen denjenigen, der sich als sein Erzeuger betrachtete, wenig.

Nathalie schenkte dem Zaren Alexej Michailowitsch bald, mit jeweils einem Jahr Abstand, zwei weitere Kinder, zwei hübsche, kräftige Mädchen, Feodora und Nathalie. Vor allem aber sorgte sie rings um ihn für eine heitere und natürliche Atmosphäre, die ihm half, trotz seiner Mattigkeit seinen Pflichten als Herrscher nachzukommen. Beeinflußbar, wankelmütig und willensschwach, wie er war, quälte es ihn jedesmal, wenn er sich genötigt sah, seinen Willen durchzusetzen. Während seiner Regierungszeit mußte er gegen das Schisma in der Kirche kämpfen, gegen den Kosakenaufstand unter Stenka Rasin, gegen die Türken, gegen die Polen, gegen die Schweden und auch gegen die eigenen Bojaren, die nicht immer seinen Wunsch begriffen, die westliche Lebensweise nachzuahmen. Er träumte von Reformen und gab den Traditionalisten nach, sobald sie ihm vorwarfen, er versündige sich gegen das geheiligte Erbe der russischen Gebräuche. Mit siebenundvierzig war er nicht mehr in der Lage, die Länder zu regieren, die er geduldig zusammengefügt hatte. Von Skorbut und Wassersucht befallen, starb er in der Nacht vom 29. auf den 30. Januar 1676, nicht ohne mit erlöschender Stimme angeordnet zu haben, daß die Krone nach seinem Tod an seinen kaum fünfzehn Jahre alten Sohn Feodor übergehen solle.

Sogleich trat der *Zemski Sobor* zusammen – eine Versammlung, die sich aus der Duma der Bojaren, dem heiligen Synod der hohen Geistlichkeit und einigen Beamten der wichtigsten *Prikasen* zusammensetzte – und wählte, dem Verlangen des Verstorbenen entsprechend, Feodor, den Bruder Sophies und Iwans und Halbbruder Peters, zum Zaren. Am 21. Juni 1676 beschrieb der holländische Gesandte van Keller die Krönung, die er miterlebte, mit folgenden Worten:

»Die Großen und die Höflinge waren alle prächtig in gold- oder silberdurchwirkte Stoffe gekleidet; viele unter ihnen trugen reichbestickte und mit Perlen übersäte Gewänder und hohe Mützen. Der Fürst Michail Dolgoruki warf mit vollen Händen Gold- und Silbermünzen unter das Volk. Es wimmelte von Leuten aller Art, die dem Fürsten lauthals Glück- und Segenswünsche zuriefen, doch wurden einige von ihnen, die allzu eifrig nach den Münzen haschten, dabei zu Tode getrampelt.«

Kaum waren die Glocken, die zur Feier der Thronbesteigung Feodors III. geläutet hatten, verstummt, kaum war der Honigwein in den Schnurrbärten der zur Krönung eingeladenen Bojaren getrocknet, als die große Säuberung begann. Da die Mutter des neuen Zaren, die erste Frau Alexej Michailowitschs, eine Miloslawski war, übernahm ihre ganze Sippe wieder die Macht im Palast und vertrieb die Sippe der Naryschkin, der die Witwe des verstorbenen Zaren und sein jüngster Sohn angehörten. Sogleich beschuldigten die Sieger auch Artamon Matwejew, den ehrenfesten Staatsdiener und Vormund der Zarin Nathalie, mit Hilfe schwarzer Magie den Tod Alexejs I. herbeigeführt zu haben. Besaß der Angeklagte nicht ein chemisches Laboratorium und kabbalistische Bücher? Beinahe wäre er eingekerkert, gefoltert und nach Sibirien verbannt worden. Nathalie ihrerseits entging knapp der Einweisung in ein Kloster. Man begnügte sich damit, sie und ihren Sohn Peter nach Preobraschenskoje, einem Dorf in der Nähe Moskaus, zu schicken.

Der Junge, von der Mutter zärtlich umhegt, ist noch ein kleines Kind mit einem dunkelbraunen Lockenkopf, großen schwarzen Augen und rosigen Pausbacken. Er hat eine gute

Haltung, ist rasch in seinen Bewegungen wie in der Auffassung und neugierig und aufgeschlossen für alles. Seine gute Gesundheit und Lebhaftigkeit werden allgemein bewundert. Welch ein Gegensatz zu seinem Halbbruder, dem Zaren Feodor III.! Dieser junge Herrscher war sanft, nachdenklich und gebildet, sprach Lateinisch und Polnisch und verfaßte gelegentlich Gedichte. Aber er neigte zu Lymphknotenerkrankungen, war schwächlich, den Verpflichtungen seines Amtes offenbar nicht recht gewachsen und überließ die Zügel der Regierung dem Geliebten seiner Schwester, dem prunksüchtigen Fürsten Wassili Golizyn. Dieser besaß neben seinen von der Zarewna[2] Sophie sehr geschätzten Qualitäten als Liebhaber auch die Befähigung zum Staatsmann, was dem Zaren sehr entgegenkam. Feodor heiratete eine Agathe Gruschewski, die 1681 starb, und in zweiter Ehe Martha Apraxin. Er wurde zunehmend leidender und grämte sich, daß er keinen männlichen Nachkommen hatte, denn der einzige Sohn, den ihm seine erste Frau gebar, war im Kindesalter gestorben, wenige Tage vor ihr. Und auch die Tochter, die seine zweite Frau zur Welt brachte, starb. Sein Blut war schlecht. Wer sollte sein Thronfolger werden? Sein Bruder Iwan, der knapp sechzehn Jahre alt, aber wirr im Kopf war und die Augenlider mit den Fingern hob, um die Gegenstände in seiner Umgebung zu erkennen? Oder sein lebhafter, energischer und intelligenter Halbbruder Peter, der kaum zehn Jahre alt war? Wovon sollte er sich leiten lassen, vom Recht des Älteren oder von Gesundheit und Befähigung? Feodor zögerte, neigte aber Peter zu. Die Augen von ganz Moskau richteten sich auf den Kreml, wo unter größter Geheimhaltung über die Zukunft des Landes beraten wurde.

Dieser Kreml ist eine Festung mit zinnengekrönten Mauern, seinerzeit im Herzen der Hauptstadt für die Moskowiter Großfürsten erbaut, um sich vor feindlichen Heeren und vor den Aufständen der eigenen Untertanen zu schützen. In ihm lebt der Zar und der Patriarch, in ihm schlägt das Herz der Nation. Zu diesem geheiligten Ort strömen bei großen geschichtlichen

Anlässen die Menschen, um ihrer Freude, ihren Ängsten, ihrer Wut lautstark Ausdruck zu geben. In Kriegszeiten eine Festung, ist der Kreml im Frieden für jedermann geöffnet. Bereits in den ersten Morgenstunden drängt sich eine Menge verschiedenster Besucher durch die Tore und entblößt vor den über ihnen angebrachten Heiligenbildern die Köpfe. Die Wagen der Bojaren bahnen sich mühsam ihren Weg durch das Gewimmel der kleinen Leute. Da gibt es bäuerliche Bittsteller, verkrüppelte Bettler, Mönche auf dem Weg zum Patriarchen, eilige Beamte, überhebliche Soldaten, Kuchenverkäufer, Taschendiebe, neugierige Gaffer, öffentliche Schreiber, die für Leute aus dem Volk unter freiem Himmel Bittschriften oder Liebesbriefe verfassen. Und diese bunte schwatzende Menge brandet um die steinernen und hölzernen Inseln der Bauwerke, die ein unvorstellbares architektonisches Gemisch aus dem Heiligen und dem Profanen sind. Alle Stile stehen in dieser Umgebung unvermittelt nebeneinander, der gotische, der byzantinische und der italienische der Renaissance. Die Bauten lehnen aneinander wie Kinderspielzeug. Auf dem Hauptplatz erheben sich inmitten Dutzender von Kapellen und kleiner Kirchen der *Uspenski Sobor* (Mariä-Himmelfahrts-Kathedrale), der *Blagowjeschtschenski Sobor* (Mariä-Verkündigungs-Kathedrale) und der *Archangelski Sobor* (Kathedrale des Erzengels Michael). Auch die Paläste selbst gleichen mit ihren Kuppeln, ihren bunten Dachziegeln und der phantastischen Ornamentik ihrer Fassaden Kirchenbauten. Sie sind umgeben von weitläufigen Gebäuden: die Schatzkammer, das Arsenal und die zahllosen Dienstgebäude für den Zaren, Küchen, Wagenschuppen, Wäschereien, Bäckereien, hölzerne Remisen und Ställe mit bis zu vierzigtausend Pferden, darunter kostbare reinblütige Araber.

Im Innern der Paläste herrschen Halbdunkel und Stille. Die Mauern der niedrig überwölbten, rauchgeschwärzten Zimmer sind mit Fresken geschmückt oder mit Leder und Seide bespannt. An den Säulen überbieten Gold und Purpur einander in phantastischen Arabesken. In großen Abständen erhellen flakkernde Öllampen die Gänge. In dieser erstickenden Atmosphäre warten die Höflinge Feodors III. mit Bangen auf die Nachrichten aus dem Krankenzimmer. Gruppen Gleichgesinnter bilden sich. Man tuschelt mit gedämpfter Stimme hinter Vorhängen, man setzt auf Iwan oder auf Peter, man zittert, man hofft, denn die Inthronisierung des einen oder des anderen bedeutet den Aufstieg oder Sturz seiner Anhänger. Iwan, der Sohn Marie Miloslawskis, hat die ganze Sippschaft der Miloslawski hinter sich, und Peter, der Sohn Nathalie Naryschkins, das Haus der Naryschkin. An der Spitze des Miloslawski-Klüngels steht die dicke Zarewna Sophie. Sie weigert sich standhaft, sein Krankenbett zu verlassen, hält seine junge Frau von im fern und flüstert ihm unter dem Vorwand, ihn pflegen zu wollen, ihre selbstsüchtigen Ratschläge ins Ohr. Da er ein Miloslawski sei, sagt sie, müsse er wieder einen Miloslawski, also seinen Bruder Iwan, zum Nachfolger bestimmen. Wenn er aber widersinnigerweise seinen Halbbruder Peter wähle, würde dessen Mutter Nathalie, eine Naryschkin, die Regierungsgeschäfte bis zur Volljährigkeit ihres Kindes führen. Er könne seine Sippe nicht derart verraten. Notfalls werde sie Iwan, der leider ein wenig beschränkt sei, helfen, ihn mit ihrer Autorität beschützen und mit ihrem Rat erleuchten. Gebe sie etwa eine schlechtere Regentin ab als Nathalie?

Sophie besaß ohne Zweifel großes Talent, sich Männer gefügig zu machen. Mit einem scharfen Verstand begabt, redegewandt und sehr gebildet, hatte sie nicht die Absicht, sich mit der untergeordneten Rolle zu begnügen, die russische Frauen gewöhnlich im *Terem* spielten. Ihr Bereich war der Hof, war die Welt. Vielleicht schärfte das Bewußtsein, keine Schönheit zu sein, ihren Ehrgeiz: Buchstäblich ein Fleischberg, sprengte sie die Nähte ihrer Kleider. Der französische Diplomat La Neuville schrieb, sie habe »einen mißgestalten Körper von ungeheuren Ausmaßen, einen Kopf so groß wie ein Scheffel, Barthaare im Gesicht und Geschwüre an den Beinen«. Er fügte hinzu: »So umfangreich, untersetzt und plump ihre Gestalt ist, so klar, gerissen und staatsmännisch ist ihr Verstand, und ohne je Macchiavelli gelesen oder Unterricht genommen zu haben, beherrscht sie von Natur aus alle seine Grundsätze.«[3] Mit sechsundzwanzig Jahren sah sie aus wie eine Vierzigjährige. Eine hemmungslose Sinnlichkeit wurde ihr nachgesagt. Obwohl ihre Leidenschaft Wassili Golizyn, ihrem offiziellen Geliebten galt, erlaubte sie sich häufig Seitensprünge mit den Offizieren vom Korps der Strelitzen,[4] der Leibgarde des Zaren.

Zu Frühlingsbeginn 1682 schwanden die Kräfte Feodors III. zusehends. Am 27. April um vier Uhr morgens tat er den letzten Atemzug. Zuvor hatte er angeblich eine Maulbeertorte zu essen verlangt. War sie vielleicht vergiftet gewesen? Es gab Gerüchte, Sophie habe zumindest durch die Begünstigung der Eßlust ihres vielgeliebten Bruders sein Ende beschleunigt. Jedenfalls war der Zar nach sechsjähriger Herrschaft tot – ohne einen Nachfolger bestimmt zu haben.

Während die Sterbeglocke des Kreml, in die die anderen Glocken der Stadt einstimmten, seinen Tod verkündete, verließ der Patriarch Joachim höchst erregt das Sterbezimmer und berief eine improvisierte Versammlung des *Zemski Sobor* in einem Saal des Palastes ein. Die hastig zusammengeströmten Bojaren, hohen kirchlichen Würdenträger und Offiziere wurden aufgefordert, sogleich die Frage des Kirchenfürsten zu beantworten: Wenn der verstorbene Zar keinen Thronfolger erwählt habe, wem gebühre dann die russische Krone, Iwan oder Peter? Der Patriarch fügte noch hinzu: »Wer unter euch sich von persönlichen Wünschen leiten läßt, dem ergehe es wie Judas!« Mit großer Mehrheit stimmte die Versammlung durch Zuruf für Peter. Mittlerweile drängte sich draußen, herbeigerufen durch das Läuten der Sterbeglocken, das Volk vor der gewaltigen Freitreppe mit den breiten Absätzen, der sogenannten »Roten Treppe«.[5] An der Spitze der reichgekleideten Mitglieder des *Zemski Sobor* erschien Joachim auf dem obersten Treppenabsatz, gab das Wahlergebnis bekannt und fragte die Menge, ob sie die Wahl billige. Ein vielstimmiger Freudenruf antwortete ihm:

»Peter Alexejewitsch soll unser Zar sein!« Danach gingen die Leute auseinander, um die gute Nachricht zu verbreiten und sich mit Wodka zu betrinken.

Joachim kehrte in den Palast zurück, erteilte dem kleinen zehnjährigen Peter I., seinen Segen und veranlaßte, daß man das erstaunte Kind auf den viel zu großen Thron setzte. Alle Anwesenden zogen an dem jungen Monarchen vorbei, um ihm Treue zu schwören und ihm die Hand zu küssen. Sopie mußte ihren Groll verbergen und sich wie alle anderen vor dem Jungen verneigen, der sich bemühte, den Kopf gerade zu halten. Er blickte ohne Verlegenheit in die ehrwürdigen Gesichter, die langsam an ihm vorbeiglitten. Die meisten waren ihm vertraut. Aber diese Menschen mußten ihm an diesem Tag ungewöhnlich feierlich erschienen sein. Sie hatten ihre schönsten Gewänder angelegt: Enge Kaftane aus Gold- oder Silberbrokat, über die lange Bärte herabwallten, persische Gürtel unter dem Bauch gebunden, um seine Wölbung hervorzuheben, die der Stolz der Männer war, und Stiefel aus rotem Leder mit hochgebogenen Spitzen. Frauen waren nicht darunter außer den Zarinnen und Zarewnas in Staatsroben. Sie hielten den Kopf gesenkt und hatten, wie es sich gehörte, Tränen in den Augen.

Nathalie wagte kaum, an ihr Glück zu glauben: sie war die Regentin. In dieser von Verehrung und Haß, von Furcht und Hoffnung geschwängerten Atmosphäre war sie ganz Sanftmut, ganz Bescheidenheit und Unschuld. Sie tat nichts, ließ alles über sich ergehen, bat nur, daß rings um ihren Sohn Peter schließlich alle Zwietracht erlöschen möge. Hinter ihr triumphierte offen die Sippe der Naryschkin, begehrliche und leichtfertige Männer. Ihnen gehörten nun die Posten und Pfründen!

Aber die fette und schreckliche Sophie hatte ihr letztes Wort noch nicht gesprochen. Sie hatte an der Seite ihres Bruders Feodor, den sie gepflegt und beraten hatte, am Leben einer freien Frau Geschmack gefunden und weigerte sich nun, eine Rückkehr in den *Terem*, in das Frauenhaus eines anderen Zeitalters, auch nur zu erwägen. Dort vegetierten die Töchter und Schwestern des Zaren in Sittsamkeit, Nichtstun, Gebet und Fasten dahin, nur mit Klatsch und Traumdeutung beschäftigt, dort bekamen sie nicht einmal Männer zu Gesicht – nur den Patriarchen und ihre nächsten Verwandten. An ihre Betten ließ man nur im äußersten Notfall einen Arzt. Dann wurde das Zimmer verdunkelt, und er durfte den Puls der Kranken durch ein Tuch fühlen. In der Kirche, in die sie sich durch Geheimgänge begaben, waren die Zarewnas wie auch die Zarinnen durch rote Taftschleier vor den Blicken der anderen Gläubigen geschützt. Da es ihnen ihr Stand verbot, einen Untertanen des Zaren zu heiraten, mochte er gesellschaftlich noch so hochgestellt sein, und sie ebensowenig ihre Religion preisgeben und einen ausländischen Fürsten heiraten konnten, mußten sie sich meist mit einer Zukunft in Einsamkeit und Gebet bescheiden. Doch Sophie wollte leben, lieben und herrschen. Und das um so mehr, als sie einen Mann neben sich hatte, der sie körperlich und geistig befriedigte: Wassili Golizyn. Mit ihm arbeitete sie den Gegenschlag aus. Das Paar gewann für seinen Plan den Onkel der Zarewna, Iwan Miloslawski, genannt der Grausame, die Brüder Iwan und Pjotr Tolstoi, den ebenso gelehrten wie fanatischen Mönch Silvester Medwedjew und den eitlen und kühnen Kriegshelden Fürst Chowanski. Mit dem letztgenannten hoffte Sophie, die gefürchtete Truppe der Strelitzen an sich zu binden

Von Iwan dem Schrecklichen aufgestellt, lagen die Strelitzen oder Arkebusiere in zwanzig Regimentern zu je tausend Mann zum größten Teil in Garnisonen in Moskau. Früher hatten sie sich durch ruhmvolle Feldzüge ausgezeichnet, aber schon seit langem erfreuten sie sich ihrer Sonderstellung, ohne ihr Leben für den Staat aufs Spiel setzen zu müssen. Als Berufssoldaten mit freier Station, Ausstattung und Sold aus der Staatskasse vererbten sie ihre Stellung vom Vater auf den Sohn und verteidigten eifersüchtig ihre Privilegien gegen die Bemühungen der regulären Armee und der Kosaken, deren Sold weit niedriger war, ihnen gleichgestellt zu werden. Sie hatten eine eigene Verwaltung, der Oberbefehlshaber war stets ein Bojar von hohem

Rang und wohnten mit ihren Frauen und Kindern in ausschließlich für sie reservierten Quartieren. Ihnen stand auch das Recht zu, ohne Konzession und ohne Steuerabgaben Handel und Gewerbe zu treiben. Als Gegenleistung für ihre Vorrechte stellten sie die Straßenpolizei sowie die Ehrenwache für den Herrscher und löschten Brände. Diese Truppe unverschämter und geldgieriger Janitscharen war besonders stolz auf ihre Uniformen: Kaftane in lebhaften Farben (rot, blau, violett oder grün je nach Regiment), rote Gürtel, hohe zobelverbrämte Samtmützen und weiche gelbe Lederstiefel. Bewaffnet waren sie mit Hakenbüchsen, Säbeln und Hellebarden. Ihre lang anhaltende militärische Untätigkeit hatte den Rest an Disziplin in ihren Reihen untergraben, und sie waren im Grunde nur noch ein Haufen Söldner, der sich angesichts einer ohnmächtigen Staatsgewalt alles erlauben zu können glaubte. Zu Hütern der Ordnung bestellt, machten sie oft gemeinsame Sache mit Unruhestiftern. Obwohl aller Sorgen ledig, schrien sie lauter als jene unter dem Volk, die mit vollem Recht gegen die Last der Steuern und die Beamtenbestechlichkeit protesierten. Bereits unter der Regierung des trägen Feodor III. hielten sie Versammlungen ab, besprachen offen politische und religiöse Fragen untereinander, kritisierten Thron und Kirche und bezichtigten ihre eigenen Vorgesetzten der Veruntreuung öffentlicher Gelder.

Als Peter I. den Thron bestieg, drohten diese Großmäuler in Uniform zu revoltieren, wenn man ihre Obersten nicht bestrafte, die sie angeblich bestahlen und sie zwangen, am Sonntag zu arbeiten. In ihrer Verlegenheit rief die Regentin Nathalie Artamon Matwejew, der ihren Gatten so umsichtig beraten hatte, aus dem Exil zurück. Aber dieser zögerte mit der Rückkehr, und die Zeit drängte. Um die Strelitzen zu beschwichtigen, beschloß die von der Duma schlecht beratene Regentin, die Obersten ohne die geringste Untersuchung zu verurteilen. Vor der Front der Soldaten sollten die beschuldigten Offiziere so lange mit Ruten auf die Waden geschlagen werden, bis sie sich bereit erklärten, das Geld zurückzuerstatten, das die Kläger forderten. Diese Leibesstrafe wurde mehrere Tage lang wiederholt und dauerte jedesmal zwei Stunden. »Man zerschlug an den Unglücklichen viele Ruten«, schrieb der dänische Gesandte in Moskau, Rosenbuch. »Die Strelitzen drängten sich auf den Platz und spielten sich als Richter auf; man hörte mit dem Schlagen erst auf, wenn sie ›Genug!‹ schrien. Manche Offiziere, die sie besonders haßten, wurden zweimal am Tag gestraft.« Schließlich fügten sich die gedemütigten Kommandanten und leerten ihre Tresore. Die Horde der Prätorianer brüllte vor Freude. Nathalie und die Naryschkin glaubten, die Gefahr gebannt zu haben, in Wirklichkeit aber hatten sie nur der Unverschämtheit Vorschub geleistet und der Meuterei den Boden bereitet.

Sophie und ihre Komplizen verfolgten die Ereignisse mit hungrigem Interesse. Sie trafen sich nachts bei Iwan Miloslawski, überlegten, welche der Naryschkin nach der Machtergreifung umzubringen waren, und betrauten gedungene Spione, die sie zu sich bestellt hatten, mit besonderen Aufgaben. Diese Spione, darunter auch Fjodora Rodimiza, eine Vertraute Sophies, schlichen sich in die Quartiere der Strelitzen ein, wiegelten die Unzufriedenen auf, behaupteten, die Naryschkins hätten Feodor III. vergiftet, würden den Zarewitsch Iwan mißhandeln und ihm mit dem Tode drohen, wenn er nicht auf die Krone verzichte, und überdies sei Peter I. gar nicht der Sohn Alexej Michailowitschs, sondern der Sohn Streschnjews oder des Patriarchen Joasaph. Ein Handlanger belästigte – als ein Naryschkin verkleidet – die Frau eines Strelitzen und flüchtete, was die Wut der Mannschaften aufs höchste steigerte. Andere Agenten Sophies verteilten Geld und bestachen jene Zögernden, die bereit waren, ihren Beistand teuer zu verkaufen. Die Situation spitzte sich zu. Ein Blutbad drohte. Aber Iwan Miloslawski wartete noch auf die Ankunft seines ärgsten Feindes Artamon Matwejew, dem er Rache geschworen hatte und der an der Spitze der Liste der Todeskandidaten stand.

Endlich traf dieser, aus dem Exil zurückkehrend, in Moskau

ein. Schon bei seinen ersten Schritten im Kreml witterte er das drohende Unheil. Aber es war zu spät, um die Situation in den Griff zu bekommen. Am 15. Mai 1682 löste Iwan Miloslawski den Aufstand aus. Seine Boten verbreiteten in den Quartieren der Strelitzen das Gerücht, daß die Naryschkins, nachdem sie den Zaren Feodor III. umgebracht hätten, jetzt den Zarewitsch Iwan umbringen wollten. Prompt griffen neunzehn Regimenter der Prätorianergarde zu den Waffen und brüllten: »Tod den Verrätern!« Sie läuteten die Sturmglocke und stürzten große Mengen Wodka hinunter, um sich Mut zu machen. Sie schwangen mit aufgekrempelten Hemdsärmeln ihre Spieße, Hellebarden und Säbel, schoben und zogen Kanonen mit sich, und der ganze brüllende Haufen flutete zum Kreml. Man befahl zu spät, die schweren Tore der Festung zu schließen, die Wachen waren bereits überrannt. Die erste Welle der Stritzen brandete gegen die Mauern des Facettenpalastes. Im Inneren herrschte Panik. Um den Meuterern zu beweisen, daß man sie getäuscht hatte, beschloß Nathalie, halb tot vor Angst, sich zusammen mit dem kleinen Zaren Peter I. und dem Zarewitsch Iwan auf der Roten Treppe zu zeigen. Hinter ihr standen der Patriarch Joachim, Artamon Matwejew, Michail Dolgoruki und andere Bojaren, Mitglieder der Duma.

»Hier ist der Zar Peter Alexejewitsch und hier der Zarewitsch Iwan Alexejewitsch«, sagte sie so laut sie konnte. »Sie sind, Gott sei Dank, bei voller Gesundheit, und in ihren Gemächern gibt es keine Verräter.« Während seine Mutter zu der Menge sprach, konnte Peter seine Angst nur schwer verbergen. Warum hatten alle Männer da unten so haßerfüllte Gesichter? Wem galt dieser Haß? Was mußte man tun, damit sie wieder fortgingen? Verwirrt durch den Anblick der beiden Jungen, verstummten die Strelitzen, zögerten und senkten die Arme. Einige Arkebusiere fanden den Mut, die ersten Stufen der Treppe hinaufzusteigen und Iwan zu fragen:

»Bist du wirklich der Zarewitsch?«

»Ja«, stammelte Iwan.

»Hat man dir etwas angetan?«

»Nein, nichts.«

Artamon Matwejew sah, daß sich der Wind gedreht hatte, stieg die Treppe hinab und hielt den Strelitzen in rauher Herzlichkeit eine Ansprache. Er erinnerte sie an ihre vergangenen Siege und ermahnte sie, dem Zaren Peter I., der ehrlich gewählt sei, die Treue zu halten. Auch der Patriarch Joachim ergriff das Wort und beschwor die Soldaten im Namen des Allmächtigen, sich zurückzuziehen, da sie nun ja festgestellt hätten, daß der Zarewitsch Iwan heil und gesund sei. Ernüchtert, eines Besseren belehrt, wogte die Menge verlegen auf dem Platz hin und her, wie beschämt über ihre sinnlose Aufregung. Als die Partie gewonnen schien, wollte der alte Fürst Michail Dolgoruki, Verwaltungschef der Strelitzen, diesen ersten Vorteil ausnützen und die Rebellen demütigen, die es gewagt hatten, der Regierung zu trotzen. Mit erhobener Stimme beschimpfte er sie, erteilte den Befehl, in ihre Quartiere zurückzukehren, und drohte mit den schlimmsten Strafen bei Gehorsamsverweigerung. Diese ungeschickte Einmischung war der Funke, der das fast erloschene Feuer wieder neu entflammte. Einen Augenblick lang waren die Janitscharen wie erstarrt, dann stürzten sie sich wütend auf Michail Dolgoruki und warfen ihn von der Treppe hinab. Schwer fiel der plumpe Körper auf die Spieße und wurde von ihnen durchbohrt.

Hellebardenstöße verstümmelten ihn am Boden vollends. Der Anblick des Blutes, das aus den klaffenden Wunden quoll, brachte die Angreifer zur Raserei. Sie fielen nun über Artamon Matwejew her, den Nathalie vergeblich zu schützen versuchte, indem sie die Arme um ihn legte. Man riß ihn von der Regentin fort, und bald schwankte er von den Spitzen der Spieße wie ein Wäschepaket über den Köpfen der Menge und wurde unter jubelndem Gekreisch zerstückelt: »Ljubo! Ljubo! Das ist gut! So ist's recht!« riefen seine Folterer immer wieder. Auf der Suche nach den Naryschkin und den anderen »Verrätern«, sechsundvierzig an der Zahl, die auf der von Sophie und Iwan Miloslawski aufgestellten schwarzen Liste standen, stürmten sie in den Palast. Ihr Wüten verschonte weder die fürstlichen Gemächer noch die Altäre der Kapellen im Inneren. Sie erbrachen die Türen, durchwühlten die Truhen, schlitzten die Matratzen auf, zertrümmerten die Möbel, zerfetzten und beschmutzten die Wandbehänge mit ihren blutigen Händen. Draußen läutete die Sturmglocke, zweihundert Tamboure trommelten unermüdlich, Betrunkene schrien nach neuen Hinrichtungen.

In panischer Angst drückte Nathalie den kleinen Peter an sich. Was empfand er wohl beim Anblick dieser Schlächterei? Manchen Augenzeugen zufolge war er vor Entsetzen gelähmt. Nach anderen zeigte er eine für sein Alter ungewöhnliche Gemütsstärke. Viel spricht dafür, daß er inmitten dieses Gemetzels zwischen Abscheu und Faszination hin und her gerissen wurde. Der Anblick menschlichen Leidens, menschlichen Wahnsinns übte auf ihn eine Suggestion aus, der er sich nie mehr entziehen konnte. Das Schaudern vor der Gewalt war gepaart mit der Anziehungskraft der Gewalt. Betäubt, erstarrt und wie gelähmt ließ er sich von seiner Mutter fortziehen, die sich vor der Soldateska in einen Saal des Facettenpalastes flüchtete.

Inzwischen hatten die Strelitzen Athanasi Naryschkin, einen Bruder der Zarin, aufgespürt, der sich in der Auferstehungskathedrale versteckt hatte. Er wurde am Kragen hinter dem Altar hervorgezerrt und auf dem Vorplatz niedergemetzelt. Dann kam ein unschuldiger junger Mann, Fjodor Soltykow, an die Reihe, den die wie besessen Wütenden für einen Naryschkin hielten und zerstückelten. Iwan Naryschkin, ihr Hauptfeind, blieb jedoch unauffindbar, er hatte sich mit einigen anderen Bojaren in das Zimmer von Peters jüngerer Schwester, der achtjährigen Nathalie, geflüchtet. In höchstem Maß gereizt, da sie kein neues Opfer mehr finden konnten, schleppten die Strelitzen die verstümmelte Leiche Michail Dolgorukis zu seinem Vater, einem achtzigjährigen Greis, um sich an seiner Bestürzung zu weiden. Dieser empfing sie im Bett – er war halbseitig gelähmt –, bot ihnen Bier an und schickte sie fort.

Nachdem sie gegangen waren, sagte er, von Schluchzen geschüttelt, zu seiner Frau: »Weine nicht. Sie haben den Hecht gegessen, aber seine Zähne sind unversehrt!« – ein Sprichwort mit dem Sinn: »Wir werden die Kraft finden, uns zu rächen.« Ein übelwollender Diener hinterbrachte diese Äußerung eiligst den Prätorianern, die sogleich umkehrten, den Unglücklichen unter seiner Decke herausrissen, ihm Arme und Beine abhackten, ihm mit Hellebardenstößen den Rest gaben und seinen Leichnam auf den Misthaufen im Hof warfen.

Die Nacht brach an. Die Strelitzen, des Tötens müde, zerstreuten sich, nachdem sie an allen strategisch wichtigen Punkten Wachtposten aufgestellt hatten. Aber in der Stadt ging der Terror weiter. Einzelne Gruppen drangen mit Gewalt in die reicheren Häuser ein, plünderten und mordeten. Doch die einfache Bevölkerung in Moskau beteiligte sich in keiner Weise an dem Aufstand. Für den kleinen Mann war das eine Palastrevolte, die ihn nichts anging. Warum sollten sich die Bewohner der Untergeschosse in das einmischen, was in den höheren Stockwerken geschah? Umsonst öffneten die Soldaten die Gefängnisse, die Gefangenen blieben in ihren Zellen, denn sie seien, wie sie sagten, auf Befehl des Zaren hierhergebracht worden, und nur ein Befehl des Zaren könne sie freisetzen. Auch die leibeigene Dienerschaft ergriff keineswegs Partei gegen ihre Herrschaft, sondern versuchte, die Meuterer zur Vernunft zu bringen: »Eure Köpfe werden auf diesen Plätzen rollen. Was gewinnt ihr durch diesen Aufstand? Rußland ist groß, ihr werdet euch nicht zu seinem Herrn aufschwingen können.«[6]

Am nächsten Tag, dem 16. Mai, läutete schon im Morgengrauen erneut die Sturmglocke, und die Strelitzen kehrten auf Befehl Iwan Miloslawskis in den Kreml zurück. Wie am Vortag forderten sie den Kopf Iwan Naryschkins, des älteren Bruders Nathalies, der ihrer Meinung nach der Führer der fluchwürdigen Sippe war. Erzählte man sich nicht, daß er sich spottend angemaßt hätte, sich selbst die heilige Zarenkrone aufzusetzen? Aber Iwan Naryschkin, der sich in einem Wandschrank unter einem Berg von Polstern verborgen hatte, entging wieder allen Nachforschungen. Die Soldaten hasteten mehrmals brüllend an dem Schlupfwinkel vorbei, in dem er sich mit bangem Herzen und stockendem Atem zusammengekauert hatte. Um sich für ihren Mißerfolg zu rächen, durchbohrten, verletzten und versengten sie mit rotglühenden Klingen die »Verdächtigen«, die ihre Kameraden von draußen hereinbrachten. So wurde der deutsche Arzt Stephan Gaden gefoltert, weil man getrocknete Schlangen bei ihm entdeckt hatte. Aber ein so kleiner Fisch konnte dem Blutdurst der Strelitzen nicht genügen. Sie wollten Iwan Naryschkin persönlich. Wenn man ihn nicht ausliefere, schworen sie, dann würden sie alle Bojaren umbringen. Ihr wütendes Geschrei drang bis zu Nathalies Ohren. »Liefert uns Iwan Naryschkin aus! Vorher gehen wir nicht!« Mit hinterhältiger Ruhe sagte Sophie zu ihrer jungen Stiefmutter: »Dein Bruder wird den Strelitzen nicht immer wieder entrinnen können. Sollen wir alle zugrunde gehen, um ihn zu retten?« Nathalie gab zu, daß sie mit dem Schutz ihres Bruders das Leben zahlreicher Unschuldiger gefährdete, darunter vielleicht sogar das ihres angebeteten Sohnes. Tatsächlich bestand die Gefahr, daß die Meuterer versucht sein könnten, Peter Repressalien auszusetzen, um ihr Ziel zu erreichen. Die Bojaren rings um die junge Frau flehten sie auf den Knien an. Sie mußte wählen, was es sie auch kosten mochte. Schließlich gab sie den inständigen Bitten ihrer Umgebung nach und ließ Iwan benachrichtigen, er habe sich heimlich in die Kathedrale zu begeben, sie werde ihn dort zusammen mit Sophie erwarten. Vielleicht konnte sie die Strelitzen an diesem geweihten Ort durch ihre Tränen und Bitten erweichen.

Iwan Naryschkin, ein fröhlicher junger Mann, der immer sorglos gelebt hatte, begriff, welches Opfer man von ihm erwartete, und fügte sich mit stoischem Gleichmut. Er erreichte die Kathedrale, ohne gesehen zu werden, beichtete, nahm das Abendmahl und sagte zu seiner in Tränen aufgelösten Schwester:

»Ich habe nur den einzigen Wunsch, daß mein Blut das letzte ist, das hier vergossen wird.« Die Bojaren, die immer mehr um ihre Haut fürchteten, drängten ihn, sich auf dem Vorplatz zu zeigen. Man schob ihn an den Schultern zur Türe. Er trat mit festem Schritt hinaus, eine Ikone der Jungfrau Maria an die Brust gedrückt. Nathalie hoffte noch, dieses heilige Bild werde die Hände seiner Henker lähmen. Aber kaum erschien Iwan Naryschkin vor der Menge, fiel sie über ihn her. Er wurde bei den Haaren gepackt, zu Boden gerissen, verprügelt, angespuckt und zunächst der Folter unterworfen. Als er sich jedoch weigerte, sich der Verbrechen, deren man ihn anklagte, schuldig zu bekennen, spickte man seinen Körper mit Spießen. Er atmete noch, als ihm seine Schlächter in einem Rausch von Grausamkeit die Glieder abhackten. Der Kopf, die Arme, die Beine wurden auf Pfähle gespießt. Doch niemand dachte daran, Nathalie zu behelligen. Lediglich ein paar an ihre Adresse gerichtete Rufe wurden laut: »Ins Kloster! Ins Kloster!« Es schien, als seien durch diesen letzten Mord mit einemmal die Gelüste der Menge gestillt. Brummend und grinsend zerstreute sie sich und ließ die Bojaren vor Angst erstarrt, die Zarin verzweifelt und Sophie innerlich befriedigt zurück.

In den folgenden Tagen gab es noch einige Hinrichtungen und Plünderungen, aber sie waren die letzten Ausläufer des Sturmes. Bald erlaubte man den Familien, die auf dem Platz aufgehäuften Leichen abzuholen. Die meisten ware so verstümmelt, daß es schwer war, sie wiederzuerkennen. Als erster wagte der schwarze Diener Artamon Matwejews, dieser Erlaubnis nachzukommen. Er sammelte die formlosen Reste seines Herrn in ein Tuch und trug sie nach Hause.

Um sich die Dankbarkeit der Mörder zu sichern, verteilte Sophie die Vermögen ihrer Opfer unter sie, gewährte jedem eine besondere Prämie von zehn Rubel, erhöhte ihren Sold und entfernte die Bojaren, die ihnen mißfielen. Dann erinnerte sie sie durch Sendboten an das Endziel des ganzen Planes. Am 23. Mai marschierten die Strelitzen, gebührend ermahnt, wieder vor dem Kreml auf, und eine Abordnung, angeführt von ihrem Befehlshaber, dem Fürsten Chowanski, verlangte von der Duma, daß die Herrschaft in Zukunft zwischen zwei Zaren geteilt werde: Iwan und Peter. »Wenn jemand sich dieser Maßnahme widersetzt«, sagten sie, »greifen wir wieder zu den Waffen, und es wird einen gewaltigen Aufruhr geben.« Nathalie und Sophie riefen die Duma zusammen, und die angstvollen Bojaren bewilligten eiligst diese ungewöhnliche Forderung. Um ihre feige Entscheidung zu rechtfertigen, beriefen sie sich auf historische Präzedenzfälle: Josef und Pharao, Arcadius und Honorius, Basilius II. und Konstantin VIII. Wenn etwa ein Krieg ausbrach, erklärten sie, würde der eine Zar die Armee führen, während der andere in Moskau bliebe. Aber Sophie konnte sich mit solchen Halbheiten nicht zufriedengeben. Sie wollte ihrem Bruder Iwan, dem Schwachsinnigen, den Anspruch auf den Vorrang sichern. Zwei Tage später kehrten die Strelitzen mit ihren Hellebarden zurück, und die erneut zusammengerufenen Bojaren verkündeten feierlich, daß Iwan der erste Zar und Peter der zweite Zar sei. Am 29. Mai schließlich verlangten dieselben Strelitzen mit großem Geschrei, daß wegen der schlechten Gesundheit Iwans seine Schwester, die Zarewna Sophie, als Regentin eingesetzt werde. Fügsam beugten sich die Bojaren der Duma nochmals dem Willen der Soldaten. Die frühere Regentin Nathalie war nur noch eine trauernde, gebrochene Frau, die um die Zukunft ihres Sohnes bangte.

An ihrem Ziel angelangt, veranstaltet Sophie für die Strelitzen ein großes Festessen und schenkt ihnen selbst den Wein ein. Zum Schutz gegen jede spätere Verfolgung händigt sie ihnen am 10. Juni eine Begnadigungsurkunde aus, in der sie ihnen für ihre Taten »im Namen der heiligen Mutter Gottes« gratuliert. Auf dem Roten Platz wird eine Steinsäule aufgestellt, in der die Namen der Opfer und ihre angeblichen Verbrechen eingraviert sind. Am 25. Juni findet in der Mariä-Himmelfahrts-Kathedrale in Gegenwart des Patriarchen, von acht Metropoliten, vier Erzbischöfen, zwei Bischöfen und acht Priestern die seltsame Krönung der beiden russischen Zaren statt, von denen der eine schwachsinnig und der andere ein verschüchtertes Kind ist. Sie sitzen Seite an Seite auf zwei gleichen Thronsesseln aus vergoldetem Holz, die mit aus Holland eingeführten kostbaren Steinen geschmückt sind. Beide tragen den gleichen goldenen, pelzbesetzten Kaftan. Auffallend ist der Gegensatz ihres Gesichtsausdrucks. Der Blick des für sein Alter sehr großen Zaren Peter ist düster und hart. Ein nervöses Zucken läuft ab und zu über sein Gesicht, eine Nachwirkung, wie man sagt, der blutigen Tage im Mai. Seine Umgebung berichtet, daß er die Folterszenen, die er mit angesehen hat, nicht vergessen kann und daß er manchmal mitten in der Nacht schreiend aufwacht. Iwan neben ihm scheint mit ausdruckslosen Augen und geöffnetem Mund in einem inneren Traum verloren. Der feierliche Gesang des Chors steigt zu den beiden Kindern empor. Alle Blicke sind auf sie gerichtet, die sie die Zukunft verkörpern. Aber Sophie weiß bereits, daß sie die wirkliche Herrscherin über das Land ist. Noch nie in der russischen Geschichte hat eine Frau eine vergleichbare Macht innegehabt. In Wirklichkeit wird der Patriarch nicht Iwan und Peter krönen, sondern sie, die sich ohne Recht auf die hervorragende Rolle, die sie übernimmt, mit List und Entschlossenheit an die Spitze gedrängt hat, massig, rücksichtslos und gewalttätig.

2. Kapitel
Die Regentschaft

Sollte es leichter gewesen sein, sich der Herrschaft zu bemächtigen als sie dann auszuüben? Diese bange Frage stellte sich Sophie bereits am Tag nach ihrem Sieg. Kaum hatte man die Leichen vom Platz fortgeschafft, mußte sie sich gemeinsam mit ihrem Liebhaber Wassili Golizyn mit dem bedrohlichem Problem der Sekten auseinandersetzen. Das tiefgläubige russische Volk war durch die Reformen des Patriarchen Nikon, der unter der Regierung Alexej Michailowitschs gewagt hatte, die Abschreibefehler in der Heiligen Schrift zu berichtigen, zutiefst verunsichert worden. Viele der Gläubigen weigerten sich, mit den durch die Tradition geheiligten Irrtümern ihrer Väter zu brechen. Ansiedlungen, in denen die Raskolniken oder Altgläubigen unter sich waren, wurden in ganz Rußland gegründet.

Die Schismatiker wollten sich in der Ausübung ihres Glaubens, trotz der bereits bei der Übersetzung aus dem Griechischen ins Russische entstandenen Ungenauigkeiten, ausschließlich auf die alten Texte stützen und nur die alten Bräuche befolgen, die neuerdings von der Kirche verworfen wurden. So weigerten sich die Traditionalisten, *Jissus* (Jesus) zu sagen, wie es die Popen sie lehrten, denn früher war der Name des Herrn *Issus* geschrieben worden. Sie blieben auch dabei, daß das Wort *Halleluja* während des Gebetes nur zweimal zu wiederholen war und nicht etwa dreimal. Den Zorn des Himmels riefen sie auf jene herab, die das Kreuzzeichen auf die neue Art mit drei Fingern, dem Symbol der Dreifaltigkeit, machten anstatt mit zwei Fingern, dem Symbol der zweifachen Natur Christi. Sie schreckten schaudernd davor zurück, orthodoxe Kirchen zu betreten, nannten die Popen Schweine und prophezeiten, der Himmel werde Feuer auf sie herabregnen lassen, wenn die Christenheit vom alten und wahren Wege abwiche. Neue Bruderschaften bildeten sich überall im Lande und schlossen sich unter dem Zwang, der Macht der Amtskirche zu widerstehen, eng zusammen. Manche Sektierer schliefen in Särgen oder geißelten sich gegenseitig, andere verurteilten sich selbst zu ewigem Schweigen, entmannten sich, brachten sich um oder schlossen sich mit ihrer Familie in ihrem Haus ein, setzten Strohballen in Brand und starben, Choräle singend, in den Flammen, um sicher ins Paradies zu gelangen.

Von ihren fanatischen Eltern angehalten, sagten die Kinder: »Wir werden auf den Scheiterhaufen steigen; im Jenseits bekommen wir rote Stiefelchen und goldbestickte Hemden und Honig und Nüsse und Äpfel, soviel wir wollen; wir werden uns nicht dem Antichrist beugen.«[1] Man schickte Soldaten aus, um diese Selbstverbrennungen zu verhindern. Aber ihre Ankunft beschleunigte nur die Wahnsinnstaten der fanatisierten Gläubigen, sie stürzten sich zu Hunderten in die vermeintlich reinigenden Flammen. Die Vernünftigeren unter den Schismatikern suchten Zuflucht in den Wäldern, gründeten unabhängige Gemeinden und lebten kärglich von ihrer Hände Arbeit. Sie lehnten den Beistand von Popen ganz ab und bekannten sich uneingeschränkt zum Glauben ihrer Vorfahren. Viele Schattierungen in der psychologischen Färbung der russischen Häresie gab es: von wahnsinnigen Exzessen der einen bis zu gelassenem Widerstand der anderen. Überdies hingen auch die Gläubigen, die den Lehren der Amtskirche gehorchten, über alle Unterschiede hinweg an den religiösen Formen. Ihr Glaube war untrennbar mit den herkömmlichen Manifestationen verbunden: Der Kniefall, das Kreuzzeichen, die Gebetswiederholungen, das Fasten, die Pilgerfahrten, das Berühren der Reliquien und die langen Andachten vor den Ikonen erschienen vielen wichtiger als die Gesinnung, aus der diese entstanden waren. Die mechanische Durchführung weihevoller Handlungen stützte vermeintlich den Aufschwung der Seele, ersetzte ihn auch zuweilen. Aberglaube mischte sich mit Gottesfurcht und würzte sie mit heidnischen Mysterien. Man aß keine Tauben, weil sie das Sinnbild des Heiligen Geistes waren, man fürchtete den bösen Blick, man glaubte an Geister in Haus, Wasser und Wald, man deutete jeden Traum, befragte Hellseher und Zauberer und verehrte die Dorftrottel, die zweifellos direkt mit Gott in Verbindung standen. Von dieser Atmosphäre der Magie, Wahrsagerei und des primitiven Geisterglaubens umfangen, waren die »Neu-Gläubigen« durchaus geneigt, die »Alt-Gläubigen« zu verstehen und ihre seltsamen Bräuche zu dulden. Das Schisma fraß sich im Volk und auch in der Armee unaufhaltsam weiter.

Die Raskolniken, die Altgläubigen, nahmen insbesondere in den Reihen der Strelitzen rasch zu. Um sich ihr Wohlwollen zu sichern, hat ihnen Sophie den Fürsten Iwan Chowanski als Befehlshaber zugeteilt. Sehr rasch aber erkennt sie ihre Unklugheit. Iwan Chowanski, ein herrschsüchtiger, eitler Greis mit dem Spitznamen »das Großmaul«, aber von seinen Männern verehrt, ermutigt sie, den Vorrang des alten Glaubens vor dem neuen in Moskau öffentlich zu bekennen. Kurz nach der Krönung der beiden Zaren dringen aufgebrachte Soldaten unter der Führung des abtrünnigen Popen Nikita in den Kreml ein, sammeln sich auf dem Vorplatz der Kathedrale des Erzengels Michael nahe der Roten Treppe und schwingen Ikonen, Bibeln und Hellebarden. Von einem Holzpodest aus beschimpft Nikita den orthodoxen Klerus, brüllt, die Kirchen seien nur Scheunen und Pferdeställe, und ermahnt das wackere russische Volk, die Wiedereinführung der alten Liturgie zu fordern.

In angstvoller Erinnerung an die Maitage schickt der Patriarch Joachim einen Popen, um den Janitscharen Vorhaltungen zu machen. Man empfängt ihn mit Hieben. Einige Steine fliegen über die Köpfe hinweg. Iwan Chowanski drängt Sophie zu befehlen, daß der Patriarch auf dem Kathedralenplatz erscheinen solle, um die Menge zu beruhigen. Sophie lehnt ab, willigt aber ein, eine Abordnung der Strelitzen in Gegenwart des hohen Klerus im großen Saal des Facettenpalastes zu empfangen. Kaum hat Iwan Chowanski seinen Männern das Anerbieten übermittelt, gibt es ein wildes Gedränge. Alle wollen an der Zusammenkunft teilnehmen und stürmen lachend und brüllend los. Unterwegs verprügeln sie einige Popen und Mönche, um in Übung zu kommen. Die beiden jungen Zaren sind nicht anwesend. Aber die Regentin ist da mit der Zarin Nathalie und Wassili Golizyn. Der Anblick der Zarewna Sophie, des Patriarchen Joachim und der wichtigsten Bojaren beeindruckt die Tobenden in keiner Weise. Sie verbeugen sich kaum vor den beiden Thronsesseln und übersehen hochmütig die Geistlichen und die hohen Würdenträger. Auf den Befehl Nikitas öffnen sie ihre Bücher, stellen ihre Ikonen auf und zünden ihre Kerzen an, um diesen unreinen Ort zu entsühnen. Während ihnen der Patriarch Joachim in aller Güte die Notwendigkeit der Korrekturen an der Heiligen Schrift und der Liturgie zu erklären versucht, die die verschiedenen Kirchenversammlungen veranlaßt haben, gestikulieren sie und bekreuzigen sich auf ihre Weise. Dem Oberhaupt der orthodoxen Kirche trotzend, schreit Nikita: »Wir sind gekommen, damit die heilige Messe künftig wie zur Zeit des Zaren Michail Feodorowitsch nach den alten Büchern zelebriert wird ... Wir verlangen, daß der Pope sieben und nicht fünf Hostien verwendet, daß man das Kreuzzeichen mit zwei und nicht mit drei Fingern macht und daß man vor einem Kruzifix mit acht Spitzen betet, wie dasjenige war, an dem der Erlöser gestorben ist, und nicht vor einem Kruzifix mit vier Spitzen wie dem der Ketzer ...« – »Kümmert euch um eure Angelegenheiten«, erwidert der Patriarch Joachim. »Es ist nicht Sache des kleinen Mannes, religiöse Fragen zu entscheiden; darum kümmern sich die Bischöfe.«[2] Auf diese Worte hin beschimpft Nikita außer sich und mit Schaum vor dem Mund die reichgekleideten hohen Geistlichen, die sich in die Brust werfen und aufgebracht die Augen rollen. Schon gibt es Faustschläge auf beiden Seiten. Rufe werden in der Menge laut, die nicht mehr dem Patriarchen gelten, sondern der Zarewna Sophie:

»Zeit für dich, ins Kloster zu gehen. Du hast den Frieden im Land schon genug gestört!« Zwei ungleiche Parteien stehen sich in dem Saal gegenüber: auf der einen Seite, fast den ganzen Raum füllend, die johlende Menge der Altgläubigen und auf der anderen, gegen die Wand gedrückt, die wenigen ihrer Machtlosigkeit bewußten Vertreter der Staatsgewalt. Die Köpfe wogen hin und her. Die Flammen der Kerzen flackern in der stickigen Luft. Da es Abend geworden ist, faßt Sophie den klugen Entschluß, die Versammlung aufgrund der vorgerückten Stunde zu vertagen und eine Entscheidung für die nächsten Tage in Aussicht zu stellen. Nach dieser Ankündigung erhebt sie sich und zieht sich zurück, gefolgt vom Patriarchen und den wichtigsten Bojaren. Nachdem sie gegangen ist, ergießen sich die Raskolniken auf den Kathedralenplatz, schwenken ihre Bücher und Heiligenbilder, bekreuzigen sich mit zwei Fingern und schreien »Sieg«.

Ohne Zeit zu verlieren, ließ Sophie die rechtgläubigen Vertreter aller Strelitzenregimenter kommen, erklärte ihnen unter Tränen die Gefahr, in die ihre vom rechten Weg abgeirrten Kameraden den Staat und die Kirche brächten, und flehte sie an, ihr in dem Kampf gegen die Ketzerei beizustehen. Sie antworteten ihr: »Wir sind nicht für den alten Glauben; das ist nicht unsere Sache, das ist die Sache des Patriarchen und des heiligen Synod.« Ermutigt versprach sie ihnen Wodka und Geld, rühmte ihre Tapferkeit und verabschiedete sie, nachdem sie sich zu einer Polizeiaktion in ihren eigenen Reihen bereit erklärt hatten. Einige Tage danach wurden Nikita und die anderen Rädelsführer festgenommen. Nikita schlug man auf dem Roten Platz den Kopf ab. Seine Helfer wurden verbannt oder eingekerkert.

Diese harten Maßnahmen lösten keinen Aufstand aus, wie Sophie befürchtet hatte, brachten aber die andersdenkenden Strelitzen auch nicht zu einer Sinnesänderung. Im Vertrauen auf die Ergebenheit seiner Soldaten forderte der alte Fürst Iwan Chowanski sie offen zur Gehorsamsverweigerung auf. Für sie war er der wirkliche Herr über Rußland. Sie nannten ihn *Ba-*

tjuschka, Väterchen, und schmolzen vor Glück, wenn er sie *Djeti,* Kinder, nannte. »Meine Kinder«, sagte er, »euretwegen drohen mir die Bojaren. Ich weiß nicht mehr, was ich machen soll. Tut, was ihr für richtig haltet!«[3] So bereitete er eine neuerliche Revolte vor.

Am 2. September 1682 erhielt Sophie einen anonymen Brief, in dem Iwan Chowanski beschuldigt wurde, er habe vor, sie, die beiden Zaren und die Zarin Nathalie durch die ihm ergebenen Strelitzen hinrichten zu lassen. Dieser Brief stammte vermutlich von Iwan Miloslawski, der ein erklärter Gegner des alten Fürsten war, und entsprach keineswegs den Tatsachen. Aber Sophie war nur allzu glücklich über diesen Vorwand, tat, als glaube sie an eine wirkliche Verschwörung, unterrichtete die Bojaren über die Gefahr, von der sie alle bedroht waren, und verließ unverzüglich mit den beiden Zaren, mit Wassili Golizyn und dem Hof den Kreml. Kurze Zeit später, als sie in dem Dorf Wosdwischenskoje angelangt war, sandte sie Iwan Chowanski eine äußerst liebenswürdige Botschaft und lud ihn zu einem Treffen, um mit ihr Regierungsfragen zu besprechen. In seiner Ehre geschmeichelt, dachte Iwan Chowanski nicht an eine Falle und machte sich mit seinem Sohn Andrej und einer Eskorte von sechsunddreißig Strelitzen auf den Weg. Als sich die kleine Truppe fünfundzwanzig Werst[4] von Moskau entfernt zu lagern anschickte, wurde sie auf Befehl Sophies von einer starken Truppenabteilung umzingelt, entwaffnet und auf den Hauptplatz des Dorfes gebracht, wo man bereits ein Schafott errichtet hatte. Keine Untersuchung, keine Verhandlung, kein Gericht. Das Urteil lag schon bereit. Ein Diak (Sekretär) verlas es mit dröhnender Stimme:

»Fürst Iwan, du hast immer nach deinem Gutdünken gehandelt, ohne die Zaren zu befragen; du hast Staatsgelder an Leute verteilt, die kein Anrecht darauf hatten; du hast gestattet, daß die Strelitzen mit großer Unverschämtheit in die Räume der Zaren eindrangen . . . Deine feindseligen Absichten gegenüber der Staatsgewalt sind aufgedeckt, dein Hochverrat ist unbestreitbar: Infolgedessen verurteilen dich die Zaren zum Tode.« Über Iwan Chowanskis Sohn wurde das gleiche Urteil gefällt. Trotz ihrer Unschuldsbeteuerungen wurden beide auf der Stelle enthauptet. Ihre sechsunddreißig Leibgardisten erlitten dasselbe Schicksal. Das geschah am 17. September 1682, an dem Tag, an dem die Zarewna von ihrer Umgebung die Glückwünsche zum Fest ihrer Namenspatronin, der heiligen Sophie, entgegennahm.

Als die Strelitzen in Moskau von der Hinrichtung ihres Kommandanten, ihres »Väterchen« Iwan Chowanski, erfuhren, griffen sie wütend zu den Waffen, besetzten den Kreml, bemächtigten sich des Patriarchen Joachim und überlegten, nachdem sie die ganze Nacht getrunken hatten, ob sie den Truppen der Bojaren entgegenmarschieren oder ihren Angriff an Ort und Stelle erwarten sollten. Von verschiedenen Seiten erreichten sie beunruhigende Nachrichten: Sophies Sendboten hatten das ganze Land gegen die Unruhestifter aufgewiegelt, eine große Armee Adliger mit ihren Leibeigenen schickte sich an, die Hauptstadt anzugreifen. Ein Brief der Zarewna an den Patriarchen, den die Aufständischen abfingen, bestätigte diese Information. Sogleich schlug die Anmaßung der Janitscharen in weinerliche Angst um. Sie, die über Rußland hatten herrschen wollen, setzten ihre Hoffnung nur noch auf die Milde der Regentin. Sie schickten eine Abordnung zu ihr, um sie ihrer Ergebenheit zu versichern, und flehten den Patriarchen Joachim an, sich für sie zu verwenden. Dreitausend Arkebusiere, den Strick um den Hals, Schafotte und Henkersbeile mit sich tragend, machten sich mit ihren Familien auf den Weg zum Dreifaltigkeitskloster des heiligen Sergej. Sophie erwartete sie dort und empfing sie am frühen Morgen des 27. September ohne die beiden Zaren, aber von ihren Bojaren umgeben. Während die Frauen der Strelitzen laut und verzweifelt schluchzten und sich die Kleider über der Brust zerrissen, warfen sich die Schuldigen vor der Zarewna zu Boden. Der Metropolit, den der Patriarch Joachim auf die Bitte der Meuterer zu ihr geschickt hatte, beschwor sie, sich großmütig zu zeigen. Sie folgte diesem Rat, nicht aus Barmherzigkeit, sondern aus Einsicht. Sie wollte es vermeiden, die Besiegten zur Verzweiflung zu treiben und damit Rachegelüste heraufzubeschwören. Auf einem Thronsessel sitzend, verkündete sie den Prätorianern, daß sie bereit sei, die Sache auf sich beruhen zu lassen. Alle, sagte sie, sollten ihr Leben behalten. Aber sie knüpfte Bedingungen an diese außergewöhnliche Gnade: Die Strelitzen müßten die gestohlenen Waffen ins Arsenal zurückbringen, sie dürften ohne den ausdrücklichen Befehl der Herrscher keine Verhaftungen mehr vornehmen und hätten einen Eid zu leisten, daß sie sich nie mehr gegen die Autorität des Staates oder der Kirche auflehnen würden. Außerdem werde man ihnen den Ehrentitel Palastwache wegen Disziplinlosigkeit entziehen, die auf dem Roten Platz errichteten Schandsäulen entfernen und die weniger zuverlässigen Regimenter in Grenzstädte strafversetzen.

Am 6. November 1682 zog die Regentin mit den beiden Zaren und von mehreren zehntausend Mann eskortiert in das befriedete Moskau ein. Die Strelitzen, die für diesen Tag den Befehl erhalten hatten, ohne Waffen zu erscheinen, warfen sich beim Vorbeiziehen des Hofstaates mit den Gesichtern in den Staub. Die Ordnung war wiederhergestellt. Sophie triumphierte. Und dem kleinen Peter wurde durch diese beiderseits der Straßen gekrümmten Rücken die Wirkung fester Entschlossenheit im Falle einer Volkserhebung deutlich vor Augen geführt. Den Aufstand in Blut zu ertränken und die Überlebenden zu begnadigen, sobald die Gefahr abgewendet war, dieser Lehre sollte sich der junge Zar zeit seines Lebens erinnern. Seit seinen ersten Schritten war er in Greueln und Gewalttaten gewatet, der Anblick der Wunden und der Leichname wurde zu einer Begleiterscheinung seiner Kindheit. Inmitten dieser unberechenbaren Wilden hatte allein seine Mutter ein unschuldiges Gesicht. Aber sie neigte zum Träumen, zur Beschaulichkeit – er hingegen hatte ein unersättliches Bedürfnis, zu handeln, zu befehlen und aufzubauen, genau wie seine Halbschwester, die er fürchtete und verabscheute. Kaum hatte sie sich im Kreml wieder eingerichtet, beschloß sie unwiderruflich: Ihr Bruder Iwan wird bei ihr im Palast bleiben, während Peter mit seiner Mutter in dem Dorf Preobraschenskoje leben wird.

Nachdem sich Sophie auf diese Weise einen der beiden Zaren, die meisten der Strelitzen und die Unruhigsten unter den Altgläubigen vom Halse geschafft hat, schickt sie sich an, gemeinsam mit Wassili Golizyn das Land zu regieren. In ihrer Umgebung vergleicht man sie mit Semiramis von Babylon oder mit Elisabeth von England. Sie wählt sich als Vorbild jene Pulcheria, die für ihren minderjährigen Bruder Theodosius II. in Byzanz die Regentschaft führte. Ohne Rücksicht auf die beiden einflußlosen gekrönten Häupter in ihrem Schatten besteht sie darauf, »Große Gebieterin«, »Tiefgläubige Zarewna«, »Herrscherin« genannt zu werden, nimmt während der offiziellen Zeremonien neben Iwan Platz und läßt in Holland ein Porträt anfertigen, auf dem sie mit der monomachischen Krone dargestellt ist, die einst der Großfürst Wladimir II. von Kiew mit dem Beinamen Monomachos (Einzelkämpfer) trug.

Aber auch jetzt, da sie am Gipfel angelangt war, verfiel sie nicht einem Siegestaumel. Ihre ersten Entscheidungen waren umsichtig und klug. Schon am 30. Dezember 1682 – sechs Wochen, nachdem sie die Macht in der Hauptstadt wieder an sich gerissen hatte – marschierten auf ihren Befehl zwölf der zwanzig Strelitzenregimenter in ferne Garnisonen. Mit hängenden Köpfen schlugen die einst hochmütigen Arkebusiere mit Frauen und Kindern den verschneiten Weg in die Verbannung ein. Vorbei das schöne Leben der Sonderrechte, der Zechgelage und des Stolzes! Die in Moskau Verbliebenen bildeten eine disziplinierte und zuverlässige Truppe. Unfähige und verdächtige Offiziere wurden ersetzt. Zum Nachfolger des geköpften Intriganten Iwan Chowanski an der Spitze der Prätorianergarde bestimmte Sophie den energischen, harten und umsichtigen Diak der Duma Fjodor Schaklowiti. Von nun an stützte sie sich auf zwei Männer in der Regierung: Fjodor Schaklowiti und Wassili

Golizyn. Ihre politischen Ideen bewegten sich zwischen den Polen der Großzügigkeit und der bedingungslosen Autorität. So empfahl sie etwa, die Hugenotten, die nach der Aufhebung des Ediktes von Nantes aus Frankreich flüchteten, mit größter Achtung zu empfangen, während sie Sektierer mit aller Schärfe verfolgte und anordnete, daß man Unbelehrbare den Flammen übergeben solle; oder sie erließ einen Ukas, wonach entflohene Leibeigene ihren Grundherren wieder zuzuführen seien, während sie mit Wassili Golizyn überlegte, wie man die Bedingungen der Leibeigenschaft mildern könne; oder sie erlaubte abweichende Glaubensrichtungen unter den Zugewanderten, während sie ihrem Volk eine einheitliche Staatsreligion aufzwang. In jedem Fall kollidierte ihr Verlangen nach Toleranz mit den Notwendigkeiten der absoluten Herrschaft. Doch fühlte sie sich wie ihr Vater Alexej Michailowitsch vom Westen angezogen. Sie las viel, schrieb Theaterstücke, die im Palast aufgeführt wurden, spielte angeblich selbst in Komödien mit, ließ »Der Arzt wider Willen« ins Russische übersetzen und führte Umgangsformen »nach polnischer Sitte« in den adligen Kreisen ein.

Aber das bestimmende Element in ihrem Leben war ihre leidenschaftliche Liebe zu Wassili Golizyn. Er war ein großgewachsener Mann mit einnehmenden Gesichtszügen und hatte sich nie von der Häßlichkeit dieser verfetteten unförmigen Frau mit den gebieterischen Augen abschrecken lassen. Er diente ihr im Bett und am Schreibtisch mit gleichbleibender Leidenschaft. Er war, was in der Geschichte sehr selten ist, ein guter Liebhaber und gleichzeitig ein staatsmännisch begabter, kluger und fähiger Mann. Alle ausländischen Besucher, die mit ihm verkehrten, waren von der Eleganz seiner Umgangsformen und der Lebhaftigkeit seines Geistes angetan. Er empfing sie in seinem Palast, ließ sie seine Stuckdecken, seine Gemäldegalerie und Bibliothek, seine geographischen Karten, antiken Marmorstatuen, venezianischen Gläser und französischen Möbel bewundern und entzückte sie durch lange Ansprachen in Lateinisch oder

Polnisch. Als sein Vorbild bezeichnete er Ludwig XIV., »dessen edle Neigungen den seinen entsprächen«. Nach Meinung des Diplomaten La Neuville hatte Fürst Wassili Golizyn die Absicht, »die Einöden zu bevölkern, die Bettler reich zu machen, Wilde zu Menschen und Feiglinge zu Helden zu erziehen und die ärmlichen Hütten der Hirten in steinerne Paläste zu verwandeln«. Sein Regierungsprogramm umfaßte über die Befreiung der Leibeigenen hinaus Maßnahmen zur Aufstellung einer regulären Armee, Öffnung der Grenzen zu den westlichen Ländern, Verschickung junger Leute ins Ausland, um ihre Erziehung zu vervollkommnen, Proklamierung aller Arten von Freiheitsrechten, darunter das der Religion ... träumen kann man immer. Auch Sophie, an seiner Seite, versagte es sich nicht. Der Hof und sogar das Volk wußten von ihrem Verhältnis mit Wassili Golizyn. Sie trug es zur Schau, als wollte sie der beschämenden gesellschaftlichen Stellung der russischen Frau offen trotzen. Andererseits war sie keineswegs geneigt, die frauenfeindlichen Traditionen für ihre Altersgenossinen zu ändern. Nachdem sie dem *Terem* und den dort Eingeschlossenen den Rücken gekehrt hatte, begnügte sie sich damit, täglich durch ihr Verhalten zu zeigen, daß die allgemeinen Gesetze nicht auf ein besonderes Wesen wie sie anwendbar waren. Die Tatsache, daß ihr Liebhaber Frau und Kinder hatte, störte sie nicht. Notfalls würde sie die Fürstin Golizyn, eine gebürtige Lady Hamilton, in ein Kloster schicken, damit Gott sie in ihrer Verlassenheit tröste. Manchmal träumte sie davon, von der Kirche die Scheidung aussprechen zu lassen und ihren Liebhaber zu heiraten. Aber sie war sich klar, daß sie für ihn nie eine Krönung zum Zaren erreichen würde, denn das hätte einen Dynastiewechsel bedeutet. Also wozu?

Die Außen- wie die Innenpolitik Sophies war stark von der Großzügigkeit Wassili Golizyns beeinflußt. Dem Beispiel seiner Vorgänger folgend, betrieb er die territoriale Expansion Rußlands nach Westen und Süden. Das Land konnte nicht überleben – das alte russische Dilemma –, ohne Zugang zum Meer zu gewinnen. Doch wäre es unvernünftig gewesen, Polen zu reizen, das auf der Höhe seiner Macht stand, oder Schweden unter Karl XI., dessen Armee alle Welt fürchtete. So blieb nur die kraftlose, täppische Türkei. König Johann III. Sobieski von Polen, der eben die Türken und Tataren vor Wien besiegt hatte, forderte Sophie auf, sich den polnischen, österreichischen und venezianischen Truppen zur endgültigen Vernichtung des Osmanischen Reiches anzuschließen. Eine ausgezeichnete Gelegenheit, sich die Häfen am Schwarzen Meer zu sichern! Aber die Regentin und ihr Liebhaber forderten dafür bedeutende Gegenleistungen. Durch den Vertrag von Moskau (am 21. April 1686) überließ Polen Rußland als Preis für seine Waffenhilfe die Stadt Kiew, die Wiege der orthodoxen Religion, ferner die weiten Räume, die von den Saporoger Kosaken[5] bewohnt wurden, und die Provinz Smolensk bis zum Dnjepr. »Nie haben unsere Vorfahren einen derart ruhmvollen und vorteilhaften Frieden geschlossen«, verkündete Sophie in einem Manifest. »Der Ruhm Rußlands reicht bis an die Enden der Welt.« Und mit der gleichen überschwenglichen Begeisterung beschloß sie, daß Wassili Golizyn die Armee befehligen solle. Ein unvergleichlicher Liebhaber und vollendeter Diplomat mußte auch ein glänzender Heerführer sein. Es half ihm nichts, daß er ihr seine militärische Inkompetenz vor Augen hielt, sie blieb bei ihrem Entschluß und stellte ihm zur Unterstützung den schottischen General Patrick Gordon an die Seite.

Als Wassili Golizyn mit seiner Armee ins Feld zog, stellten sich bald all die Schwierigkeiten ein, die er befürchtet hatte. Der Marsch wurde durch den umfangreichen Troß verlangsamt. Zwischen dem Dnjepr und der Landenge von Perekop an der Krim wurde er von einer gewaltigen Feuersbrunst aufgehalten. Die Tataren hatten die Steppe angezündet, die jetzt auf zweihundert Werst Länge und hundert Werst Breite in Flammen stand. Von Rauch erstickt, kamen Männer und Pferde nicht mehr weiter. Wassili Golizyn entschloß sich zum Rückzug, sehr erleichtert darüber, daß ihn der Feind, durch die

Flammen selbst behindert, nicht verfolgen konnte. Am 11. Juli 1687 überschritt die hundertvierzigtausend Mann starke russische Armee, in Auflösung begriffen, wieder die Grenze. Um die allgemeine Unzufriedenheit zu beschwichtigen, warfen die Kosaken ihrem Hetman,[6] Samoilowitsch, Verrat vor. Er wurde sofort abgeurteilt und nach Sibirien verbannt. An seiner Stelle wählten die Saporoger seinen schärfsten Widersacher Mazeppa zu ihrem Oberhaupt. Obwohl es in diesem Feldzug keine einzige Schlacht gegeben hatte, wurden die Verluste an verbrannten, erstickten oder desertierten Soldaten auf ungefähr vierzigtausend Mann geschätzt. Sophies Stolz ließ es nicht zu, an diese Niederlage zu glauben, und sie empfing ihren Günstling als Sieger. Statt der erwarteten Vorwürfe erhielt er Juwelen, Orden und tausendfünfhundert Leibeigene. Auch die Offiziere und Soldaten wurden entsprechend belohnt. Dieser befohlene Jubel konnte jedoch die öffentliche Meinung nicht lange täuschen. Die von der Unternehmung Zurückgekehrten erzählten mit gedämpfter Stimme von ihrem Mißgeschick. Am Hof wie in der Stadt wußte bald jedermann, daß der angebliche Sieg nur eine Vertuschung der lächerlichsten aller Schlappen war. Diese nationale Schande wurde noch verstärkt durch die Nachrichten vom polnischen Vormarsch in Podolien und im Bezirk Moldau und von den Erfolgen der venezianischen Flotte südlich des Peloponnes.

Als 1688 der Khan der Krim die Offensive ergriff, einen Teil der Ukraine verwüstete und Kiew bedrohte, entschloß sich Sophie zu einem zweiten Feldzug. Aber blind vor Liebe war sie nicht gewillt, einen anderen Befehlshaber für die Armee in Erwägung zu ziehen als ihren teuren Wassili Golizyn. Dieses Mal würde er ganz sicher sein militärisches Genie unter Beweis stellen. Außer ihr war niemand in Moskau dieser Meinung. Vor seinem Abmarsch zur Front fand der Günstling vor dem Tor seines Palastes einen Sarg mit folgender Inschrift: »Versuche dieses Mal, glücklicher zu sein.«[7] Im Frühjahr 1689 stand er endlich vor den Befestigungen der Stadt Perekop an der Landenge zur Krim. Statt sofort anzugreifen, verhandelte er mit den Tataren, die Zeit zu gewinnen versuchten. Im russischen Lager traf kein Nachschub ein, die Lebensmittel gingen aus, Hitze und Krankheit dezimierten die Reihen der Soldaten. Obwohl innerlich entmutigt, kündigte Wassili Golizyn in seinen Briefen an die Regentin einige glanzvolle Unternehmungen an, die nach seinen Worten den endgültigen Erfolg des Feldzuges sichern würden. Das genügte, um Sophie frohlocken zu lassen. »Batjuschka«, schrieb sie ihm, »mein alles, möge Dir Gott noch viele Lebensjahre schenken. Heute bin ich besonders glücklich, weil Gott, unser Herr, seinen Namen und den seiner Mutter durch Dich, mein alles, verherrlicht hat. Noch nie hat sich die himmlische Gnade so offensichtlich kundgetan, noch nie wurde unseren Vorfahren ein solcher Beweis himmlischen Wohlwollens zuteil. So wie Gott sich des Moses bedient hat, um das Volk Israel aus Ägypten herauszuführen, bedient er sich jetzt Deiner, um uns durch die Wüstenei zu geleiten ... Wie kann ich Dich, mein Geliebter, je für Deine großen Mühen würdig entschädigen, Du meine Freude, mein Augenstern. Darf ich wirklich glauben, mein Herz, daß ich Dich bald wiedersehen werde, mein alles in der ganzen Welt? ... Wenn es möglich wäre, würde ich Dich in wenigen Augenblicken an meine Seite zurückholen ... Alle Deine Briefe kommen durch die Gnade Gottes glücklich an. Der Bericht über die Schlacht von Perekop erreichte mich am 11. ... Wie kann ich Gott, seiner heiligen Mutter und dem huldreichen heiligen Sergej, dem Wundertäter, meine Dankbarkeit bezeugen? ... Die Orden sind noch nicht fertig, sorgt euch jedoch nicht, sobald sie fertig sind, werde ich sie euch schicken ... Was die Armee angeht, magst Du alles nach Deinem Ermessen entscheiden ... Wie könnte ich euch allen und vor allem Dir, mein Gestirn, alle die Mühen, die ihr auf euch genommen habt, lohnen? Nur Du konntest so viel auf Dich nehmen, keiner hätte zu tun vermocht, was Du getan hast.«

Und sie bekräftigte offiziell ihre Zufriedenheit in einer von den beiden Zaren unterschriebenen Botschaft an den Oberbefehlshaber: »Durch Deine Maßnahmen werden die barbarischen, ewigen Feinde des heiligen Kreuzes und der ganzen Christenheit so hart geschlagen, besiegt und verjagt, daß sie in schrecklicher Verzweiflung ihre unreinen Behausungen zerstören und alle Dörfer und Weiler um Perekop in Brand stecken.«

In Wirklichkeit trieben die Tataren, weit entfernt davon zu fliehen, die sich zurückziehende russische Armee vor sich her. Die Reiter der Steppe überfielen immer wieder die Nachhut, bis sie sich auflöste. Wagen und Kanonen wurden zurückgelassen. Zwanzigtausend Tote und fünfzehntausend Gefangene kostete das Fiasko dieses Feldzuges. Doch abermals weigerte sich Sophie, eine so vollkommene Niederlage zuzugeben. »Du wirst siegen, weil ich es will«, hatte sie zu Wassili Golizyn vor seinem Abmarsch gesagt.

Sie kann sich nicht selbst Lügen strafen. Also wird die Rückkehr der »Helden« mit Tedeum, Triumphbögen, Kanonendonner und Glockengeläute gefeiert. Wieder regnet es Ehrungen und Auszeichnungen auf den Oberbefehlshaber, die Offiziere und die verdutzten Soldaten. Wassili Golizyn seinerseits werden dreitausend Rubel, ein Goldkelch, ein goldbestickter, zobelverbrämter Kaftan und einige volkreiche Dörfer zugestanden. Allerdings empfängt er zugleich mit den Geschenken die Nachricht von seiner Ablösung im Bett der Regentin. Während seiner Abwesenheit hat sich Sophie in ihrer Unersättlichkeit Fjodor Schaklowiti zugewandt. Seiner Funktion als Liebhaber enthoben, behält Wassili Golizyn jedoch seine Ämter als politischer Berater und als Leiter des *Prikas* der Gesandten. Das Volk verabscheut ihn, aber das ist ihm gleichgültig. Stimmen werden laut, die Sophie »eine Dirne, eine Hure« nennen, angeblich habe sie von ihren verschiedenen Liebhabern Kinder und betrüge die Nation mit ihrem Gerede von einem Sieg, obwohl die russische Armee vernichtend geschlagen worden sei und Wassili Golizyn sich für Gold an die Tataren verkauft habe.

Bald darauf läßt er sich ein neuerliches Versagen zuschulden kommen, diesmal auf diplomatischem Gebiet. Er unterzeichnet den Vertrag von Nertschinsk mit China, wodurch dieser Macht beide Ufer des Amur bis zur nördlichen Wasserscheide überlassen werden. So geht dieser sibirische, gut schiffbare Strom, den Rußland seit mehr als dreißig Jahren genutzt hatte, an die Chinesen über. Nur wenige Räte im Kreml begreifen die große strategische Bedeutung eines derartigen Verzichtes. Jedenfalls kümmert sich Sophie, die über die Verhandlungen auf dem laufenden gehalten wird, kaum darum. Sie hat an der Macht Geschmack gefunden und erträgt es immer schwerer, nur Regentin zu sein. Obwohl Peter mit seiner Mutter nach Preobraschenskoje verbannt ist, stellt er für sie eine Bedrohung dar. Über kurz oder lang wird er, mündig geworden, seinen Anspruch auf die Herrschaft geltend machen, sie, Sophie, verdrängen, zurückstoßen in das ruhmlose Schicksal der Frauen, den *Terem*, das Kloster ... Eine solche Herabsetzung könnte sie nach so viel Größe niemals hinnehmen. Geboren zum Befehlen, zur Staatsführung und zur Liebe, muß sie ihr Glück mit Entschlossenheit und notfalls mit Grausamkeit verteidigen. Der degenerierte Iwan ist kein Hindernis. Aber Peter? Wie ihn endgültig von der politischen Szene fernhalten? Sicherlich, sie könnte ihn heimlich ermorden lassen. Fjodor Schaklowiti, ihr neuer Liebhaber, rät es ihr, aber sie zögert. Vage Gewissensbisse ringen in ihr mit dem Ehrgeiz, schließlich als Alleinherrscherin über ganz Rußland zu gebieten. Peter ist für sie ein Halbbruder, ein halbes Kind und ein halber Zar ... Die Tage vergehen, und diese Frau, auf deren Veranlassung schon so viele Köpfe gerollt sind, wagt es dieses eine Mal nicht, den tödlichen Befehl zu geben.

3. Kapitel
Peter oder Sophie?

Von der Regentin aus dem Kreml verbannt, zog Peter mit seiner Mutter in ein bescheidenes Haus im Dorf Preobraschenskoje in der Nähe von Moskau. »Diese Wohnstätte«, schrieb später Berkholz, »glich einem norwegischen Pfarrhaus. Ich hätte keine hundert Goldstücke gegeben, um es zu kaufen.« Von den Fenstern des alten Gemäuers auf einem Hügel blickte man auf eine wellige Ebene mit Gersten- und Haferfeldern, mit hohem Gras bewachsenen milden Wiesen und dichten Wäldchen, auf die Kuppeln einiger Kirchen inmitten schwarzer Blockhäuser und auf das glitzernde Band der Moskwa. Hier waren die Verbannten fern dem Palast und seinen Intrigen. Sie lebten recht einfach, da die Zarewna Sophie die Unterstützung, die sie ihnen zukommen ließ, sehr knauserig bemaß. Um ihr Auskommen zu finden, mußte sich die zarte Nathalie manchmal heimlich an den Prior des Dreifaltigkeitsklosters wenden. Die wenigen Höflinge, die die junge Frau umgaben, blickten sorgenvoll. In dunklen Kellerräumen führte man endlose Klagen gegen die Regentin und ihre schlechten Berater, beklagte den unheilvollen Gang der Ereignisse und flehte zu Gott, er möge den Ungerechtigkeiten wehren, die an seinen wahren Dienern begangen wurden. Dieser drückenden Atmosphäre von Klagen, Niedergeschlagenheit, Frömmelei und Haussorgen entfloh Peter in die Spiele mit anderen Kindern.

Der Unterricht, den man ihm zukommen ließ, war chaotisch. In früher Kindheit hatte ihm ein Schotte, Menesius, als Hauslehrer gedient, dann der *Djak* Nikita Sotow, der ihm vor allem »die Kunst des Schreibens« beibringen sollte. Als Sotow von seiner Ernennung erfuhr, brach er in Schluchzen aus und erklärte sich für unwürdig, einen »so kostbaren Schatz« zu unterrichten. Trunksüchtig und von Natur aus träge, trank er nur noch mehr, um sich Mut zu machen, seinen hohen Schüler zu unterrichten. So gut es ging, brachte er ihm bei, in der Bibel zu lesen, ohne Rücksicht auf Orthographie zu schreiben und Kirchenlieder zu singen. Peters Hefte sind später wieder aufgefunden worden: Er malte die Buchstaben mit Mühe, trennte die Wörter nicht, schrieb sie, wie man sie spricht, aber der gute Wille ist offensichtlich. Um sich von seinen Anstrengungen zu erholen, erzählte ihm Nikita Sotow zwischen zwei vollen Gläsern Wodka von den Kriegen seines Vaters, nannte die Siege und rühmte die Tapferkeit der russischen Armee. Diese Berichte stiegen dem Jungen in den Kopf wie der Alkohol dem Erzähler. Er träumte davon, wie sein Vater Schlachtenruhm zu erwerben. Nach den Listen im Museum des Arsenals waren seine ersten Spielsachen Fahnen, Trommeln, Messer, Handbeile und kleine Kanonen. Umgeben von Knaben seines Alters, Söhnen von Bojaren, Stallknechten und Hausdienern, spielte er Krieg. Er schoß Kanonenkugeln aus Holz gegen die Mauern eines Klosters und erstürmte eine Festung, die er mit seinen Kameraden in verkleinertem Maßstab auf einer Insel in der Jausa gebaut hatte.

1687 brachte Fürst Jaroslaw Dolgoruki auf Peters Bitten von einer diplomatischen Mission in Paris ein Gerät mit, »womit man Entfernungen bestimmen kann, ohne sich dem jeweiligen Ort zu nähern«. Der Junge war von dem Winkelmesser begeistert und untröstlich, daß er damit nicht recht umzugehen verstand. Man machte schließlich einen jungen Holländer namens Timmermann ausfindig, der mit dem Gebrauch des Geräts vertraut war. Nathalie engagierte ihn neben Nikita Sotow als Lehrer für den naturwissenschaftlichen Unterricht. Mit Hilfe seines neuen Meisters stopfte Peter kunterbunt die Anfangsgründe von Arithmetik, Geometrie, Ballistik und Festungsbau in sich hinein. Gewiß – die Kenntnisse, die er sich auf diese Weise erwarb, waren unzusammenhängend und oberflächlich, aber sein

Wissensdurst war unstillbar. Er war tief entschlossen, alles auf allen Gebieten zu lernen. Später rühmte er sich, mit der Ausübung von vierzehn Handwerken vertraut zu sein, im Augenblick aber begnügte er sich damit, nach Laune da und dort etwas Interessantes anzufassen und bald wieder fallenzulassen. Sein Wunsch, einen Winkelmesser zu besitzen, war nur eine von hunderterlei Manifestationen dieser vielseitigen Interessen. Als er mit Timmermann in einem Schuppen ein halbverfaultes englisches Boot entdeckte, das seinem Großonkel Nikita Romanow gehört hatte, ließ er es sogleich unter der Anleitung des holländischen Zimmermanns Karschten-Brandt reparieren. Der alte Holzrumpf wurde ausgebessert, mit Mast, Segel und Steuerruder ausgestattet und unter kindlichem Pomp auf dem Flüßchen Jausa vom Stapel gelassen. Dann ließ er es auf den großen See von Perejaslawl bringen, wo es der »Ahnherr der russischen Flotte« wurde. Auf ihm erlernte Peter von Karschten-Brandt die hohe Kunst der Navigation. Von den ersten Unterrichtsstunden an war er wie in einem Fieber der Faszination. An das feste Land gewohnt, empfand er es als unsägliches Glück, auf dem Wasser dahinzugleiten. Die eleganten Wenden des Bootes, das feine Spiel zwischen dem Wind, der weht, wohin er will, und den Segeln, die ihn einfangen und ausnützen, das Knarren der Takelage und des Schiffsrumpfes, das Plätschern der Wellen, die Leichtigkeit der Bewegung und diese reine, feuchte Luft, die ihn umgibt – all das stieg ihm zu Kopf, lockte ihn unwiderstehlich in imaginäre Weiten, zu unbegrenzten Horizonten, zum Meer, das er nie gesehen hatte. Er ließ von Karschten-Brandt zwei kleine Fregatten und drei Jollen auf Kiel legen und träumte von einer großen Flotte – in einem Staat, der nur über einen einzigen Hafen verfügte: Archangelsk, fernab in den eisigen Nebeln des Weißen Meeres. War es das Erbteil der Waräger, das ihn zu diesen nautischen Experimenten und Träumen zog?

Die Entdeckung der Schiffahrt hinderte ihn jedoch nicht daran, sich auch für militärische Manöver zu Lande zu interessieren. Mit sechzehn begnügte er sich nicht mehr damit, in den Feldern von Preobraschenskoje Regimenter von Gassenjungen zu befehligen, mit Steinen zu werfen oder auf den ungesattelten kleinen Bauernpferden zu reiten. Die Gefährten seiner Spiele waren mit ihm gewachsen. Sie bildeten die streit- und vergnügungssüchtige Truppe der *Potetschny* (Spaßmacher), denen Peter weitere »Soldaten« aus der Schar der Diener, Falkner und Stallmeister hinzufügte, die seit dem Tode des Zaren Alexej beschäftigungslos waren. Junge Adlige schlossen sich ihm an: Buturlin, Boris Golizyn und andere. Um seine fröhlichen Spießgesellen auszurüsten, ließ Peter aus dem Arsenal des Kreml Uniformen, Waffen, Schießpulver, Bleikugeln, Trommeln und Fahnen heranschaffen. Er lieh sich Pferde vom *Prikas* der Ställe, stellte eine Regimentshierarchie auf, ernannte Offiziere und Unteroffiziere. Jeden Tag übten sich seine *Potetschny* in dunkelgrünen Uniformen spielerisch im Kriegshandwerk: Angriff, Gegenangriff, Umfassen der Flanke. Dabei legte Peter Wert darauf, alle militärischen Funktionen einmal selbst zu bekleiden, angefangen mit der des Trommlers. Er wollte die Mühen und Kümmernisse der Soldaten ebenso kennenlernen wie die Funktion des Befehlshabers. Die Truppenstärke dieser »Spielzeugarmee« wuchs von Monat zu Monat. Sophie aber sah keinen Anlaß zur Sorge: Solange sich Peter mit seinen Banausen in Scheinkriegen amüsierte, träumte er zumindest nicht von der Ausübung der Macht. Je länger man ihn spielen ließ, desto sicherer hielt man ihn der wirklichen Politik fern. Peter indessen plante ernsthaft, seine Spaßmacherregimenter zu einer schlagkräftigen Truppe umzuformen. Dazu brauchte er fachkundige Ausbilder, die die jugendlichen Rekruten die moderne Kriegskunst lehren konnten. Wo konnte er sie finden? Ohne zu zögern, wandte sich der junge Zar an die *Njemezkaja Sloboda,*[1] die deutsche Vorstadt.

Diese Siedlung nahe der Hauptstadt an den Ufern der Jausa, einem kleinen Nebenfluß der Moskwa, war eine Art Reservat, das fremden Staatsangehörigen, Protestanten oder Katholiken, die in Rußland ihr Glück suchten, zugewiesen worden war. Anfänglich ein einfaches Dorf aus elenden Holzhütten, wurde die deutsche Vorstadt bald ein Ort der Stille, der Eleganz und der westlichen Kultur. Mit seinen Ziegelsteinhäusern, Blumengärten, geradlinigen Alleen und Springbrunnen bildete er einen deutlichen Kontrast zu dem orientalischen Durcheinander von Moskau. Hier lebten nicht nur Deutsche, sondern auch Italiener, Engländer, Schotten, die durch die Verfolgungen Cromwells vertrieben worden waren, Holländer, Dänen, Schweden und sogar französische Hugenotten, die das Exil der Konversion vorgezogen hatten. Sicherlich fanden sich unter ihnen auch einige Abenteurer, aber die meisten Emigranten waren redliche, tüchtige und von einem lebhaften Unternehmungsgeist beseelte Leute, von denen manche berühmte Namen führten. Frömmigkeit und Familiensinn trugen dazu bei, das Verhältnis zwischen den einzelnen Elementen der kleinen kosmopolitischen Gesellschaft zu harmonisieren. Obwohl unterschieden durch Herkunft, Sprache und Religion, hatte sie doch das Bewußtsein ihrer Fremdheit im Herzen Rußlands zu einer Einheit zusammenwachsen lassen. Ihre Zahl wuchs ständig. Sie zeichneten sich in den verschiedensten Berufen aus: als Ärzte, Apotheker, Ingenieure, Architekten, Maler, Lehrer, Händler, Goldschmiede, Astronomen und Offiziere. Ihre Kinder besuchten regelmäßig die Schulen, die die Emigranten gegründet hatten. Lutheraner und Calvinisten hatten bereits eigene Kirchen und Pastoren, die Katholiken noch nicht. Die Verbindung mit den Herkunftsländern war nicht abgerissen: die englischen Damen ließen sich Bücher und anderes aus London kommen, beim holländischen Gesandten van Keller – einem reichen und angesehenen Mann – traf alle acht Tage ein Kurier aus Den Haag ein, der ihm die neuesten Nachrichten aus dem Westen brachte. So waren die Fremden in der deutschen Vorstadt oft besser als die Regentin selbst über die Vorgänge in Westeuropa informiert.

Überdies richteten auch fast alle Mitglieder des diplomatischen Korps ihre Residenzen in dieser privilegierten Umgebung ein. Und zahlreiche russische Adlige kamen auf der Suche nach einem Hauch abendländischer Kultur dorthin. Manche hatten keine Bedenken, Emigranten zu sich einzuladen und ihre Kinder von ihnen nach polnischen, deutschen, englischen oder lateinischen Büchern ausbilden zu lassen. Aber diese Bücher mußten die Lehrer nach dem Unterricht wieder mitnehmen, denn es wäre für einen Bojaren unschicklich gewesen, Werke in einer fremden Sprache unter seinem Dach zu dulden.[2] Auch diese Einschränkung ließ man bald fallen, und mehr als eine adlige Familie war stolz darauf, in ihrer Bibliothek Werke zu besitzen, die jenseits der Grenzen gedruckt worden waren. Die deutsche Vorstadt beeinflußte selbst die Einrichtung der russischen Wohnungen. Bis vor kurzem waren die Herrschaftshäuser mit Holzbänken, langen polierten Eichentischen und geschnitzten Truhen ausgestattet gewesen, nun tauchten in ihnen stoffbezogene Armsessel, vergoldete Stühle, intarsiengeschmückte Tische und Pendeluhren auf. Die Wandmalereien, die früher die Innenräume geziert hatten, wurden entsprechend dem Geschmack der reichen Eigentümer durch Gemälde und Stiche mit religiösen Motiven ersetzt. Schließlich kaufte man, der europäischen Mode folgend, auch Spiegel. Aber da man sie noch für eine sittliche Gefahr hielt, wurden sie mit einem Vorhang bedeckt. Die Damen hoben diesen nur hoch, um ein Diadem zurechtzurücken oder sich zu schminken, und ließen ihn danach sogleich wieder herabfallen. Denn seltsamerweise verwendete die sonst so zurückhaltende russische Frau enorm viel Schminke. Sie wurde auf weißer Grundlage dick auf das Gesicht aufgetragen, rot für die Wangen und schwarz für die Augenbrauen. Die vermögenden Damen ließen ihre Kosmetika aus dem Ausland kommen, die anderen nahmen gekochten Saft der roten Bete zu Hilfe, um sich die Wangen zu färben. Das änderte nichts daran, daß sie wie Klausnerinnen lebten, fern allen gesellschaftlichen Ereignissen. Im Gegensatz dazu erfreuten sich ihre Geschlechtsgenossinen in der deutschen Vorstadt einer für Rußland ungewöhnlichen Freiheit. Dort fand man sich an den Festtagen zu Besuchen zusammen, die ganze Familie, Frauen und Männer gemeinsam, man ging zu ausgelassenen Maskenbällen und wohnte den Aufführungen der Wanderbühnen bei. Der bevorzugte Tanz war der alte deutsche Reigen, der sogenannte *Großvatertanz*. Zu den Klängen der Musik drehten sich die Paare heiter und schwatzend, man trank Bier, lachte und benahm sich wie in Berlin, London oder Amsterdam. Diese ungewohnten Formen des Umgangs faszinierten den jungen Peter. Seit er herangewachsen war, lockten ihn drei Dinge auf der Welt: der Krieg, das Meer und das Ausland. Instinktiv suchte er schon als Jugendlicher Anregungen nicht bei seinen russischen Landsleuten, sondern bei den Männern der deutschen Vorstadt, und dort hoffte er auch die Ausbilder für seine Potetschny-Regimenter zu finden, er täuschte sich nicht. Auf seine Anfrage hin kamen einige ehemalige Offiziere aus den Reihen der Ausländer, unter ihnen der baltische Baron von Mengden, nach Preobraschenskoje. Sie unterwiesen die Potetschny im Felddienst, in der Handhabung der Waffen und der Kunst der Artillerie. Allmählich verwandelte sich das Dorf zu einer kleinen Garnison. Zwei Regimenter wurden aufgestellt, die den Namen ihres Quartiers trugen: das Regiment Preobraschenski und das Regiment Semjonowski. Eine rauhe Brüderlichkeit verband diese jungen Leute, die kaum den Kinderschuhen entwachsen waren. Nach dem Kriegsspiel betranken sie sich, bis sie unter den Tisch fielen. Weder im Dienst noch bei den Saufereien unterschied sich der Zar von seinen Kameraden. In Peters Achtung stand ein schlauer und beherzter Draufgänger wie Alexander Menschikow, ein früherer Bäckerlehrling, ebenso hoch wie der junge Fürst Boris Golizyn. Menschikow wurde sogar sehr rasch sein Vertrauter, sein zuverlässigster Freund.

Peter war jedesmal tief betrübt, wenn er, um den Pflichten seines Amtes nachzukommen – er war immerhin bereits offiziell Zar –, Preobraschenskoje verlassen und sich in den Kreml begeben mußte. Dort empfing er, neben Iwan auf dem Thron sitzend, bis über den Hals von einer schweren Brokatrobe verhüllt, auf dem Kopf eine unbequeme, drückende Krone und durch das Protokoll zur Regungslosigkeit einer Statue gezwungen, Gesandte, führte bei endlosen Banketten den Vorsitz und hörte sich gelangweilt gewundene Ansprachen an. Schon 1683 schrieb Kaempfer, der Sekretär des schwedischen Gesandten, nach Stockholm:

»Die beiden Prinzen saßen auf ihren Thronen, der jüngere (Peter) nahm durch sein offenes Gesicht, durch die Anmut seiner Bewegungen und durch seine auffällige Schönheit für sich ein. Jedesmal, wenn er angesprochen wurde, färbten sich seine Wangen blutrot, und hätten wir vor einer jungen Dame unsresgleichen gestanden und nicht vor einer Hoheit, hätten wir uns alle in sie verliebt. Als sich dann die beiden Zaren erheben mußten, um sich nach dem Befinden des schwedischen Königs zu erkundigen, tat dies der jüngere so flink, daß ihn der Zeremonienmeister zurückhielt, bis sein Bruder bereit war, am Gespräch teilzunehmen.« Fünf Jahre später, am 13. Juli 1688, schrieb der holländische Gesandte van Keller nach Den Haag: »Der junge Zar, der sämtliche Höflinge an Größe überragt, zieht alle Aufmerksamkeit auf sich. Seine Intelligenz und seine Kenntnisse in militärischen Dingen entwickeln sich ebenso vorteilhaft wie seine physischen Fähigkeiten ... Man versichert, er sei bald soweit, die Herrschaft zu übernehmen. Wenn es zu diesem Machtwechsel kommt, werden die Dinge eine neue Wendung erfahren.«

Sobald er von diesen langweiligen Verpflichtungen bei Hofe befreit war, stürzte sich Peter wieder voller Begeisterung in die Männerwelt von Preobraschenskoje. Aus Moskau kommende Bojaren standen fassungslos vor den Aktivitäten des energiesprühenden jungen Mannes, der mit fliegender Mähne und funkelnden Augen, die Pfeife im Mund, dahinstürmte, über Gräben sprang, Befehle brüllte und Muskete, Degen oder Beil inmitten einer Schar junger Menschen schwang, von denen die meisten niederer Herkunft waren. Ihren besorgten Vorstellungen nach sollte sich der Zar als echt byzantinischer Theokrat in seinem Palast von der Welt fernhalten und sich dem Volk nur zu feierlichen Anlässen mit fast religiösem Gepränge zeigen. Sie waren der Ansicht, daß sich Peter durch seinen engen Kontakt mit dem rauhen Kriegsvolk auf das Niveau gewöhnlicher Sterblicher herabbegab und seiner historischen Rolle nicht gerecht wurde. Ihre Berichte an Sophie bestärkte diese in der beruhigenden Überzeugung, daß ihr Halbbruder keinen Gedanken an die Übernahme der Herrschaft verschwendete.

Nathalie hingegen war besorgt über den Umgang ihres Sohnes und seine Unbekümmertheit. Sie wünschte ihn sich klüger, vernünftiger, gesetzter und entschied sich auf Rat der Naryschkinsippe, ihn mit Eudoxia Lopuchin, einem hübschen jungen Mädchen aus dem mittleren Adel, zu verheiraten. Eudoxia war zwanzig, Peter siebzehn. Er hatte nichts dagegen. Schließlich war auch sein Bruder Iwan drei Jahre früher mit Praskowia, der Tochter des Bojaren Soltykow, vermählt worden. Zarenhochzeiten waren nach Peters Ansicht nur eine lästige, wenn auch notwendige Formalität. Seine ersten Liebesfreuden hatte er mit Wirtstöchtern genossen, und sie genügten ihm. Als er die schüchterne Eudoxia am 6. Februar 1689 zum Altar führte, wußte er bereits, daß sie ihn weder durch Unterwürfigkeit noch durch Zärtlichkeit würde fesseln können. Nach zwei Monaten Flitterwochen hielt er es nicht länger aus und riß aus, um auf dem See von Perejaslawl zu segeln, während seine junge Frau in die lähmende Schwermut des Wartens versank. Am 20. April 1689 schrieb er an seine Mutter: »Meine zärtlich geliebte Zarenmutter, segne deinen Sohn Petruschka, auf daß er seine Arbeit gut zu Ende bringe. Ich würde gerne hören, wie es Dir geht. Dank Deiner Gebete kommen wir mit unserer Arbeit gut voran. Der See ist aufgetaut, und alle Schiffe außer einem großen sind vom Eis befreit. Aber es fehlt uns an Tauwerk. Ordne an, daß uns vom *Prikas* der Artillerie 1500 m geschickt werden. Sie müssen sogleich hierhergebracht werden. Andernfalls würde das meine Rückkehr verzögern.« Und etwas später wieder an seine Mutter: »Hola! Ich würde gerne hören, wie es Dir geht, und Deinen Segen empfangen. Hier steht alles zum Besten. Ich versichere Dir, daß die Schiffe in gutem Zustand sind, Dein unwürdiger Petrusch.« Und Eudoxia, die Verlassene, sandte dem Süßwasserschiffer ein kurzes Billett: »An meinen Gebieter, die Freude meines Herzens, den Zaren Alexejewjtsch. Mögest Du noch viele Jahre gesund bleiben, mein Leben. Ich bitte Dich inständig, bleibe nicht so lange fort. – Es grüßt Dich Deine kleine Frau.«

Aber Petruschka kümmerte sich wenig um seine »kleine Frau«. Wieder zu ihr zurückgekehrt, war ihm die Politik wichtiger als ihre Gefühle. Nachrichten, die ihm aus Moskau zugingen, bewiesen ihm, daß Sophies feindliche Gesinnung ihm gegenüber mit den Jahren gewachsen war. Er hatte es zwar in seiner Kindheit hingenommen, von seiner Halbschwester gegängelt zu werden, nun aber schien ihm aus triftigem Grund der Zeitpunkt gekommen, zu rebellieren. Denn einer seiner Berater, Boris Golizyn, ein Vetter des Wassili Golizyn, hinterbrachte ihm, daß die Regentin entschlossen sei, ihn zu beseitigen.

Am 8. Juli 1689 mußte er mit Zar Iwan und seiner Familie einer religiösen Zeremonie in der Himmelfahrtskathedrale beiwohnen. Nach dem Gottesdienst machte Sophie Anstalten, an der traditionellen, den Männern vorbehaltenen Prozession teilnehmen. Empört erhob Peter Einspruch. Trotzdem zeigte sich die Regentin mit einer Ikone dem Volk, als sei sie die rechtmäßige Herrscherin. Wütend verließ Peter die Prozesssion und kehrte nach Preobraschenskoje zurück. Als er einige Tage später erfuhr, daß Sophie Wassili Golizyn und seine »glorreichen Generäle« trotz der schmählichen Schlappe im zweiten Krimfeldzug begeistert begrüßt und mit Belohnungen überhäuft hatte, weigerte er sich kategorisch, den »Triumphator« zu empfangen. Der Bruch war da.

Sophie war in ihrer Würde und in ihrer Loyalität zu Golizyn tief getroffen, und sie begriff, daß Peter nun zum offenen Kampf übergegangen war. Die Berichte ihrer Agenten ließen sie über die wachsende Beliebtheit des jungen Zaren bei den Moskowitern und die Unzufriedenheit gewisser Bojaren angesichts der Niederlage der russischen Waffen im Krimfeldzug nicht im Zweifel. Außerdem beunruhigte die Regentin – reichlich spät – die Entwicklung der »Spielbataillone« in Preobraschenskoje. Peters wohlgesinnte Höflinge eilten zwischen Moskau und dem Dorf, wo Peter besorgt die Entwicklung in der Hauptstadt abwartete, hin und her, um ihm die Pläne der Regentin zu hinterbringen. Sophie rief auf Anraten ihres neuen Liebhabers Schaklowiti die Kommandeure der Strelitzen zusammen und unterbreitete ihnen ihre Pläne gegen den aufsässigen, jugendlichen Zaren: sie sollten Preobraschenskoje in der Nacht vom 7. zum 8. August 1689 umzingeln und die Amateursoldaten des Zaren Peter, seine Offiziere, Berater, Diener, ausländischen Freunde, seine Mutter und seine Familie niedermetzeln. Was den Zar Peter betraf, so sollte er ebenfalls getötet oder zumindest für immer unschädlich gemacht werden. Als Lohn für seine Ergebenheit würde jeder Strelitze fünfundzwanzig Rubel erhalten. Die Kommandeure der Janitscharen versprachen der Regentin, daß sie dieses blutige Unternehmen rasch und gründlich durchführen würden.

Aber in der Nacht vom 6. zum 7. August preschen zwei Strelitzen, von Gewissensbissen geplagt, im Galopp nach Preobraschenskoje. Sie kommen gegen Mitternacht dort an, wecken Peter und unterrichten ihn über Sophies Absichten. Schon nach den ersten Worten überwältigt ihn panische Angst. Die Erinnerung an das im Mai 1682 von denselben Janitscharen angerichtete Blutbad hatte so tiefe Spuren hinterlassen, daß ihn bei dem bloßen Gedanken, diesen Schlächterhorden in ihren roten Blusen aufs neue ausgeliefert zu sein, Zuckungen überlaufen und er den Kopf verliert. Er springt aus dem Bett, denkt nicht einmal daran, seine Mutter und seine Frau zu benachrichtigen, und läuft im Hemd barfuß zu den Ställen. Dort wirft er sich auf ein Pferd und ruft einigen Dienern zu, sie sollen ihm seine Kleider in einen nahe gelegenen Wald bringen, wo er sich verbergen werde. Wenig später spüren sie ihn in seinem Versteck auf, er kleidet sich an, und gemeinsam reiten sie mit verhängten Zügeln zum befestigten Dreifaltigkeitskloster.

Hinter dessen hohen Festungsmauern mit ihren Zinnen und neun Türmen erheben sich die bemalten und vergoldeten Kuppeln von dreizehn Kirchen. Hier lebt eine große Zahl von Mönchen, Novizen und Dienern. In der Vergangenheit hat das Kloster mehrere Male heldenhaft den Angriffen der Polen widerstanden. Dies ist ein sicherer Zufluchtsort! Peter kommt um sechs Uhr morgens dort an, völlig erschöpft und gebrochen. Man trägt ihn in ein Bett. Aber er ist zu erregt, um schlafen zu können. Mit Tränen in den Augen und zuckendem Gesicht berichtet er dem Archimandriten Vinzenz von dem gegen ihn geplanten Anschlag und fordert, daß das Kloster seinen Schutz garantiert. Zur gleichen Zeit eilen bereits die besten seiner Anhänger herbei, und im Kreise seiner Bataillonsführer von Preobraschenskoje schöpft er wieder Mut. Sein leicht erregbares und sensibles Temperament macht ihn in plötzlich auftretenden Gefahren kopflos und unberechenbar. Auch später ist der Mut, den er in schwieriger Lage zeigt, immer das Ergebnis einer ungeheuren Willensanstrengung. Um seine angeborene Ängstlichkeit zu überwinden, sollte er sich später in Exzesse von Aktionismus und schnellen Entscheidungen stürzen. Am Ende dieses schicksalhaften Tages, des 7. August, sieht er seine Mutter und seine Frau durch das Tor treten. Die Anwesenheit der beiden schwachen Frauen bietet ihm wenig Trost. Mit Freude verfolgt er hingegen, wie sich die getreuen Gefährten seiner Kampfspiele, die Potetschny, und auch ein Regiment der Strelitzen, das schon lange für seine Sache gewonnen ist, unter seinem Fenster sammeln.

Während sich Peter angesichts seiner Truppen mit neuem Mut wappnete, spottete die enttäuschte Sophie über die schmähliche Flucht ihres jungen Gegners. Aber sie zögerte, das wehrhafte Dreifaltigkeitskloster anzugreifen. Nun, da der Überraschungseffekt verloren war, gebot ihr die Klugheit, eine

List anzuwenden, um den Zaren in ihre Gewalt zu bekommen. Sie lud ihn ein, zu ihr nach Moskau zu kommen, um dort in Ruhe und Freundschaft die Lage zu besprechen. Er weigerte sich und befahl durch Boten alle Strelitzen, der Zarewna den Gehorsam zu verweigern und sich ihm anzuschließen. Jede der beiden Seiten versuchte nun, sich die Unterstützung der größtmöglichen Anzahl an Regimentern zu erkaufen. Bei diesem heftigen Feilschen fiel die kleinste Rotte ins Gewicht, jeder Soldat war umworben. Die Kuriere des Kreml und des Dreifaltigkeitsklosters, Überbringer von Versprechungen, Drohungen, Angeboten und strengen Befehlen, kreuzten sich im Galopp auf den Straßen. Sophie erkannte, daß die Prätorianer, die sie für ihr treu ergeben gehalten hatte, schwankten, und sie hielt ihnen von der Roten Treppe aus eine Ansprache, versprach ihnen Gold, wenn sie ihr zu Diensten wären, Bestrafung, wenn sie ihr die Treue brächen. Trotz aller ihrer Beredsamkeit machten ihre Worte auf die durch zu viele militärische Enttäuschungen mißtrauisch gewordene Zuhörerschaft keinen großen Eindruck. Vor die Wahl gestellt zwischen einem legitimen jungen Zaren, der oft als Soldat unter Soldaten aufgetreten war, und einer illegitimen Regentin, die gerade ein zweites Mal ihren für zwei blutige Niederlagen gegen die Tataren verantwortlichen Liebhaber reich belohnt hatte, neigten die Strelitzen insgeheim der Seite der Einfachheit, der Männlichkeit und des Rechts zu. Bereits am folgenden Tag verließen einige Abteilungen heimlich Moskau in Richtung auf das Dreifaltigkeitskloster. Dann nahm diese Bewegung rasch zu, und die Soldatenviertel leerten sich, während um Peter die Zahl der Parteigänger ständig wuchs. Am 4. September schlichen sich die ausländischen Regimenter bei Nacht unter dem Kommando von General Gordon und Oberst Lefort aus den Mauern der Hauptstadt, und Peter empfing sie mit unbändiger Freude. Nun zweifelte er nicht mehr daran, daß sich die Lage gründlich gewandelt hatte. Als letzten verzweifelten Versuch entsandte Sophie den Patriarchen Joachim, um Peter eine Versöhnung nahezulegen. Aber anstatt den jungen Zaren zu ermahnen, gab ihm der Patriarch recht und blieb gleich bei ihm. Nun beschloß Sophie, sich selbst zum Dreifaltigkeitskloster zu begeben, um ihrem Halbbruder nun nicht mehr Unterwerfung, sondern Milde und Versöhnung nahezulegen. Zehn Kilometer vor dem Kloster wurde sie von einer Streife von Peters Truppe angehalten, und ihr wurde befohlen umzukehren. Peter, versicherte man ihr, lehne es ab, sie zu empfangen. Sophie blieb keine Wahl, sie kehrte nach Moskau zurück. Auch die letzten Strelitzen, auf die sie noch zählen zu können geglaubt hatte, wurden nun aufsässig. Die Soldaten forderten die Auslieferung ihres Liebhabers und Beraters Schaklowiti, um ihn als Gefangenen dem Zaren auszuliefern. Da er für das ganze Unheil verantwortlich sei, sagten sie, sei er der beste Sündenbock. Ihn aufgrund seiner Verbrechen zu bestrafen, mochte Peter besänftigen und ihn vielleicht zur Gnade gegenüber den anderen Unruhestiftern bewegen. Sophie lehnte die Forderung ab, doch als ihr die Strelitzen drohten, einen noch mörderischeren Aufstand als den letzten zu entfesseln, blieb ihr keine Wahl.

Von der Regentin im Stich gelassen, wurde Schaklowiti am nächsten Tag, dem 7. September, zum Dreifaltigkeitskloster gebracht und verhört. Unter der Folter gestand er einige böswillige Gedanken, bestritt aber, die Absicht gehabt zu haben, Peter zu beseitigen. Diese Einschränkung genügte nicht, seinen Kopf zu retten. Zum Tode verurteilt, wurde er am 11. September zusammen mit anderen Rädelsführern enthauptet. Wassili Golizyn wurde dank der Vermittlung seines Vetters Boris nur in ein abgelegenes Dorf hoch im Norden verbannt, wo ihm zum Unterhalt seiner fünfköpfigen Familie jeden Tag ein Rubel genügen mußte. Aber was sollte mit Sophie geschehen? Peter schrieb an seinen Bruder Iwan:

»Teurer Bruder, hochvermögender Zar Alexejewitsch, Dir, meiner kleinen Stiefschwester, Deiner Gemahlin und Deiner Nachkommenschaft meinen Gruß! . . . Durch die Gnade Gottes wurde in der Versammlung unserer heiligen Mutter, der orthodoxen Kirche, die Regierung von Rußland im Jahre 7190 (1682) Dir wie mir übertragen ... Nie war die Rede von einer dritten Person, die die Macht mit uns teilen sollte. Dennoch hat Unsere Schwester, die Zarewna Sophie Alexejewna, eigenmächtig die Führung Unserer Regierung übernommen, entgegen Unserem Wunsch und dem des Volkes, und Du weißt, wie lange Wir das duldeten. Heute hat ein Schurke, Fedja Schaklowiti, unter der Folter befragt, gestanden, daß er und andere seiner Komplizen, Unser Wohlwollen mißbrauchend, einen Anschlag gegen Unser Leben und das Unserer Mutter geplant hatten. Jetzt, mein Bruder Zar, da Wir volljährig geworden sind, ist es Zeit für Uns, selbst über den Staat zu herrschen, den Gott Uns anvertraut hat. Gestatten Wir keiner dritten Person, auch nicht Unserer Schwester, der Zarewna Sophie, an Unserem Amt teilzuhaben und sich in Aufgaben zu mischen, die Wir beide unter Uns Männern zu besorgen haben ... Hochmögender Bruder, Deine väterliche Güte möge Uns erlauben, rechtschaffene Richter zu ernennen und gegen die schlechten auszutauschen, um Unserem Land von neuem Frieden und Frohsinn zu geben. Wenn Wir wieder vereint sind, werden Wir das alles regeln; was mich trifft, hochmögender Bruder, bin ich gewillt, Dich wie einen Vater zu ehren ... Geschrieben in großer Sorge von Deinem Bruder, dem Zaren Peter, der Euch eine gute Gesundheit wünscht und Euch grüßt.«

Zu schwach und ängstlich, um einen so wichtigen Brief zu beantworten, zog Iwan den Kopf ein, schwieg und wartete auf das Abklingen des Unwetters. Nun schickte Peter einen alten Gefährten, den Bojaren Iwan Trojekurow, mit dem Befehl nach Moskau, Sophie anzudeuten, sie habe sich in das Jungfrauenkloster zurückzuziehen, das kürzlich in der Nähe der Hauptstadt erbaut worden war. Entmutigt und tief gedemütigt begriff sie, daß das Spiel verloren war. Zweifellos bereute sie nun bitter, daß sie Peter nicht schon als Kind hatte umbringen lassen, anstatt ihn mit seiner Mutter nach Preobraschenskoje zu schikken. In der Politik macht sich Milde selten bezahlt. Aber auch

Peter erwies sich als großmütig. Er hätte sie zum Tode verurteilen können. Ihr Bruder Iwan unternahm keinen Versuch, sie zurückzuhalten. Also machte sie sich in einer Mischung aus Bitterkeit und Erleichterung auf den Weg ins Kloster. Ihr Name wurde von da an bei offiziellen Anlässen nicht mehr genannt. Ihr Reich sollte von nun an eine Zelle sein.

Am 6. Oktober 1689 zog Peter, gefolgt von seinem Hof, seinen Bojaren, seinen Spielkameraden und seinen Strelitzen, siegreich in Moskau ein. An den Stadttoren drängte sich das Volk, um ihm zuzujubeln. Die Glocken der »vierzig mal vierzig Kirchen« läuteten dröhnend zur Feier seiner Rückkehr. Überall, wo der Zug vorbeikam, beugten sich die Köpfe vor dem jungen Zaren. Peter, der in der Nacht vom 6. zum 7. August wie Espenlaub gezittert hatte, genoß den Rausch des Sieges. Sein Bruder Iwan, der ihn im Kreml auf dem Vorplatz der Himmelfahrtskathedrale erwartete, machte, gestützt auf zwei Bojaren, einen Schritt auf ihn zu und sank ihm in die Arme.

Die Menge schrie auf vor Freude und weinte vor Rührung. Vor ihr gab ein strahlender Riese mit sonnengebräuntem Gesicht und blendend weißen Zähnen einem Schwachsinnigen den Bruderkuß. Peter war siebzehn Jahre und vier Monate alt.

4. Kapitel
Die deutsche Vorstadt

Wenn Peter die Bilanz der Ereignisse in den letzten Monaten des Jahres 1689 zog, konnte er mit sich zufrieden sein. Knapp dem Tode entronnen, fand er sich jetzt auf dem Gipfel der Macht wieder. Sophie büßte den Vorwitz, sich des Thrones bemächtigen zu wollen, in einem Kloster. Ihre fähigsten Parteigänger waren enthauptet oder verbannt, die Armee einschließlich der Strelitzen hatte zur Disziplin zurückgefunden, das Volk war ruhig, zufrieden und zuversichtlich, und der jämmerliche Iwan, in seiner Wohnung im Kreml vergraben und vergessen, widmete seine ganze Zeit seiner Frau, die ihn betrog, und seinen Töchtern, die vermutlich nicht von ihm stammten. Die ausländischen Diplomaten am Zarenhof erwarteten, daß Peter jetzt, da er die Hände frei hatte, entschlossen das Steuer des Staates ergreifen würde. Der holländische Gesandte van Keller schrieb: »Da der Zar (Peter) über große Intelligenz und Verstandesschärfe verfügt, gleichzeitig die Zuneigung aller zu gewinnen weiß und am Militär ausgesprochen Freude hat, erwartet man von ihm heroische Taten und sieht den Tag kommen, an dem die Tataren endlich ihren Meister finden.«

Van Keller aber irrte sich gründlich. Nach dem verzweifelten Kampf um die Erringung der Macht zeigte Peter keinerlei Verlangen danach, seinen Vorteil auszunutzen. Man könnte meinen, daß mit dieser übermenschlichen Anstrengung sein Ehrgeiz erschöpft war oder eher, daß er sich noch nicht reif fühlte, die Verantwortung zu übernehmen, nach der er sich gesehnt hatte. Seine ungestüme Jugend neigte mehr zu Kriegsspielen, Saufgelagen und Umgang mit Dirnen als zur Politik. Die Regierungsarbeit war ihm zuwider. Sooft er konnte, entfloh er dem Kreml, diesem goldenen, feierlichen und dunklen Käfig, in dem es von Mönchen und Höflingen wimmelte, um sich auf den Straßen herumzutreiben, mit seinen Truppen zu exerzieren oder mit einem Boot auf dem See von Perejaslawl zu segeln.

Die Führung des Staates vertraut er seiner Mutter an, der schwachen und ungebildeten Nathalie. Sie wird von drei Bojaren, dem Patriarchen Joachim und der Duma unterstützt. Alle diese Männer sind extrem rückschrittlich eingestellt. Auf Betreiben des Patriarchen werden die von Peter so geschätzten Ausländer der Ketzerei beschuldigt, man mißbilligt die religiösen Diskussionen um die Bibel, man ächtet die Jesuiten, man verbrennt den deutschen Mystiker Kullmann auf dem Roten Platz bei lebendigem Leib ... Es geht ein Wind der Unduldsamkeit durch das Land, und Peter erzürnt das, aber er hält es nicht für nötig, einzugreifen. In den wenigen Atempausen seiner vielseitigen Tätigkeiten besucht er dann und wann auch seine Frau. Als typisches Produkt des russischen *Terem* ist Eudoxia eine freundliche, reizlose, kleine Person, die lesen und schreiben kann, bei jeder Gelegenheit errötet, sich in Gebete versenkt, an Träume glaubt, jedem Aberglauben anhängt und sich ihrem ungestümen Gatten gegenüber eher sentimental als sinnlich zeigt. Sie nennt ihn meine Wonne, mein Herz, mein Licht, meine kleine Hätschelhand und unterwirft sich in der Hoffnung, ein Kind zu bekommen, gefügig seinen Bedürfnissen. Obwohl Peters Abstecher in das Ehebett sehr selten und eher enttäuschend sind, wird Eudoxia schwanger und bringt am 19. Februar 1690 ohne Schwierigkeiten den Zarewitsch Alexej zur Welt. Die Geburt dieses ersten Sohnes ist für Peter ein Geschenk des Himmels, die Gewißheit, daß sein Geschlecht nicht mit ihm untergehen wird. Überschwenglich wie immer brüllt er vor Glück, lacht aus vollem Halse, verrenkt der jungen Wöchnerin in begeisterter Dankbarkeit das Handgelenk, trinkt Wodka, verlangt, daß man Kanonenschüsse abfeuert, um gleich darauf die erschöpfte Mutter und das Neugeborene wieder zu verlassen und zu seinem

Junggesellenleben in die gastfreundlichen Häuser der deutschen Vorstadt zurückzukehren, wo ihn geneigtere und erfahrenere Frauen erwarten.

Jedoch erscheint er zu dem großen Fest im Kreml, mit dem das glückliche Ereignis gebührend gefeiert wird. Die ganze Stadt teilt seine Freude. Man trinkt einmütig in den Palästen wie in den elendsten Spelunken. »Seit der Geburt des Zarewitsch geschieht nichts anderes mehr, als zu tafeln und so großartig wie möglich zu feiern«, schreibt der holländische Gesandte van Keller. »Am Fastnachtsdienstag überschlugen sich die Festlichkeiten. Da diese Belustigungen fast nie ohne große Ausschreitungen ablaufen, gab es Unruhen, Streitigkeiten und Verbrechen ... Viele wurden schwer mißhandelt und fanden ein trauriges Ende ... Es wäre wünschenswert, wenn solche dem Bacchus geweihten Tage abgeschafft würden, denn anständige Leute konnten nicht auf die Straße gehen, ohne andauernd angepöbelt oder beschimpft zu werden, obwohl an gewissen Stellen der Stadt bewaffnete Wachen aufgestellt waren, um Gewalttätigkeiten der Betrunkenen zu verhindern.«[1]

Kaum waren die Festlichkeiten zu Ehren der Geburt des Zarewitsch zu Ende gegangen, hauchte am 27. März 1690 der Patriarch Joachim sein Leben aus. In seinem Testament beschwor er den Zaren, auf den Verkehr mit den Ausländern zu verzichten, ihnen alle Befehlsgewalt in der Armee zu entziehen, die protestantischen Kirchen in der deutschen Vorstadt zu zerstören und alle Bekehrungsversuche mit dem Tode zu bestrafen. Damit hatte der fanatische Geistliche die alte Abneigung des russischen Volkes gegen alles Fremde und Ausländische zum Ausdruck gebracht, gegen Leute, die eine unverständliche Sprache redeten, in einem Schuppen beteten, die Heilige Jungfrau Maria nicht achteten und – wie abscheulich! – ein Kraut, genannt Salat, aßen, »so wie das Vieh«.

Weit davon entfernt, den Ermahnungen des Verstorbenen zu gehorchen, schlägt Peter vor, den Metropoliten Marzellus von Pskow, einen gebildeten, liberalen Mann, zu Joachims Nachfolger zu ernennen. Aber die Zarin Nathalie, die die Vorliebe ihres Sohnes für die europäische Kultur nicht teilt, folgt dem Rat des Klerus und gibt dem Metropoliten Adrian von Kasan den Vorzug. Die Vorwände, Marzellus abzulehnen, sind zahlreich: Sie reichen von der Tatsache, daß dieser Geistliche barbarische Sprachen spreche (wie Latein und Französisch), bis zur Feststellung, daß sein Bart nicht die wünschenswerte Länge habe.

Gereizt durch diesen Beschluß, der alle Merkmale jahrhundertealter Verblendung zeigt, empfindet Peter einmal mehr das Bedürfnis, die Bevormundung durch die allgewaltige Geistlichkeit abzuschütteln. Die russische Kirche bildet einen Staat im Staate mit unermeßlichen Reichtümern, zahllosen steuerfreien Ländereien, eigener Gerichtsbarkeit, leibeigenen Bauern und befestigten Klöstern. Der Patriarch, von der Kirchenversammlung mit Zustimmung des Zaren gewählt, ist ein vom Herrscher unabhängiger Würdenträger, der niemandem Rechenschaft schuldet. Unter seiner Autorität stehen die Metropoliten, Erzbischöfe, Mönche und Popen. Die Mönche sind ledig und im allgemeinen gebildet; die Popen, verheiratet, arm, schmutzig und ungebildet, genießen nicht das Vertrauen des Volkes, das in ihnen keine geistlichen Führer sieht, sondern einfache Offizianten, die mit schöner Stimme und feierlichen Gebärden die Messe lesen. Um die Oberhoheit der geistlichen Gewalt über die weltliche zu bekunden, nimmt üblicherweise der Zar an der Palmsonntagsprozession in Moskau teil und führt persönlich den Esel am Zügel, auf dem der Patriarch reitet.

Peter lehnte es ab, diesem demütigenden Brauch Folge zu leisten. Ihn würde man nicht mit gesenktem Kopf und Büßermiene vor einem Esel hermarschieren sehen, auf dem das Oberhaupt der Kirche in seinem reichsten Meßgewand prunkte. Ebensowenig war er bereit, auf die freundschaftlichen Beziehungen zu den Bewohnern der deutschen Vorstadt zu verzichten. Die Fremdenfeindlichkeit Joachims, Nathalies und der Bojaren der Duma machte ihm alles, was ihn an das alte Rußland erinnerte, nur noch unerträglicher. Er wollte diesen altüberlieferten Sitten entrinnen, die ihn beengten wie ein schweres, nach Weihrauch und Moder riechendes Gewand. In einer Geste der Aufsässigkeit gegen die russische Vergangenheit speiste er ostentativ beim Generalmajor Patrick Gordon zu Abend. Dieser war fünfundfünfzig Jahre alt, stammte aus einer alten schottischen Familie und war in die Dienste der russischen Armee getreten. Er hatte an Kriegen in Schweden, Deutschland und Polen und an den beiden unglücklichen Krimfeldzügen unter Wassili Golizyn teilgenommen, hatte mehrere Handelsmissionen in England mit Erfolg durchgeführt und Peter die Ausbilder für die Organisation seiner Spielbataillone zur Verfügung gestellt. Während des Staatsstreiches gegen die Regentin hatte er die ausländischen Offiziere dazu bewegt, sich dem Zaren im Dreifaltigkeitskloster anzuschließen. Seit diesem Tag war er der Freund und Berater Peters, der seinen ritterlichen Charakter, seine Kenntnis westlicher Sitten und seine strenge, fast pedantische Sachlichkeit schätzte.

Ein anderer »Freund und Berater« des jungen Herrschers war der Schweizer François Lefort, der sich ebenfalls im kritischen Augenblick im Dreifaltigkeitskloster eingefunden hatte. Dieser ruhelose Abenteurer hatte unter vielen Fahnen gedient, bevor er in Archangelsk sein Schiff verließ und sich von der russischen Armee anwerben ließ. Fünfunddreißigjährig und fast so groß wie Peter, war er zwar nicht sehr gebildet, radebrechte aber russisch, holländisch, deutsch, italienisch und englisch und sprach gut französisch. Er hatte so viele Länder bereist und so viele Abenteuer erlebt, daß man beim Zuhören hätte glauben können, es mit einem Dutzend verschiedener Personen zu tun zu haben. Dieses bewegte Leben hatte seine natürliche Heiterkeit, seine Lebenslust, seine Selbstsicherheit und seinen Sinn für Luxus und Ausschweifungen nur noch verstärkt. Er war unermüdlich, zeichnete sich in allen Körperübungen aus, ritt ungezähmte Pferde großartig zu, schoß mit dem Gewehr und dem Bogen besser als jeder andere und soff, ohne zu wanken, wie ein Loch. In dem Haus dieses seltsamen und freigebigen Lebemannes fühlte sich Peter wohler als irgendwo sonst. Hier konnte er rauchen, trinken, grölen, streiten und nach Herzenslust disputieren. Meist dauerten die Bankette drei Tage und drei Nächte. Gordon hatte nach solchen ausgelassenen Schmausereien einen schweren Kopf und einen verdorbenen Magen, Lefort und der Zar hingegen waren unverwüstlich immer bereit, sofort von neuem zu beginnen.

Peter war von diesen Empfängen derart angetan, daß er seine russischen Freunde dorthin einlud und das Haus, als es zu klein wurde, auf seine Kosten vergrößern, einrichten und schmücken ließ. Ein ausländischer Gast, der Kapitän Sénébier, schrieb am 22. September 1693 nach einem dieser Feste: »General Lefort hat Seine Majestät mit allen hochgestellten Persönlichkeiten des Landes sowie den wichtigsten Ausländern und Damen, insgesamt zweihundert Personen, vier Tage lang bei sich zu Gast gehabt und großzügig bewirtet. Außer dem herrlichen Festessen gab es wunderschöne Musik und jeden Tag Bälle, erstaunliche Feuerwerke und zwanzig Salven von je zwölf Kanonenschüssen. Seine Majestät hatte ein sehr schönes Gemach erbauen lassen, in dem fünfzehnhundert Personen Platz fanden, aber so prächtig mit Wandteppichen und vorzüglich ausgeführten und durchwegs vergoldeten Schnitzereien ausgestattet, daß man es als ein echtes und überdies eines der schönsten kaiserlichen Gemächer ansehen kann. Der Monarch hat dazu fünfzehn große, reich mit Gold durchwirkte Seidengobelins gestiftet, die trotz ihrer außergewöhnlichen Größe erstaunlich sauber gearbeitet sind. Sie werden auf ungefähr 14 000 Taler geschätzt. Der General verfügt über eine hervorragende Ausstattung sowohl an Silbergeschirr wie an Waffen, Geschmeide, Tischen, Spiegeln und Gobelins, all das erlesen und teuer, dazu über eine große Anzahl von Dienern, einige zwanzig der schönsten Pferde im Stall und eine zwanzig Mann starke ständige Wache vor seiner Tür.«[2]

Die »Damen«, die an diesen Festen teilnahmen, »Schottinnen mit zartem Profil, Deutsche mit verträumten Augen und üppige

Holländerinnen«,[3] hatten nichts mit den frommen Klausnerinnen in den Moskauer *Terems* gemein. Es waren Gattinnen oder Töchter von Handwerkern, Kaufleuten und ausländischen Offizieren, und sie trugen Kleider, die ihre Figur hervorhoben, plauderten ungezwungen, lachten schallend, sangen im Chor die Lieder ihrer Heimat und schmiegten sich ohne gespielte Ziererei in die Arme ihres Kavaliers, wenn das Orchester eine Tanzmusik spielte. Einige von ihnen waren keineswegs spröde und ließen sich in den Ecken des Saals abdrücken.

Ausgerechnet von Anna Mons, der Geliebten seines Freundes Lefort, war Peter tief beeindruckt. Sie war die Tochter eines Emigranten und ließ sich aus Freude an klangvollen Namen Anna Mons de La Croix nennen. Ihr Vater, Johann Mons, besaß ein Gasthaus in der deutschen Vorstadt. Bevor Lefort sie entdeckte, hatte sie dort mit ihrer Schwester die Getränke serviert. Anna Mons war vollkommen ungebildet, sammelte Zauberrezepte, machte aus ihrer Geldgier kein Hehl, trug zuweilen ein vulgäres Benehmen zur Schau, war aber hübsch, lebhaft, ungekünstelt, lachlustig und begehrenswert. Was für ein Unterschied zu der frommen, langweiligen, seufzenden Eudoxia! Großzügig und kameradschaftlich auch in dieser Hinsicht, überließ Lefort die junge Frau dem verliebten Zaren. Höchst beglückt über diesen Aufstieg, erhoffte sich Anna Mons von der Rangerhöhung kostbare Geschenke, wurde aber zunächst enttäuscht. Ihr neuer Liebhaber war mit seinem Geld sparsamer als mit seinen Liebkosungen. Er nahm sie sich brutal, egoistisch und ohne lange zu fragen und belohnte sie nur mit Flitterkram. Zumindest am Anfang. Später erhöhte er nach und nach die Zahl und den Wert der Geschenke. Sie erhielt Juwelen, eine Domäne, die zweihundertfünfundneunzig Bauernhöfe umfaßte ... Bald verheimlichte der Zar das Verhältnis nicht mehr. Er war stolz darauf, stellte seine Geliebte sogar den ausländischen Diplomaten vor, gab sich mit den ärmlichen Eltern dieser ehemaligen Kellnerin ab. Das hinderte ihn übrigens nicht, sie im Laufe eines Saufgelages mit Zufallspartnerinnen zu betrügen oder die Nacht in einem Bordell der deutschen Vorstadt zu verbringen, dessen Insassinen ihn nur unter dem Namen »Herr Peter« kannten. Aber immer wieder kehrte er zu Anna Mons, seiner Favoritin, zurück. Eigentlich schätzte er die Frauen nur zur Befriedigung seiner sexuellen Bedürfnisse, brachte aber keinerlei Achtung oder Gefühlsregung für sie auf. Er verachtete sie in demselben Maße, wie er sie begehrte. Den großen Bällen im Hause Leforts zog er oftmals reine Männergesellschaften vor, bei denen die Zecher – nach dem Vorbild des Zaren – alle Hemmungen ablegten. Diese Feste wurden »die Schlachten mit Iwaschka Chmelnizki« genannt,[4] und tatsächlich arteten die Saufgelage häufig in Schlachtgetümmel aus, in »so furchtbare«, schrieb Kurakin, »daß viele Leute dabei den Tod finden«.

Es kam vor, daß der Zar, vom Wein berauscht, sich mit geballten Fäusten auf einen seiner Gefährten stürzte oder seinen Degen zog, um ihn zu durchbohren. Er war dann nur mit Gewalt zu bändigen. Wenn es weniger lebhaft zuging, begnügte er sich damit, Leute, die ihm widersprachen, zu ohrfeigen oder ihnen die Perücke herunterzureißen. Aber meistens behielt er trotz der großen Mengen Alkohol, die er in sich hineinschüttete, einen klaren Kopf. Während die Gestalten um ihn herum zusammensackten, die Gesichter sich verzerrten und die Zungen sich lösten, beobachtete er mit scharfem Blick das Geschehen und vermerkte die Enthüllungen, die der eine oder andere in seinem Rausch zwischen zwei Schluckaufs machte. Auf diese Weise kam er manchen Geheimnissen seiner Umgebung auf die Spur, und die Saufereien wurden zu einem Element der Regierung.

Die Vorliebe für alkoholische Exzesse verband sich bei Peter mit einer Vorliebe für Feuerwerke und Radau. Sein Freund Gordon, der einige pyrotechnische Kenntnisse besaß, unterwies ihn in dieser Kunst. Um seine neue Leidenschaft zu rechtfertigen, berief sich der Zar auf die Notwendigkeit, das russische Volk an den Geruch und den Lärm von Pulver zu gewöhnen. In Wirklichkeit war er glücklich wie ein Kind, wenn er solche kunstreich aufgebauten Knallereien leiten konnte. Er ergriff jede Gelegenheit, Feuerwerke zusammenzustellen und Raketen abzuschießen. Er lief von einer Abschußrampe zur anderen, schwang brennende Lunten, beschimpfte dilettantische Feuerwerker und lachte mit pulvergeschwärztem Gesicht, wenn die Funkengarben am Himmel von Preobraschenskoje aufleuchteten. Wie immer hielt er bei der Ausübung dieser geräuschvollen Tätigkeit so wenig Maß, daß es zu Unfällen kam. Schon am 26. Februar 1690 erwähnte Gordon in seinem *Tagebuch* den Tod eines Adligen, der von einer herabstürzenden fünfpfündigen Rakete erschlagen wurde. Ein zweites Unglück dieser Art ereignete sich einige Monate später. Diesmal verbrannte sich Timmermanns Schwiegersohn das Gesicht, und drei Arbeiter fanden einen jähen Tod. Doch waren das nur kleine Mißgeschicke im Vergleich zu den Gefahren, denen alle Teilnehmer an den Manövern, die der Zar mit seinen alten Potetschny-Kameraden abhielt, ausgesetzt waren. Er hatte eine Miniaturstadt, Preßburg, auf einer Insel der Jausa erbauen lassen. Sie bestand aus einer kleinen Festung, einer Kaserne, einem Gerichtshof, Verwaltungsbüros und einem im korrekten Maßstab verkleinerten Hafen mit einer Bootsflotte an der Reede, all das zur militärischen Belustigung des Herrschers. Die Truppen wurden in zwei Lager geteilt. Die Offiziere waren Ausländer, die Unteroffiziere Russen. Obwohl Peter Herr über diese bewaffneten Streitkräfte war, wollte er auch ein einfacher Kämpfer inmitten der anderen sein und ordnete sich als Unteroffizier in das Regiment Preobraschenski ein.

Wollte er sich abhärten, seine kranken Nerven kräftigen, wenn er sich wie toll in diese Scheinkriege stürzte? Die Kanonen donnerten, Granaten krachten, von allen Seiten wurde geschossen, und die Infanterie rückte mit flatternden Standarten unter den Klängen der Pfeifen und Trommeln in Linie vor. Am 2. Juni 1690 wurde Peter, der an der Spitze mit gezogenem Degen vorstürmte, durch die Explosion einer Granate im Gesicht verbrannt. Wenig später erlitt Gordon das gleiche Schicksal.

Mehrere Offiziere wurden bei einem Scharmützel mit blanken Waffen verletzt. Im Oktober 1691, während eines dieser Handgemenge, die Gordon »ein kriegerisches Ballett« nannte, kam Fürst Iwan Dolgoruki ums Leben. Sein Tod betrübte Peter zwar, brachte ihn aber nicht von seinen wilden Spielen ab. Auf seinen Befehl mußten im Oktober 1694 zwei Armeen von je zwanzigtausend Mann zu einer riesigen »Schlacht zum Spaß« gegeneinander antreten. Die eine dieser Armeen unter dem Befehl von Fjodor Romodanowski sollte die künstliche Stadt Preßburg verteidigen, während die gleich starke andere, angeführt von Burtulin, versuchen sollte, die feindlichen Stellungen einzunehmen. Um dieser Veranstaltung, dem »Feldzug von Koschuchow«, einen possenhaften Anstrich zu geben, verfügte Peter, daß sich Romodanowski König von Preßburg und Burtulin König von Polen nennen solle. Dem Siegeswillen der Angreifer entsprach die Entschlossenheit der Verteidiger. Lefort, der am Kampf teilnahm, schrieb später: »Man warf Sprengkörper, eine Art Töpfe oder Krüge, in denen sich mehr als vier Pfund Schießpulver befanden ... Es war reinste Raserei ... Beim Angriff auf ein Vorwerk verbrannte ich mir Gesicht und Ohren. Man fürchtete um meine Augen.«[5]

Der Zar sagte zu Lefort: »Dein Mißgeschick tut mir leid. Du hast dein Wort gehalten, eher zu sterben als zu weichen. Ich habe nichts, um dich zu entschädigen, aber ich werde einen Weg finden.« Die Verluste im Laufe dieses Manövers betrugen angeblich vierundzwanzig Tote und achtzig Verletzte. Der »König von Polen« wurde besiegt, gefangengenommen und mit auf dem Rücken gefesselten Händen ins Lager des »Königs von Preßburg« geschleppt. Nachdem der »König von Preßburg« die Kapitulation seines vom Glück verlassenen Gegners entgegengenommen hatte, gab er für alle Teilnehmer ein Festessen. Nach dieser gewaltigen Rauferei hatte Peter das Gefühl, seinen Mut endlich gestählt zu haben. Und wann würde er eine wirkliche Schlacht erleben?

Zu Wasser wollte er genauso stark sein wie auf dem Lande.

Er hatte seine geliebten Schiffe nicht vergessen. Auf seinen Befehl hin warb der holländische Zimmermann Karschten-Brandt zwanzig Helfer an und ließ sich mit seiner Mannschaft am Ufer des Sees von Perejaslawl nieder, um eine Flottille zu bauen. Nahe der Schiffswerft errichtete man in aller Eile eine Kirche und einen Flachbau aus Holz, ebenso einfach wie die Unterkunft eines Vorarbeiters. Die Fenster hatten Glimmerscheiben, aber ein Doppeladler aus vergoldetem Holz mit einer Krone war über der Eingangstür angebracht. Hierher zog sich der Zimmermann-Zar von Zeit zu Zeit zurück. Gekleidet wie ein Arbeiter, hantierte er mit Axt, Hammer und Hobel, daß rings um ihn die Späne nur so flogen. Die Holzarbeit gefiel ihm ebenso wie der Umgang mit diesen rauhen Männern, die ihr Handwerk verstanden und ihn darin unterwiesen, ohne sich um seinen hohen Rang zu kümmern. Der Ort war hübsch und nur zwei Tagereisen von Moskau entfernt. Bisweilen besuchten den Zaren einige seiner lustigen Kumpane und brachten auf Wagen Fässer voll Wein und Bier, voll Honigwein oder Branntwein mit. Leichte Mädchen begleiteten sie. Nach solcher Entspannung machte sich Peter wieder an die Arbeit. Im Februar 1692 war er ungehalten, weil seine Mutter verlangte, er solle nach Moskau zurückkommen, um den Gesandten des Schahs von Persien zu empfangen. Bald aber erschien ihm der See als elende Pfütze, unwürdig seiner großen Träume, ihn verlangte nach dem »wirklichen Meer«. Nathalie, die wegen seiner Unbesonnenheit besorgt war, bat ihn inständig, auf eine Reise an das Meer zu verzichten. Er bestand jedoch darauf, versprach aber, sich nicht einzuschiffen. Er würde sich damit begnügen, sagte er, von fern das Segelsetzen der Schiffe zu beobachten.

Im Juli 1693 brach er mit einem Gefolge von hundert Mann, darunter Lefort, Romodanowski, Burtulin, ein Priester und zwei Hofnarren, nach Archangelsk auf, dem einzigen Hafen seines Reiches in den Gewässern um den Polarkreis, wo er die Luft der offenen See atmen konnte. Dort angekommen, war er so hingerissen von der Brandung der grauen Wogen, dem im

Nebel verschwimmenden Horizont, dem Gewimmel der Matrosen auf dem Kai, der regen Handelstätigkeit der Stadt, in der Waren aus ganz Europa entladen wurden, daß es ihn nicht mehr an Land hielt und er sein Versprechen vergaß. Als holländischer Matrose gekleidet, ging er an Bord der Jacht *St. Peter,* die im Kielwasser anderer Schiffe Kurs aufs offene Meer nahm. Ein rauher Wind peitschte ihm ins Gesicht. Hoher Seegang ließ die Planken unter seinen Füßen erzittern. Aufrecht neben dem Steuermann stehend, träumte er von dem Tag, an dem sich die russische Flagge in diesen ungeheuren Weiten entfalten würde, die bisher nur ausländische Schiffe kannten. Nach Archangelsk zurückgekehrt, beschloß er, eine Kriegsflotte erbauen zu lassen. Ein erstes Schiff von geringer Größe sollte von heimischen Arbeitskräften in Rußland auf Kiel gelegt werden. Ein weiteres, eine Fregatte mit vierundvierzig Kanonen, würde er in Holland beim Amsterdamer Bürgermeister Witsen bestellen. Inzwischen hatte Nathalie erfahren, daß sich ihr furchtloser Sohn auf der See bis in arktische Gefilde gewagt hatte, und beschwor ihn in einem Brief, nach Moskau zurückzukehren. Sie ließ ihm sogar im Namen seines kleinen dreijährigen Sohnes schreiben: »Grüße und Gesundheit für lange Jahre, mein geliebter Vater Zar Peter Alexejewitsch. Komm bald zurück, Du unsere Freude, unser Herrscher. Ich bitte Dich um diese Gunst, weil ich den Kummer meiner Großmutter sehe.« Peter machte sich schließlich widerwillig auf den Rückweg.

In Moskau fand er seine Mutter krank und unruhig. Er liebte sie mit tiefer Zärtlichkeit, einer fast religiösen Verehrung; sie war in seinen Augen der einzige Mensch auf der Welt, dessen Liebe von keiner Berechnung befleckt war. Trotz aller Bemühungen der Hofärzte starb sie am 25. Januar 1694. Peters Schmerz entlud sich mit der Gewalt eines Sommergewitters. Er heulte, er weinte, er betete. Aber am dritten Tag, kaum daß Nathalie begraben war, feierte er wieder in fröhlicher Runde bei Lefort. Er brauchte den Wein, den Lärm und das Lachen von Anna Mons, um nicht vom Schmerz überwältigt zu werden.

Traurigkeit war seiner Meinung nach eine schwerere Krankheit als die, an der seine Mutter starb. Die Pflicht des Mannes war es, alle Freuden der Welt zu genießen und nicht wie gebannt auf das Grab zu starren, das sich vor ihm aufgetan hatte. Bereits am 29. Januar 1694 kehrte er zu seiner geliebten Schiffahrt zurück und schrieb an Apraxin: »Wenn ich auch von meinem Kummer noch nicht genesen bin, schreibe ich Dir doch in Sachen der Lebenden: Ich schicke Dir Niklaus und Jan für den Bau eines kleinen Schiffes. Man soll ihnen das notwendige Holz und Eisen liefern; man soll auch hundertfünfzig Hundefellkappen und ebenso viele Schuhe verschiedener Größen anfertigen . . .«

Im Frühjahr erhielt er einen Brief von Witsen, der ihm die Ankunft des in Amsterdam bestellten Kriegsschiffes in Archangelsk für Juli ankündigte. Peter wollte zu seinem Empfang an Ort und Stelle sein. Am 8. Mai verließ der Zar mit seinem üblichen Gefolge den See von Perejaslawl auf zweiundzwanzig großen Barken flußabwärts Richtung Norden. Am 17. Mai passierte die Flottille, der Dwina folgend, Cholmogory und lief, durch Salven von Kanonenschüssen begrüßt, in Archangelsk ein. Was sollte man bis zur Ankunft des holländischen Schiffes tun? Peter konnte angesichts dieses Meeres, dessen Wellengang und Brandung ihn anlockten, nicht untätig bleiben. Er ging mit einigen Freunden und einem Popen an Bord der Jacht *St. Peter* und beschloß, zu einem auf der Insel Solowezki erbauten Kloster zu segeln. Als das Schiff schon hundertzwanzig Kilometer von Archangelsk entfernt war, erhob sich auf dem Weißen Meer ein schwerer Sturm. Eilig reffte man die Segel. Von gewaltigen Wellen herumgeworfen, krachte die *St. Peter* in allen Fugen. An Bord herrschte Verzweiflung. Den Schiffbruch vor Augen, gab die Mannschaft den Kampf auf, und Matrosen und Offiziere befahlen ihre Seele Gott. Die Vertrauten des Zaren schluchzten und rangen die Hände vor dem sie segnenden Popen.

Der Zar beichtet, kommuniziert und ergreift dann das Ruder. Dieses Mal behält er die Nerven. Möglicherweise begeistert ihn sogar der Aufruhr der Elemente. Seine Entschlossenheit gibt der Mannschaft neue Kraft. Auf Anraten des Steuermanns lenkt er die Jacht in den Golf von Unski, um sie vor dem Unwetter in Sicherheit zu bringen. Das Manöver gelingt. Man hält es für ein Wunder. Als die Jacht vor der Küste vor Anker geht, zimmert Peter eigenhändig ein mehr als drei Meter hohes Holzkreuz und schneidet eine Inschrift in Holländisch hinein, um zu zeigen, daß er die Sprache der Seeleute beherrscht: »Dieses Kreuz wurde von Kapitän Peter im Sommer 1694 errichtet.« Dann lädt er das Kreuz auf seine starken Schultern, trägt es allein gleich einem kräftigen Christophorus ans Ufer und errichtet es an der Stelle, wo er gelandet ist.

Nach Archangelsk zurückgekehrt, feierte er mit viel Wein, Gesang und Schießpulver die göttliche Gnade, die ihn am Leben erhalten hatte. Man sah ihn mit dem Glas in der Hand bald bei seinen Freunden, bald bei den Matrosen vom Hafen. »Er findet mehr Vergnügen und Freude daran, sich mit unseren Landsleuten zu unterhalten und unsere Schiffe zu besichtigen, als an irgend etwas anderem«, berichtet der holländische Gesandte van Keller. Endlich, am 21. Juli 1694, tauchte die Fregatte *Der heilige Prophet* unter vollen Segeln am Horizont auf. In der Stadt donnerten die Kanonen, die Glocken läuteten, und Peter tanzte vor Freude, als wäre er nicht zweiundzwanzig Jahre alt, sondern zwölf. Noch nie hatte er ein schöneres Geschenk erhalten. Er ging an Bord und bestaunte das Wunderwerk aus nächster Nähe: Alles gefiel ihm, die Aufbauten und Kabinen, die Matrosen und das Tauwerk, die Kanonen und die Fässer mit französischem Wein. Unverzüglich diktierte er einen Brief an den Bürgermeister von Amsterdam:

»Min her! Ich kann Euch mit diesem Brief nur berichten, daß Jean Flamm (der Kapitän) in guter Verfassung angekommen ist, mit vierundvierzig Kanonen und vierzig Matrosen ... In dieser Stunde ist mir nicht nach Schreiben zumute, sondern danach, dem Bacchus zu huldigen, dem es gefällt, mit seinen

Weinreben die Augen dessen zu schließen, der Euch gerne einen ausführlicheren Brief geschrieben hätte.«

Und er unterzeichnte aus Höflichkeit seinem Briefpartner gegenüber in Flämisch: Schiper Fonshi Psantus Profetities, was zweifellos heißen sollte: Schiper van Schip Sanctus Propheties, Kapitän des Schiffes *Der heilige Prophet.* Von nun an stand er vollkommen im Bann der Holländer. Er übernahm für Rußland die rot-weiß-blaue Flagge dieses Landes in horizontaler Anordnung und vertauschte nur die Reihenfolge der Farben. Es war nun auch nötig, die Rangordnung in dieser neu entstehenden Seestreitkraft zu ordnen. Großzügig verteilte Peter Chargen und Ämter. Romodanowski, obwohl er von der Seefahrt keine Ahnung hatte, wurde zum Admiral ernannt, Buturlin, ebenso unwissend, zum Vizeadmiral, Gordon zum Konteradmiral; und Lefort, der lange Zeit an den Gestaden des Genfer Sees gelebt hat, wurde sogar dazu bestimmt, das erste Kriegsschiff der russichen Flotte zu befehligen. Peter selbst blieb einfacher Kapitän, so wie er sich in der Landarmee damit begnügt hatte, einfacher Kanonier zu sein. Unter dieser selbstgewählten Bescheidung, die einer seiner Wesenszüge war, verbarg sich in Wirklichkeit tiefer Stolz. Die wahre Größe war seiner Ansicht nach nicht auf Titel, Kleidung und Aufwand angewiesen. Sein ganzes Leben hindurch war er darauf bedacht, schlechter zu wohnen und bekleidet zu sein als die Adligen seines Hofstaates, wie um zu beweisen, daß seine Macht keines jener äußerlichen Zeichen bedurfte, womit sich allzu viele Herrscher aus Sorge vor mangelnder Ehrerbietung umgaben. In ihm verband sich in seltsamer Mischung Possenhaftigkeit mit Ernst, hemmungslose Genußsucht mit Wissensdurst. Zwischen zwei Saufgelagen studierte er Karten, schlug in Artillerielehrbüchern nach, machte sich mit der Bauweise von Hochseeseglern vertraut, ließ sich durch Gordon die Vorschriften über die Seefahrtszeichen übersetzen, las ausländische Zeitschriften und abgefangene Briefe, die ihm Andreas Vinius, der Chef der Postverwaltung, zuleitete, der als Sohn eines ausgewanderten Holländers zum orthodoxen Glauben übergetreten war. Je mehr er lernte und in dem Maße, wie seine Kenntnisse von der Welt außerhalb Rußlands wuchsen, gewann Peter allmählich die Überzeugung, daß es dem geographisch benachteiligten Rußland nie gelingen würde, frei zu atmen und sich harmonisch zu entwickeln, solange es nicht die Fesseln sprengte, die ihm den Atem nahmen. Auf dem Globus, den er nachdenklich drehte, wird sein Blick unwiderstehlich von zwei Punkten angezogen: vom Schwarzen Meer und von der Ostsee. Um zu ihnen Zugang zu gewinnen, gibt es nur ein Mittel: den Krieg. Aber trotz der militärischen Unternehmungen der letzten Jahre fühlt er sich dazu noch nicht reif. Noch gehören seine Überlegungen ins Reich des Spielerischen. Außerdem empfehlen ihm seine Berater Vorsicht.

Zahlreiche Russen hatten sich mittlerweile zu den Ausländern gesellt, die anfänglich sein üblicher Umgang gewesen waren. Am häufigsten sah man den riesenhaften Menschikow, einen ehemaligen Bäckerlehrling, der nie ein Buch geöffnet hatte, aber in der Uniform des Regiments Preobraschenski eine gute Figur machte. Er war niederster Herkunft, aber er verfügte über einen regen Verstand und eine beißende Schlagfertigkeit und war erfüllt von unbändigem Ehrgeiz, einer Vorliebe für Luxus und blinder Ergebenheit für seinen Wohltäter. Man munkelte, er sei der »Liebling« Peters. Gewissen Andeutungen zufolge verschmähte der Zar neben der Liebe zu den Frauen gelegentlich auch einen Streifzug in das andere Lager nicht. Berkholz, ein Zeitgenosse, erwähnt die Anwesenheit eines jungen hübschen Mannes, eines ehemaligen Leutnants, der nur »zum Vergnügen« des Herrschers am Hof war. Spater mußte der sächsische Maler Dannenhauer auf Peters Verlangen einen seiner Pagen nackt malen. Villebois schreibt, der Zar habe »Anfälle von Liebesraserei, bei denen Alter und sogar das Geschlecht für ihn von geringer Bedeutung seien«.[6] In seinen Briefen nannte Peter Menschikow »mein Herzensjunge«. Er schleppte ihn überall mit sich herum und überhäufte ihn mit Titeln und Geschenken wie eine Favoritin. Nebenbei bemerkt war »die Favoritin« zwei Meter groß, hatte eine Baßstimme und konnte mehr Alkohol vertragen als jeder andere.

Zu Peters Gefolge zählten seine drei Minister, die mit den laufenden Geschäften betraut waren: Gawril Golowkin, hager, bigott, verschlagen, vornehm und angeblich so geizig, daß er seine lange fuchsrote Perücke, um sie zu schonen, nach der Heimkehr an einen Nagel hängte. Fjodor Golowin dagegen war ein sachlicher, gebildeter und tüchtiger Mann, über den Leibniz schrieb, er sei »der geistreichste und intelligenteste Moskowiter«. Der dritte, der sittenstrenge und gottesfürchtige Fürst Prosorowski, bekreuzigte sich immer, bevor er eine Tür öffnete, aus Furcht, ein Ketzer könne vor ihm die Klinke berührt haben.[7] Um dieses Triumvirat kreisten andere: Fürst Romodanowski, ein Großgrundbesitzer, treu, hart und grausam, genoß das Privileg, auch vom Zaren selbst mit »Majestät« angesprochen zu werden. Der wirkliche Souverän beendete seine Briefe an den Fürsten zum Spaß mit den Worten: »Eurer Majestät untertänigster Sklave Peter.« Romodanowski lebte in orientalischem Prunk, zählte fünfhundert Personen zu seinem Hofstaat und ließ seine Besucher im Hof des Palastes von einem zahmen Bären empfangen, der ein mit gepfeffertem Wodka gefülltes Gefäß in seinen breiten Tatzen hielt. Dieses mußten sie bis zum letzten Tropfen austrinken, bevor sie die Türschwelle überschreiten durften. Scheremetjew, Nachkomme einer erlauchten Bojarenfamilie, wurde von dem Gesandten Whitworth als »achtbarer Gentleman« eingeschätzt, aber Peter fand ihn, obwohl er ihn wegen seiner Rechtschaffenheit schätzte, tödlich langweilig. Von Pjotr Tolstoi, der ein Vorfahr des Dichters Leo Tolstoi war, einem Muster an Boshaftigkeit und Schurkerei, sagte der Zar lachend: »Wenn man mit Tolstoi zu tun hat, muß man einen Stein in der Tasche haben, um ihm die Zähne einzuschlagen, bevor er einen auffrißt.« Einmal klopfte er Tolstoi an die Stirn und rief: »O Kopf, Kopf! Wenn ich dich nicht für so fähig hielte, hätte ich dich schon lange abschlagen lassen!« Ein anderer »fähiger« Gefährte war der zum orthodoxen Glauben übergetretene Schafirow, Sohn eines polnischen Juden. Diesen kleinen, feisten und gleisnerischen Mann hatte der Zar als Angestellten eines Tuchhändlers entdeckt und schätzte ihn wegen seiner Bildung und Sprachbegabung: er beherrschte sechs Sprachen! Peter teilte ihn Golowkin zu, der einen polyglotten Sekretär benötigte. Damit begann für Schafirow ein schwindelerregender Aufstieg in Pfründen und Ehrenämter. Andere Berater drängten sich um den Herrscher: Jaguschinski, Matwejew, Kurakin, Buturlin, Tatischtschow ... Einige waren von hochadliger Herkunft, andere stammten aus den untersten Gesellschaftsklassen. Woher sie auch kamen, Peter behandelte sie alle gleich in einer Mischung von rauher Freundschaft, Mißtrauen und Naivität. Oft wußte er zunächst nicht, wofür er sie verwenden sollte. Die meisten hatten einen Titel und keine wirkliche Aufgabe. Er versammelte sie zu lärmenden Festen im Hause Leforts. Einige höheren Alters oder schwächlicher Gesundheit nahmen nur ungern an diesen Trinkgelagen teil. Aber eine Einladung des Zaren durfte man nicht ausschlagen, wenn man an seiner Stellung hing. Auch wenn es ihm widerstrebte, mußte ein Höfling auf allerhöchsten Befehl im erstickenden Pfeifenrauch und Weindunst und bei den Possen der närrisch gekleideten Zwerge, die die Tafel umlagerten, lachen und trinken.

Bald genügten Peter diese improvisierten Belustigungen nicht mehr. Er wollte ihnen eine feste, offizielle und dauerhafte Form verleihen, nur um sie noch spaßiger und respektloser zu gestalten. Daher gründete er das »possenhafte Konklave« oder die »närrische Synode«, dazu bestimmt, Bacchus durch häufige und ausgedehnte Zechgelage zu huldigen. An die Spitze dieser Trinkgenossenschaft stellte er den größten Säufer, seinen früheren Hauslehrer Nikita Sotow, der mit dem Titel »Fürst-Papst« oder »Fürst-Patriarch« beehrt wurde. Für diese Rolle bezog Sotow ein Gehalt von zweitausend Rubel, bekam einen Palast und verfügte über zwölf Diener, die nur aus Stotterern rekrutiert wurden. Während der »Zeremonien« trug er ein Zepter und eine Mitra aus Weißblech, gab rülpsend unzusammenhängende

Ansprachen von sich, in denen sich Obszönitäten mit biblischen Zitaten abwechselten, und segnete die vor ihm knienden Anwesenden mit zwei gekreuzten Pfeifen und Schlägen mit einer Schweinsblase auf den Kopf. Dann reichte er ihnen eine unanständige Bacchusstatue anstelle einer Ikone zum Kuß und tanzte vor ihnen schwankend und rülpsend in seinen priesterlichen Gewändern, die er über seine krummen Beine raffte. Den Fürst-Papst umgab ein Konklave, das sich aus zwölf »Kardinälen« und einer großen Zahl von falschen Bischöfen, Archimandriten und Diakonen zusammensetzte, lauter ausgepichten Säufern und Völlerern.

Der Zar selbst nahm als »Erzdiakon« an allen Zusammenkünften teil und trank mehr als jeder andere. Er setzte auch eigenhändig die Statuten auf, legte die Rangordnung der Mitglieder fest und bestimmte die kleinsten Einzelheiten der unheiligen Sitzungen. Die Auserwählten mußten erst in roter Kardinalskleidung zum Haus des Fürst-Papstes gehen, das Vaticanum genannt wurde, um ihm zu danken und zu huldigen. Vier Stotterer führten sie in den Konsistoriumssaal, wo sich hinter Anhäufungen von Fässern der Thron Seiner hochheiligen Possenhaftigkeit erhob. Die erste Frage, die dem Neuankommenden gestellt wurde, war nicht »Glaubst du?« wie in der Urkirche, sondern: »Säufst du?« Und der Fürst-Papst fügte hinzu: »Hochwürdigster, öffne den Mund und schlucke, was man dir reicht, und du wirst uns schöne Dinge erzählen.« Der Wodka floß in Strömen durch die Kehlen der Novizen und die ihrer Lehrmeister. Danach begab man sich in einer Prozession zum Nachbarhaus, wo das Konklave abgehalten werden mußte. Als holländischer Seemann gekleidet, eröffnete Peter trommelschlagend den Zug. Ihm folgte der Fürst-Papst, auf einem von vier Ochsen gezogenen Faß sitzend und von falschen Mönchen umgeben. Das Gefolge bildeten Ziegenböcke, Schweine und Bären. Ein langgestreckter, mit Pritschen ausgestatteter Saal erwartete die Teilnehmer. Neben jeder Pritsche stand eine unterteilte Tonne, von der die eine Hälfte für Speisen vorgesehen war, die andere der Befriedigung natürlicher Bedürfnisse diente.

Niemand durfte seine Pritsche vor dem Ende des Konklaves, das drei Tage und drei Nächte dauerte, verlassen. Diener, Zwerge und Possenreißer überboten einander im Bestreben, die Eminenzen zum Trinken zu veranlassen, und spornten sie mit den schmutzigsten Reden an. Neben den beauftragten Possenreißern gab es Narren »mit angeborener Geistesschwäche«, die dem Herrscher großes Vergnügen bereiteten, und Narren »zur Strafe«, die dazu verurteilt waren, Wahnsinn zu simulieren, da sie ihre früheren Aufgaben schlecht erfüllt hatten. Alle waren kostümiert und überboten sich in Grimassen rings um die »Kardinäle«, die auf ihr Zeichen den Ellbogen hoben und Glas um Glas leerten. Wodka, Wein, Bier, Honigwein, alles war da und wurde durcheinander getrunken. Randvoll mit Alkohol, schwitzend, schnaufend und mit hervorquellenden Augen beschimpften einander die unglücklichen Konklavisten, weinten, wälzten sich am Boden, erbrachen sich auf ihre Verkleidung oder schlugen aufeinander ein, von sinnloser Wut erfaßt.

Der Zar trank auch, behielt aber einen klaren Kopf. Er wanderte zwischen den Betrunkenen hin und her, zollte ihren Verrücktheiten Beifall und feuerte sie an, sich noch tiefer zu erniedrigen. »Bei allen den Festen, die dieser Fürst gab«, schreibt Villebois, »pflegt er, sobald die Gemüter vom Wein erhitzt waren, zwischen den Tischen umherzugehen und zu hören, was gesprochen wurde; und wenn einem der Gäste etwas entschlüpfte, das ihm wichtig genug erschien, es in nüchternem Zustand zu untersuchen, notierte er es auf seinem Schreibtäfelchen, um bei passender Gelegenheit davon Gebrauch zu machen.«[8] Am Heiligen Abend sahen die Moskowiter bestürzt eine gotteslästerliche Prozession vorbeiziehen: Der Fürst-Papst erschien rittlings auf einem von zwölf kahlköpfigen Männern gezogenen Faß, seine Mitra aus Weißblech auf dem Kopf und in einem mit Spielkarten bestickten Meßgewand. Die »Kardinäle« folgten ihm in närrischen Soutanen, auf Ochsen reitend und

Flaschen schwenkend. Dann kamen andere »Würdenträger« in Schlitten, die von Schweinen, Bären und Hunden gezogen wurden. Alle grölten blasphemische Litaneien. Vor den reichsten Häusern hielt man an und ließ sich zu trinken geben. Wer wagte, das abzulehnen? Aber im Volk und auch im Adel ging ein gefährliches Gerücht um: War der Zar vielleicht der Antichrist? Der possenhafte Umzug wurde auch an anderen heiligen Festtagen wiederholt.

Als Eudoxia erfuhr, daß diese öffentlichen Verhöhnungen der Religion von Peter veranlaßt und geleitet wurden, weinte sie, bedauerte, daß Nathalie nicht mehr lebte, um ihren Sohn zur Vernunft zu bringen, und betete zu Gott, er möge den Zaren erleuchten. Vergeblich flehte sie ihren Gatten an, diese teuflischen Praktiken aufzugeben, er lachte nur und wies sie ab. Sie langweilte ihn. Wußte er eigentlich selbst, welcher Regung seines Geistes die Einsetzung des Fürst-Papstes und der Säuferkardinäle entsprang? Sicherlich war es ihm nicht unerwünscht, auf diese Weise das orthodoxe Patriarchat herabzusetzen, dessen Macht im Staat mit der seinen rivalisierte. Hatte er sich nicht bereits geweigert, den Esel des Patriarchen Adrian am Zügel zu führen? Seine Auflehnung trieb ihn in diese Exzesse der Blasphemie. Trotz allem aber blieb er ein gläubiger Christ. Er respektierte die Kirche, doch unter der Bedingung, daß sie sich auf ihre geistige Rolle beschränkte und nicht in die Kompetenzen der Regierung eingriff. Was den Papst anging, das ausländische Oberhaupt der Katholiken, so war er für Peter nur eine ferne, bizarre Gestalt ohne irgendwelchen Einfluß auf Rußland. Man konnte ihn also zu einer lustigen Karnevalsfigur machen, ohne sich gegen Gott zu versündigen. Als Liebhaber ungeheuerlichen Schabernacks ließ der Zar die ausgelassenen Sitten des Mittelalters wiederaufleben, vermischte Sakrales mit Profanem, verspottete Könige, Päpste und Kleriker und bestimmte gewisse Tage für lästerliche Reden, ohne deshalb aufzuhören, um sein Seelenheil zu zittern. Es entsprach seiner Veranlagung, alles um sich herum in Frage stellen zu wollen, in erster Linie die alten russischen Gebräuche, seien sie volkstümlich oder religiös. Die Protestanten gefielen ihm, weil sie es wagten, im Bereich des Glaubens Neuerungen einzuführen. Nur taten sie dies mit Würde und Ernst, während sich seine Absage in Spaß, Zerrbildern und Narreteien äußerte. Machte er sich nicht sogar über sich selbst lustig, wenn er sich als Untertan, als Sklave »Seiner Majestät« Romodanowski bezeichnete? Warum sollte er es sich unter diesen Umständen versagen, den Patriarchen und den Papst zu verspotten! Man mußte lachen, daß einem der Bauch weh tat, und trinken, bis man den Verstand verlor. Jeder Vorwand war recht, um das tägliche Einerlei zu unterbrechen. Der Geist war nach einer richtigen Saufpartie immer viel lebhafter. Peter war nicht weit davon entfernt zu glauben, daß politisches Genie und die Fähigkeit, viel Alkohol zu vertragen, bei großen Männern Hand in Hand gingen. Riesengroß und primitiv, überschäumend vor Kraft und Schwung, gehorchte er den elementaren Instinkten seines Wesens. Alles war bei ihm kraus, verworren, unklar und gewaltig. Überschäumend vor Gesundheit und Exzentrizität, vergaß er bei seinen Ausschweifungen doch nie, daß er der Zar war. Vielleicht kamen ihm gerade in jenen Augenblicken, wenn ihn seine Gefährten zutiefst in Trunkenheit versunken glaubten, seine besten Einfälle? Von diesen reizte ihn am meisten die Wiederaufnahme der Kampfhandlungen gegen die Türkei. Er wollte dort erfolgreich sein, wo Sophie und Wassili Golizyn zweimal gescheitert waren. Sein Bruder Iwan, ein blasser Schatten, war nicht Manns genug, sich seinen Plänen entgegenzustellen. Auch niemand anderer aus seiner Umgebung. Und doch zögerte er. Aber wie anders sollte er feststellen, ob er nicht immer noch nur ein Manöverhauptmann war oder doch schon ein richtiger Feldherr?

5. Kapitel
Krieg gegen die Türkei

Wenn Peter auch von seinen Unternehmungen zu Wasser und zu Land, seinen Saufgelagen und Liebschaften sehr in Anspruch genommen war, entging ihm doch nicht, daß sich die Situation des Landes zunehmend verschlechterte. Im Innern kritisierten Adel und Bürgertum die Leichtfertigkeit des Zaren, seine Vorliebe für ausländische Berater, die unnützen Militärspiele und seine schamlosen Angriffe auf die Kirche. In den Staatsämtern herrschten Gaunerei und Gleichgültigkeit. Auf dem Land, bis vor die Tore Moskaus, wimmelte es von Straßenräubern. Sie stahlen, brandschatzten und mordeten ungestraft, die Polizei stand der Flutwelle des Verbrechens hilflos gegenüber. Und die Duma, der der junge Herrscher bisher die Staatsgeschäfte überlassen hatte, war zu unentschlossen und uneinig, um auch nur die geringste Entscheidung zu treffen. Manche jener Bojaren, die sich 1689 auf Peters Seite gestellt hatten, trauerten jetzt der Zeit von Sophies Regentschaft nach, in der bei allen Fehlern zumindest straff regiert worden war.

Um die auswärtigen Angelegenheiten stand es noch schlimmer. 1692 hatten zwölftausend Tataren Nemirow geplündert, Tausende von Gefangenen, Männer und Frauen, fortgeschleppt und alle Pferde geraubt. Ihre Überfälle auf ukrainisches Gebiet wiederholten sich regelmäßig, und die Bewohner der bedrohten Bereiche flehten den Zaren vergeblich an, sie zu schützen. Mazeppa, der neue Hetman der Kosaken, näherte sich im Bewußtsein der Handlungsunfähigkeit Rußlands gefährlich den Polen. Frankreich verhandelte mit dem Großwesir, um die Aufsicht über die Heiligen Stätten zu erlangen. Katholische Priester hatten den orthodoxen Mönchen schon das Heilige Grab, die Hälfte von Golgatha, die Kirche von Bethlehem und die Geburtsgrotte entwunden. Dositheus, der Patriarch von Jerusalem, stöhnte über diese Schmach und träumte von einem Heiligen Krieg. Um seine Geringschätzung einer so kraftlosen Nation auszudrücken, hatte es Sultan Achmed II. nicht einmal für notwendig erachtet, den beiden Zaren von Rußland seine Thronbesteigung bekanntzugeben, obwohl er die anderen europäischen Herrscher offiziell davon unterrichtet hatte.

Peter schluckte den ganzen Ärger hinunter, ohne sich etwas anmerken zu lassen. Aber dann wachte er mit einem Schlag auf, blickte mit offenen erstaunten Augen um sich und reckte sich. So als hätte er plötzlich den Zustand der Reife erreicht. Lefort hatte gerade den Plan gefaßt, ihn auf eine Reise durch Europa mitzunehmen, um seinen Landsleuten in der Schweiz und in Holland zu zeigen, welcher Zuneigung, Achtung und Stellung er sich an der Seite seines Gebieters erfreute. Begierig auf alles Neue, sagte er sich, werde der Zar wertvolle Lehren aus seinen Besuchen in den höchstentwickelten und fortschrittlichsten Staaten der Welt ziehen. Peter war rasch für diese Idee zu gewinnen. Aber er wollte im Ausland nicht als zweitrangiger Herrscher erscheinen, der keinerlei Ruhmestaten aufzuweisen hatte. Bevor er sich auf den Weg machte, mußte er in den Rang der größten abendländischen Könige aufsteigen. Erst wenn man ihn jenseits der Grenzen achtete und fürchtete, wollte er das Land verlassen. Dafür brauchte er den Lorbeer eines siegreichen Krieges. Angespornt durch Lefort, machte er aus dem Spiel Ernst. Am 20. Januar 1695, mitten im Winter, verfügte er in einem Ukas die Mobilmachung gegen die Türkei. Er übernahm den alten Plan Golizyns, änderte jedoch die Taktik. Anstatt den Durchbruch bei Perekop zu versuchen, wählte er Asow zum Ziel des Feldzugs, die ehemalige griechische Handelskolonie Tanais im Mündungsdelta des Don. Diese von den Türken stark befestigte Stadt verteidigte die Flußmündung und kontrollierte indirekt den Zugang zum Asowschen Meer. Um den Feind zu täuschen, führte Scheremetjew mit hundertzwanzigtausend Mann einen Ablenkungsangriff gegen die türkischen Befestigungen an der Mündung des Dnjepr. Gleichzeitig marschierte eine kleine Armee von einunddreißigtausend Mann, darunter alle neuen Regimenter, das Artilleriebataillon des Zaren, die Strelitzen, die Miliz des Hofes und der Hauptstadt, gegen Asow. Diese Streitmacht wurde von drei Generälen befehligt: Gordon, Golowin und Lefort. Auf diese Weise organisiert, ähnelte der Feldzug noch einem jener spielerischen Manöver, die den Zweck hatten, die Miniaturfestung Preßburg einzuschließen.

»Wir haben uns vor Koschuchow[1] amüsiert, und jetzt werden wir das Spiel vor Asow fortsetzen«, berichtete Peter an Apraxin. Wie stets seinem Hang zu Verstellung und Posse folgend, nahm er das Pseudonym Peter Alexejew an, verlangte, wie ein einfacher Artilleriehauptmann behandelt zu werden, und schrieb an Romodanowski, den er vor kurzem zum Spott »König von Preßburg« getauft hatte: »Min her Kenich,[2] der Brief Eurer Majestät, von Eurer Hauptstadt Preßburg abgesandt, wurde mir überbracht, für welche Gnade ich Eurer Majestät verpflichtet bin, mein Blut bis zum letzten Tropfen zu vergießen, wozu ich mich auf den Weg mache. – Kanonier Peter.«

Schließlich vor den Mauern von Asow angelangt, waren sich die drei Oberbefehlshaber nicht einig. Die Beschießung der Stadt konnte den Widerstand der Feinde nicht schwächen. Die ersten Angriffe gegen das Fort verliefen enttäuschend. Entgegen dem Rat Gordons befahl Peter für Sonntag, den 5. August 1695, einen Großangriff und suchte Freiwillige, denen er hohe Belohnungen versprach. Kein einziger Soldat, kein Strelitze trat vor. Die Scheinschlachten auf dem Manövergebiet um Preßburg hatten sie ungenügend auf wirkliche Gefechte vorbereitet. Aber zweitausendfünfhundert Donkosaken meldeten sich. Man gab ihnen ein ausreichendes Truppenkontingent bei, ohne der geringen Begeisterung der ausgewählten Regimenter Rechnung zu tragen. Der mangelhaft vorbereitete und schlecht geführte

Angriff wurde mit schweren Verlusten zurückgeschlagen. Nun beschloß Peter, anstatt der Kanonen Minen einzusetzen, um eine Bresche in die Festungsmauer zu schlagen. Aber die Minen waren unzuverlässig, häufig versagte die Zündung, und wenn sie explodierten, töteten sie mehr Russen als Türken. Doch wie durch ein Wunder riß eine dieser Sprengladungen ein ausreichend breites Loch in die Mauer, das den Belagerern einen Großangriff ermöglichte. Trotz ihrer Begeisterung wurden sie blutig zurückgeworfen. Andere Operationen endeten in noch schwereren Mißerfolgen. Die einzigen Trophäen, die die Russen den Türken abnehmen konnten, waren eine Fahne und eine Kanone. Peters Armee konnte nur einen Erfolg verzeichnen: zwei Türme oberhalb von Asow, die den Zugang zum Asowschen Meer kontrollierten, wurden von russischen Truppen eingenommen. Dann aber setzte ein großer Regen ein, der Fluß trat über die Ufer, überschwemmte die Zelte, durchnäßte das Schießpulver und verwandelte die Laufgräben in Schlammlöcher. Nach hundertsechsundachtzig Tagen der Belagerung beschloß der Kriegsrat den Rückzug nach Tscherkask. Berittene Tataren beunruhigten die Nachhut und metzelten die Nachzügler nieder. Auf den Regen folgte Frost. Hunderte von Soldaten starben aus Mangel an Lebensmitteln und warmer Kleidung. Wölfe fielen die Überlebenden an. Der Feldzug verwandelte sich in ein noch größeres Fiasko als jenes, das man einst Wassili Golizyn zur Last gelegt hatte. Aber genau wie dieser, den er einst kritisiert hatte, trat Peter in Moskau als Sieger auf. Bei seinem triumphalen Einzug in die Stadt marschierte an der Spitze des Zuges in Ketten ein türkischer Gefangener (möglicherweise der einzige!). In den Kirchen sang man das Tedeum für den vermeintlichen Sieg. Die Verluste der Armee wurden offiziell dem Verrat eines gewissen Jakob Janssen zugeschrieben, der den Feinden angeblich die Geheimnisse der russischen Strategie enthüllt hatte. Indessen ließ sich die öffentliche Meinung nicht täuschen. Peter übrigens auch nicht. Die Demütigung entmutigte ihn jedoch keineswegs, sondern spornte ihn zu nützlichen Überlegungen an. Für ihn gab es nie eine verlorene Sache, nur Erfahrungen, aus denen man lernen mußte, wie die Lage zum eigenen Vorteil zu wenden war. Während die Lästerer rings um ihn an die prophetischen Worte des Patriarchen Joachim gegen die ausländischen Berater und ketzerischen Generäle erinnerten, analysierte er nüchtern die Ursachen der Niederlage. Von der Landseite her uneinnehmbar, würde die Festung Asow vermutlich einem Angriff vom Meer aus erliegen. Die mittelmäßigen Boote von Perejaslawl taugten höchstens zur Belustigung. Was Rußland brauchte, war eine wirkliche Flotte. Da es keine hatte, würde man eben eine bauen. Und das rasch!

Auf Peters Verlangen ordnete die Duma der Bojaren den Bau einer Kriegsflotte an. Das ganze Land wurde dazu herangezogen. Jedem Großgrundbesitzer, der mehr als zehntausend »Seelen« besaß, wurde die Gestellung eines bewaffneten und bemannten Schiffes auferlegt. Auch die Klöster hatten ihren Beitrag im Verhältnis zur Zahl der in ihren Diensten stehenden Leibeigenen zu leisten. Die Zarenfamilie wollte von sich aus neun Schiffe zur Verfügung stellen. Die Frage der Arbeitskräfte wurde mit exemplarischer Entschlossenheit gelöst. Man warb im Ausland Kapitäne, Steuerleute, Matrosen und dazu als Vorarbeiter Schiffszimmerleute an. Manche waren bei ihrer Ankunft in Woronesch, das man wegen seiner großen Holzlager gewählt hatte, über die dort herrschenden Lebensbedingungen entsetzt und machten sich auf der Stelle wieder davon. Man fing sie wieder ein. Die einfachen Handwerker wurden durch umfangreiche Aushebungen im eigenen Land beschafft: Man riß Schmiede, Zimmerleute und Tischler von ihren Ambossen und Werkbänken fort und brachte sie in Gewaltmärschen an die Ufer des Don. Aus der Umgebung von Woronesch wurde trotz der Klagen ihrer Familien eine ganze Armee von dreißigtausend Muschiks fortgeholt und wie Vieh herbeigetrieben, um die einfacheren Arbeiten durchzuführen. An Material mangelte es nicht. Es wurde mit derselben, keinen Widerspruch duldenden Brutalität beschafft. Siebentausend Bäume – Eichen, Tannen und Linden – mußten in kürzester Zeit in den weiten Wäldern um Woronesch geschlagen werden, während Regierungsbeamte in den Magazinen von ganz Rußland Eisen, Kupfer, Teer, Tauwerk, Segeltuch, Nägel und das für die Abdichtung der Schiffe notwendige Werg beschlagnahmten. Zur Führung der noch auf Helling liegenden zukünftigen Flotte ernannte Peter einen ganzen Stab: Der Schweizer Lefort wurde Großadmiral, der Venezianer Lima Vizeadmiral und der Franzose Balthasar de L'Osière Konteradmiral. Der Zar selbst begnügte sich mit dem Rang eines Kapitäns. Aber im Augenblick war von Schiffahrt noch keine Rede. Peter stand mit aufgekrempelten Ärmeln auf dem Bauplatz in Woronesch und handhabte mitten unter den Arbeitern Axt, Hobel, Lot, Hammer und Zirkel. Er half eigenhändig beim Bau der elegantesten und schnellsten Galeere, die auf den Namen *Principium* getauft wurde und zweihundert Mann aufnehmen konnte. »Wie Gott es unserem Urvater Adam befohlen hat, essen wir unser Brot im Schweiße unseres Angesichts«, schrieb er an den Bojaren Streschnjew.

Während der Arbeit erhält er eine schmerzliche Nachricht: Ein Kurier meldet ihm, daß sein kränklicher Halbbruder Iwan ganz plötzlich am 29. Januar 1696 in Moskau gestorben ist. Nun gibt es also nur noch einen Zaren von Rußland, was Peter in Wirklichkeit ja schon seit der Verbannung Sophies in ein Kloster gewesen war. Aber das Hinscheiden dieses stillen Gefährten seiner Jugendtage stimmt ihn traurig. Er seufzt und arbeitet mit doppeltem Eifer. Im Augenblick ist ihm nichts so wichtig wie diese schönen Schiffsrümpfe mit ihren wie Rippen aufragenden Spanten. Die schlecht ernährten und elend untergebrachten Arbeiter sterben dutzendweise. Man setzt unter Androhung der Knute andere ein. Die ausländischen Ingenieure betrinken sich und streiten. Wolkenbrüche überschwemmen das Gelände. Aber Peter verliert nicht den Mut. Um seine Flotte zu vervollständigen, läßt er zwei in den Niederlanden gebaute Kriegsschiffe aus Archangelsk kommen, die *Apostel Peter* und die *Apostel Paul*. Da die Flüsse zugefroren sind, werden die beiden großen Schiffe durch Treideln auf Eis und Schnee nach Woronesch gebracht. Die im Herbst 1695 begonnenen Bauarbeiten schreiten so rasch fort, daß man im Monat Mai 1696 dreiundzwanzig Galeeren und vier Brander unter Kanonendonner und Zechgelagen vom Stapel lassen kann. An der Spitze der Flotte, die den Don abwärts dem Meer entgegensegelt, schwimmt die Galeere *Principium* unter dem Kommando Peters beziehungsweise des Kapitäns Peter Alexejew, wie er sich nun nennen läßt. Die Landstreitmacht, die bei der Eroberung von Asow mit der Seestreitmacht zusammen operieren soll, steht unter dem Kommando von Generalissimus Alexej Schejn, dem General Gordon als Adjutant an die Seite gestellt ist.

Das erste Seegefecht entschieden die russischen Schiffe für sich. Nachdem die vor Asow ankernden türkischen Schiffe auseinandergetrieben waren, blockierte die Flotte des Zaren an der Flußmündung allen Nachschub. Nun begann erneut die Belagerung, wiederum mit ungezielten Kanonenschüssen, spärlichen Musketensalven und erfolglosen Sprengungen. Peter schrieb an seine Schwester Nathalie: »Guten Tag, Schwesterchen. Ich bin Gott sei Dank wohlauf. Deinem Brief gehorsam, komme ich den Granaten und Gewehrkugeln nicht zu nahe; aber die Granaten und Gewehrkugeln kommen mir nahe. Willst Du ihnen nicht verbieten, das zu tun?« Da der Widerstand der Verteidiger sich nach wie vor als ungebrochen erwies, beriefen die Generäle in ihrer Hilflosigkeit einen großen Kriegsrat ein, um die Meinung der Offiziere und Unteroffiziere zu hören, welche Taktik die Stadt am ehesten zu Fall bringen könnte. Einige Strelitzen empfahlen die Methode, mit der es Wladimir dem Großen einst gelungen war, Cherson zu erobern: Man solle vor den Bollwerken einen großen Damm aufschütten, wodurch man die Mauern aus gleicher Höhe beherrschen könne. Fünfzehntausend Arbeiter wurden Tag und Nacht für diese gigantische Erdbewegung eingesetzt, unter dauerndem Beschuß durch die Türken, die von der Höhe der Mauern aus bequem zielen konnten. Die Verluste waren enorm, auch die Strategie Wladimirs des Großen drohte zu scheitern. Dann aber trafen die österreichischen Offiziere und Ingenieure ein, die vor viereinhalb Monaten in Wien angeworben worden waren. Sie rieten davon ab, die Aufschüttungsarbeiten fortzusetzen, und richteten die Kanonen so genau, daß die Türken bald die Eckbastionen räumen mußten. Überdies gingen den Belagerten Munition und Lebensmittel aus. Am 17. Juli 1696 eroberten die Dnjeprkosaken in kühnem Handstreich die Vorwerke der Festung; am 18. mittags kapitulierte die Stadt; am 19. verließen die türkischen Soldaten mit Waffen, Frauen, Kindern und Gepäck die Mauern; der Deserteur Jakob Janssen, der während der ersten Belagerung zum Feind übergelaufen war, wurde den Siegern ausgeliefert; schließlich übergab der Bey dem Generalissimus die Schlüssel der Stadt, schiffte sich mit seinem Gefolge ein und stach in See. Die Russen marschierten in die Stadt ein. Die meisten Häuser waren nur noch Ruinen. Peter hatte seinen Willen durchgesetzt, strahlend und zugleich spaßhaft schrieb er am 20. Juli an Romodanowski, den »König von Preßburg«: »Min Her Konih! Vernehmt, Eure Majestät, daß Gott die Armeen Eures Königreiches gesegnet hat. Gestern haben die Gebete und das Glück Eurer Majestät die Leute von Asow veranlaßt, sich in tiefer Verzweiflung zu ergeben ... Geschrieben auf der Galeere Principium – Piter.«

Nachdem Peter die Befestigung von Asow hatte verstärken lassen, hinterließ er dort eine Garnison von achttausend Mann und machte sich auf den Rückmarsch. Von Tscherkask aus schrieb er an Vinius, er verlasse sich darauf, daß in Moskau zu Ehren der siegreichen Armee Triumphbögen errichtet würden. Vinius erbat in seiner Antwort eine Frist von einem Monat für die Ausschmückung der Stadt. Seine Ungeduld bezwingend, beschloß Peter, die Schmelzhütten im Bezirk Tula zu besichtigen, um den Veranstaltern des Festes genügend Zeit für die Vorbereitungen zu geben. Erst am 30. September hielt das Ehrengeleit in Moskau seinen Einzug. Es wurde inmitten eines Waldes von Fahnen von einem riesigen Triumphbogen begrüßt, der von einem doppelköpfigen Adler gekrönt und mit allegorischen Gestalten und schmeichelhaften Inschriften geschmückt war. Auf einem goldenen Spruchband war zu lesen: »Zur Heimkehr des Kaisers Konstantin.« Auf einem anderen: »Sieg des Kaisers Konstantin über den Kaiser von Rom, den Heiden Maxentius.« Auf weiteren: »Mit der Kraft des Herkules und dem Mute des Mars«, und: »Ruhm den tapferen Kämpfern zur See«, oder: »Ruhm den tapferen Kriegern des Festlandes.« Und ein gewaltiges Gemälde auf Leinwand zeigte einen türkischen Pascha und einen Tatarenkhan in Ketten, dazu den Gott Neptun, der spricht: »Ich gratuliere Euch zur Eroberung von Asow und unterwerfe mich Eurem Willen.« Von der Höhe des Triumphbogens aus brüllte Vinius durch ein Sprachrohr den Admirälen und den Generälen Willkommensverse entgegen. In dem endlosen Zug, der sich langsam unter dem Geläute der Glocken, den Artilleriesalven und den Freudenrufen vorwärtsbewegte, erblickte man den grotesken Fürst-Papst Sotow, in einer Kutsche sitzend, in der einen Hand einen Säbel und in der anderen einen ihm von Mazeppa geschenkten Schild, Großadmiral Lefort mit einer Standarte, Vizeadmiral Lima, Konteradmiral Balthasar de L'Osière, Generalissimus Schejn, General Golowin, General Gordon, Trompeter, Paukenschläger, Ikonen schwingende Geistliche, sechzehn vom Feind erbeutete und von Soldaten durch den Schmutz hinterhergezogene Fahnen, gefesselte tatarische Gefangene, alle am Feldzug beteiligten Regimenter und auf einem Schandwagen den Verräter Jakob Janssen, mit einem Turban auf dem Kopf an einem Galgen festgebunden, von Henkern umgeben und mit einem Plakat auf der Brust: »Schurke«, und einem zweiten über seinem Kopf: »Als Abtrünniger von vier Religionen ist er bei Türken und Christen verhaßt.« Ursprünglich Katholik, war er nämlich erst zum Protestantismus, dann zur Orthodoxie und schließlich zum Islam übergetreten.

Ganz Moskau ist auf den Beinen, um seiner Armee zuzujubeln. Die Hochrufe werden stürmischer, als ein einfacher Marineoffizier, der prächtigen Staatskarosse eines Admirals folgend, gemessenen Schrittes vorbeigeht. Dieser Offizier ist sehr groß. Seine energischen Gesichtszüge drücken Freude und Entschlossenheit aus. Er trägt eine Uniform aus grobem deutschem Tuch und einen Enterhaken auf den Schultern. Eine weiße Feder ziert seine Kopfbedeckung. Er braucht keine Krone, man erkennt den Zaren. Getreu seinem Hang zur untertreibenden Verstellung marschiert er zu Fuß durch die Stadt, während seine Generäle und Admiräle in pompösen Wagen durch die Straßen rollen und an der Spitze der Parade der König der Hanswurste, der Fürst-Papst, der Säufer Nikita Sotow, prunkt.

Als Belohnung für ihre glänzenden Leistungen erhalten die hohen Offiziere Orden, Landgüter und Leibeigene, die Soldaten einige Goldstücke. Die Führer der Armee und der Flotte kommen im Hause Leforts zu einem Festessen zusammen. Man trinkt, tanzt und brennt Feuerwerke ab. Die Kanonensalve anläßlich des letzten Toasts ist so gewaltig, daß alle Fenster der deutschen Vorstadt unter der Druckwelle zerbrechen. Inmitten dieses geräuschvollen Festes sinnt Peter bereits über weitere Pläne nach. Während die Eroberung Asows für die meisten Gefährten Peters einen glücklichen Abschluß bedeutet, sieht er darin nur eine erste Etappe des Krieges gegen die Türkei. Der Zugang zum Schwarzen Meer ist noch versperrt, die Meerenge von Kertsch wird von türkischen Festungen beherrscht. Man muß also den Bau von Kriegsschiffen beschleunigen, neue Spezialisten anwerben und auch – ein revolutionärer Gedanke! – russische Adlige ins Ausland senden, damit sie die Kunst der Navigation erlernen. Fünfzig hochgeborene Persönlichkeiten werden kurz darauf offiziell dazu bestimmt, in die Fremde zu gehen. Dreiundzwanzig unter ihnen tragen Fürstentitel. Einige sind Familienoberhäupter. Unwesentlich! Sie haben Frau und Kinder zu verlassen, um dem Wunsch des Zaren zu gehorchen, sie haben auf ihre Kosten zu reisen, jeder nur von einer Ordonnanz begleitet, sie haben sich bei den Italienern, den Engländern und den Holländern niederzulassen und im Ausland all das zu lernen, was Rußland braucht, um der mächtigste Staat Europas zu werden!

Die Ankündigung dieses erzieherischen Exils stürzt die adligen Kreise in Verzweiflung. Aber kein Flehen vermag Peters eisernen Willen zu beugen. Jung oder alt, die zukünftigen Schüler müssen ihr Bündel schnüren und sich zu den Ketzern begeben. Sie dürfen nicht eher nach Rußland zurückkehren, als bis sie von ihren Lehrmeistern einen Befähigungsnachweis erhalten haben. Im Falle einer vorzeitigen Heimreise droht der Zar mit der Einziehung ihrer Güter. Als der Abschied naht, kleiden sich die zurückbleibenden Ehefrauen zum Zeichen der Halbtrauer in Blau. Peter geht seiner Gewohnheit gemäß mit gutem Beispiel voran und erklärt sich bereit, selbst als Mitglied einer Großen Gesandtschaft die westlichen Staaten zu besuchen, sich dort über die Fortschritte der Wissenschaften zu unterrichten und militärischen oder diplomatischen Beistand gegen die Erbfeinde Rußlands zu gewinnen. Jetzt, da er die Türken in Asow geschlagen hat, kann er mit erhobenem Kopfe vor die anderen Herrscher, seine Brüder, hintreten.

6. Kapitel
Die Große Gesandtschaft

Als Peter die Reise der »Großen Gesandtschaft« vorbereitete, war er sich wohl bewußt, daß er mit einer jahrhundertealten Tradition brach. Ein einziger russischer Herrscher hatte sich vor ihm über die Grenzen seines Heimatlandes gewagt: der Großfürst Isjalaw von Kiew, der im Jahre 1075 nach seiner Vertreibung Kaiser Heinrich IV. in Mainz aufgesucht hatte. Seit damals waren die Moskowiter Souveräne daheim geblieben und hatten ihren Untertanen streng verboten, sich den Wind fremder Länder um die Nase wehen zu lassen. Während für wohlhabende Bürger der westeuropäischen Länder eine Auslandsreise etwas Selbstverständliches, etwas zur Bildung Notwendiges bedeutete, kam für einen Russen schon der Gedanke an ein Überschreiten der Grenze dem Landesverrat gleich. Auf diesem Gebiet war jede Bewegung verdächtig. In seinem »Bericht von drei Gesandtschaftsreisen« (1672) schreibt der Earl Carlisle: »Es ist den Russen verboten, ihr Land zu verlassen, denn ansonsten würden sie die Bräuche und Vorstellungen anderer Völker kennenlernen und könnten davon träumen, die Ketten ihrer Sklaverei zu sprengen.«[1]

Als der Zar am 6. Dezember 1696 der Duma seinen Plan bekanntgab, verbargen die meisten Bojaren ihre Bestürzung nicht. Schickte es sich für einen großen Monarchen, sich aus seinem Staat und aus dem Schatten der heiligen orthodoxen Kirche zu entfernen und unter Katholiken und Protestanten umherzuschweifen? War es nicht entwürdigend, fremdes Brot zu essen? Aber Peter ließ sich von den furchtsamen Ermahnungen des Adels und der Geistlichkeit nicht beirren. Er wollte neue Bündnisse schließen, vor allem aber von Ausländern lernen, um die Ungläubigen bei der nächsten Gelegenheit leichter besiegen zu können. Zu diesem Zweck sollte sich die Große Gesandtschaft nach Amsterdam, Berlin, Wien, Rom, Kopenhagen, Venedig und London begeben, nicht aber nach Frankreich, da Ludwig XIV. den Türken Unterstützung gewährte und einen eigenen Kandidaten auf den polnischen Thron zu bringen versuchte. Peter ernannte drei Botschafter: Lefort übernahm die Obliegenheiten des Ersten Gesandten, und ihm zur Seite standen Fjodor Golowin und Prokofi Bogdanowitsch Wosnizyn. Jeder der drei verfügte über zwölf Edelleute und zwei Pagen. Mit ihnen reisten außerdem fünfunddreißig »Freiwillige«, deren einzige Aufgabe es war, aus dem Umgang mit den Ausländern soviel wie nur möglich zu lernen. Zu den »Freiwilligen« gehörte ein gewisser Peter Michailow, und unter diesem Namen verbarg sich niemand anderer als der Zar. Damit genügte er gleichzeitig seiner kindlichen Lust an Verkleidung und Täuschung und seiner angeborenen Schüchternheit. Zwischen den andern verborgen leitete er die Unternehmungen, beobachtete und lernte, ohne sich zu erkennen zu geben. Es war bei Todesstrafe verboten, irgend jemandem seine Anwesenheit zu verraten. Die Postüberwachung wurde verstärkt. Die für den Herrscher bestimmten Briefe durften nur an Peter Michailow adressiert sein und keine der sonst üblichen Höflichkeitsfloskeln enthalten. Das besondere Siegel, dessen er sich während der Dauer seiner Reise für seine Korrespondenz bediente, zeigte einen Schiffszimmermann, umgeben von seinen Werkzeugen, darüber die Inschrift: »Mein Rang ist der eines Schülers, und ich brauche Lehrmeister.« Das Personal der Großen Gesandtschaft umfaßte auch drei Dolmetscher, einen Stallmeister, vier Kämmerer, Ärzte, Chirurgen, Köche, Geistliche, zwei Goldschmiede, sechs Trompeter, ein Heer von Dienern, siebzig Soldaten aus dem Regiment Preobraschenski, die man wegen ihrer Größe ausgewählt hatte, vier Zwerge, einen Affen und einen Kaufmann, dem die Obhut über die bedeutende Menge an Zobelpelzen anvertraut war, deren

Verkauf die Aufenthaltskosten decken sollte, falls das Gold in den Kassen nicht genügte. Man nahm natürlich auch Domizilwechsel auf jede Hauptstadt mit, dazu die Kronjuwelen und die Trommel des Zaren. Fuhrwerke wurden mit gewaltigen Vorräten an Mehl, Lachs, Kaviar, geräuchertem Fisch, Honig und natürlich Wodkafässern beladen.

Die Kutschen und Bagagewagen standen schon bereit, als Lefort am 23. Februar 1697 in seinem Haus in der deutschen Vorstadt ein Abschiedsbankett gab. Während des Festes verlangten plötzlich zwei Strelitzen dringend den Zaren zu sprechen und entdeckten ihm, daß sie von einem Mordkomplott gegen ihn Wind bekommen hätten. Als Oberhaupt der Verschwörer nannten sie einen Obersten der Strelitzen, Iwan Ziegler, einen ehemaligen Parteigänger Sophies. Er habe noch andere Prätorianer für seine Sache gewonnen, darunter den Sohn des Bojaren Puschkin und den Kronoffizier Alexej Sokownin. Außer sich vor Zorn stürzte der Zar aus dem Saal zu Ziegler, ließ ihn verhaften und überantwortete ihn der Folter, unter der er alles gestand. Als man seine Mittäter ebenfalls peinlich verhörte, bestätigten sie seine Aussagen. Sie hatten wirklich die Absicht gehabt, den Herrscher zu töten, um ihn für sein »antichristliches Verhalten« zu bestrafen. Nach seinem Tod hätte man seinen Sohn Alexej auf den Thron gesetzt und Sophie als Regentin zurückgerufen. Peter war niedergeschmettert. Würde er hinter seinem Rücken immer feindselige Strelitzen entdecken, die ihm seine Reformen übelnahmen und den guten Zeiten unter der Zarewna Sophie nachtrauerten? Ein hastig zusammengerufenes Gericht verurteilte Ziegler und Sokownin dazu, enthauptet und gevierteilt zu werden, die anderen sollten nur enthauptet werden. Aber diese klassischen Strafen genügten dem Zaren nicht. Um das russische Volk auf dem rechten Weg zu halten, bedurfte es seiner Meinung nach wirksamerer Schaustellungen. Er ließ die Überreste Iwan Miloslawskis ausgraben, der schon vor zwölf Jahren gestorben war, mit dem sich aber für ihn die Erinnerung an die furchtbare Revolte der Strelitzen von 1682 verband. Am 4. März 1697 wurde die zu drei Vierteln verweste Leiche von Schweinen zum Hinrichtungsplatz gezogen, zerstückelt und in einen offenen Sarg unter das Schafott gelegt.

Auf dem Podest vollzogen die Scharfrichter die Hinrichtung der Verschwörer. Man hackte ihnen nacheinander Arme, Beine und den Kopf ab. Ströme von Blut flossen durch die Ritzen der Bretter auf den Leichnam des Bojaren. So waren die Verschwörer von damals und heute Genossen der Schmach. Ganz Moskau wohnte mit stockendem Atem dieser Berieselung eines längst Verfaulten mit frischem Blut bei. Als die Schlächterei zu Ende war, legten die Henker die zerstückelten Glieder rings um eine steinerne Säule, an der, in Eisenplatten eingraviert, die Namen der Verworfenen vereinigt waren. Ihre Köpfe wurden auf Pfähle auf der Spitze der Säule gesteckt. Etwas von dem zerhackten Fleisch zu entfernen war verboten. Als es in Verwesung überging, entströmte ihm ein widerlicher Gestank, der die Leute fernhielt. Zur Sicherheit verbannte Peter die ganze Verwandtschaft der Schuldigen in entfernte Provinzen und nutzte die Gelegenheit, auch den Vater und die Onkel seiner Frau ohne eigentlichen Grund vom Hof zu entfernen.

Er benötigte kaum zehn Tage, um diese Säuberung durchzuführen. Wieder heiter gestimmt, traf er die letzten Anordnungen vor seiner Abreise. Für die Zeit seiner Abwesenheit wurde die Staatsregierung einem aus drei Mitgliedern bestehenden Rat anvertraut. Fürst Romodanowski hatte den Auftrag, mit zuverlässigen Truppen die Ruhe in Moskau zu sichern. Ein Teil der immer unruhigen Strelitzen wurde ohne ihre Familien an die Grenzen des Reiches verlegt.

Am 10. März 1697 verließ die Große Gesandtschaft Moskau. Ihr feierlich formuliertes Beglaubigungsschreiben im Namen des Zaren lautete: »Hochvermögende Herren, unser erhabener und mächtiger Herrscher, der Zar, wünscht, daß Ihr dieses Schreiben mit Achtung in Empfang nehmt. Und Er bittet Euch, seine hochstehenden bevollmächtigten Gesandten, sobald sie sich Euren Grenzen nahen, mit ihrem Gefolge nicht nur unter allen ihnen zustehenden Ehren zu empfangen, sondern ihnen auch Audienz zu gewähren, wann immer sie darum ersuchen ... Geschrieben am Zarenhof, in der großen Stadt Moskau, am achten Tage des Frühlingsmonats, im Jahre der Schöpfung 7205.«[2]

Damit gab der Zar, getreu seiner Verstellung, nochmals vor, nicht persönlich zu der Gesandtschaft zu zählen. Aber obwohl sein Inkognito eifersüchtig gehütet wurde, sprach sich das Geheimnis an ausländischen Höfen bald herum. Verschlüsselte Depeschen von Botschaftern eilten der Delegation voraus. In Amsterdam, Wien und London war man erstaunt. Da Peter unerkannt bleiben wollte, würde man tun, als wisse man nichts von seinem Rang. Doch was für ein seltsames Verhalten für einen Herrscher! Diese Russen kamen wirklich vom Ende der Welt, und ihre Einfälle widersprachen aller Vernunft.

Die aus zweihundertfünfzig Personen bestehende Große Gesandtschaft kam infolge der schlechten Straßen, auf denen sich die Kutschen und Fuhrwerke durch den Morast quälen mußten, nur langsam voran. Von Regenböen gepeitscht, zeigte sich die russische Landschaft von ihrer schlechtesten Seite, die Gasthöfe waren von Wanzen verseucht. Aber Peter behielt seine gute Laune.

Sie verdüsterte sich erst bei der Ankunft in Riga, im schwedischen Livland. Man begrüßte zwar den Einzug der Wagenkolonne mit einigen Kanonenschüssen, aber darüber hinaus war der Empfang eher kühl. Die Delegation, der ein Palast gebührt hätte, wurde in einfachen Bürgerhäusern untergebracht. Und der Gouverneur Graf Dahlbergh schützte Krankheit vor, um sie nicht persönlich empfangen zu müssen. »Ich machte ihnen keinen Besuch«, schrieb er an Karl XII., »und lud sie auch nicht ins Schloß. Ich hielt das eine wie das andere für überflüssig, da sie bei meinem König nicht akkreditiert sind und meine Vorgänger als Gouverneure sich unter denselben Voraussetzungen anderen Gesandten gegenüber nicht anders verhalten hätten ... Wir gaben vor, von der Anwesenheit des Zaren nichts zu wissen, um nicht seinen Zorn zu erregen. Von seinem Gefolge wagt es bei Todesstrafe niemand zu erwähnen.«

Peter indessen fand, daß es sich die Ortsbehörden bei aller Wahrung seines Inkognitos mit den offiziellen Vertretern Rußlands doch etwas zu leicht machten. Er war indessen nicht gekommen, um sich ehren zu lassen, sondern um sich umzusehen. Er und seine Begleitung schnüffelten überall herum, befragten schwedische Offiziere, zeichneten Pläne ab und notierten mit solcher Beharrlichkeit Zahlen, daß sich die Einwohner von Riga entrüstet fragten, ob sie es mit Diplomaten oder mit Spionen zu tun hätten. »Die Russen erklimmen hoch gelegene Orte, um die Lage zu erkunden, steigen in Gräben, um ihre Tiefe zu erforschen, und skizzieren sogar die Hauptbefestigungsanlagen«, berichtete Dahlbergh seinem König. Schließlich verwehrte er seinen allzu rührigen Gästen den Zutritt zur Festung. Wütend schrieb Peter an Vinius: »Wir wurden hier wie Sklaven behandelt und nur vom Schauen satt.« Am Schluß des Briefes fügte er mit Geheimtinte Detailangaben hinzu, über die der gestrenge Gouverneur Dahlbergh, wenn sie ihm unter die Augen gekommen wären, alles andere als erfreut gewesen wäre: »Es gibt hier 2780 Soldaten. Wir haben die Stadt und das Schloß besucht, wo die Soldaten an fünf Stellen stationiert sind, insgesamt tausend Mann. Die Stadt ist gut befestigt, aber der äußere Mauerring ist nicht fertiggestellt. An gewissen Punkten der Stadt stehen Wachposten, die den Zutritt verwehren. Man ist wenig entgegenkommend.«

In Mitau, wo der regierende Herzog Friedrich Kasimir von Kurland, ein persönlicher Freund Leforts, die Große Gesandtschaft mit Prunk und Herzlichkeit empfing, legte sich Peters schlechte Laune. Aber in dieser liebenswerten Stadt gab es weder eine Flotte noch einen Hafen noch bemerkenswerte Bauvorhaben, und der Zar brannte darauf, etwas zu lernen. Er wandte sich nach Libau und erblickte dort erstmals mit Ehrfurcht die von Sturm und Gewitter gepeitschte Ostsee, die er das Warägermeer nannte. Wieder einmal gab er seinem Hang zur Seefahrt nach und entschloß sich, auf dem Seeweg nach Königsberg weiterzureisen, während seine Begleitung den Landweg nehmen sollte. Da das schlechte Wetter das Auslaufen verzögerte, vertrieb er sich in seiner Ungeduld die Zeit damit, im Hafen mit den Matrosen zu trinken, die ihn für einen russsischen Kapitän hielten, der vom Zaren beauftragt war, ein Kaperschiff zu bemannen und auszurüsten.

Als er schließlich vor seiner Gesandtschaft in Königsberg ankam, begann er dort auf der Stelle bei einem Obersten von Sternfeld Artillerieunterricht zu nehmen. Dieser stellte ihm am Ende der Lehrzeit ein Zeugnis mit folgendem Wortlaut aus: »Ich unterrichtete den genannten Peter Michailow täglich sowohl in der Theorie wie in der Praxis. Auf diesem wie auf jenem Gebiet hat er, für alle überraschend, so große Fortschritte gemacht und sich so große Kenntnisse erworben, daß man ihn überall als umsichtigen und mutigen Feuerwerksmeister schätzen und achten kann. Aus diesem Grunde richten wir an alle, so hoch oder niedrig auch immer ihr Rang oder ihre Stellung sein möge, die bescheidene, inständige und höfliche Aufforderung, besagten Peter Michailow als ausgezeichneten Kanonier und sachkundigen und bewanderten Feuerwerker anzuerkennen.«

Stolz auf sein neues Wissen, wartete der »Kanonier Peter Michailow« nur noch auf die Ankunft der Gesandten, um zur Ehre seines Gastgebers, des Kurfürsten Friedrich III. von Brandenburg,[3] ein Feuerwerk zu veranstalten. Im letzten Augenblick ließ sich der Kurfürst durch Graf Kreyzen und den Probst Schlacken entschuldigen. Peter empfing die beiden Boten bei Tisch in Anwesenheit einiger seiner Bojaren und eines Zwerges. Er war betrunken und sehr zärtlich gestimmt. Von Zeit zu Zeit beugte er sich zu Lefort, um ihn mit männlicher Heftigkeit zu umarmen. Kaum hatten die Abgesandten des Kurfürsten auf seine Einladung Platz genommen, schlug seine Stimmung um. Mit wutverzerrtem Gesicht hieb er mit der Faust auf den Tisch und schrie: »Der Kurfürst ist gütig, aber seine Berater sind Teufel!« Und auf deutsch: »Geht! Geht!« Und damit packte er einen der Unglücklichen an der Gurgel, warf ihn hinaus, während er immer wieder »Geht! Geht!« schrie.

Doch trägt er dem Kurfürsten die Absage nicht lange nach, denn dieser empfängt die Delegation mit großem Prunk. Bald überbieten sich Russen und Brandenburger an Freigebigkeit. Für die offiziellen Besuche kleiden sich die Gesandten in Brokatkaftane, die mit Perlen und Edelsteinen übersät sind. Diamanten dienen als Knöpfe ihrer Roben, und Diamanten schmückten ihre mit dem Doppeladler verzierten Mützen. Neben ihnen wirkt der »Kanonier Peter Michailow« in seiner bescheidenen grünen Uniform wie eine Ordonnanz und ist darüber hocherfreut. Um so mehr, als ihn der Kurfürst trotz seines Inkognitos wie einen Herrscher behandelt und vorgibt, an den Narrheiten dieses Tolpatsches aus den nördlichen Steppen keinen Anstoß zu nehmen. Der »Kanonier Peter« treibt sich in den Straßen von Königsberg herum und rempelt die Passanten an, die erschrocken flüchten. Eines Tages stellt er sich mit dem Ruf »Halt!« einer adligen Dame in den Weg, greift nach der Uhr, die sie an ihrem Mieder trägt, sieht nach der Zeit, geht und läßt die Unglückliche am Rande einer Ohnmacht zurück. Ein anderes Mal reißt er dem hochachtbaren Zeremonienmeister Friedrichs III. die Perücke vom Kopf, wirft sie in eine Ecke und verlangt, daß ihm der Mann Mädchen bringe. Eines Abends, als er mit dem Kurfürsten in einem Saal mit Marmorboden soupiert, läßt ein Diener einen Teller fallen, der zerbricht. Bei diesem Geräusch fährt Peter auf, tobt, zieht seinen Degen und schlägt um sich, wobei glücklicherweise niemand verletzt wird. Man beruhigt ihn, verspricht ihm, daß der Schuldige ausgepeitscht würde.

Diese gesellschaftlichen Extravaganzen hielten ihn nicht davon ab, mit dem Kurfürsten lange politische Gespräche zu führen. Friedrich III. strebte den Abschluß eines Verteidigungsbündnisses gegen Schweden an, doch Peter wich aus, denn zunächst war seine Aufmerksamkeit ganz von Polen in Anspruch genommen. Nach dem Tod Johanns III. Sobieskis gab es zwei aussichtsreiche Anwärter auf die Krone: Prinz François Louis von Conti, unterstützt von Frankreich, diesem verhaßten Verbündeten der Türkei, und Kurfürst Friedrich August I. von Sachsen, dessen Ansprüche Rußland unterstützte.[4] Peter erklärte jedem, der es hören wollte: »Ich sehe lieber den Teufel auf dem Thron als Conti!« Er schickte dem polnischen Reichstag einen Brief, in dem er ankündigte, daß er militärisch einschreiten werde, wenn die Wahl seine Erwartung nicht erfüllen sollte. Und um seinen Worten Nachdruck zu verleihen, befahl er Romodanowski, mit der Armee bis an die polnisch-litauische Grenze vorzurücken. Um von einer Versammlung eine »freie Entscheidung« zu erreichen, gibt es nichts Wirkungsvolleres als die Anwesenheit von ein paar Soldaten vor den Türen des Beratungszimmers. Gezwungen, sich unter dieser Drohung zu entscheiden, gaben die polnischen Herren nur einen sehr widersprüchlichen Beschluß ab, woraufhin Friedrich August Krakau eroberte und ihnen seinen Willen aufzwang, während der gescheiterte Prinz von Conti nach Frankreich zurückkehrte.

Nachdem Peter sein politisches Ziel erreicht hatte, setzte er seine Reise nach Holland fort, ohne in Berlin Aufenthalt zu machen. In Coppenbrügge wurde er von der Kurfürstin Sophie von Hannover und ihrer Tochter Sophie-Charlotte, Kurfürstin von Brandenburg, zu einem Festmahl eingeladen. Er zögerte lange, dem nachzukommen, da ihn die Schilderung, die man ihm von den beiden Damen gab, beunruhigte. Die Mutter war angeblich eine Ruine aus welkem Fleisch, die alle fehlenden Zähne durch Wachsstücke ersetzt hatte, und die neunundzwanzigjährige Tochter hübsch, gebildet und übermütig und hatte durch ihren zweijährigen Aufenthalt am Hofe von Versailles französische Sitten angenommen. Man sagte ihr nach, sie habe alles gelesen und sei mit dem Philosophen Leibniz befreundet. Wen mußte man mehr fürchten, die mondäne Plappertasche oder die zahnlose Hexe, fragte sich Peter, als er sich mit großem Gefolge zu dem Empfang begab.

Zwischen den beiden Damen sitzend, die ihn wie ein seltsames Tier mustern, ist er zunächst sehr gehemmt. »Ich kann nicht sprechen«, erklärt er ihnen auf deutsch, die Hände vors Gesicht geschlagen. Er ißt sehr unappetitlich mit den Fingern, bespritzt sich mit Sauce und weiß mit der Serviette wenig anzufangen. Aber bald zeigt der sprühende Charme seiner jüngeren Nachbarin Wirkung, und er läßt sich von ihr in ein Gespräch ziehen. Peters natürliche Lebhaftigkeit und seine schlagfertigen Antworten erstaunen Sophie-Charlotte, die eher einen plumpen Muschik erwartet hat und nun mit Sympathie diesen hochgewachsenen, kaum fünfundzwanzig Jahre alten, breitschultrigen Burschen betrachtet, der seine riesigen Leibwächter noch um einen halben Kopf überragt. Sein Gesicht mit der gewölbten Stirn, den großen schwarzen Augen unter geschwungenen Augenbrauen und dem von einem kleinen braunen Schnurrbart beschatteten Mund verrät Energie. »Wenn er auch keinen Lehrmeister gehabt hat, um ihm manierliches Essen beizubringen, so hat er doch die natürliche Ausstrahlung eines lebhaften Geistes«, stellt sie später fest. Und: »Er ist ein recht gütiger Herr und zugleich sehr bös dabei, wie es in seinem Land üblich ist.« Das Mahl dauert vier Stunden. Der Zar und Sophie-Charlotte tauschen zum Zeichen der Freundschaft Tabaksdosen aus. Beim Verlassen der Tafel verlangt Peter angeheitert, daß nach Moskowiter Brauch die Höflinge stehend in einem Zug viermal hintereinander ihr Glas leeren, auf die Gesundheit des Zaren sowie auf die der beiden Fürstinnen und des Kurfürsten. Dann hört er sich geduldig die italienischen Sänger Sophie-Charlottes an, läßt ihnen zu trinken geben, um sie für ihre Bemühungen zu belohnen, gesteht aber, daß er keinerlei Sinn für Musik habe. »Sie bevorzugen vielleicht die Jagd?« fragt die Kurfürstin Sophie von Hannover. »Mein Vater hatte eine Vorliebe dafür«, antwortet Peter, »aber ich bevorzuge Seefahrt, Feuerwerke und Schiffsbau!« Und er zeigt den beiden Damen stolz seine von der Arbeit schwieligen Hände.

Abends wird ein Ball gegeben. Man tanzt bis vier Uhr morgens. Peter will Handschuhe anziehen, um an dieser Belustigung teilnehmen zu können, aber in seinem Gepäck sind keine passenden aufzutreiben, und so stürzt er sich mit bloßen Händen in das Getümmel. In seiner Begeisterung mag er sich auf einem der Feste in der Moskauer deutschen Vorstadt gewähnt haben. Die Herren seines Gefolges sind verwundert, unter ihren Fingern die Fischbeine in den Korsetten ihrer Tänzerinnen zu fühlen. Sind diese Versteifungen etwa die Rippen der Damen? Peter ruft aus: »Diese Deutschen haben verteufelt harte Knochen!« Er läßt einen seiner Narren kommen, und als sich das Publikum von den Verrenkungen des Schwachsinnigen unbeeindruckt zeigt, befördert er ihn mit einem Besen hinaus. Die kleine zehnjährige Prinzessin Sophie-Dorothea gefällt ihm so gut, daß er sie hochhebt, auf beide Wangen küßt und erst wieder freigibt, nachdem er ihr die Frisur unrettbar durcheinandergebracht hat. Aber was immer er auch tut, die beiden Kurfürstinnen sind entzückt. »Er ist«, schreibt die Mutter später, »ein ganz außergewöhnlicher Mensch. Man kann ihn unmöglich beschreiben und ihn sich auch nicht vorstellen, wenn man ihn nicht gesehen hat!« Und die Tochter teilt ihre Meinung so vollkommen, daß sie in einem Brief an Fuchs über ihre Eindrücke einen in seiner Vagheit bezeichnenden Satz niederschreibt: »Mit mehr will ich Sie nicht langweilen; aber ich kann mir nicht helfen, ich spreche allzugern vom Zaren, und wenn ich meinem Gefühl folgte, würde ich Ihnen noch viel erzählen ...«[5]

Bei seiner Abreise aus Coppenbrügge sandte Peter Sophie-Charlotte vier Zobelpelze und drei Stücke Damast, mit denen die Prinzessin nichts anzufangen wußte, da sie nur gerade groß genug waren, um einen Stuhl zu beziehen.

Am Abend des 7. August 1697 kam der Zar, der dem Hauptkontingent seiner Begleitung vorausgereist war, mit Menschikow, vier Bojaren und einem Dolmetscher in Amsterdam an. Aber statt in der großen Handels- und Industriestadt zu bleiben, mietete er ein Boot und ließ sich nach Zaandam bringen, einem kleinen Hafen, von dem er seine Freunde, die holländischen Zimmerleute in Rußland, hatte reden hören. Dieser

Marktflecken mit seinen Schiffswerften, seinen Windmühlen, seinen Waltransiedereien, seinen Manufakturen für Uhren und Navigationsinstrumente bezauberte ihn auf den ersten Blick durch das rege Leben in den Straßen und die Ungezwungenheit der Bevölkerung. Am Ufer des Kanals, der zum Meer führte, sah er unvermutet einen gewissen Gerrit Kist angeln, der als Schmied in Woronesch gearbeitet hatte. Er sprach ihn an, umarmte ihn, schärfte ihm ein, das Geheimnis seiner Identität zu wahren, und ließ sich ohne Umstände bei ihm nieder. In dessen kleinem Holzhäuschen verfügte er über zwei Zimmer, einen Herd und eine in einem zweitürigen Schrank untergebrachte Matratze.[6] Peter lehnte jede Bedienung ab, machte sein Bett selbst und bereitete seine Mahlzeiten eigenhändig zu. Und um vollkommen in seiner neuen Rolle aufzugehen, kaufte er sich die Kleidung der dort ansässigen Schiffer: eine rote Unterjacke, einen langen kragenlosen Überrock mit großen Knöpfen, weite Kniehosen und einen kegelförmigen Filzhut. So ausstaffiert, ließ sich »Peterbas«, der Zimmermann Peter von Zaandam, von einer Werft anstellen und arbeitete dort mit Axt und Hobel. Aber er nahm sich auch genügend Zeit, in den Straßen herumzuschlendern, Sägewerke, Seilereien, Ölmühlen und Werkstätten für Präzisionsinstrumente zu besuchen. Überall stellte er Fragen und machte sich Notizen. In einer Papierfabrik setzte er sich an den Blattschneider und verrichtete diese heikle Arbeit tadellos. Nachdem er in einem Wirtshaus viele Krüge Bier getrunken hatte, kaufte er sich spontan ein kleines Boot, das er eigenhändig herrichtete, mit Mast und Segel versah und auf der Zaan segelte. Bei seiner Rückkehr wurde er von Gaffern umringt. Hatte man ihn erkannt? Ein gewisser Cornelius näherte sich ihm und staunte ihn mit offenem Mund von unten her so beharrlich an, daß Peter ihm eine Ohrfeige versetzte. »Bravo!« riefen die andern, »du bist zum Ritter geschlagen!« Peter benutzte das Boot noch oft – und gelegentlich in weiblicher Begleitung. »Der Zar hat in Zaandam eine Bäuerin gefunden, die nach seinem Geschmack ist, und geht an Ruhetagen, dem Beispiele Herkules' folgend, nur der Liebe wegen an Bord seines Schiffes«, steht in einem an Leibniz gerichteten Brief, dessen Absender unbekannt ist.[7]

Die Einwohner von Zaandam begreifen rasch, daß der russische Riese ein höchst bedeutender Mann ist. Einer ihrer Landsleute hat ihnen aus Rußland die Beschreibung des Zaren geschickt: »Sehr groß, das Gesicht durch ein krampfhaftes Zucken bewegt, der rechte Arm immer in Bewegung und eine kleine Warze auf der Wange.« Da ist kein Zweifel möglich: Er ist es! Jetzt wird die Neugierde der Holländer so groß, daß er keinen Schritt mehr tun kann, ohne von einer großen Schar Aufdringlicher verfolgt zu werden. Man kommt, um ihn bei seiner Arbeit in der Werft oder an der Pinne seines Bootes zu sehen. Vor seinem Haus bilden sich Aufläufe. Der Bürgermeister ist gezwungen, Wachposten aufzustellen, um die Menge fernzuhalten. Gereizt packt Peter nach achttägigem Aufenthalt in Zaandam seine Sachen, steigt in sein kleines Boot, setzt das Segel und steuert es trotz des schlechten Wetters zurück nach Amsterdam.

Dort trifft er bald darauf wieder mit der Großen Gesandtschaft zusammen. Eine lärmende Menschenmenge drängt sich beim Einzug des Geleits in den Straßen und bewundert die Gesandten, deren Gewänder von Gold, Perlen und Diamanten strotzen, ihre Prunkkarossen, die vierundzwanzig Heiducken mit ihren silbernen Streitäxten und den großen Krummsäbeln, die Hoflakaien in ihren scharlachroten Livreen und im letzten Wagen den einzelnen Riesen in der Uniform eines untergeordneten Dienstgrades, von dem man sagt, er sei der Zar. Die Stadtbehörden begrüßen ihn. Er besucht das Rathaus, sieht im Theater das Balett »Les Charmes d'Armide« und die Komödie »Der falsche Advokat«, trinkt auf endlosen offiziellen Festmählern ungewässerten Wein, bewundert als Kenner die Feuerwerke und nimmt mit Begeisterung an einem Scheingefecht zur See teil. Aber alle diese Festlichkeiten rauben ihm nicht die Vorliebe für ernsthafte Arbeit. Er bittet seinen neuen Freund, den Bürgermeister Witsen, mit dem er schon wegen des Kaufs holländischer Schiffe korrespondiert hat, ihm Zutritt zu den großen Werften der Ostindischen Handelsgesellschaft zu verschaffen. Man erfüllt ihm seinen Wunsch. Er wird unter den Namen Piter Timmermann in Oostenburg angestellt. Er wohnt bei einem Vorarbeiter, eilt schon bei Sonnenaufgang an die Arbeitsstelle, führt Axt, Hobel und Querbeil und hilft beim Transport der Balken. Manchmal setzt er sich erschöpft auf einen Holzklotz, stellt die Axt zwischen die Beine, wischt sich mit den Handrükken den Schweiß von der Stirn und atmet tief den guten Geruch des Holzes, des Pechs, des Teers und des Salzwassers ein. »Wir arbeiten hier nicht aus Not«, schreibt er an den Patriarchen Adrian, »sondern um die Kunst des Schiffsbaus zu erlernen und damit nach unserer Rückkehr über die Feinde Jesu Christi triumphieren zu können und durch seine Gnade zum Befreier des Christentums zu werden. Dieses Verlangen werde ich bis zu meinem letzten Atemzug in mir tragen.« Wenn er so auch seiner Lieblingsbeschäftigung nachgeht, verliert er doch die Politik nie aus dem Auge. Jede Post bringt ihm Briefe aus Moskau. Auch hält er sich über die Ereignisse in Europa auf dem laufenden. Als er vom Abschluß des für die Holländer so erleichternden Friedens von Rijswijk erfährt, errät er, daß Ludwig XIV. vor allem versucht, Zeit zu gewinnen.

»Die Schwachköpfe hier«, schreibt er an Vinius, »freuen sich, und die Vernünftigen freuen sich nicht, denn sie wissen, daß der Franzose sie nur täuscht und daß es bald wieder Krieg geben wird.« Er unterhält sich mit seinen Gefährten über seine Regierungssorgen, aber er duldet keine Müßiggänger unter seinen Leuten. Alle »Freiwilligen« werden von ihm auf die Werften und Werkstätten verteilt, um dort verschiedene Handwerksberufe zu erlernen. Einige arbeiten als Zimmerleute, andere spezialisieren sich auf das Nähen von Segeln oder auf die Herstellung von Takelungen, wieder andere machen sich mit der Navigation vertraut. Nach Ablauf einiger Monate erhält der Zar von seinem Meister Gerric Klaas Pool folgendes Zeugnis:

»Piter erwies sich als guter und geschickter Zimmermann beim Bau der hundert Fuß langen Fregatte *Peter-und-Paul*, an der er von Anfang bis Ende mitgearbeitet hat. Außerdem hat er unter meiner Anleitung den Schiffsbau und das Anfertigen von Plänen eingehend studiert und sich nach meiner Ansicht für die Ausübung dieser Künste genügend ausgebildet.«

Aber schon bald mußte Peter die Axt aus der Hand legen und nach Den Haag weiterreisen, wo die Große Gesandtschaft von den Generalständen in Audienz empfangen werden sollte. Auf dem Weg dorthin ließ Peter zwanzigmal seinen Wagen halten, um eine Brücke auszumessen, eine Windmühle zu besuchen oder die Arbeiter eines Sägewerks auszufragen. In Den Haag weigerte er sich, in dem luxuriösen Zimmer zu schlafen, das man für ihn vorbereitet hatte, und begab sich in den Gasthof zum *»Oud Doelen«* (alten Schützenhaus), wo bereits einer seiner Diener auf einem Bärenfell in einem Verschlag schlief. Er weckte den Mann mit einem Fußtritt. »Ich will deinen Platz«, sagte er ihm. Die Vertreter der Generalstände, die die Szene beobachtet hatten, tauschten bestürzte Blicke. Nach diesem Zwischenfall waren sie nicht überrascht, als der Zar, auf seinem Inkognito bestehend, sich weigerte, an dem feierlichen Empfang teilzunehmen, und verlangte, in einem Nebenzimmer untergebracht zu werden, von wo aus er alles sehen konnte, ohne selbst gesehen zu werden. Unglücklicherweise hatten andere dieselbe Idee wie er. Verärgert darüber, in seinem Versteck Gesellschaft vorzufinden, entschloß er sich fortzugehen. Aber da er zu diesem Zweck den Sitzungssaal durchqueren mußte, verlangte er, daß sich dic Mitglieder der Generalstände, während er vorbeiging, mit dem Gesicht zur Wand aufstellten. Die achtundvierzig Abgeordneten protestierten und erklärten, daß die Etikette es ihnen untersage, einem Souverän den Rücken zu kehren. Als der Zar erschien, erhoben sie sich wie ein Mann und verbeugten sich. Er warf ihnen einen vernichtenden Blick zu, zog sich die Perücke über die Nase und wandte sich mit großen wütenden Schritten zur Tür.

Nach diesem unerfreulichen Zwischenspiel wurde die Sitzung mit allem denkbaren Prunk wiederaufgenommen. Die drei russischen Gesandten wetteiferten in der Kostbarkeit ihrer Kleidung: pelzbesetzte Roben aus golddurchwirkten Stoffen, schwarze Satinkittel, auf deren Rücken der doppelköpfige Adler in Gold gestickt war. Fjodor Golowin hielt eine lange Rede auf russisch, die der Dolmetscher übersetzte. Lefort bot seinen Gastgebern sechshundert Paar Zobelfelle an. Die Mitglieder der Generalstände versprachen, die Vorschläge der Großen Gesandtschaft hinsichtlich der Unterstützung Rußlands gegen die Türken durch die Niederlande, der polnischen Angelegenheiten und der Nutzung des Hafens von Archangelsk zu prüfen.

Peter hastete indessen von einem zum anderen. Unersättlich und ohne rechten Plan eilte er hin und her, besuchte Werften, sah Walfänger aus Grönland zurückkehren, studierte die Kunst der Buchdruckerei, nahm an den Anatomiekursen von Professor Ruysch teil, und als er in einem Nebenzimmer die Leiche eines Kindes erblickte, fand er es so schön, daß er es zärtlich küßte. Er führte die Herren seines Gefolges in den Anatomiesaal des berühmten Boerhaave, das *theatrum anatomicum*, um bei einer Sektion zuzusehen. Beim Betrachten des leblosen Körpers, dessen Arterien herauspräpariert waren, empfand er eine unbändige Freude angesichts der Geheimnisse der menschlichen Maschine. Als zwei seiner Bojaren seine Begeisterung nicht teilten, zwang er sie angeblich, kräftig in die Muskeln der Leiche zu beißen. Er wollte alles über den Bau der Knochen, über den Blutkreislauf in Venen und Arterien, über die Funktionen der wichtigsten inneren Organe und die Entwicklung der Säfte erfahren. Trotz seiner geringen Sachkenntnis nahm er entschlossen an chirurgischen Eingriffen teil und kaufte ein chirurgisches Besteck, das er nie mehr aus der Hand gab. Als er einen Mann auf einem öffentlichen Platz Zähne ziehen sah, erfaßte ihn sogleich eine Leidenschaft für diese Kunst, er unterrichtete sich in aller Eile über die Anfangsgründe und beschaffte sich alle dazu notwendigen Instrumente.

Von da an betrachtete er die zweihundertfünfzig Untertanen seines Gefolges mit anderen Augen. Einer strengen Überprüfung des Mundes unterworfen, wurden sie seine Patienten. Wenn ihm ein Zahn auch nur im geringsten krank erschien, zog er ihn. Das Geheul der Unglücklichen bestärkte ihn nur darin, statt ihn davon abzuhalten. Seine herkulischen Kräfte erleichterten ihm die Ausführung. Nicht selten riß er in seinem Eifer ein Stück Zahnfleisch mit. Niemand wagte, gegen diese herrscherlichen Eingriffe zu protestieren. Manche empfanden es sogar als eine Ehre, daß ihnen der Zar einen Zahn zog. Man konnte sich davon eine Beförderung erhoffen, darin einen Akt der Freundschaft sehen. Sein ganzes Leben lang hielt sich Peter für einen ausgezeichneten Praktiker auf diesem Gebiet. Er sammelte die Zähne, die er seinen Höflingen gezogen hatte, in einem Säckchen und betrachtete sie oftmals voller Stolz. Jeder Zahn erinnerte ihn an ein schmerzverzerrtes Gesicht. Aber dieselben Hände, die mit Skalpell oder Zahnzange umgingen, führten auch ebenso gerne Stichel und Radiernadel. Er nutzte seinen Aufenthalt in Holland, um sich mit der Technik des Kupferstichs vertraut zu machen. Sicherlich waren alle Kenntnisse, die er sich auf diese Weise erwarb, oberflächlich und zusammenhanglos, aber sein fieberhafter, eigenwilliger und beharrlicher Heißhunger nach Wissen erklärt sich aus dem kulturellen Rückstand Rußlands. Er ganz allein wollte eine lebende Enzyklopädie werden, um alle seine neuen Kenntnisse seinen Landsleuten weiterzugeben. Für sie ebensosehr wie für sich selbst strebte er diesen hastigen Überblick über das abendländische Wissen an.

Nach Amsterdam zurückgekehrt, nahm er seine Arbeit als Zimmermann wieder auf, feierte mit dem Glas in der Hand einen Sieg der Russen über türkische Truppen, umarmte stürmisch den Bürgermeister Witsen anläßlich des Stapellaufes des Schiffes *Amsterdam,* an dem er mitgearbeitet hatte, entschied nun aber, daß ihm die Holländer alles beigebracht hatten, was sie wußten, und daß er, um sich im Schiffsbau zu vervollkommnen, nach England reisen müsse.

Wilhelm III. von Oranien, König von England, den kennenzulernen er in Utrecht und Den Haag Gelegenheit gehabt hatte, sandte ihm seine eigene Jacht, begleitet von drei Linienschiffen. Peter ließ die Große Gesandtschaft in Amsterdam zurück. Beim Abschied von Lefort war der Zar so schmerzerfüllt, daß sich seine Umgebung wunderte. »Sie umarmten einander so heftig«, schrieb ein Bruder des Generals, »daß sie alle beide in Anwesenheit einiger anderer Personen zu weinen anfingen.«[8] Peter schiffte sich am 7. Januar 1698 nur in Begleitung Menschikows und einiger Bojaren ein. Der König, der die Eigenheiten seines Gastes kannte, hatte ihm den Marquis von Carmathen als Führer beigegeben, einen gewaltigen Brandy- und Gintrinker, der es mit Lefort aufnehmen konnte. In London erwartete ein prächtiges Haus in der Buckingham Street Nr. 15 die Reisenden. Seiner Gewohnheit gemäß verschmähte der Zar das schöne Zimmer, das für ihn bestimmt war, und bezog mit dreien seiner Diener ein anderes, bescheideneres.

Als Wilhelm III. dieses schäbige Zimmer betritt, um seinen Gast zu begrüßen, nimmt ihm der Gestank den Atem, und er bittet um die Gunst, daß man trotz der Kälte das Fenster öffne. Einige Tage später macht ihm Peter einen Besuch im Kensington Palace. Er hat dort keinen Blick für die Bilder, Tapisserien und kostbaren Möbel und interessiert sich nur für ein Anemometer. Der Marquis von Carmathen zeigt ihm auf seine Bitte die Akademie der Wissenschaften, die Universitätsstadt Oxford, Schloß Windsor, das Arsenal in Woolwich, den Tower von London, »wo man vornehme Engländer gefangenhält«, das Münzamt, das Observatorium, eine Sargfabrik, eine Kanonengießerei, Werften, Docks ... Neugierig auf das englische Parlamentssystem wohnt Peter insgeheim einer Sitzung des Oberhauses bei. Durch eine Luke sieht er den König auf seinem Thron und alle Großen des Königreiches auf ihren Bänken. Er verfolgt die Debatten mit Hilfe eines Dolmetschers und erklärt: »Es ist schön, Untertanen offen die Wahrheit sagen zu hören. Darin sollte man sich die Engländer zum Vorbild nehmen!«

Denkt er das wirklich, er, der bei der Ausübung der Macht weder Widerspruch noch Einschränkung duldet? In dem kurzgefaßten Reisebericht eines Vertrauten des Zaren erscheint manchmal die Bemerkung: »Man ist zu Hause geblieben und hat sich gut amüsiert«, eine euphemistische Formulierung für ein großes Saufgelage »nach russischem Brauch«. Eines Tages läßt Peter in seiner Vorliebe für Monstrositäten eine riesige, 2,24 Meter große Frau kommen und geht, ohne den Kopf zu beugen, unter ihrem ausgestreckten Arm hindurch. Aber es ist eine andere Frau, die die intensivere Aufmerksamkeit des Zaren auf sich zieht: die Schauspielerin Letitia Cross. Er vergnügt sich mit ihr, aber als der Augenblick kommt, die Dame für ihre Gunst zu bezahlen, erweist er sich als so knauserig, daß sie in Verwünschungen ausbricht. Als man ihm empfiehlt, großzügiger zu sein, antwortet er: »Um den Preis von fünfhundert Guineen finde ich Männer, die mir mit ihrem Geist und ihrem Herz besser dienen. Die Dienste dieses Mädchens mit dem, was sie zu geben hatte, waren nur mittelmäßig und nicht soviel wert.«[9] Er gewinnt diese fünfhundert Guineen – den Liebeslohn – durch eine Wette in einem Faustkampf zurück, in dem ein Leibwächter seines Gefolges einen englischen Faustkämpfer besiegte.

Entzückt von den Diensten des Marquis von Carmathen, der zugleich sein Fremdenführer und Trinkgefährte ist, überläßt er ihm für zwanzigtausend Pfund das Vorrecht, dreitausend Ballen Tabak in Rußland einführen zu dürfen. Gewiß, er ist selbst Raucher, aber er weiß sehr wohl, daß die russische Kirche dem Gebrauch des »Teufelskrautes« feindlich gegenübersteht. Als sich seine Umgebung Sorgen wegen eines möglichen Einspruchs des Patriarchen Adrian macht, ruft er aus: »Glaubt ihr vielleicht, ich weiß mir nicht den Gehorsam eines Popen zu verschaffen?«

In England hat er es mit einem anderen Geistlichen zu tun, dem Bischof Burnet, der beauftragt ist, ihn in religiöse Gebräuche einzuführen und ihm die Dogmen der verschiedenen Kirchen zu erklären. Der Prälat beobachtet diesen ungeduldigen Besucher scharf und notiert in seinen Erinnerungen: »Er ist ein

Mann von heftigem Temperament, der sich der geringsten Bagatelle wegen ereifert und dann nur seinen Trieben folgt. Dieser aufbrausende Wesenszug erfährt noch eine Steigerung durch Branntwein und andere geistige Getränke, für die er eine Neigung hat, wenn er sich auch große Mühe gibt, sie zu überwinden. Er leidet an nervösen Zuckungen; sie sind vielleicht der Grund, warum er den Kopf gesenkt hält und es ihn manchmal krampfhaft schüttelt. Es mangelt ihm nicht an Geist, und er verfügt über mehr Kenntnisse, als man bei einem Fürsten erwartet, dem eine ebenso grausame wie barbarische Erziehung zuteil wurde ... Er hat eine ausgesprochene Vorliebe für das Handwerk; seine natürliche Veranlagung scheint eher einem guten Zimmermann als einem großen Fürsten zu entsprechen. Sein Hauptvergnügen besteht darin, mit seinen eigenen Händen zu arbeiten und Schiffe zu entwerfen ... Sein Gemüt ist eine Mischung aus Jähzorn und Grausamkeit ... Nach langen Gesprächen mit ihm (durch die Vermittlung eines Dolmetschers) konnte ich mich nicht genug über die Pläne der Vorsehung wundern, die einen so gewalttätigen Mann auf eine so hohe Stufe der Macht und zur Herrschaft über einen so großen Teil der Erde erhoben hat.«

Bald wird Peter Londons überdrüssig und zieht in das Haus des Admirals John Evelyn in Deptford an der Themse nahe der königlichen Werft. Hier begnügt er sich nicht damit, die Axt zu führen und mit den Arbeitern des Viertels Bier zu trinken. Er befragt die Ingenieure und die erfahrensten Seeleute und füllt seine Hefte mit hastigen Notizen. »Ich wäre mein Leben lang ein Zimmermann geblieben, hätte ich nicht in England studiert«, erklärt er. Aber wie immer bei ihm wechseln Studien und Ausschweifungen einander ab. Am Abend lassen sich die Russen, die am Tage gearbeitet hatten, so hemmungslos gehen, daß die Nachbarschaft über ihr Gebrüll und Gelächter erschrickt. Das Haus ist wie zur Plünderung freigegeben. Unwichtig, wo man schläft, unwichtig, was und zu welcher Zeit man ißt, und keine Rede von einer Schonung der Möbel oder Bilder.

Als John Evelyn sein Haus nach dem Auszug des Zaren und seines Gefolges drei Monate später wieder betritt, ist er entsetzt: Seine Gäste haben Türen und Fenster ausgehängt und verbrannt, die Tapeten heruntergerissen oder mit Erbrochenem und Speichel besudelt, die kostbaren getäfelten Fußböden verwüstet, die Gemälde mit Schüssen durchlöchert, jedes Porträt als Zielscheibe benutzt, die Blumenbeete niedergetreten, als hätte ein Regiment im Garten kampiert. Der Admiral läßt ein gerichtliches Protokoll aufnehmen. Der Schaden beläuft sich auf dreihundertfünfzig Pfund Sterling. Diese Summe wird dem Hauseigentümer vom königlichen Schatzamt ausbezahlt, ohne daß man dem erlauchten Besucher die geringsten Vorhaltungen macht. Vielmehr schätzt sich Wilhelm III. so glücklich, diesen hohen Gast empfangen zu haben, daß er ihn ersucht, für den Hofmaler Kneller Modell zu stehen. Er würde das Bild als Andenken aufbewahren.[10] Überdies bittet er den Zaren, die Fregatte *Royal Transport,* die der Gast in englischen Gewässern gesteuert hat, als Geschenk anzunehmen. Peter überreicht ihm als Gegenleistung einen großen ungeschliffenen Diamanten, in ein Stück schmutziges Papier gewickelt.

Ende April 1698 reiste Peter nach Holland zurück und traf dort wieder auf die Große Gesandtschaft. Das Ansuchen um Unterstützung gegen die Türken, das man an die Generalstände gerichtet hatte, hatte nicht die erwartete Zustimmung gefunden. Große Umwälzungen bereiteten sich vor. Die Gesundheit Karls II. von Spanien nahm rasch ab. Es ging nun darum, Vorsorge zu treffen. Also auf nach Wien! Bei der Abreise der Russen atmeten viele Leute erleichtert auf. »Der Staat und unsere kleine Stadt wurde von diesem berühmten, so ehrenwerten, so außergewöhnlichen und so anspruchsvollen Besuch befreit und entlastet«, schrieb Nomen. Die Kosten der Gastlichkeit beliefen sich tatsächlich auf dreihunderttausend Gulden anstatt der im Budget veranschlagten hunderttausend.

Die Reise, die Peter über Sachsen in die Hauptstadt des Heiligen Römischen Reichs Deutscher Nation führte, dauerte drei

Wochen. An den Toren Wiens wurde die lange Wagenkolonne durch den Vorbeimarsch von Truppen aufgehalten, und Peter tobte. Obwohl entschlossen, sein Inkognito zu wahren, litt er doch unter diesem Mangel an Ehrerbietung. Nicht ihn beleidigte man, sondern Rußland. Schon bei seinem ersten Zusammentreffen mit österreichischen Diplomaten begriff er, daß der Kaiser es nicht eilig hatte, ihn zu empfangen, um so mehr, als der Zar seiner Gewohnheit gemäß wünschte, im Palast als einfacher Privatmann aufzutreten. Schließlich vereinbarte man ein Zusammentreffen im Lustschloß *Favoriten.* Er erschien in einem dunklen Kaftan, mit einer alten Krawatte um den Hals, einen vergoldeten Säbel an der Seite. Lefort begleitete ihn, um als Dolmetscher zu dienen. Ein Diener führte sie hinein, aber nicht durch den Haupteingang, sondern durch eine Hintertüre, ließ sie eine Wendeltreppe emporsteigen und ging ihnen durch eine Galerie voran. Als Leopold I. in seiner ganzen Majestät eintrat, war Peter plötzlich verwirrt und küßte ihm die Hand. Nervös nahm er seinen Hut ab und setzte ihn wieder auf, bis ihn sein Gesprächspartner bat, ihn aufzubehalten. Nach einer Viertelstunde banaler Konversation zog sich der Zar wütend zurück. Aber beim Durchqueren des Gartens bemerkte er eine venezianische Gondel auf einem Teich. In kindlicher Freude sprang er in das kleine Boot und ruderte es eigenhändig vor den verblüfften österreichischen Kammerherren auf dem Wasser herum.

Einige Zeit später empfing der Kaiser endlich die Große Gesandtschaft. Peter verbarg sich unter den einfacheren Bojaren. Diesen Wunsch nach Anonymität respektierend, lüftete Leopold I. nur leicht seinen Hut und fragte Lefort: »Wie geht es unserem geliebten Bruder, dem Zaren?« Und Lefort antwortete unerschütterlich: »Als wir Seine Majestät in Moskau verließen, ging es ihm so gut, wie man es nur wünschen kann.« Ein Galadiner folgte der Audienz. Die Hitze in dem Saal, den Saucendüfte durchzogen, war erdrückend. Vermummt in ihre pelzgefütterten Brokatkaftane, brachen die Gesandten in Ströme von Schweiß aus. Dem Protokoll zum Trotz zogen sie sich für einige Minuten zurück, um sich umzuziehen. Während des Mahles servierte man sechs verschiedene Weine. Lefort bat den Kaiser um die Erlaubnis, daß sein »Freund«, ein »einfacher Freiwilliger«, der hinter seinem Stuhl stehe, sie koste. Dieser »einfache Freiwillige« war kein anderer als der Zar. Wiederum beugte sich der Kaiser höflich den sonderbaren Ansprüchen seines Gastes, der sich anscheinend nur in Verkleidung wohl fühlte.

Nichtsdestoweniger stattete Peter der Kaiserin und ihren Töchtern einen Besuch ab; er traf sich mit dem Prinzen Eugen von Savoyen und dem römischen König Joseph, dem zwanzigjährigen Thronfolger; am Peter-und-Pauls-Tag nahm er an einer Messe in der Jesuitenkirche teil, und danach gaben die russischen Gesandten in dem von ihnen bewohnten Palais ein großes Fest, bei dem der Zar eigenhändig ein Feuerwerk abbrannte. »Wir haben viel getrunken«, schrieb er an Vinius, »und einige Paare vermählten sich im Garten.« Um nichts schuldig zu bleiben, lud der Kaiser die Gesandten zu einem Kostümball ein. Peter erschien als friesischer Bauer; Kaiser und Kaiserin kamen als Wirtsleute. Der Wirt trank auf die Gesundheit des friesischen Bauern, und der friesische Bauer trank auf die Gesundheit des Wirtes. Man tanzte bis zum Morgengrauen.

Trotz dieser fröhlichen Feste muß sich Peter eingestehen, daß auf diplomatischem Gebiet das Ergebnis seiner Reise eher negativ ist. Nach dem Frieden von Rijswijk bereitet sich Europa auf einen neuen Krieg um die Erbfolge in Spanien vor. Die holländischen und britischen Kabinette haben nur noch Augen für diese Ecke Europas. Und Österreich sieht zur Zeit keinen Anlaß, Rußland in seinen Ansprüchen zu unterstützen. Es ist im Gegenteil fest entschlossen, mit den Türken zu verhandeln, um seine Kräfte für den Westen freizuhalten. In seinen Kreuzzugplänen gegen die Ungläubigen enttäuscht, beginnt sich Peter zu sagen, daß er seine Vorstöße nicht gegen den Süden richten muß, sondern gegen den Norden. Sein Blick wendet sich vom Schwarzen Meer ab und richtet sich auf die Ostsee. Die Schweden haben ihn in Riga so schlecht empfangen! Dieses hochmütige Volk verdient eine Lektion. Nachdem er den Kurfürsten Friedrich August von Sachsen als König in Polen durchgesetzt hatte, war dieses Land dem Einfluß Frankreichs entzogen und auf ein Bündnis gegen Karl XII. vorbereitet, ein Pluspunkt für Rußland. Ein weiterer war die Anwerbung guter ausländischer Spezialisten. Im Verlauf seiner Reise hatte sich Peter die Dienste zahlreicher zuverlässiger Leute sichern können, von denen er viel für die Erziehung und Förderung seines Volkes erwartete. Unter denen, die sich nach Moskau auf den Weg machten, war der ausgezeichnete Obermaat Cornelius Cruys, den er später zum Admiral ernannte, Kapitän Perry, ein Sachverständiger für den Bau von Kanälen, Kapitän Villebois, dreiundzwanzig Kommodoren, fünfunddreißig Leutnants, zweiundsiebzig Steuerleute, fünfzig Ärzte, dreihundertfünfundvierzig Matrosen, vier Köche, diverse Handwerker, im ganzen sechshundertvierzig Personen.

Wichtiges Material begleitete sie, auf zweihundertsechzig mit den Buchstaben P. M. (Peter Michailow) gekennzeichnete Kisten verteilt. Unter diesem bunten Allerlei befanden sich Flinten, Pistolen, Kanonen, Segeltuch, Kompasse, Bussolen, Anker, Korkplatten, drei Särge, acht Marmorblöcke, die für eine zukünftige Akademie der schönen Künste bestimmt waren, ein ausgestopftes Krokodil und die Urkunde über den *Doktor honoris causa,* den die Universität Oxford Peter verliehen hatte.

Offenbar waren die Ausgaben für die Reise, die Käufe inbegriffen, sehr hoch: Man sprach von drei Millionen Rubel. Sie hatte achtzehn Monate gedauert. Aber nicht einen Augenblick während dieser langen Fahrt durch die Länder der Wissenschaft und der guten Sitten vernachlässigte Peter die Interessen Rußlands. Alles, was er hörte, alles, was er sah, brachte er in die so ferne, so rückständige und so bedrohte Heimat mit. Er ließ sich ständig über den Bau der Befestigung von Asow und Taganrog, über die Geschehnisse in Polen und den russischen Einfluß in China informieren. »Du ließest mich wissen«, schrieb er an Vinius, »daß man in Peking eine orthodoxe Kirche gebaut hat und daß sich viele Chinesen bekehrt haben. Das ist sehr schön, aber, um Gottes willen, geht dort sehr vorsichtig und langsam vor, um die chinesische Regierung nicht zu reizen und die Jesuiten zu schonen, die dort schon lange eingeführt sind.«

Um seine europäische Reise abzurunden und den Bau von Galeeren an Ort und Stelle zu studieren, plante er, Wien zu verlassen und sich nach Venedig zu begeben. Die Reisevorbereitungen waren schon sehr fortgeschritten, als ihn eine dringende Botschaft aus Moskau erreichte: Die Strelitzen revoltieren schon wieder.

Außer sich vor Zorn schreit der Zar: »Die Saat der Miloslawski geht noch einmal auf!« Und nach einem überstürzten Abschied vom österreichischen Hof springt er in eine Kutsche und rast nach Rußland. Lefort und Fjodor Golowin folgen ihm auf den Fersen. Der Rest der Großen Gesandtschaft bleibt zurück und erwartet seine Befehle. In dem leichten Gefährt, von Stößen geschüttelt, beherrscht Peter nur schwer seine Ungeduld. Er schwankt zwischen dem Wunsch, so bald wie möglich seine Hauptstadt zu erreichen, und der Furcht, die diplomatischen Ergebnisse der Reise aufs Spiel zu setzen, wenn er auf seinem Rückweg überall nur durchfährt. Die Sorge um die Innenpolitik gebietet ihm, rasch zurückzukehren, die um die Außenpolitik hingegen, sich Zeit zu lassen. Der Ruf der Heimat ist stärker. Wenn das Haus in Brand gerät, muß man zuerst die Mauern retten, der Garten kann warten. Also geradewegs nach Moskau. Er läßt Tag und Nacht fahren, ohne anzuhalten. Dreißig Kavalleristen sind die einzige Begleitung. Peter sieht nichts von den Ländern, die er durchquert. Er hat nur ein einziges Ziel: die Strelitzen zu vernichten. In seinen Gedanken sind sie an die Stelle der Türken getreten.

7. Kapitel
Die Revolte der Strelitzen

Unterwegs erfuhr Peter neue Einzelheiten über den Aufstand der Strelitzen. Die nach der Verschwörung von 1697 aus Moskau verbannten Regimenter, die an das privilegierte Leben in der Hauptstadt gewohnt waren, hatten den harten Wachdienst an der polnischen und türkischen Grenze nicht ertragen. Von ihren Frauen und Kindern getrennt, schlecht verpflegt, schlecht bezahlt und schlecht behandelt, sahen sie in dem Auslandsaufenthalt des Zaren eine Gelegenheit, die Rückkehr nach Moskau zu erzwingen. Ende März 1698 sandten vier vom Süden nach dem Westen verlegte Strelitzenregimenter eine Delegation von hundertfünfundsiebzig Soldaten nach Moskau, um die Rückberufung der ganzen Truppe zu fordern. Gleichzeitig setzten sie sich mit der in das Jungfrauenkloster Nowodjewitschi verbannten Zarewna Sophie in Verbindung, die sie angeblich ermutigte, das große Abenteuer zu wagen. Schreckliche Nachrichten verbreiteten sich wie ein Lauffeuer in der Armee: Der Zar wäre in der Fremde gestorben, die Bojaren wollten die Zarewna Sophie und den Zarewitsch Alexej beseitigen, und die Heiden aus der deutschen Vorstadt hätten sich verschworen, die Macht an sich zu reißen und Rußland an die Ketzer zu verraten. In zügelloser Erregung marschierten die Strelitzenregimenter ohne Befehl auf Moskau. Ihr Ziel: Den Bojaren ihren Willen aufzuzwingen und Sophie wieder auf den Thron zu bringen. Zunächst hatte Peter brieflich Romodanowski für seinen Mangel an Festigkeit gegenüber den Anmaßungen der Rebellen einen scharfen Verweis erteilt: »Warum hast Du keine Untersuchung machen lassen? Gott strafe Dich ... Ihr glaubt, ich sei umgekommen, weil sich die Post verspätet hat; ihr habt Angst und wagt nichts zu unternehmen. Gott sei Dank, niemand ist gestorben, wir sind alle noch am Leben. Woher hast Du dieses Ammenmärchen? Ist man weniger lebendig, weil ein Kurier verschwunden ist? Ich erwarte von solcher Feigheit nichts Gutes!«

Aber als er in Krakau ankam, erfuhr er durch neue Botschaften, daß die Revolte durch das Eingreifen der regulären Armee unter dem Befehl Gordons schon niedergeschlagen war. Um Blutvergießen zu vermeiden, hatte sich der schottische General, von einer schwachen Eskorte begleitet, vorerst in das Lager der Rebellen begeben und ihnen Begnadigung versprochen, wenn sie die Waffen streckten und ihre Anführer auslieferten. Sie hatten dieses Angebot mit haßerfülltem Geschrei zurückgewiesen und sich auf den Kampf vorbereitet. Artilleriefeuer hatte ihren Widerstand rasch gebrochen. Sechsundfünfzig Aufrührer wurden auf der Stelle gehängt und fast zweitausend ins Gefängnis geworfen. Ruhe und Ordnung waren wiederhergestellt. Moskau hatte sich unter dem kalten Blick Romodanowskis beruhigt. Der Zar konnte, wenn er wollte, seine Reise fortsetzen.

Beruhigt beschloß Peter, die Untersuchung dieser Angelegenheit auf später zu verschieben, und begab sich nach Rawa, nahe bei Lemberg, um dort mit August II., dem neuen König von Polen, zu verhandeln. Die Strelitzen konnten warten. Die Begegnung mit August II. war der Beginn einer stürmischen Freundschaft. Die beiden Monarchen stimmten in allem überein: im maßlosen Trinken, in der Liebe zur Armee und in der Notwendigkeit, sich in Zukunft gegen die Schweden zu verbünden. Zum Zeichen ihres Einverständnisses tauschten sie die Kleidung und ihre Degen. Nach drei Tagen der Schlemmerei und der politischen Gespräche setzte Peter seine Reise fort.

Er kam am 4. September 1698 um sechs Uhr abends in Moskau an, nahm sich weder die Mühe, seine Gemahlin aufzusuchen noch sich vor der Ikone unserer lieben Frau von Twer oder den Reliquien der nationalen Heiligen zu verbeugen, mied den Kreml und eilte in die deutsche Vorstadt zu seiner Geliebten Anna Mons und dann zu Lefort. Dort verbrachte er die Nacht bei einem Trinkgelage mit seinen alten Waffenbrüdern.

In den frühen Stunden des nächsten Morgens empfängt er die Bojaren, die zu seiner Begrüßung herbeigeeilt sind. Er zeigt sich sehr liebenswürdig, beglückwünscht Gordon zu seiner Entschlossenheit, erzählt von seiner Reise, erwähnt seine Unterhaltung mit August II., zieht plötzlich eine Schere hervor und schneidet Generalissimus Schejn den Bart ab. Dieser fragt sich bestürzt, womit er es verdient habe, so verunstaltet zu werden, aber da hat sich der Zar schon über die haarigen Wangen Romodanowskis hergemacht. Alle Bojaren außer Streschnjew und Tscherkasky kommen an die Reihe. Der Fußboden ist mit Bartbüscheln übersät, der Zar brüllt vor Lachen, während er mit der Schere herumfuchtelt, und die Herren sehen sich niedergeschmettert an. Das erstemal seit ihrer Jugend spüren sie die frische Luft an ihrem Kinn. Voller Furcht denken sie an einen Hirtenbrief des Partriarchen Adrian, in dem er noch vor kurzem rasierte Gesichter verdammt hat: »Es schickt sich nicht, das Gesicht des Mannes zu verändern ... Christus selbst, unser Erlöser, trug einen Bart. Ebenso hatten die heiligen Apostel, die großen Propheten, Konstantin der Große, Theodosius der Große und Wladimir der Große einen Bart und hüteten ihn als eine von Gott gegebene Zierde ... Glaubt ihr, es wäre schön, den Bart abzurasieren und nur einen Schnurrbart stehenzulassen? Nicht die Männer hat Gott so erschaffen, sondern die Katzen und Hunde ... Sich den Bart abzurasieren ist nicht nur ein Greuel und eine Schande, sondern eine Todsünde ... Orthodoxe Männer, gebt dieser teuflischen Neigung nicht nach! ... Wo werdet ihr euch beim Jüngsten Gericht hinstellen: zu den Heiligen, deren Gesicht ein Bart ziert, oder zu den rasierten Ketzern?«

Diese Worte hallten noch in den Ohren der Geschorenen und überraschten Adligen wider. Aber man widersetzte sich dem Willen des Zaren nicht. Wenn der den Bärten geradezu haßerfüllt nachstellte, so deshalb, weil sie in seinen Augen die

Vorurteile, den Aberglauben und die düstere Vergangenheit eines Volkes verkörperten, das er, wenn nötig mit Gewalt, in das Licht des Abendlandes zerren wollte.

Nach Hause zurückgekehrt, mußten die Bojaren den Tränen ihrer Ehefrauen widerstehen, die untröstlich darüber waren, sie des edelsten Kennzeichens ihrer Männlichkeit beraubt zu sehen. Fünf Tage danach befahl der Zar im Laufe eines Banketts beim Generalissimus Schejn in bester Laune fünfundzwanzig Kanonenschüsse und beauftragte seinen Lieblingsnarren, sich an die restlichen Bärte zu machen. Dieser zerrte an den Haaren und stutzte sie unter allerlei Verrenkungen. Jene, denen das schon zuteil geworden war, lachten aus vollem Hals über die Verwirrung derer, die jetzt an der Reihe waren. Bei der nächsten Zusammenkunft – einem Gastmahl bei Lefort für fünfhundert Personen mit Musik und Tanz – konnte Peter befriedigt die glatten Wangen seiner Gefährten bewundern. Äußerlich glichen die Russen nun den Deutschen und Holländern. Aber innerlich? Da war, das wußte der Zar, noch viel zu tun.

Aber er war nicht so rasch in seine Hauptstadt zurückgekehrt, nur um sich mit der Schere zu vergnügen. Die Bärte der Freunde abzuschneiden war gut; die Köpfe der Feinde abzuschneiden besser. Bei der Überprüfung dessen, was die Verhöre über die Revolte ergeben hatten, befand er, daß sie zu flüchtig durchgeführt worden war. Ihm war wichtig, die Verantwortung Sophies und ihrer Sippe für die Verschwörung nachzuweisen.

Dieses Mal will er die Strelitzen endgültig vernichten und seine Halbschwester für immer unschädlich machen: Er ist entschlossen, energisch durchzugreifen. Peter ernennt eine Kommission von Bojaren unter der Leitung des furchteinflößenden Romodanowski, die die Angeklagten verhören und verurteilen soll. Man bereitet zu diesem Zweck vierzehn Folterkammern mit allen dazu notwendigen Geräten vor. Die in Klöstern und Moskauer Gefängnissen eingesperrten Schuldigen werden in Schüben von je hundertdreißig Mann nach Preobraschenskoje gebracht und den Folterknechten übergeben. Das Verhör beginnt am 17. September – dem Namenstag Sophies! – und dauert jeden Tag sechs bis acht Stunden. Am Sonntag ist Pause. Rings um Preobraschenskoje brennen dauernd dreißig Scheiterhaufen. Sobald ein Strelitze eine Antwort verweigert oder sich zu einer Beschuldigung nicht bekennt, unterwirft man ihn der Folter. Er wird an den Handgelenken aufgehängt, und der pfeifende Lederriemen der Knute schneidet ihm bis auf die Knochen ins Fleisch, schätzungsweise dreißig bis vierzig Schläge in der Stunde. Wenn der Gemarterte ohnmächtig wird, bringen ihn die Ärzte wieder zu Bewußtsein. Wenn er auf seinem Schweigen beharrt, unterwirft man ihn dem Wippen, stößt ihm brennende Holzstücke ins Fleisch, versengt ihm die Füße, kneift ihn mit glühenden Zangen und zerschlägt ihm die Rippen mit Brechstangen. Allmählich werden die Folterknechte es müde, dieses schon hundertmal gepeinigte Fleisch weiterzuquälen, die Richter und Protokollführer verlieren bei diesem Röcheln und Schreien den Kopf.

Nur einer scheint unermüdlich, Peter. Er wohnt allen Folterungen bei, wie berauscht vom Geruch von Blut, versengter Haut und Unflat. Er stellt selbst Fragen, beschimpft und schlägt diese menschlichen Jammergestalten, die kaum noch die Kraft haben zu sprechen. Als der Patriarch Adrian mit der wundertätigen Ikone der Jungfrau in den Händen vor ihn hintritt und ihn anfleht, sich den irregeleiteten Strelitzen gegenüber barmherzig zu zeigen, schreit ihn Peter wütend an: »Was soll diese Ikone? Geh und stell sie wieder an ihren Platz. Ich verehre Gott und Seine Heilige Mutter gewiß ebenso wie du; aber es ist meine Pflicht, das Volk zu schützen und die Verbrecher zu bestrafen, die sich zu seinem Untergang verschworen hatten!«

Am 30. September werden dreihundertundvierzig Strelitzen paarweise auf kleinen Wagen zum Hinrichtungsplatz geführt. Zerlumpt und verstört schwanken sie im Rütteln der Fahrzeuge wie Gliederpuppen. In den Händen halten sie lange brennende Kerzen. Frauen, Mütter und Kinder laufen hinter den Karren her und schluchzen herzzerreißend. Am Pokrowskitor hält die Kolonne vor dem Zaren an, der zu Pferd sitzt und in die polnische Uniform gekleidet ist, die ihm August II. bei ihrem Zusammentreffen geschenkt hat. Eine Gruppe glatt rasierter Bojaren umgibt ihn, dazu zahlreiche Offiziere und das ganze diplomatische Korps, das man am Vorabend dazu aufgefordert hat. Das einfache Volk drängt sich in einiger Entfernung. Der Zar läßt durch einen Gerichtsschreiber das Urteil verlesen, das »die Diebe, Räuber, Kreuzverhöhner und Rebellen« aus den Strelitzenregimentern zum Tode verurteilt. Dann beginnt die Hinrichtung. Zweihundert Verurteilte werden gehängt. Hundert andere, die zwischen fünfzehn und zwanzig Jahre alt sind, werden nach Auspeitschung auf der rechten Wange gebrandmarkt und nach Sibirien geschickt; vierzig weitere, darunter die Führer des Aufstandes, führt man wieder ins Gefängnis, um sie neuen Folterungen zu unterwerfen.

Das war nur der erste Schritt. Nachdem sie wieder Kräfte gesammelt hatten, machten sich die Richter und Folterknechte erneut ans Werk. Dieses Mal verhörten sie nicht nur die Strelitzen, sondern auch ihre Frauen und die Zofen Sophies. Einige von ihnen wurden nach altem Brauch lebendig begraben.[1] Peter suchte seine Halbschwester Sophie auf, um sie persönlich zu verhören. Sie bestritt jede Teilnahme an dem Komplott. Ihre Schwester Martha gab lediglich zu, mit der Exregentin über die bevorstehende Ankunft der Strelitzen, die ihr immer ergeben gewesen waren, gesprochen zu haben. Auch die Strelitzen brachten die Untersuchung trotz der Folterungen, denen man sie Tag für Tag unterwarf, durch ihre Aussagen keineswegs weiter. Nichts wies darauf hin, daß Sophie die Seele der Verschwörung gewesen war. Dennoch blieb der Zar von ihrer Schuld überzeugt.

Vom 3. bis zum 18. Oktober wurden siebenhundertzweiundsiebzig Strelitzen enthauptet, gevierteilt oder gehängt. Hundertfünfundneunzig von ihnen hingen an Galgen unter den Fenstern Sophies im Garten des Klosters Nowodjewitschi, in das sie eingeschlossen war. Dreien der Leichen hatte der Henker eine Kopie der Bittschrift, die die Rebellen an die Zarewna geschrieben hatten, in die verkrampften Hände gedrückt. Peters Rachedurst war nicht zu zähmen. Er wollte die Erinnerung an jene Revolten, die ihn seit der frühesten Jugend gequält hatte, in Blut ertränken. Vor den entsetzten Gesandten griff er bei einer Hinrichtung selbst nach dem Beil und schlug zu. Mehrere Zeitgenossen, die österreichischen Diplomaten Korb und Guarient, Monsieur de Villebois und andere bestätigen es.

War es so erstaunlich, daß Peter selbst Hand anlegen wollte? Für ihn galt jede Arbeit gleich. Er hielt es sich zugute, sein großes Geschick in den verschiedensten Berufen zu beweisen. So wie er sich als tüchtiger Matrose oder Zimmermann erwiesen hatte, wollte er auch die amtlich bestellten Henker übertreffen. Er ließ das Beil mit einer berufsmäßig harten Sachlichkeit auf den Hals der Verurteilten niedersausen. Das hervorspritzende Blut erregte ihn überhaupt nicht. Schmerz war in seinen Augen ein natürliches Phänomen. Sein Interesse an diesem Tun war nicht sadistisch, sondern wissenschaftlich. Er strafte nicht, er operierte. Und nachher empfand er wie nach der Rückkehr von einer Werft die Freude an gut verrichteter Arbeit.[2]

Auf seinen Befehl durften die Leichen fünf Monate lang nicht entfernt werden. Gehenkte lagen, wie sie herabgeworfen worden waren, Arme und Beine von sich gestreckt, im Schnee. Die Plätze um den Kreml waren übersät von kopflosen Leichen, die trotz der Kälte einen bestialischen Gestank ausströmten. Vor den Hunderten auf Spieße gesteckten und von den Krähen zerhackten Köpfen ohne Augen und Nasen und mit verfilzten Haaren bekreuzigten sich die Vorbeigehenden scheu. Zu Beginn des Jahres 1699 nahm das Gericht seine Tätigkeit in zehn Folterkammern erneut auf. Abermals wurden hundertsiebenunddreißig Strelitzen gehängt und zweihundertfünfundneunzig ausgespeitscht und mit glühenden Eisen gebrandmarkt. Am 3. Februar 1699 schrieb der Neffe General Leforts aus Moskau: »Heute verurteilte man wieder dreihundert dieser Unglückseligen, die es gelüstet hatte, uns ins Jenseits zu befördern, zum Tode. Seine Majestät hat befohlen, daß sich alle Ausländer dort einfinden müssen, um der Hinrichtung zuzusehen. Es sind die letzten. Alle anderen haben ihr Urteil schon empfangen.«[3]

Nach langer Zurschaustellung wurden die verwesten Leichen schließlich übereinander auf Karren geworfen und in verschiedene Provinzstädte geschickt, wo sie noch eine Weile auf den öffentlichen Plätzen aufgehäuft liegen blieben, um dem Volk zur Warnung zu dienen. Später scharrte man sie in Sammelgräber ein. Über jedem von diesen erhob sich eine Säule, auf der alle Verbrechen der Strelitzen eingraviert waren. Auf Pfähle gesteckte Köpfe krönten das Grab.

Nach den letzten Hinrichtungen wurden die zwanzig Strelitzenregimenter offiziell aufgelöst und die übriggebliebenen Männer aus Moskau entfernt. Sie durften ohne Genehmigung nicht reisen und nie wieder in der Armee dienen. Die Witwen und Kinder der Verurteilten mußten Moskau ebenfalls verlassen. Es war der Bevölkerung verboten, sie zu beherbergen oder ihnen Arbeit zu geben. Sollten sie doch zu Bettlern werden, dann würde Hunger und Frost das Werk der Henker vollenden.

Was Sophie betraf, deren Schuld nicht zu beweisen war, mußte sich Peter damit zufriedengeben, daß sie auf seinen Befehl im Kloster Nowodjewitschi, in das sie verbannt worden war, den Schleier nahm. Ihrer Titel verlustig und in eine enge Zelle eingesperrt, wurde sie Schwester Susanne, eine Nonne unter vielen anderen, und starb siebenundvierzigjährig fünf Jahre später, am 14. Juli 1704. Martha, ebenfalls angeklagt, an der Verschwörung teilgenommen zu haben, erlitt unter dem Namen Schwester Margerita das gleiche Schicksal im Kloster Mariä Himmelfahrt. Fraglos erschien Peter das Kloster eine ausgezeichnete Möglichkeit, sich der Frauen zu entledigen. Auch seine eigene war ihm schon lange eine Last. Nach den eleganten und gewandten Geschöpfen, die er im Ausland kennengelernt hatte, fand er Eudoxia nun noch reizloser und langweiliger –

beklagenswert russisch. Sie gehörte jener anachronistischen Welt an, der er den Kampf angesagt hatte. Während seiner Reise hatte er ihr kein einziges Mal geschrieben. Nach seiner Rückkehr ließ er sie ins Haus des Postmeisters Vinius kommen und empfahl ihr kalt, sie solle sich in ein Kloster zurückziehen. Sie weigerte sich empört. Welche Verbrechen habe sie sich zuschulden kommen lassen, um eine solche Strafe zu verdienen? Nie sei ihr Name während der Untersuchung über die Umtriebe der Strelitzen genannt worden. Sie liebe den Zaren von ganzem Herzen. Und sie sei die Mutter des Zarewitsch. Wolle Peter sie von ihrem Sohn trennen? Der Patriarch mischte sich zugunsten der legitimen Ehefrau ein. Wütend schickte Peter ihn fort, und nachdem er drei Wochen lang die Tränen und Schwüre Eudoxias ertragen hatte, ließ er sie gewaltsam in einem einfachen zweispännigen Wagen und ohne die geringste Eskorte in das Kloster zur Fürsprache der Heiligen Jungfrau bei Susdal bringen. Man nahm der Unglücklichen ihren neunjährigen Sohn Alexej fort und übergab ihn ihrer Todfeindin Nathalie, der Lieblingsschwester Peters. Mit sechsundzwanzig Jahren wurde Eudoxia verstoßen, ihrer Titel und Privilegien beraubt und zur Nonne Helene. Sie erhielt keine Kopeke Kostgeld und keine Zofe zu ihrer Bedienung. In ihrer bitteren Not schrieb sie an ihren Bruder Abraham Lopuchin: »Ich brauche nicht viel, aber essen muß man noch. Ich trinke nicht selbst, aber ich möchte etwas zum Trinken anbieten können . . . Hier gibt es nichts. Alles ist verkommen. Ich weiß, daß ich Dir lästig bin, aber was soll ich tun? Solange ich noch lebe, bitte, ernähre mich, lösche meinen Durst, gib der armen Bettlerin Kleidung!«

Eudoxia, nunmehr »Braut Christi«, konnte nicht mehr die Gemahlin des Zaren sein. Peter betrachtete sich als endgültig von den Fesseln der Ehe befreit. Selbst in den Augen der Kirche stellte er eine Art Witwer dar, frei wie der Wind, in der Lage, eine neue Bindung einzugehen. Während der großen Strafkampagne zeigte er bei Tisch einen auch für ihn ungewöhnlichen Durst. Man könnte sagen, daß ihn der Anblick des Blutes und der Tränen dazu brachte, unmäßig zu trinken. Er ging vom Bankett zum Schafott und vom Schafott zum Bankett. Die Folter war in jener Zeit in der ganzen Welt eine alltägliche Sache. Sie war selbstverständlicher Teil des Justizapparats. Alexej Michailowitsch, »der friedliebende Zar«, Peters Vater, hatte nach der Revolte von 1663 in Moskau mehr als siebentausend Personen hinrichten lassen. Warum sollte sich sein Sohn großmütiger zeigen? Außerdem waren die Leibesstrafen, die er anwandte, annähernd dieselben wie in den anderen Ländern. Daher hatte Peter auch nie das Gefühl, von seinen bewunderten europäischen Vorbildern abzuweichen. Allenfalls widmete er sich seiner Aufgabe mit mehr Temperament und slawischer Maßlosigkeit.

Nachdem er die Köpfe hatte rollen lassen, verfiel er wieder auf die Beseitigung der Bärte, die ihm als Beleidigung der Zivilisation galten. Seine Mitarbeiter, seine Freunde hatten glatte Wangen, aber die anderen . . .? »Die Russen«, schrieb ein Zeitgenosse, der Kapitän Perry, »widmen dem Bart eine religiöse Ehrfurcht. Sie lassen ihn bis zur Brust herabwachsen. Sie kämmen und bürsten ihn vorsichtig, um ja kein Haar zu verlieren. Dies ist etwas, worin sie sich von den Ausländern unterscheiden.« Da Peter nicht persönlich eine allgemeine Schur seines ganzen Volkes durchführen konnte, veröffentlichte er einen Ukas, der allen außer den Mitgliedern des Klerus das Tragen eines Bartes verbot. Männer, die entgegen dem Wunsch des Zaren ihren Kinnschmuck behalten wollten, mußten eine ihren sozialen Verhältnissen angemessene Steuer bezahlen: Hundert Rubel im Jahr für die Adligen und die höheren Beamten, sechzig Rubel für die Höflinge und Kaufleute, dreißig Rubel für die Lakaien und Kutscher, eine halbe Kopeke bei Betreten und Verlassen der Stadt für die Bauern. Man gab ihnen allen anstelle der Quittung eine Bronzemedaille mit der Inschrift: »Die Steuer wurde eingezogen.« Auf dieser Medaille war außerdem ein Bart und bisweilen das Motto eingraviert: »Der Bart ist eine überflüssige Last.« Die so besteuerten Personen waren gehalten, die Medaille bei sich zu tragen und sie jederzeit auf Verlangen vorzuweisen. Sie wurde jedes Jahr erneuert. Die meisten Adligen und Kaufleute fanden die Steuer zu hart und rasierten sich schließlich. Aber die Bauern bezahlten lieber beim Durchschreiten der Stadttore ihre Taxe, um als echte Männer und echte Christen mit wehendem Bart in ihr Dorf zurückzukehren. Kapitän Perry schildert, wie er auf der Werft in Woronesch einen alten Zimmermann getroffen habe, der rasiert aus dem Laden eines Barbiers kam. Auf seine Frage: »Wo ist denn dein Bart?«, habe der andere geantwortet: »Hier«, und dabei ein großes Haarbüschel aus seinem Wams gezogen. »Ich werde ihn in eine Truhe tun und anordnen, daß man ihn nach meinem Tod zu mir in den Sarg legt, damit ich mit ihm beim Jüngsten Gericht erscheinen kann. Alle meine Kameraden machen es genauso.«

Wenn also auch die Adligen, die vermögenden Kaufleute, die Armee und die Marine der neuen Mode wohl oder übel folgten, blieb doch der größte Teil Rußlands ihr feindlich gesinnt. Nur eine Lichtung abgeschnittener Bärte umgab Peter. Aber zehn Schritte weiter war immer noch Wald. Neue, schärfere Ukase folgten: Erschien ein Bärtiger in einem Amt, war sein Ansuchen abzulehnen, er hatte fünfzig Rubel zu bezahlen, und falls er dazu nicht imstande war, wurde er nach Rogerwiek (heute Baltisch-Port) geschickt, um dort seine Strafe abzuarbeiten. Auch konnte jeder, der einem nicht vorschriftsmäßig gekleideten Bärtigen begegnete, ihn mit Gewalt zu den Polizeibehörden schleppen. Als Belohnung erhielt er die Hälfte der Strafe, die der Bärtige zahlen mußte, und die Kleidung des Missetäters.

Aber konnte man sich bartlose, moderne, europäische Gesichter über langen byzantinischen Kaftanen vorstellen? Gesicht und Kleidung mußten in Einklang gebracht werden. Nachdem Peter die Schlacht gegen die Bärte eröffnet hatte, sagte er auch der herkömmlichen Kleidung den Kampf an. Sie war in Rußland seit einem Jahrhundert die gleiche geblieben. Umfangreich und steif, ein Kleidungsstück über das andere gezogen, war sie unschön im Schnitt und prächtig im Aufputz. Ein Samtkragen ging bis ans Kinn und umschloß es. Die überlangen Ärmel wurden an den Handgelenken mit Knöpfen aus erlesenen Steinen zusammengehalten. Ein Mantel aus kostbarem Stoff reichte bis zu den Fersen. Im Winter vollendete schließlich noch ein weiter Pelzmantel die Kleidung des auf seinen Wanst stolzen und mit einem persischen Schal umgürteten Bojaren. Diese zeremonielle Gewandung mißfiel dem Zaren schon seit langem, da er die Einfachheit und Ungezwungenheit liebte. In Brokat und Satin vermummt, sahen die Männer seiner Ansicht nach eher wie dickleibige, behaarte und schwerfällige Frauen aus. Übrigens ließen sich tatsächlich einige wie der Bojar Pleschtschejew ihre Hofkleidung aus den alten Roben ihrer Frauen umarbeiten.[4] Viele dieser schwerfälligen Burschen trugen einen Ohrring, der zwischen zwei Haarsträhnen hervorblitzte. Die Bewegungen in den schweren Tuchen wirkten plump und steif. »Mit diesen weiten Ärmeln«, stellte Peter fest, »stoßen einem dauernd Mißgeschicke zu. Bald läßt man sie in die Suppe hängen, bald zerschlägt man ein Glas damit.« Er hielt auch wenig von der taschenlosen Kleidung der russischen Muschiks, von der ein Reisender, der Kroate Knišanič, sagte, sie zwinge sie, »ihre Papiere in den Stiefeln und ihr Geld im Mund« zu tragen. Bei den pompösen Paraden der Großen Gesandtschaft war Peter auch nicht entgangen, daß die Ausstaffierung der Russen bei den Gaffern Anlaß zu spöttischen Bemerkungen gab. Während der Arbeit in den ausländischen Werften war er mehr und mehr zur Überzeugung gelangt, daß ein junges und aktives Volk eine Kleidung tragen mußte, die die Bewegungen des Körpers nicht behinderte. Wenn Rußland energisch vorwärts streben wollte, durfte es sich nicht mit den Prunkgewändern aus der Zeit von Boris Godunow (1551–1605) belasten.

Der Zar selbst hatte in seiner Garderobe lediglich einen Kaftan alten Schnitts, den er spaßeshalber zur Hochzeit zweier seiner Possenreißer anzog, im übrigen nur Uniformen aus grauem, schwarzem, grünem oder »nelkenfarbigem« Tuch.

Am 4. Januar 1700 verfügte ein Ukas, daß »die Bojaren, die Hofleute, die Beamten aus Moskau und anderen Städten die ungarische Kleidung tragen müßten, einen geraden, bis zu den Kniekehlen reichenden Kaftan und ein ebenso kurzes Untergewand«. Am 20. August desselben Jahres wurden die Bestimmungen des Ukases um folgende Sätze erweitert: »Zum Ruhm und zur Verschönerung des Staates und der Militärverwaltung haben die Männer aller Klassen, ausgenommen der Klerus, die Diener der Kirche, die Kutscher und Bauern bei der Arbeit, ungarische oder deutsche Kleidung zu tragen. Ihre Frauen und Töchter haben ebenfalls ungarische oder deutsche Kleidung zu tragen.« Doch räumte man den armen Leuten eine Frist von fünf Jahren ein, um ihre alten Sachen aufzutragen. Im folgenden Jahr wurde die neue Aufmachung genauer definiert: für die Männer Unterjacken, Hosen, Stiefel oder Schuhe und deutsche Hüte, französische oder sächsische Überzieher; für die Damen deutsche Röcke und Schuhe und hohe Hüte.

Muster dieser Tracht wurden an den Stadttoren ausgestellt, und dem Ukas zuwiderhandelnde Fußgänger hatten vierzig Kopeken zu bezahlen, Reiter einen Rubel. Außerdem kam es nicht selten vor, daß die unvorschriftsmäßige Kleidung von den Aufsichtsbeamten zerfetzt wurde. Der Zar persönlich machte sich einen Spaß daraus, die zu weiten Ärmel einiger seiner Freunde abzuschneiden. Bald trugen alle Bojaren bei seinen Empfängen Gehröcke aus Tuch. Da sie diese ausländische Kleidung nicht gewohnt waren, betrachteten sie einander lachend wie bei einem Maskenball. Peter selbst brach angesichts dieser Truppe verkleideter würdiger Herren in schallendes Gelächter aus. Er hatte eine Karikatur Europas vor Augen, zweifelte aber nicht, daß die Russen mit der Zeit ebenso elegant werden würden wie die Engländer, Österreicher und Franzosen. Natürlich beklagten sich einige der alten Würdenträger, daß sie in diesen kurzen Kniehosen, die die Strümpfe dem Blick aussetzten, kalte Füße hätten. Sie murrten insgeheim, daß diese Kleidung dem rauhen Klima Rußlands nicht angemessen sei. Der junge Zar, sagten sie, gehe mit der überlieferten Sitte viel zu leichtfertig um. Doch wagte niemand, die Stimme ernsthaft gegen ihn zu erheben.

Eine andere Reform, die den Gewohnheiten des Volkes zuwiderlief, betraf den Kalender. Nach der russischen Zählung begann das Jahr getreu der byzantinischen Tradition mit dem 1. September, dem Tag, an dem angeblich die Welt erschaffen wurde, und zwar im Jahre 5508 vor Christi Geburt. Anders ausgedrückt, Peter wurde für die Russen im Jahre 7180 (1672) geboren, und das Jahr 1700 war in Moskau das Jahr 7208. Am 20. September 1699 ordnete Peter durch einen Ukas an, daß die Zählung der Jahre künftig nach europäischer Art zu erfolgen habe, also auch jedes Jahr mit dem 1. Januar beginnen solle. Doch ging er nicht so weit, den Gregorianischen Kalender zu übernehmen, da der aus Rom stammte und somit den Orthodoxen nicht zuzumuten war. Er begnügte sich mit dem Julianischen Kalender, der damals bereits zwölf Tage hinter dem moderneren Gregorianischen herhinkte.[5] Am 1. Januar 1700 mußten auf seinen Befehl alle »ihre Türen mit Tannenzweigen und Wacholder schmücken gemäß den Mustern auf dem Großen Markt und an der Unteren Apotheke«. Ferner hatte das ganze Volk an diesem Tag an den feierlichen Gottesdiensten in den Kirchen teilzunehmen und nachher aus Anlaß des Jahreswechsels Glückwünsche auszutauschen. Die Besitzer von Gewehren wurden aufgefordert, ihrer Freude durch Schüsse Ausdruck zu geben. Die auf dem Roten Platz aufmarschierten Truppen feuerten mittags als Beispiel Kanonen und Musketen ab. Am Abend erhellten Feuerwerke den Himmel. Diese befohlene Fröhlichkeit fand nur geringes Echo in den Seelen der Moskauer. Man fragte sich verstohlen: »Hätte Gott die Welt im Winter erschaffen können?« Manche der Abergläubischen gingen noch weiter: »Die Bibel sagt voraus, daß der Antichrist die Zeitrechnung ändern wird. Also ist Peter I. der Antichrist.«

Um die Adligen zur Aktivität anzuspornen, stiftete Peter 1699 den ersten russischen Ritterorden: den Orden des heiligen Andreas, des Schutzheiligen von Rußland. Ein breites hellblaues Band schmückte die Brust der Auserwählten. 1702 öffneten sich die Tore der *Terems,* die Frauen erhielten Zutritt zu gesellschaftlichen Veranstaltungen, auch wurde eine Pflichtverlobungszeit eingeführt, die den zukünftigen Eheleuten die Möglichkeit gab, sich sechs Wochen vor der Heirat ungehindert kennenzulernen. Ein Jahr später erschien in Moskau die erste russische Zeitung, die *Wedomosti* (Nachrichten), in der auf vier Seiten über Geschehnisse in Rußland und in Europa berichtet wurde. Sie enthielt von Zeit zu Zeit auch nützliches Wissen für die Leser: »Lissabon, die Hauptstadt Portugals, liegt am Tajo in Europa ... Versailles: Dorf und Vergnügungsstätte des Königs von Frankreich in der Nähe von Paris ... Ein Lord ist ein englischer Bojar.«[6] Die neugegründeten Druckereien benutzten die profanen russischen Schriftzeichen im Gegensatz zu dem von der Kirche beibehaltenen alten slawoserbischen Alphabet. Man übersetzte das *Leben Alexanders* von Quintus Curtius, man stellte Arithmetiklehrbücher zusammen und sogar ein Lexikon. Der französische Gesandte Baluze besuchte die Aufführung zweier Komödien, die eine in russischer, die andere in deutscher Sprache, und berichtete an Ludwig XIV.: »Der Saal war aus Holz, aber groß; die Logen sind gut angeordnet, und die Bühne ist von ausreichender Tiefe.«[7]

Inmitten dieser gewaltigen Modernisierungsbestrebungen trafen den Zaren einige Trauerfälle wie ein Strafgericht des Himmels. Er befand sich in der Werft von Woronesch, als er erfuhr, daß Lefort am 12. März 1699 plötzlich gestorben war. Der dreiundvierzigjährige Lefort, General der Infanterie, Großadmiral, Erster Gesandter und unersetzlicher Saufkumpan, war der Arbeit und den Ausschweifungen erlegen. Unter Tränen rief der Zar aus: »Mein Freund ist nicht mehr! Er war der einzige Treue! Auf wen kann ich jetzt noch rechnen?« Er eilte nach Moskau zurück, ließ den Sarg öffnen, küßte die Stirn und die Hände des Leichnams und ordnete eine prachtvolle Bestattung an. Der Zug, der sich zur Reformierten Kirche bewegte, wurde von ihm selbst in Trauerkleidung angeführt. Einem schwarzgekleideten Reiter mit blankem gesenktem Degen folgte der Sarg, von achtundzwanzig Obersten getragen. Die Gesandten, die

Bojaren, die hohen Würdenträger und die Generäle geleiteten ihn mit gesenkten Köpfen. Drei Regimenter nahmen an dem Zug teil. Die Militärmusik spielte Trauermärsche. Vierzig Kanonen feuerten Ehrensalven ab. Die Witwe folgte mit schwankenden Schritten, von Klageweibern umgeben. Das Volk von Moskau verstand nicht, warum der Zar so sehr den Tod eines Ausländers betrauerte. Nach der Bestattung auf dem Friedhof der deutschen Vorstadt versammelten sich die Freunde zu einem Bankett im Hause des Verstorbenen. Jeder Gast erhielt einen goldenen Ring mit einem Stein, in den ein Todesemblem eingraviert war. Der Zar trank viel, aber seiner Umgebung fehlte es an Schwung, und als mehrere Gäste Miene machten, sich vor dem Ende des Trauermahles zurückzuziehen, wurde er wütend und brüllte: »Ihr scheint über das Ableben Leforts erfreut zu sein!«

Einige Monate später traf den Souverän ein neuerlicher Verlust schwer, der Tod Patrick Gordons, des befähigten und ergebenen Generals. Dagegen nahm er das Ableben des unnachgiebigen Gegners seiner Reformen, des Patriarchen Adrian, im Dezember 1700 mit heimlicher Erleichterung auf. Um zu vermeiden, noch einmal eine rivalisierende Macht neben sich zu haben, gab er dem Patriarchen keinen Nachfolger, sondern ernannte Stephan Jaworski, den Metropoliten von Riasan, zum »einstweiligen Hüter des Heiligen Patriarchalischen Thrones«. Stephan Jaworski war ein Kleinrusse, ein lebhafter Kopf, der auf ausländischen Schulen studiert hatte und somit nach Meinung des Zaren seinen Neuerungen nichts in den Weg legen würde. Außerdem überließ man ihm nur Hofangelegenheiten. Die Leitung der Klöster wurde einem Büro überantwortet, das ein Laie führte: Mussin-Puschkin. Das war der Beginn von Peters großangelegtem Versuch, den Einfluß der Kirche zurückzudrängen.

In Wirklichkeit hatte sich diese Kirche nie offen gegen die Initiativen des Zaren gestellt, schon gar nicht in den Bereichen seines Privatlebens. Auch als er seine Gemahlin ohne erkenntlichen Grund verstieß, beschränkte sich der Patriarch auf sehr vorsichtige Proteste. Gegenwärtig hatte sich Peter ganz seiner Mätresse Anna Mons zugewandt. Als offizielle Favoritin erfreute sie sich einer Jahresrente von siebenhundert Rubeln und eines sehr schönen Hauses in der deutschen Vorstadt, dessen Schlafzimmer nach den Aussagen eines Zeitgenossen luxuriös ausgestattet war. Im Volk nannte man sie »die Zarin von Kokuy« (des Dirnenviertels, wie die Moskauer die deutsche Vorstadt spotthalber nannten) oder auch einfach »die Hure«. Schmucküberladen erschien sie an der Seite des Zaren sowohl bei Banketten mit Freunden als auch bei offiziellen Anlässen. Als ein dänischer Diplomat Peter bat, Pate seines Kindes zu werden, verlangte dieser, daß sie Mitpatin sein müsse. Er schenkte ihr die Domäne Dubino und dachte sogar einmal daran, sie zu heiraten. Das hinderte ihn indessen nicht, sich unbeschwert Seitensprünge mit Kellnerinnen, Prostituierten und sogar mit einer Freundin Annas zu gestatten, der Deutschen Helene Fadenrecht, die den Zaren in ihren Briefen »meine kleine geliebte Sonne, mein Abgott mit schwarzen Augen und ebensolchen Brauen« nannte.[8] Der Aufstieg Annas schien unaufhaltsam, bis ein unerwarteter Zwischenfall ihn plötzlich beendete. Zu Beginn des nordischen Feldzugs 1703 ertrank der sächsische Gesandte Königseck beim Überqueren eines Flusses. Immer auf der Jagd nach politischen Aufschlüssen, ließ Peter die Taschen des Diplomaten durchsuchen und entdeckte dabei keineswegs Geheimnachrichten, wie er gehofft hatte, sondern Liebesbriefe. Die Schrift, der Stil und die Unterschrift, alles verriet Anna Mons. Außerdem trug der Verstorbene auf der Brust ein Medaillon, das ein Bild der Schönen und eine blonde Haarsträne enthielt sowie die Inschrift: »Liebe und Treue.«

Obwohl Peter in Hinsicht auf Liebesabenteuer ansonsten großzügig war, fühlte er sich gekränkt und ließ die Ungetreue ins Gefängnis werfen, dazu an die dreißig Personen, die verdächtigt wurden, ihr bei dieser Intrige geholfen zu haben. Diese »Komplizen«, von denen keiner so recht wußte, wessen man sie beschuldigte, blieben auf unbestimmte Zeit hinter Schloß und Riegel. Anna Mons hingegen kam rasch wieder frei. Als man ihr fast alle ihre Güter fortnahm, verweigerte sie die Herausgabe eines Miniaturbildes des Souveräns, »der Diamanten wegen, mit denen es eingefaßt war«, hieß es. Aber sie gab sich nicht geschlagen. Immer noch von der Diplomatie angezogen, wurde sie bald darauf die Geliebte und schließlich die Frau des preußischen Gesandten Keyserling. Eines Abends, nach einem reichlichen Mahle, näherte sich Keyserling dem Zaren und wagte angesichts dessen guter Laune, ihn um eine Anstellung für den Bruder der Exgeliebten zu bitten. Sogleich wurde der alte Groll in Peter wieder wach. Trotz der Jahre hatte er die Kränkung noch nicht verwunden. Er sagte schroff: »Ich habe die Mons zu mir erhoben mit der Absicht, sie zu heiraten. Ihr habt sie verführt. Behaltet sie. Aber sprecht nie mehr mit mir über sie oder die Ihrigen!« Und als der preußische Diplomat ungeschickt weiter in ihn drang, brüllte Menschikow: »Eure Mons ist eine Hure! Ich habe sie besessen genau wie Ihr und alle anderen! Laßt uns in Ruhe mit ihr!« Mit erstickter Stimme wollte der unbedachte Ehemann protestieren, aber der Zar und Menschikow schlugen mit den Fäusten auf ihn ein und warfen ihn die Treppe hinab. Am nächsten Tag entschuldigte sich Keyserling bei seinen erlauchten Angreifern.[9]

War Peter auch nachtragend, untröstlich war er nicht. Menschikow, der ihm jetzt den verlorenen Lefort ersetzte, versorgte ihn mit leichten Mädchen. Die beiden Männer tauschten bereitwillig ihre Geliebten aus. Der Hof Nathalies, der jüngeren Schwester des Zaren, wurde zu einem Harem, in dem sich der Zar und sein Vertrauter die Partnerinnen für eine Nacht suchten. Mehr denn je wurde die Liebe für sie zur bloßen Belustigung.

Peter kümmerte sich überhaupt nicht um die Meinung seiner Umgebung, noch weniger um die des Volkes. Die Polizeiberichte, die ihm vorgelegt wurden, strotzten jedoch von aufrührerischen Reden, die Moralprediger in geheimen Versammlungen hielten. »Der Zar rasiert die Bärte und verkehrt mit den Deutschen, sogar der Glaube ist schon deutsch geworden«, predigte einer der Eiferer. »Der Zar lebt nach Sitte der Ausländer, ißt am Mittwoch und am Freitag Fleisch und hält die Fastenzeit des heiligen Philippus nicht ein. Er hat allen den Befehl erteilt, deutsche Kleidung zu tragen. Er hat das Patriarchat aufgehoben, um allein regieren zu können und keinen Rivalen zu haben. Am 1. Januar 1700 hat er den Beginn eines neuen Jahres feiern lassen und damit den Eid der heiligen Väter gebrochen. Die Jahre Gottes wurden beseitigt, die des Satans ausgerufen«, hatte ein anderer gesagt.[10] Vor kurzem noch hatte Peter nur die Sektierer, die Altgläubigen gegen sich gehabt. Jetzt schien es, als wollten sich auch die Anhänger des neuen Glaubens ihnen in der Mißbilligung der Reformen anschließen. Die Ablehnungsparolen, die in den unteren Schichten umgingen, betrafen nicht mehr nur die von Nikon korrigierten Texte der Heiligen Schrift, sondern vor allem die Abschaffung des Bartes, die Einführung »deutscher Kleidung«, die Kalenderreform, den Gebrauch von Tabak und die Gleichstellung der Frau. In Zukunft richtete sich der Widerstand auch gegen die Nachahmer der Ausländer, er war nicht mehr ausschließlich religiös, sondern auch national. In den Vorstädten und auf dem Land behauptete man immer hartnäckiger, der wirkliche Zar sei auf der Reise gestorben und derjenige, der sich die Herrschaft über das Land anmaße, sei der Antichrist. Zum erstenmal waren Rußland und sein Herrscher uneins. Zwischen der kleinen europäisierten Führungsschicht und der den Traditionen ihrer Väter treuen breiten Masse tat sich eine Kluft auf. Die Scheidelinie zwischen diesen beiden Welten fand ihr Symbol in rasierten Wangen und neuen Kleidern. Manchmal hatte Peter den Eindruck, allein gegen vierzehn Millionen Untertanen zu kämpfen. Dieses Mißverhältnis beunruhigte ihn indessen nicht. Es spornte ihn an.

8. Kapitel
Von Narwa nach Poltawa

In Rawa hatte Peter während seines Zusammentreffens mit August II. von Polen den Entschluß gefaßt, sich von der Türkei abzuwenden und sich auf Schweden zu werfen. Aber bevor er Karl XII. den Krieg erklärte, mußte er vernünftigerweise den Abschluß der Friedensverhandlungen seines Gesandten Ukrainzew mit den Vertretern der Osmanischen Pforte abwarten. Und diese Verhandlungen zogen sich hin. Inzwischen hatte Patkul, der Ratgeber Augusts II., den Plan zu einer Koalition Dänemarks, Polens und Rußlands gegen die Schweden entwickelt. Jeder Partner sollte mit einem Stück seiner Wahl vom Territorium des Besiegten entschädigt werden. Peter träumte davon, Zugang zur Ostsee zu erhalten und sich die einst russischen Städte Dorpat (Jurjew) und Narwa einzuverleiben. Voll Unrast erwartete er Nachrichten aus Konstantinopel. Und seine noch ungeduldigeren Verbündeten begingen den Fehler, die Kampfhandlungen ohne ihn zu eröffnen. Sogleich erschien Karl XII. mit seiner Flotte vor Kopenhagen, landete ein starkes Truppenkontingent, eroberte die Außenforts und zwang die Stadt zur Kapitulation. Ins Herz getroffen, zog sich Dänemark beschämt aus der Koalition zurück und unterschrieb den Sonderfrieden von Travendal. August II. seinerseits erstürmte zwar Dünamünde, scheiterte aber vor Riga. Insgeheim freute sich Peter darüber: Riga sollte ihm selbst zufallen.

Schließlich, am 8. August 1700, bringt ihm ein Kurier Ukrainzews die Nachricht, daß ein dreißigjähriger Friede mit der Türkei unterzeichnet ist. Am gleichen Tag, noch während die Moskauer Bevölkerung unter Glockengeläut den endlich wiedergefundenen Frieden feiert, gibt er seinen Truppen den Befehl zum Abmarsch. Indessen wendet er sich nicht nach Norden, wie er es seinen Verbündeten versprochen hat, sondern nach Livland, das ursprünglich August II. vorbehalten war. Da man für jeden Krieg einen Vorwand braucht, behauptet er in seinem Manifest, daß er sein Land gegen Schweden führe, um sich für den Mangel an Ehrerbietung zu rächen, den er während seines Aufenthaltes in Riga erdulden mußte. Daß er sich dort nur inkognito aufgehalten hatte, ignoriert er nun völlig. Kurz gesagt, der Zar übernimmt die Verteidigung der Ehre des Zimmermanns Peter Michailow.

Er hofft, seinem jungen und unerfahrenen Gegner zuvorzukommen. 1700 ist Karl XII. achtzehn Jahre alt, zehn Jahre jünger als Peter. Mit fünfzehneinhalb Jahren hat er den Thron bestiegen und seine Umgebung durch seine Verwegenheit, seine Kraft, seinen Übermut und seine Autorität in Erstaunen gesetzt. Er ist groß und schlank, sein Gesicht schmal und lang, die Stirn hoch und breit, der Blick durchdringend. Nur allzugern vernachlässigt er die Pflichten seines Amtes, um sich sinnlichen Vergnügungen hinzugeben, die an die Ausschweifungen des Zaren erinnern. Er hat alle Klassiker gelesen, sein Vorbild ist Alexander der Große. Er hetzt seine Minister herum, zertrümmert zum Spaß Möbel, jagt im Reichsratssaal Hasen, schlägt mit dem Säbel Schafen und Ziegen die Köpfe ab und reitet mittags im Hemd durch die Straßen von Stockholm. Dieser Halbnarr, denkt Peter, ist ungefährlich. Das erweist sich als schwerer Irrtum. Als Karl XII. sein Land bedroht sieht, wandelt er sich völlig. Der Bärenjäger, der Trinker, der launische Frauenheld entsagt von einem Tag auf den andern allen Vergnügungen. Der Schutz seines Vaterlandes ist nun sein einziger Gedanke, die Armee seine einzige Leidenschaft.

Im Feld ist er ein Soldat unter den anderen, schläft auf der bloßen Erde, ißt im Stehen und vernachlässigt seine Kleidung. »Sein Hemd und seine Manschetten sind unglaublich schmutzig«, berichtet der englische Gesandte Stepney in seiner Depesche vom 19. August 1699. »Seine Hände haben dieselbe Farbe wie seine Manschetten, so daß man sie kaum von ihnen unterscheiden kann. Seine Haare sind hellbraun, sehr fettig und kurz, und er kämmt sie nie anders als mit den Fingern ... Er ißt schnell, bleibt nie länger als eine Viertelstunde bei Tisch und spricht während der Mahlzeiten kein Wort ... Ein kleines Bier ist sein einziges Getränk ... Er hat weder Laken noch einen Betthimmel.«[1] Als Karl XII. vom Kriegseintritt Rußlands erfährt, läßt er Chilkow, den Gesandten des Zaren, dessen Mitarbeiter und Diener wie auch alle russischen Kaufleute verhaften. Peter dagegen gestattet den Schweden, Rußland zu verlassen. Aber als ihn die Gesandten Hollands und Englands noch einmal zu überreden versuchen, er möge seinen Plan aufgeben, zieht er vor ihnen den Degen und schwört, daß er ihn erst nach dem endgültigen Sieg wieder in die Scheide zurückstecken werde.

Für seinen ersten Vorstoß zog er ungefähr vierzigtausend Mann zusammen. Sein erstes Ziel war Narwa, eine ehemals russische, jetzt aber schwedische Stadt. Er nahm an, daß Karl XII. sich nicht rechtzeitig von Dänemark würde lösen können, um seine bedrohte Stadt zu entsetzen, so daß die Festung fallen würde, ohne daß er es nötig hätte, sich auf eine offene Feldschlacht einzulassen. In seiner Sicht stellte sich die ganze Angelegenheit wie ein militärischer Spaziergang dar, und er war deshalb am 23. September bei seiner Ankunft vor Narwa sehr erstaunt, als er feststellen mußte, daß die Belagerung nicht sehr verheißungsvoll begann. Die russische Artillerie blieb wirkungslos, die Kanoniere beherrschten ihr Handwerk nicht, der Nachschub an Pulver und Kugeln stockte, die Stadtmauern hielten dem Beschuß stand, und schlechtes Wetter setzte ein. Dennoch hoffte Peter noch immer, daß die Belagerten kapitulieren würden. Aber in der Nacht vom 17. zum 18. November erfuhr er von schwedischen Gefangenen, daß Karl XII. in Eilmärschen anrückte. Die Nachricht bestürzte ihn. Er hatte das Gefühl, als schnappe über ihm mit hartem Knall eine Falle zu. Intuitiv ahnte er die Niederlage seiner Armee. Lieber Flucht als Gefangenschaft. Auf der Stelle entschloß er sich zum Aufbruch. Aber ein Vorwand war für dieses unrühmliche Verschwinden vor der Schlacht nötig. Im *Journal*, das eigenhändig vom Zaren redigiert wurde, stand: »Am 18. begab sich Seine Majestät nach Nowgorod, um den Marsch der Regimenter zu beschleunigen, die zur Belagerung von Narwa eingesetzt werden sollten; der Hauptgrund seiner Abreise war der Wunsch, sich mit dem König von Polen zu treffen, der die Belagerung von Riga aufgehoben hatte, und mit ihm die weiteren Pläne zu besprechen.« Klägliche Ausflüchte! In Wirklichkeit ließ sich Peter wohl von der Panik überwältigen. Seine Berater flehten ihn an, sich von Narwa zu entfernen, bevor es zu spät war. Entmutigt verließ er das Lager in der Nacht und übertrug die Befehlsgewalt dem Herzog Karl Eugen von Croy. Dieser war zwei Jahre zuvor als General in die Dienste des Zaren getreten und besaß sicherlich Erfahrung und Autorität, aber er kannte weder die Regimenter, die man ihm anvertraute, noch ihre Denkungsart, und er sprach ihre Sprache nicht. Kaum hatte er die Unklugheit begangen, diese Aufgabe zu übernehmen, erschien bereits Karl XII. an der Spitze von zehntausend Mann vor Narwa. Die russische Armee war den Schweden also vierfach überlegen. Auf ihrem Marsch nach Narwa hatten die schwedischen Soldaten Steppen durchquert, aller Witterungsunbill getrotzt und überdies unter Nahrungsmangel gelitten. Sie waren erschöpft. Ihre Pferde hatten seit zwei Tagen nichts mehr gefressen. Aber der Kampfesmut der Truppe, durch die Anwesenheit des jungen Königs gestärkt, war ungebrochen. Schon am nächsten Tag stieß Karl XII. in zwei Kolonnen gegen die Russen vor. Den Angriff führte er selbst an. Ein Schneesturm nahm seinem Gegner die Sicht. Trotz des tapferen Widerstandes der Armeen Semjonowski und Preobraschenski war das russische Lager in einer halben Stunde überrannt. Die Kavallerie versuchte, die Narowa schwimmend zu überqueren. Etwa tausend Männer ertranken im Fluß. Die Fußsoldaten drängten in panischer Flucht auf die beiden Brükken zu, die unter ihrem Gewicht einstürzten. Karl XII. selbst ließ aus Sorge vor einem Stimmungsumschwung unter den Russen während der Nacht eine neue Brücke bauen, um dem Gros von Peters Armee zu ermöglichen, das Weite zu suchen. Die russischen Soldaten ergriffen die Gelegenheit gerne. Das Fiasko war vollkommen. Die Russen hatten zehntausend Mann verloren. Unter den Gefangenen befand sich der Herzog von Croy, der sich als einer der ersten unverzüglich ergeben hatte, Fürst Dolgoruki, die Generäle Weide, Hallart, Lange ... In der ungeheuren Beute waren hundertsechzig Fahnen und Standarten, die Armeekasse und alle Geschütze. General Hallart sagte verdrießlich von seinen Soldaten: »Sie haben soviel Mut wie ein Frosch Haare am Bauch.«

Selbstverständlich war es in Rußland verboten, die Niederlage öffentlich zu erwähnen. Niemand ließ sich täuschen, aber man deckte die Katastrophe mit Schweigen zu. Die russischen Gesandten im Ausland erhielten den Befehl, die Niederlage bei Narwa als Folge eines Verrates hinzustellen. Aber in Den Haag wie in Wien, in London wie in Versailles ließ sich niemand täuschen. Überall wurde der Zar als Großmaul lächerlich gemacht und vor seinen Vertretern, die ihren Groll hinunterschlucken mußten, bespöttelt. Eine Medaille war im Umlauf, die den Zaren weinend auf der Flucht zeigte, ohne Degen, ohne Hut und mit der dem Evangelium entnommenen Inschrift: »Er ging hinaus und weinte bitterlich.«[2]

In Moskau versinkt Peter in Trübsinn. Er zweifelt an sich selbst, er zweifelt an seinem Volk, er zweifelt an seiner Armee. Seine Soldaten sind ein Lumpenpack. Vor einer Handvoll kriegsgewohnter Schweden haben sie trotz ihrer Überzahl die Waffen gestreckt. Allein aufgrund ihres Versagens muß der Zar auf seine Eroberungspläne verzichten. Rußland würde sich nicht bis zur Küste der Ostsee ausdehnen, die russische Flagge nicht über den nördlichen Meeren wehen, die Welt nicht vor dem Willen Moskaus zittern. Es ist noch ein Glück, daß Karl XII. nicht weiter nach Rußland vorstößt. Nach einem Augenblick der Unschlüssigkeit entscheidet sich der König dafür, vorerst gegen Polen zu ziehen. Den Aufschub will Peter ausnützen, um einen Frieden abzuschließen, gleichgültig zu welchem Preis. In dieser Hoffnung schreibt er Klagebriefe an alle Herrscher Europas und bittet sie um Vermittlung. An den ausländischen Höfen lacht man über seine Bemühungen. Aus Wien schreibt Fürst Golizyn, der Gesandte des Zaren, an Peter: »Der Premierminister Graf Kaunitz, von dem alles abhängt, will nicht einmal mit mir sprechen, ebensowenig die andern, sie lachen nur über uns. Ich habe mich zur Oper begeben und mit dem polnischen Gesandten zum Schloß *Favoriten.* Der französische Gesandte kam mit dem schwedischen auf uns zu ... Der französische Gesandte meinte, daß es gut wäre, einen Friedensvertrag zwischen Schweden, Polen und Rußland zu schließen. Der Schwede hat geantwortet, daß sein König bereit sei, einen solchen Vertrag mit Polen zu unterzeichnen, aber zwischen dem Zaren und ihm könne es weder einen Vertrag noch einen Frieden geben. Und er begann zu lachen.«

Und derselbe Fürst Golizyn schreibt gedemütigt an Golowin: »Man muß mit allen Mitteln versuchen, einen Sieg über die Gegner zu erringen ... Wie könnten wir andernfalls, selbst wenn wir einen ewigen Frieden abschließen, die ewige Schmach auslöschen? Unser Zar braucht nur einen kleinen Sieg, damit sein Name wieder überall in Europa geehrt wird. Danach wird man einen Friedensvertrag unterzeichnen können. Im Augenblick lacht alles über unsere Armee und ihre Führung.«

Peter faßt sich rasch wieder – ähnlich wie nach seiner ersten Niederlage gegen die Türken. Die anfängliche Verzweiflung an Rußland weicht dem Bewußtsein der ungeheuren Ausmaße des Landes, seiner unerschöpflichen Bodenschätze und der grenzenlosen Widerstandskraft seiner Bewohner. Eine so starke hochherzige Nation kann zehn, zwanzig Schlachten verlieren, denkt er, letzten Endes wird sie den Gegner aufreiben und in die Knie zwingen. Er, der bis dahin Soldat und Seemann gespielt hatte, beugt sich der Realität und zieht eine Lehre aus dieser Schlappe; er, der immer ungeduldig aufgebraust ist, verläßt sich nun ganz auf die Wirkung von Zeit und Raum, um die Revanche zu verwirklichen. »Ich weiß wohl, daß uns die Schweden noch lange schlagen werden, aber zuletzt werden sie uns lehren, sie zu schlagen«, stellt er fest und auch: »Die ganze Angelegenheit [der erste nordische Feldzug] war nur ein kindisches Spiel.« Ferner läßt er in seinem *Journal* schreiben: »Dieser Sieg [der Schweden über die Russen] wurde als Zeichen angesehen, daß Gott uns heftig zürnt; aber bei genauer Betrachtung der Absichten des Himmels erkennt man, daß er uns eher günstig gesinnt war; denn hätten wir, die wir so wenig erfahren in der Kunst des Krieges und der Politik sind, einen Sieg über die Schweden errungen, in welchen Abgrund hätte uns ein solches Glück später gerissen?«

Auf seinen Befehl machte sich ganz Rußland fieberhaft an die Arbeit, Männer, Frauen, Kinder, Soldaten und Geistliche wurden herangezogen, um die Städte und Klöster so zu befestigen, daß sie den feindlichen Angriff aufhalten konnten. Da die reguläre Armee durch die katastrophale Niederlage vor Narwa auf fünfundzwanzigtausend Mann zusammengeschmolzen war, wurden Massenrekrutierungen angeordnet und in der Wolgaregion zehn neue Regimenter aufgestellt. In Newiansk-Kamenski ließ der Zar eine Waffenfabrik bauen und befahl die Einziehung eines Viertels aller Glocken der Kirchen und Klöster, um sie zur Herstellung von Kanonen einzuschmelzen. Zweihundert junge Leute wurden in Schulen als Stammpersonal für die Artillerie und die Pioniere ausgebildet. Der Diplomat Matwejew kaufte in Lüttich fünfzehntausend Gewehre, dazu moderne Kanonen, Fernrohre und Präzisionsinstrumente. Für fünfzehntausend neue Rekruten wurden warme Uniformen angefertigt. In den Werften legte man in großer Eile leichte Galeeren für den Peipussee und den Ladogasee auf Kiel. Um seine Armee zu verstärken, stellte Peter auch wieder die Strelitzenregimenter auf, deren Auflösung er vor kurzem angeordnet hatte. Zuallererst mußte er aber seine Bündnisse festigen. Sie waren nicht eben glänzend, aber er hatte keine Wahl.

Im Februar 1701 trifft er auf Schloß Birsen unweit von Dünaburg mit August II. zusammen. Um ihr Wiedersehen zu feiern, veranstalten die beiden ein Wettschießen mit Kanonen auf Scheiben. Der König von Polen trifft zweimal ins Ziel, der Zar von Rußland kein einziges Mal. Aber Peter rächt sich am gleichen Abend bei Tisch. August II. betrinkt sich so völlig, daß es unmöglich ist, ihn am nächsten Morgen zur Messe zu wecken. Peter, der orthodoxe Monarch, nimmt allein, frisch und mit spöttischem Blick an der katholischen Messe teil. Als dann August II. seinen Rausch ausgeschlafen hat, geht das Bankett weiter. Es dauert drei Tage und drei Nächte. Zwischen zwei Zechgelagen spricht man über Politik. Um seine Stärke zu zeigen, rollt der König von Polen zwischen den Händen einen silbernen Teller zusammen. Peter tut es ihm lachend gleich und schlägt ihm vor, es mit dem Degen des Königs von Schweden ebenso zu machen.[3] Schließlich unterzeichnen die beiden Herrscher einen neuen Vertrag, wonach Livland und Estland nach dem Sieg an Polen und Ingermanland und Karelien an Rußland fallen sollen. Peter schließt darüber hinaus ein Bündnis mit Dänemark.

Die ersten Unternehmungen der Koalition endeten nicht glücklich. Die Vereinigung der russischen und polnischen Armee konnte eine Niederlage vor den Mauern von Riga nicht verhindern. Karl XII. erstürmte die Städte Mitau, Bausk und Birsen und verjagte die Russen und Sachsen aus Livland und Kurland. Zu allem Unglück hatte im Juni eine gewaltige Feuersbrunst den Kreml von Moskau verheert. Die Verwaltungsgebäude mit ihren Archiven, die Magazine mit Lebensmitteln, die Arsenale mit ihrer Munition, die Paläste und die Kirchen mit ihren Schätzen brannten wie Fackeln. Aus dem Turm Iwan des Großen fielen die Glocken herab. Die größte mit hundertachtundzwanzig Tonnen zerbrach bei ihrem Sturz. Dem Volk galt das als schlechtes Vorzeichen. Erst der Schnee brachte den Russen Glück. Im Winter 1701 überraschte Scheremetjew die Schweden unter Generalmajor von Schlippenbach mit überlegenen Kräften und besiegte sie an der Embach. Diesen ersten russichen Sieg feierte Peter als Beginn einer nationalen Wiederauferstehung. Bei der Siegesfeier mit Kanonendonner und Feuerwerken marschierten einige schwedische Gefangene durch die Straßen. Danach verkaufte man sie zum Preise von drei bis vier Gulden pro Mann. Die Nachfrage war so groß, daß der Preis sehr rasch auf dreißig Gulden anstieg.[4] »Wenn man hier auch nur den allerkleinsten Vorteil erringt«, berichtete der holländische Gouverneur van der Hulst, »erhebt man ein solches Geschrei, als hätte man die ganze Welt auf den Kopf gestellt.« Im folgenden Jahr 1702 gab es bei Volmar und Marienburg in Livland neue Siege der Russen, während Karl XII. die Sachsen und Polen bei Klissow schlug und in Krakau einmarschierte. Im Herbst entschloß sich Peter, auf die Newa vorzustoßen. Am Ufer des Ladogasees wurde ein Lebensmittel- und Munitionsdepot angelegt, und dort bereitete man auch die für einen Angriff vom Fluß aus bestimmten Schiffe vor. Das erste Ziel war die schwedische Festung von Nöteborg, die auf einer kleinen Insel am Ausfluß der Newa aus dem See lag. Zur Zeit der russischen Herrschaft hatte sie den Namen Oreschek, die kleine Nuß, getragen. Peter wollte, wie er es ausdrückte, »diese kleine Nuß zwischen Daumen und Zeigefinger zerquetschen«.

Die Belagerung dauerte fünfunddreißig Stunden. Am 11. Oktober 1702 kapitulierte schließlich die mit hundertzweiundvierzig Kanonen ausgerüstete Garnison von vierhundertfünfzig Mann. Sogleich taufte Peter die Festung um und gab ihr den Namen *Schlüsselburg.* Nach Ansicht des Zaren war sie der Schlüssel, der die Einfahrt in die Newa und zum Meer öffnete. Um alle Kräfte auf den Feldzug zu konzentrieren, ließ er Scheremetjew mit zwanzigtausend Mann am rechten Ufer des Flusses quer durch den Wald bis zum Fort von Nyenschanz marschieren, das an der Mündung der Newa ins Meer lag, während er selbst mit anderen Truppen und etwa sechzig Booten auf dem Wasserweg dorthin gelangte. Am 1. Mai 1703 öffnete das Fort nach einer kurzen Beschießung seine Tore. Sechs Tage später kreuzten zwei schwedische Kriegsschiffe, die nichts von der Übergabe von Nyenschanz wußten, in das Delta des Flusses hinein. Sofort sprangen die Wachsoldaten auf Befehl des »Kapitäns der Kanoniere« Peter und des »Oberleutnants« Menschikow in dreißig Schaluppen, ruderten auf die beiden Schiffe zu, enterten sie, metzelten achtundfünfzig Matrosen nieder und nahmen neunzehn gefangen. Peter empfand eine kindliche Freude: Das war der erste russiche Seesieg! Er verkündete ihn durch Briefe allen seinen Freunden und nahm ihre lebhaften Glückwünsche entgegen. »Es gab bei uns noch nie eine solche Aufbringung von Hochseeschiffen«, schrieb ihm Streschnjew. »Wir könnten noch so gut in unseren Truhen suchen, wir würden darin nichts Gleichwertiges finden. Es ist ein beispielloser Erfolg.« Für diese glänzende Tat wurde dem »Kapitän der Kanoniere« Peter und dem »Oberleutnant« Menschikow der St.-Andreas-Orden verliehen, dessen sie sich zur Zeit seiner Stiftung nicht für würdig erachtet hatten. An die anderen Offiziere verteilte man Goldmedaillen an goldenen Ketten. »Die Soldaten«, schrieb Peter in seinem *Journal,* »erhielten ebenfalls Medaillen, aber weniger groß und ohne Ketten.«

Die Selbstliebe, der diese Orden und Ehrungen schmeichelten, verblaßte neben dem tiefen Glück, den Wasserweg zurückerobert zu haben, über den im neunten Jahrhundert die ersten Waräger gekommen waren. Am 16. Mai 1703, neun Tage nach der Aufbringung der schwedischen Schiffe, ließ Peter für sich und seine Vertrauten auf einer der kleinen Nachbarinseln Holzbaracken bauen. Ahnte er in diesem Augenblick, daß er den Grundstein zu seiner zukünftigen Hauptstadt legte? Einige Monate später erschien in der Mündung der Newa wie durch ein Wunder ein holländisches Kauffahrteischiff mit einer Ladung Branntwein und Salz. Peter begab sich sogleich an Bord und ließ der Mannschaft Wodka, Käse und Zwieback bringen. In seinem Auftrag überreichte Menschikow dem Kapitän fünfhundert Gulden und jedem Matrosen dreißig Taler, um ihnen dafür zu danken, daß sie an der Reede von »Pitterburg«, wie St. Petersburg ursprünglich genannt wurde, vor Anker gegangen waren.

Nachdem sich Peter so den Zugang zum Finnischen Meerbusen gesichert hatte, dachte er daran, das Erreichte abzusichern. Auf der Insel Kronstadt an der Einfahrt zur Bucht ließ er eine kleine Festung zur Verteidigung der Newamündung errichten. Der Schiffsbau wurde aufs äußerste beschleunigt. Währenddessen fiel Scheremetjew über Estland und Livland her. Im Juli 1704 nahm Peter an der Eroberung von Dorpat teil. Im folgenden Monat wurde Narwa nach einer mörderischen Belagerung im Sturm genommen. Die russischen Soldaten verschonten bei ihrem Wüten auch jene nicht, die sich ergaben. »Dort, wo uns Gott vor vier Jahren eine harte Prüfung auferlegte«, schrieb der Zar, »machte er uns zu freudigen Siegern. Ich nahm diese berühmte Festung mit dem Degen in der Hand in dreiviertel Stunden. Wir haben nur dreihundert Mann verloren.«[5] In Wirklichkeit verdankte er diesen Erfolg vor allem der Schwäche des Gegners, da der Großteil der schwedischen Truppen in Polen im Einsatz war. Von Sieg zu Sieg eilend, zwang Karl XII. dort den Reichstag von Warschau, Stanislaus Leszczynski zum König zu wählen. Um August II. zu unterstützen, der weiterhin auf den Thron Anspruch erhob, stieß Peter auf dem Landweg nach Polen vor. Menschikow schlug die Schweden bei Kalisch und nahm gegen hundert Offiziere und fast zweitausend Mann gefangen. Alle schwedischen Außenposten in Kurland fielen einer nach dem anderen in die Hände der Russen. Eine schwache Genugtuung, denn in der Zwischenzeit brach August II., eingeschüchtert durch den Einmarsch starker schwedischer Truppen in Sachsen, den Vertrag mit Peter und unterzeichnete am 24. September 1706 in Altranstädt mit Karl XII. einen Friedensvertrag, der ihm drakonische Bedingungen diktierte: Verzicht auf die polnische Krone zugunsten von Stanislaus, Annullierung des Bündnisses mit Rußland, Auslieferung der Deserteure und Verräter, darunter Patkuls, den der Zar zu seinem Gesandten ernannt hatte. Den einen Intrigant, Held und Märtyrer den anderen, wurde Patkul gerädert und enthauptet.

Mit August II. hatte Peter seinen letzten Verbündeten verloren. Er stand nun dem König von Schweden allein gegenüber. Beide waren Starrköpfe und Heißsporne. Aber dem flammenden Enthusiasmus Peters mit all seiner Verwirrung, Unrast und Sprunghaftigkeit stand die eisige Entschlossenheit seines verschwiegenen und berechnenden Feindes gegenüber. Die Siege Karls XII., seine taktische Kühnheit, sein Glück, sein Mut und seine Härte erregten die Bewunderung Europas. Mit spürbarer Verachtung behandelte er in seinem Lager bei Altranstädt die englischen und französischen Diplomaten, die herbeigeeilt waren, um seine Unterstützung oder zumindest sein Wohlwollen in der Sache der spanischen Erbfolge zu erlangen. Vergeblich ersuchten ihn die deutschen Gesandten untertänigst, seine Beschlüsse über die Zukunft des alten Reiches bekanntzugeben. Die Diplomaten wollten ihn bewegen, sich Westeuropa zuzuwenden. Schweigsam und verschlossen ließ er nicht das Geringste von seinen Absichten verlauten. Nur als ihm der Gesandte Frankreichs, Jean-Victor de Besenval, andeutete, daß der Zar geneigt sei zu verhandeln, erwiderte er, er werde die Herausgabe aller russichen Eroberungen einschließlich der Ufer der Newa mit dieser neuen aus den Sümpfen herauswachsenden Stadt St. Petersburg fordern. Auch die Vermittlungsversuche von Wien und London prallten an dieser Entschlossenheit ab. Karl XII. blieb unbeugsam. Wenn Peter St. Petersburg und die angrenzenden Küstengebiete, die ihm so teuer waren, behalten wollte, mußte er den Krieg fortsetzen. Der Zar hatte übrigens niemals ernsthaft an die Möglichkeit eines Separatfriedens geglaubt. In Erwartung des entscheidenden Zusammenpralls beschleunigte er die Ausrüstung der Schiffe, befahl die Aushebung neuer Rekruten, bis auf fünf Bauern ein Soldat kam, und verbesserte die Bewaffnung der Fußtruppen durch die Einführung des Seitengewehrs, das seit 1703 in Frankreich von Vauban eingeführt war. Als einer der ersten in Europa führte er die fahrbare Lafette in der Artillerie ein. In seiner Leidenschaft für die Ballistik galt sein Augenmerk der Produktion von Kanonen. Als sein Berater Vinius den Ural und Sibirien bereiste, fand er dort so viele ergiebige Erzlager, daß sie, wie er sagte, »bis zum Weltuntergang reichen müßten«.[6] Um dieses unentbehrliche Kriegsmaterial zu bezahlen, hatte das bereits durch Steuern schwer gedrückte Volk neue Abgaben zu leisten.

In Moskau war die Unzufriedenheit allgemein. In Astrachan brach 1705, wieder einmal von den Strelitzen unterstützt, eine Revolte gegen die Reichen und die Fremden aus. Sie wurde aber schnell durch reguläre Truppen niedergeschlagen. Dreihundert Aufwiegler wurden hingerichtet, viertausend Empörer zwangsweise in die Armee eingegliedert. Im Januar 1706 verließ Karl XII. mit vierundzwanzigtausend Mann Warschau, schlug vor Grodno fünfzigtausend Russen in die Flucht und brachte der russisch-sächsischen Armee bei Franstadt eine weitere Niederlage bei. »Für all das Geld, das ich dem König von Polen zukommen ließ, ernte ich nur Unglück«, schrieb Peter an Golowin. Aber diese »Zwischenfälle« konnten seine Entschlossenheit nicht erschüttern. Er verlangte seinem Land alles ab, für den Sieg gaben die einen ihr Blut, die anderen Schweiß und Geld. Mehr als neunzig Prozent der Staatseinnahmen wurden von der Armee verschlungen. Die Post, Fischerei, Salz, Tabak, Teer, Kreide, Wagenschmiere, Fischtran und Schweinsborsten wurden vom Staat monopolisiert; Gasthäuser und Mühlen mit Steuern belegt, die alten Staatspachten erhöht; Peter verfügte die Ausgabe von »Vertrauensgeld«, anders ausgedrückt, er schmolz alles greifbare Geld ein und verringerte das Gewicht der Münzen. Das brachte einen ungeheuren sofortigen Gewinn.

»Dieser Hof ist ein reines Handelshaus geworden«, schrieb der englische Gesandte Whitworth. Tatsächlich waren dem Zaren alle Mittel recht, um den Krieg zu finanzieren. Der französische Gesandte Besenval erklärte: »Der Feldzug gegen die Russen wird hart und gefährlich werden, denn die Schweden haben den Moskowitern die Kriegskunst beigebracht und sie zu furchtbaren Gegnern gemacht, so daß es unmöglich sein wird, diese ungeheure Macht zu bezwingen.«[7]

Karl XII. aber schreckte vor dem Einmarsch nicht zurück.

»Ich bin mit meiner Armee verheiratet, in guten wie in schlechten Tagen, im Leben wie im Sterben«, schrieb er. Im Juni 1708 überschritt er die Beresina, eroberte Mohilew, wandte sich gegen Smolensk und sah sich schon in Moskau. Der Zar ließ eilig die Hauptstadt befestigen. Aber seine Streitkräfte wurden geschwächt, da er Truppen abstellen mußte, um den Aufstand der Donkosaken unter Bulawin und den der Baschkiren in den Bezirken Kasan und Ufa niederzuwerfen. Diese doppelte Beanspruchung verringerte seine Schlagkraft. Seine Strategie war es aber ohnehin, sich nicht auf einen Kampf einzulassen, sondern den Feind durch allmählichen Rückzug in das Herz Rußlands zu locken und dabei das Land vor ihm zu verwüsten. Seine Verbündeten würden die Zeit, der Raum, der Hunger und die Kälte sein. Die Kosaken griffen die Schweden überfallartig an, töteten einige und verschwanden wieder. Die Soldaten Karls XII. fanden bei ihrem Vormarsch nur niedergebrannte Dörfer, leere Lagerhäuser und kahle Felder vor – eine Wüste. »Der König von Schweden verfolgte die Russen bald hierhin, bald dorthin«, steht in dem *Journal* Peters des Großen. »Die Armee zog sich jeweils zurück. Aber alles, was sie auf ihrem Weg fand, verwendete sie zum Teil für sich und verbrannte den Rest, damit es dem Feind nicht zustatten kommen konnte. Zu ihrer Rechten vermochten sich die Schweden noch etwas Verpflegung zu verschaffen. Aber zu ihrer Linken, wo die russischen Truppen vorbeigezogen waren, hatte man ihnen nichts gelassen.«

Karl XII. hoffte, sich mit der zweiten schwedischen Armee unter General Lewenhaupt vereinigen zu können, um seine Kampfstärke wiederherzustellen, die durch den Hunger und die Leiden des langen Marsches ausgehöhlt war. Aber der Zar vereitelte diesen Plan, indem er Lewenhaupt an der Soscha in der Nähe von Lesnaja den Weg verlegte. Nach einem mörderischen Gefecht Mann gegen Mann mit Bajonett und Degen suchten die Schweden das Weite. Der König, der eine Verstärkung von elftausend Mann und siebentausend Wagen mit Lebensmitteln, Futter und Munition erwartet hatte, konnte wenig mehr als sechstausend erschöpfte Flüchtlinge in sein Heer eingliedern, die ihre Kanonen unbrauchbar gemacht und den ganzen Artillerietrain dem Feind überlassen hatten. »Dieser Sieg«, schrieb der Verfasser des *Journals* Peters des Großen, »kann als der erste angesehen werden, den wir erkämpft haben, denn vorher war uns ein ähnlicher Triumph über reguläre Truppen, und noch dazu mit zahlenmäßiger Unterlegenheit, nie gelungen. Hier liegt der wirkliche Grund für alle glücklichen Erfolge, die die russischen Armeen von dieser Zeit an erzielten. Es war die erste Probe, die den Soldaten Mut machte und sie mit Selbstvertrauen erfüllte.«

Kaum hatte sich Karl XII. von dieser Enttäuschung erholt, als ihn schlechte Nachrichten aus Ingermanland erreichten, wo sein General Lybecker geschlagen worden war und dreitausend Mann und die ganze Ausrüstung verloren hatte. Unter diesen Umständen entschloß sich der junge König zu einem verzweifelten Schritt: Er gab den Marsch auf Smolensk und Moskau auf und schwenkte nach der Ukraine um. In dieser fruchtbaren Gegend hoffte er ausreichende Vorräte zu finden wie auch sich den Beistand der nahen Türken und des Hetmans Mazeppa zu sichern, der im Begriff war, die russische Sache zu verraten. Als er an Ort und Stelle ankam, stellte er mit Bestürzung fest, daß die blühende Landschaft von den Russen verwüstet worden war und daß der alte wortbrüchige Hetman von Klein-Rußland anstelle der versprochenen vierzigtausend Kosaken nur zweitausend hatte aufbringen können. Diese schwache Deckung genügte nicht einmal, um Baturin, die Residenzstadt des Hetmans, zu schützen, die Menschikow prompt eroberte. Das Volk schloß sich seinem aufrührerischen Oberhaupt nicht an, sondern wählte Iwan Iljitsch Skoropadski zu seinem neuen Hetman und begann einen Partisanenkrieg gegen die schwedischen Eindringlinge. Die Türken hielten sich ganz aus dem Kampfgeschehen heraus.

Und dann folgte ein so strenger Winter, daß die Vögel auf den Zweigen erfroren. Die Armee der »Karolinger«, wie man in

Schweden die Soldaten Karls XII. nannte, befand sich tausendzweihundert Kilometer von Stockholm entfernt ohne Hoffnung auf Verstärkung oder Nachschub. Sogar die berühmten »Trabanten«, Karls Elitetruppe, die für ihre kühnen Kriegstaten bekannt waren, verloren nun den Mut. Männer brachen vor Kälte und Erschöpfung auf dem Marsch zusammen, Pferde krepierten, immer wieder tauchten Kosaken aus dem Schneenebel auf, metzelten die Nachzügler nieder und fingen Nachschubkolonnen ab. Neben der Marschroute amputierten Chirurgen in sturmgepeitschten Zelten erfrorene Glieder. »Wir haben drei gute Doktoren«, sagten die Schweden, »den Branntwein, den Knoblauch und den Tod.« Von der ruhmreichen großen Armee waren bald nur noch vierundzwanzigtausend Mann übrig, die sich verzweifelt und in Lumpen unter dem Befehl eines fanatischen Königs dahinschleppten, der alle Entbehrungen mit dem letzten seiner Soldaten teilte. Er wollte sie um jeden Preis nach Poltawa führen. Die Eroberung dieser Stadt war nun sein oberstes Ziel. Er hoffte, dort nach Vertreibung der Russen überwintern und den Kampf erneut aufnehmen zu können. Aber erst im Mai 1709 erreichten die Schweden Poltawa im Herzen der Ukraine. Die alte schwach befestigte Stadt wurde von einer Garnison von sechstausend Mann verteidigt. Karl XII. schloß sie ein, griff aber nicht an. Vermutlich zog er es vor, seine Kräfte zusammenzuhalten, um auf freiem Feld einen großen Schlag gegen die russische Armee zu führen, deren Anmarsch seine Kundschafter ihm gemeldet hatten.

Verzweifelt rieten ihm seine besten Generäle und selbst Mazeppa, die Belagerung aufzuheben und sich zurückzuziehen. Der König weigerte sich halsstarrig: »Selbst wenn mir Gott einen Engel sandte, mich zu eurer Ansicht zu überreden, würde ich nicht auf ihn hören.« General Stenbock schrieb: »Der König kann nur noch an den Krieg denken. Vernunftgründen ist er nicht mehr zugänglich. Er spricht, als gebe ihm Gott selbst seine Entscheidungen ein ... Und wären ihm nur tausend Soldaten geblieben, er würde sie einer ganzen Armee entgegenwerfen.«

Berauscht von vielen leichten Siegen, begeht Karl XII. den Irrtum, seinen Gegner zu unterschätzen. Er will das neue Rußland nicht zur Kenntnis nehmen, das Peters Energie geschaffen hat. Aber Peter seinerseits zögert, durch bittere Erfahrungen belehrt, mit dem Angriff. Zunächst begnügt man sich auf russischer Seite damit, Gräben zu ziehen, Granaten abzufeuern und den Schweden unbedeutende Geplänkel zu liefern. Bei einem Erkundungsritt wird Karl XII. durch eine Kugel am linken Fuß verletzt. Er setzt seine Inspektion zu Pferd fort, stürzt aber bei der Rückkehr ins Lager ohnmächtig aus dem Sattel. Während ihn die Ärzte operieren, sagt er lächelnd: »Nur zu, meine Herren, es ist nur der Fuß ...! Das hat nichts zu bedeuten ...!« Aber er ist so schwach, daß er das Kommando dem Feldmarschall Graf Rehnskjöld überträgt. Noch einmal legt man ihm den Rückzug nahe. Er ist nicht zu beeindrucken. Mehr noch, er entscheidet, daß die Schlacht am nächsten Tag, dem 8. Juni 1709, im Morgengrauen beginnen solle. Peter, der von der Verletzung Karls XII. erfährt, sieht darin ein glückliches Vorzeichen. Er hält seinen Männern eine Ansprache: »Die Stunde ist gekommen, in der sich das Schicksal der Heimat entscheiden wird. An sie müßt ihr denken, für sie müßt ihr kämpfen ... Was Peter betrifft, so wisset, daß ich nicht am Leben hänge, wenn nur Rußland in Ruhm und Wohlstand fortbesteht.« Und er sendet Scheremetjew folgenden Befehl: »Herr Feldmarschall, ich vertraue Euch meine Armee an. Ich hoffe, daß Ihr in Euern Anordnungen die erhaltenen Weisungen genau befolgen und Euch in unvorhergesehenen Lagen als fähiger und erfahrener General erweisen werdet. Was mich betrifft, so behalte ich mir die Aufgabe vor, über die Gesamtheit Eurer Operationen zu wachen und zum Eingriff überall dort bereit zu bleiben, wo die Gefahr oder die Notwendigkeit es erfordert.«

In der Morgendämmerung greifen die Schweden an, vor sich eine kleine Ebene, einen Sumpf, Verschanzungen und Geschützstellungen. Das Zentrum der russischen Armee wird von Scheremetjew befehligt, der rechte Flügel von Renne, der linke

Flügel von Menschikow und die Artillerie von Bruce. Der Zar nimmt an der Spitze des zweiten Bataillons des Nowgoroder Regiments persönlich an dem Kampf teil. Aber in Wirklichkeit ist er überall zugleich; mit feurigem Blick, Schaum auf den Lippen, jagt er auf seiner Araberstute Finette über das Schlachtfeld, brüllt Befehle, Ermunterungen und Schimpfwörter. Ist das derselbe Mann, der sich erst kürzlich angesichts der Gefahr fortgeschlichen hat? Heute trotzt er ihr nicht nur, er scheint sie zu suchen. Eine Kugel dringt durch seinen Hut, eine andere trifft ihn an der Brust, wird aber wunderbarerweise von einem mit Edelsteinen besetzten Goldkreuz aufgefangen, einem Geschenk der Mönche vom Berge Athos an Zar Fedor, eine dritte schlägt in das Holz seines Sattels.

Karl XII. seinerseits läßt sich, da er noch immer unter seiner Verletzung leidet, auf einer Bahre ins Gefecht tragen. Eine Kanonenkugel zertrümmert das zerbrechliche Gestell. Man baut ihm aus gekreuzten Lanzen ein neues. Dann schwingt er sich mühsam auf ein Pferd. Die zweiundsiebzig russischen Kanonen schlagen Breschen in die feindlichen Linien, und aus Mangel an Munition kann die schwache schwedische Artillerie kaum antworten. Dann stehen sich mit blanker Waffe Mann gegen Mann gegenüber. Die »Karolinger« werden von der Überzahl und der Begeisterung der Gegner schnell erdrückt und ziehen sich in ungeordneter Flucht zurück. Vergeblich schreit Lewenhaupt: »Haltet stand in Christi Namen! Haltet stand! Schützt den König!« Die Helden von gestern sind nur noch angsterfüllte blutende Schatten, die ihre Waffen fortwerfen und in Richtung Dnjepr Reißaus nehmen. Nach zwei Stunden verläßt Karl XII. selbst, von der allgemeinen Flucht mitgerissen, das Schlachtfeld. Sein Pferd ist unter ihm weggeschossen worden. Als der Tag sich neigt, drängen sich die Überreste der schwedischen Armee, ungefähr dreizehntausend Mann, am Ufer des Dnjepr zusammen, den man schwimmend nicht überqueren kann. Karl XII. übergibt Lewenhaupt das Kommando und läßt sich in einem Wagen, der auf zwei Kähnen festgezurrt ist, ans andere Ufer übersetzen. Ihm folgen Mazeppa und einige hundert Kavalleristen. Die anderen werden gefangengenommen, nachdem Lewenhaupt die Kapitulation unterzeichnet hat. Manche stürzen sich verzweifelt in den Dnjepr oder reißen sich die Verbände ab, weil sie den Tod der Gefangenschaft vorziehen. Der Kapitulationsvertrag sieht vor, daß die Kosaken, die unter Mazeppa in den schwedischen Reihen gekämpft haben, dem Zaren ausgeliefert und als Rebellen behandelt werden. Karl XII. flieht auf Otschakow und Bendery in der Türkei zu. Hofft er, den Kampf an der Seite der Türken in einem Bündnis unter Kreuz und Halbmond fortsetzen zu können?

Hinter sich ließ er das Chaos: Unter den Gefangenen befanden sich ein Feldmarschall, zehn Generalmajore, neunundfünfzig Offiziere des Generalstabs, tausendeinhundert weitere Offiziere, dann der Premierminister Piper, Senatoren, Sekretäre und der ganze Hofstaat des Königs, Lakaien, Schreiber, Köche, Ärzte, Geistliche und Apotheker ...

Am Abend nach dem Sieg feierte Peter das Ereignis mit einem Bankett, zu dem er die gefangenen schwedischen Generäle einlud. Er prostete ihnen mit erhobenem Glas zu und rief: »Ich trinke auf die Gesundheit derer, die mich die Kunst zu siegen gelehrt haben.« Dann wandte er sich an den schwedischen Feldmarschall Rehnskjöld, bot ihm seinen eigenen Degen als Zeichen der Achtung an, »mit der Erlaubnis«, wie im *Journal* zu lesen ist, »ihn zu tragen«.

Es regnete Belohnungen: Scheremetjew erhielt Landgüter, Menschikow wurde zum Zweiten Marschall ernannt, Rönne zum Kommandierenden General, Golowin zum Kanzler, der »kleine Jude« Schafirow zum Vizekanzler. Den Soldaten wurden Medaillen verliehen. Peter selbst wurde nicht vergessen. Die Offiziere, die er ausgezeichnet hatte, baten ihn, den Rang eines Generalstabschefs bei den Landtruppen und den eines Konteradmirals zur See anzunehmen. Hatte er nicht mehr als jeder andere seine Fähigkeiten und seinen Heldenmut bei Poltawa gezeigt? »Seine Majestät erfüllte diese Bitte«, meldet das

Journal, »woraufhin ihn die Generäle, Minister und Offiziere beglückwünschten und die Soldaten ihm zujubelten.«

Danach räumte man das Lager, denn, so liest man in demselben *Journal,* »es war unmöglich, länger in der Nähe von Poltawa zu bleiben, sowohl wegen des Gestankes, den die Leichen ausströmten, als auch wegen der anderen Folgen eines Aufenthaltes zweier großer Armeen«.

Indessen schrieb Karl XII. aus der Türkei mit einer Uneinsichtigkeit, die an Wahnsinn grenzte, an seine Schwester: »Alles ist gutgegangen! Nur am Schluß und durch einen eigentümlichen Zufall ist ein Mißgeschick passiert, die Armee hat eine Schlappe erlitten, die jedoch, wie ich hoffe, bald wieder wettgemacht werden wird. Ich selbst bin einige Tage vor der Schlacht am Fuß verwundet worden, was mich einige Zeit daran hinderte zu reiten; ich hoffe, bald wieder aufsteigen zu können ... Eine kleine Achtsamkeit, die man meinem Fuß erwiesen hat.«

Die siegreichen russischen Truppen marschierten mit den vielen Gefangenen nach Moskau zurück. Nach dem ersten Tagesmarsch befahl Peter zwei schwedischen Abteilungen, einer berittenen und einer zu Fuß, vor ihm Manöver durchzuführen, um aus nächster Nähe die Art kennenzulernen, wie sie im Gelände operierten. Die Gefangenen gehorchten. Peter spendete Beifall. Er war es nie müde, sich weiterzubilden.

Nachdem er Scheremetjew nach Livland entsandt hatte, um Riga zu belagern, und Menschikow nach Polen, um Stanislaus Leszczyinski zu verjagen und August II. wieder auf den Thron zu setzen, machte er sich selbst auf den Weg. Er hatte vor, sich in Kiew auszuruhen, wo ihn eine Frau erwartete, die schon seit sieben Jahren seine Ängste, Mühen und Freuden mit ihm teilte. Er hatte sie im August 1702 kennengelernt, kurz nach der Einnahme Marienburgs durch die Truppen Scheremetjews. Der schwedische Ortskommandant, der entschlossen war, sich mit der Festung und der Garnison in die Luft zu sprengen, hatte einigen Zivilisten erlaubt, die Mauern zu verlassen, darunter auch dem evangelischen Propst Glück mit Frau und Kindern sowie einer Dienerin. Von den russischen Vorposten aufgehalten, bot sich der Pastor als Dolmetscher an. Man wurde mit ihm einig und schickte ihn mit seiner Familie nach Moskau. Aber die Dienerin? Sie war achtzehn, frisch, blond und üppig. Scheremetjew maß sie mit einem abschätzenden Blick und beschloß, sie zur Unterhaltung seiner Offiziere im Lager zu behalten. Noch am gleichen Abend saß sie mit anderen leichten Mädchen bei Tisch. Die Musiker stimmten eine Tanzweise an, und an Kavalieren fehlte es nicht. Man stellte die Bänke zur Seite. Plötzlich unterbrach eine gewaltige Explosion das Ritornell. Der schwedische Kommandant hatte Wort gehalten. Marienburg war nur noch eine rauchende Ruine. Als sich der erste Schreck gelegt hatte, begriff die junge Dienerin, daß für sie ein neues Leben begonnen hatte und daß sie nur noch auf ihre Reize zählen konnte, um zu überleben.

Als Tochter einfacher Bauern aus dem schwedischen Livland war sie frühzeitig zur Waise geworden, und Propst Glück hatte sie aufgenommen. Damals nannte sie sich Marie oder Martha Skawronski, man weiß es nicht genau. Ihre Rolle im Haus? Dienstmagd, Erzieherin und Adoptivtochter zugleich. Sie wußte einiges aus dem Katechismus, konnte aber weder lesen noch schreiben. Erst viel später lernte sie, ihren Namen zu schreiben. Russisch sprach sie mit starkem deutschem Akzent. Hingegen war sie unübertrefflich im Kochen, Kinderpflegen, Nähen, Waschen und Bügeln. Neben diesen hausfraulichen Tugenden besaß sie ein feuriges Temperament. Aus Angst, sie werde ihm alle Schüler verderben, von denen schon einige der Versuchung erlegen waren, beeilte sich der Propst, sie mit einem schwedischen Dragoner namens Kruse zu verloben oder vielleicht sogar zu verheiraten. Dieser verschwand nach der Eroberung der Stadt.

Im Generalstab der in Livland stehenden Armee wurde Martha zuerst die Geliebte eines Unteroffiziers, der sie schlug, dann die des Kommandierenden Generals, des alten Scheremetjew, der ihrer rasch überdrüssig wurde und sie General Menschikow, dem großen Liebhaber üppiger Schönheiten, überließ. Bei ihm verbrachte sie ihre Zeit teils in seinem Bett, teils mit häuslicher Arbeit. Er schätzte ihre Fähigkeiten mit dem Bügeleisen ebenso wie ihre Liebeskünste. Eines Abends, als er in das Lager seines Günstlings kam, bemerkte Peter die junge Frau zwischen den Dienerinnen, die bei Tisch servierten. Er erkundigte sich flüsternd bei Menschikow und begann dann ein Gespräch mit Martha. »Er fand sie lebhaft und schlagfertig«, schrieb Villebois, Peters Adjutant, »und sagte ihr schließlich, sie müsse ihm die Kerze in sein Zimmer bringen, wenn er zu Bett gehe. Das war ein Befehl, der keinen Widerspruch zuließ, auch wenn er lachend ausgesprochen wurde. Menschikow hatte nichts dagegen. Und die Schöne verbrachte die Nacht mit Einwilligung ihres Herrn im Zimmer des Zaren.«

Doch hatte Menschikow damit, daß er Martha Seiner Majestät zur Verfügung stellte, nicht auf sie verzichtet. Der Monarch und sein Günstling liebten es, ihre Frauen zu teilen und sich hernach über ihre Erfahrungen zu unterhalten. Unter den sie begleitenden Frauen waren mehrere austauschbar, darunter Barbara und Daria Arsenjew, die erste häßlich und intelligent, die zweite hübsch und einfältig. Die von der Natur Benachteiligte reizte den Zaren, und bei einem Bankett sagte er zu ihr: »Du hast zweifellos die Liebe noch nicht kennengelernt. Da ich an außergewöhnlichen Dingen Gefallen finde, möchte ich nicht, daß du stirbst, ohne geliebt worden zu sein.« Und sogleich knöpfte er sich auf und brachte ihr das Opfer. Martha war übrigens auch keine klassische Schönheit, vielmehr stämmig gebaut, mit prallen Brüsten und starken Schenkeln. Sie hatte einen kurzen Hals, ein rundes Gesicht mit Kuhaugen und eine Stupsnase. Das Gesicht schminkte sie kräftig weiß und rot. Ihr Haar war flachsblond, aber sie färbte es bald schwarz. Sie bezauberte Peter durch ihre Widerstandskraft, ihre Gesundheit und ihre stille Fröhlichkeit. Man hätte sie für eine Marketenderin halten können, dafür geschaffen, auf Fuhrwerken zu reisen, im Zelt zu schlafen und im Lager zu essen, was es gerade gab. Genau das ist es, was ich brauche, dachte der Zar.

Bald schon bedauerte er, daß sie bald ihm, bald seinem Freund gehörte. »Ich entführe sie dir«, sagte er Menschikow und befahl ihm gleich darauf, die hübsche Daria Arsenjew zu heiraten, während er sich Martha widmete. Die junge Frau wurde, von einem Gardehauptmann eskortiert, nach Moskau geschickt und dort in einem abgelegenen Haus untergebracht, »bei einer Dame aus gutem Hause, aber mit bescheidenen Mitteln«, schreibt Villebois. Peter begab sich jeden Tag heimlich zu ihr, nur von einem einzigen Gardesoldaten begleitet, der seinen Schlitten lenkte.

1705 hatte sie schon zwei uneheliche Söhne von ihm, die jung starben. Andere Kinder folgen, insgesamt sollte sie ihm zwölf Kinder schenken, von denen ihn zwei überlebten, Anna, die zukünftige Herzogin von Holstein-Gottorp, und Elisabeth, die spätere Zarin von Rußland. 1703 schon war sie zum orthodoxen Glauben konvertiert und hatte ihren Vornamen Martha aufgegeben. Nun nennt sie sich Katharina Alexejewna. Peter ist immer häufiger in dem kleinen Haus und verbirgt dieses Verhältnis immer weniger vor seiner Umgebung. Er beginnt, seine Berater vor seiner Geliebten zu empfangen und Katharina in den wichtigsten Angelegenheiten um ihre Meinung zu fragen. »Er, der eine so schlechte Meinung von den Frauen hatte und sie nur für die Liebe tauglich fand«, schreibt Villebois an anderer Stelle, »ist so weit gekommen, daß er Katharina um Rat bittet, wenn er mit seinen Ministern nicht einig ist; er folgt ihrem Urteil, beugt sich ihren Argumenten und behandelt sie, kurz gesagt, wie man es sich von Numa Pompilius der Nymphe Egeria gegenüber erzählt.«

So gewinnt Katharina geduldig durch das Spiel der Liebe, durch häusliche Fürsorge und freundschaftliche Gespräche einen Einfluß auf den Zaren, dem er sich nicht mehr zu entziehen versucht. Immer übt sie eine beruhigende Wirkung auf ihn aus. Wenn ihn einer seiner rasenden Wutanfälle überkommt, die sein Denken verwirren und sein Gesicht zucken lassen, geht sie ohne Furcht auf ihn zu, mahnt ihn mit Milde und Beharrlichkeit, streicht mit den Fingern durch sein Haar und zieht seinen kranken Kopf an ihre üppige Brust. Dann vergräbt er sein Gesicht in diesem warmen fleischigen Kissen, schlummert ein und atmet ruhiger. Mutter und Ehefrau zugleich, bleibt sie zwei oder drei Stunden lang unbeweglich und ohne zu ermüden mit diesem großen Kind sitzen, das an ihrem Busen zusammengebrochen ist. Wenn er dann frisch und ausgeruht aufwacht, erinnert er sich kaum an seinen Wutanfall. Um die Heilung zu vollenden, veranlaßt sie ihn zu einem heiteren Tanz oder erzählt ihm einige schlüpfrige Geschichten, bis er schallend lacht. Obwohl sie selbst eine starke Trinkerin ist, wacht sie darüber, daß er seine Gesundheit nicht bei zu langen Orgien aufs Spiel setzt, und zögert auch nicht, ihn mitten aus einem Bankett zu holen und gewichtig zu sagen: »Es ist Zeit, heimzugehen, Batjuschka [Väterchen]!« Er gehorcht lachend. Sie rühmt sich dessen in keiner Weise. Bevor er Moskau verläßt, um zu seiner Armee zu stoßen, die gegen Karl XII. zieht, erteilt Peter schriftlich folgende Anweisung: »Sollte mir durch den Willen Gottes ein Unglück zustoßen, so befehle ich, die dreitausend Rubel, die sich im Hause Menschikows befinden, an Katharina und ihre Tochter auszufolgen – Piter.«

Dreitausend Rubel für jene, die er bereits als seine Frau betrachtet, das ist für einen Zaren mehr als knauserig! Aber der Geiz beeinträchtigt die Liebe nicht. Von Katharina getrennt, schickt Peter ihr zärtliche Briefe. Bezeichnenderweise fehlt ihm nicht die leidenschaftliche Geliebte (zweifellos hat er während des Feldzuges angenehmen Ersatz), sondern die Freundin, die Beraterin, die Hausfrau. »Es ist langweilig ohne Dich, und meine Wäsche ist schlecht gepflegt«, schreibt er. In ihrer Antwort verdächtigt sie ihn, äußerst schlecht frisiert zu sein. Er erklärt, sie habe richtig geraten, sie brauche aber nur zu kommen, dann werde man schon einen alten Kamm finden, um den vom Schlachtenwind zerzausten Kopf in Ordnung zu bringen. Sie kommt tatsächlich bis Poltawa und teilt heiter an der Seite des Zaren das Lagerleben, reitet herum, plaudert mit den Soldaten, bietet ihnen volle Gläser Wodka an, um die Müdigkeit zu überwinden, und verteilt Wäsche und Verbandsmaterial an Verwundete. Wohltätig und beherzt, lächelnd und tüchtig, bestärkt sie Peter in dem Gedanken, daß sie trotz ihrer niederen Herkunft für ihn geboren ist. Kurz vor der großen Schlacht besteht er darauf, daß sie abreist. Sie geht nach Kiew. Am Abend nach der Schlacht schreibt er ihr: »Guten Tag, Mütterchen! Ich teile Dir mit, daß Gott uns heute in seiner Gnade erlaubt hat, einen beispiellosen Sieg zu erringen. Kurz gesagt, alle feindlichen Truppen sind vernichtet. Ich wollte, daß Du diese Nachricht von mir selbst erführest. Was die Glückwünsche betrifft, dazu mußt Du selbst herkommen! – Im Lager, den 27. Juni 1709 – Piter.«[8]

Er traf sie in Kiew wieder und fand in ihren Armen eine stille Belohnung, die dem Beifall seiner Generäle zumindest gleichkam. Sie eröffnete ihm, daß sie wieder schwanger war. Und wenn es ein Sohn wird? dachte er. Die Aussicht dieser Vaterschaft erfreute ihn so sehr, daß er sofort erwog, Katharina zu heiraten. Sie hatte es hundertmal verdient, vor aller Welt als Zarin proklamiert zu werden. Aber im Augenblick war er von anderen Dingen in Anspruch genommen. Die Feiern hatten erst angefangen. In Kiew, in der Sophienkirche, rief Pater Theofan Prokopowitsch bei der Siegesfeier für Poltawa aus: »Wenn unsere Nachbarn davon hören, was geschehen ist, werden sie sagen: Es war nicht ein fremdes Land, sondern ein tiefes Meer, in das sich die starke schwedische Armee gewagt hatte, sie ist untergetaucht und versunken wie ein Stück Blei im Wasser.«

Am 21. Dezember 1709 hielt die russische Armee einen triumphalen Einzug in Moskau. Peter, seine Generäle und die beiden Garderegimenter marschierten unter Fanfarenklängen ein, gefolgt von dem endlosen Zug schwedischer Gefangener sowie dreihundert Fahnen und fünfunddreißig Kanonen, die die russische Armee erbeutet hatte. Zwanzig Hundeschlitten, von Lappen gelenkt, umgaben einen sogenannten »König der Samojeden« und belebten diesen feierlichen Aufmarsch. Die Menge schrie sich heiser vor Jubel. Da und dort grüßte ein Bojar oder ein großer Kaufmann den Herrscher an der Schwelle seines Hauses und bot ihm zu trinken an. Peter lehnte nie ab. Trotz des Alkohols blieb sein Gang fest. Die Gaffer zeigten mit dem Finger auf die zerschossene Bahre, auf der Karl XII. in die Schlacht getragen worden war. Sieben Triumphbögen waren aufgestellt worden. Einer davon zeigte Herkules (Peter I.), der Juno (Schweden) bezwingt. Vor einem anderen reichten römisch gekleidete Kinder dem Zaren Lorbeerzweige. Der Spottkönig Romodanowski, nach Art der früheren Moskowiter Fürsten ausstaffiert, beherrschte, auf einem Thron sitzend und von seinem Hofstaat umgeben, die Szene. An ihn wandte sich Peter und berichtete unterwürfig: »Durch die Gnade Gottes und das Glück Eurer Kaiserlichen Majestät habe ich mich mit meinem Regiment in Poltawa siegreich geschlagen.« Die verstörten schwedischen Gefangenen wußten nicht mehr, wer der echte Zar von Rußland war, dieser einfache, in groben Stoff gekleidete Offizier oder dieser von Narren umgebene Theaterfürst. Getreu seinem zwiespältigen Charakter liebte es Peter, seinen Triumph zu feiern und sich zugleich grobschlächtig darüber lustig zu machen.

Am nächsten Tag wurde im Kreml ein Tedeum zelebriert. Verloren in der Menge seiner Getreuen, sang der Zar mit lauter Stimme die Choräle mit. Auf dem Kopf trug er eine alte Perükke, die er für diese Gelegenheit einem Diener seines Gefolges weggenommen hatte. Auf die religiöse Feier folgte ein gigantisches Festmahl. Die Gäste waren so zahlreich, daß der Zeremonienmeister zu Pferd herumritt, um seine Anweisungen zu erteilen. Katharina nahm nicht daran teil. Sie war nach Ismailowo bei Moskau zurückgekehrt und erwartete in ihrem Zimmer die Geburt ihrer Tochter Elisabeth, die am 28. Dezember 1709 zur Welt kommen sollte. Auf dem Bankett feuerte der Zeremonienmeister bei jedem Trinkspruch hinter dem Stuhl des Zaren eine Pistole ab, der eine Artilleriesalve antwortete. Um ungehemmter essen und trinken zu können, legte Peter das große Band des St.-Andreas-Ordens ab. Seine Generäle folgten seinem Beispiel. Man schlemmte, eng beieinander sitzend, im Licht der Kandelaber und in einem infernalischen Lärm. Ein Feuerwerk beschloß das Fest mit solchem Getöse und Geknatter, daß der Gesandte von Dänemark gestand, nie etwas Ähnliches erlebt zu haben, »nicht einmal in London«.

Diese Bewunderung für das große russische Fest teilten alle anwesenden Diplomaten. In weniger als zwei Jahren war Rußland, über das sich ganz Europa nach der Niederlage bei Narwa lustig gemacht hatte, zum Gegenstand besorgter Erwägungen geworden. In den folgenden zwei Monaten überbrachte eine Reihe außerordentlicher Gesandter Peter die Glückwünsche ihrer Herrscher. Anna Stuart von England ging sogar so weit, ihm in ihrer Botschaft den Titel Kaiser zu geben. Fürst Friedrich Wilhelm von Kurland heiratete die Großfürstin Anna Iwanowna, die Nichte des Zaren. Man sprach von einer bevorstehenden Heirat zwischen Charlotte, der Tochter des Fürsten Ludwig Rudolf von Braunschweig-Wolfenbüttel, und dem Zarewitsch Alexej, dem Sohn Peters und seiner ersten Frau Eudoxia. Mittlerweile hatte Peter den Frieden in Polen wiederhergestellt und für August II., »seine ergebene Kreatur«, den Thron zurückgewonnen. Auch hatte er das Bündnis mit Dänemark erneuert, nachdem durch die Einnahme von Viborg, Riga und Reval die Eroberung Kareliens und Livlands abgeschlossen war. Durch die Vernichtung der schwedischen Macht hatte er das Gleichgewicht auf dem Kontinent gestört. Jetzt war er es und nicht mehr Karl XII., der dem Norden seine Gesetze aufzwang. Nur Frankreich fand sich schwer mit dieser Situation ab, die es zwei seiner wichtigsten Verbündeten beraubte: Polens und Schwedens. Aber das »Richelieu-System« besaß noch eine dritte Säule: die Türkei. Die Feinde des Zaren, allen voran Karl XII., intrigierten am Hofe des Sultans Ahmed III., um ihn zum Krieg zu veranlassen. Andererseits flehten die christlichen Völker des Balkans und Asiens, die Griechen, Serben, Montenegriner, Walachen, Moldauer, Armenier, Georgier, Kopten und Kroaten, Peter an, sie von den türkischen Unterdrückern zu befreien. Er begriff, daß seine Aufgabe noch nicht erfüllt war. Würde sie das je sein? Müdigkeit überkam ihn, und Zweifel meldeten sich. Nach neun Jahren bewaffneter Auseinandersetzungen sehnte er sich aufrichtig nach Frieden.

9. Kapitel
St. Petersburg

Für Großadmiral Golowin waren die Anfänge von St. Petersburg, diese Baracken, Gräben und provisorischen Befestigungen, nicht mehr als ein bequemes Kriegslager für die Fortsetzung des Krieges gegen die Schweden. Peter teilte sicherlich diese Ansicht, aber er träumte bereits von einer höheren Bestimmung des schnell wachsenden Marktfleckens. Die Nähe des Ozeans betörte ihn. Der Gedanke, das ganze Jahr hindurch den Wind der Weite zu atmen, sich Tag und Nacht in der feuchten Meeresluft zu baden, mit dem Blick dem Weg der Schiffe weit hinaus folgen zu können, begeisterte ihn so sehr, daß er darüber alle städtebaulichen und architektonischen Schwierigkeiten vergaß. Hier fühlte er sich zu Hause wie sonst nirgendwo in Rußland, zugleich auf dem Land und auf dem Wasser, ein amphibischer Zar in einem amphibischen Land. Er liebte diese sumpfigen Niederungen, diese öde Wildnis, diese dunklen, freudlosen Wälder, in denen nur Wölfe hausten, und diese wallenden Nebel, in denen die finnischen Fischer wie Schemen vorbeizogen. Je unwirtlicher und hoffnungsloser ihm diese Region erschien, desto stärker wurde sein Verlangen, ihr seinen Stempel aufzudrücken. Eine glanzvolle Stadt, sagte er sich, konnte aus diesem trostlosen Nichts entstehen, eine Stadt, die ganz allein sein Werk sein würde. Seine Umgebung mochte noch so sehr darauf bestehen, daß der Ort in der armen Provinz Ingermanland schlecht gewählt sei, ohne ausreichende Versorgungsmöglichkeiten, der Hauptstadt zu fern und den schwedischen Kanonen zu nah – er kümmerte sich nicht darum. In seiner souveränen Zuversicht machte er sich über jene Ratgeber lustig, die vor der Schwierigkeit warnten, eine feste Stadt auf Schwemmgrund zu erbauen. Als Bewunderer der Holländer wollte er wie sie das nasse Element zähmen: St. Petersburg würde das russische Gegenstück zu Amsterdam werden, eine Stadt auf Pfählen, von Kanälen durchzogen, in Inseln eingeteilt und mit einem Hafen inmitten der neuerrichteten Viertel. Eine finnische Legende wollte später wissen, daß die Häuser dieser Stadt von rätselhaften Mächten in der Luft erbaut und dann in den Schlamm gesenkt worden seien, wo sie leicht wie Wasservögel aufsetzten. Tatsächlich muß dieser Gedanke einer Stadt im weglosen Sumpf den Zeitgenossen abenteuerlich erschienen sein. Newa ist das finnische Wort für Dreck. Land und Wasser gingen hier ineinander über, alles war schmierig, unklar und ungesund. Aber Peter hatte sein »Paradies« gefunden. Weder bekümmerte ihn, daß die Newa, wenn sie der Westwind vom Meer her ins Land drückte, die Häuser an den niederen Ufern überschwemmte, noch daß der strenge Winter die Schiffe sechs Monate lang im Eis einschloß, noch daß im Frühjahr zur Zeit des Eisganges jeder Zufahrtsweg abgeschnitten und die Stadt vom Rest des Landes fast ganz isoliert war.

Mit dem Bau von St. Petersburg forderte er die Natur heraus – und zugleich die Vergangenheit Rußlands. Denn St. Petersburg war ein Gegen-Moskau. Peter verabscheute die alte Residenzstadt der Zaren, ihr kontinentales Klima, ihre vielhundertjährige Tradition, ihre abergläubischen Gebräuche, ihre Hofintrigen, ihren östlichen, zugleich rückständigen und aufrührerischen Charakter. Moskau, das war für ihn die Zarewna Sophie, das waren die Strelitzen und ihr mörderischer Dünkel. Wenn er den Blick seiner Heimat der Zukunft zuwenden wollte, mußte er »ein Fenster öffnen« zum Meer, zum Abendland.[1] So wurde St. Petersburg – eine aus dem Nichts gerissene, willkürlich entworfene und gewaltsam erbaute Siedlung – nicht einfach eine Stadt mehr auf der Landkarte Rußlands, sondern das stadtgewordene Verlangen eines Zaren, der das Erbe seiner Väter ablehnte, nach der Erneuerung der Nation. St. Petersburg würde seinen Namen unsterblich machen und zum Symbol seiner Herrschaft werden. Noch dachte er nicht daran, die Hauptstadt hierher zu verlegen, aber die Bedeutung, die er der neuen Stadt zumaß, deutete die spätere Entwicklung an.

Der Bau begann ohne genauen Plan und wurde in Etappen, die häufig nur die Launen des Herrschers spiegelten, fortgesetzt. Nach einem vergeblichen Versuch, das Zentrum der Stadt auf einer der beiden großen Inseln unweit des rechten Ufers der Newa zu errichten, sah er sich gezwungen, die Hauptgebäude auf das linke Ufer zu stellen, das höher lag und den Überschwemmungen weniger ausgesetzt war. Dann revidierte er diese Entscheidung noch einmal und wählte, um Amsterdam nachzuahmen, die tiefste Stelle auf der westlichen Insel Wassiljewski. Aber auch dieser Plan wurde wiederum verworfen. Man erbaute zunächst nahe dem rechten Ufer der Newa auf der Haseninsel, der heutigen Krepostny-Insel, die an der breitesten Stelle des Flusses liegt, eine hölzerne Bastion, aus der später die Peter-Pauls-Festung entstehen sollte. Daneben wurden ebenfalls aus Holz eine Kirche, die Dreifaltigkeitskathedrale, und der Münzhof errichtet. Nicht weit davon stand eine Hütte aus Kiefernholz mit einem Schindeldach: die erste Behausung Peters in seiner Traumstadt. Ein Vorraum, zwei Zimmer, Decke und Wände mit Leinwand bespannt und weiß gestrichen, eine Werkstatt mit Drechselbank, Äxten, Hobeln, Hämmern und Sägen, der ganzen Ausrüstung eines Zimmermanns. Die Türrahmen waren so niedrig, daß der Zar den Kopf beugen mußte, wenn er eintrat. Aber so groß er war, immer zog er kleine und dunkle Zimmer vor. Er fühlte sich wohl in diesem primitiven Blockhaus. In einer Ecke hing eine Landkarte von Europa, in der anderen stand eine mit Gold und Edelsteinen übersäte Ikone des Erlösers, die er immer mit sich führte.

Um den kosmopolitischen Charakter der neuen Siedlung zu unterstreichen, ließ Peter im folgenden Jahr eine evangelische Kirche und das Wirtshaus »Zu den vier Fregatten« errichten, das lange Zeit als Rathaus sowie als Umschlagplatz für Tabak,

Wodka, Wein, Bier und Karten diente, alles unter der Regie der Staatsverwaltung. Daneben befand sich ein überdachter Markt für ausländische Waren. Rings um ihn herrschte reger Verkehr, alle Schichten der jungen Petersburger Gesellschaft drängten sich dort zusammen. Hinter diesen von der »guten« Kundschaft stark besuchten Läden erstreckte sich der »Trödelmarkt der Tataren« mit seiner Vorstadt, in der hauptsächlich Kalmücken, Tataren und Türken wohnten. »Auf dem Trödelmarkt wird alles sehr billig verkauft«, schrieb der Historiker Weber, »mitten auf der Straße wie auch in zwei Ladenreihen: Altes Eisengerät, gebrauchte Seile und Holzsättel mit gesteppten Schabracken. Das Gedränge ist dort so groß, daß man gut auf seine Börse, seinen Degen und auf seine Kopfbedeckung achten muß.« Im Mojka-Viertel schlachteten die Metzger die Tiere im Freien und warfen die Eingeweide einfach auf Haufen. Der Gestank war so groß, daß die Käufer zögerten, sich den Fleischbänken zu nähern. Bald erhielten die Metzger den Befehl, einheitliche Kleidung zu tragen und ihre Waren in einander gleichenden Läden auszustellen. Für die Sauberkeit der Straßen hatten die Bewohner selbst zu sorgen, jeder mußte vor seiner Tür kehren. Es war verboten, Abfälle in die Kanäle und Wasserläufe zu werfen.

Die Mitarbeiter des Zaren richteten sich in ähnlichen Hütten wie der seinen ein. Der Anfang war gemacht, und nichts konnte ihn nun noch aufhalten. Wie immer spornten Hindernisse ihn lediglich an. Der Blutzoll, den der Aufbau der Stadt forderte, berührte ihn nicht. Es hat sicher nur wenige Herrscher in der Geschichte gegeben, die das Menschenleben so gering achteten wie Peter. Jeder seiner Gedanken schien ihm jedes Opfer der Nation zu rechtfertigen. Scharenweise wurden Arbeiter aus den benachbarten Reichsgebieten zusammengetrieben und mit Gewalt zur Newa-Mündung gebracht. Unter ihnen befanden sich nur wenige Fachleute wie Maurer, Zimmerer oder Schmiede, die meisten waren landlose Bauern oder Landarbeiter und dienten als ungelernte Handlanger. Je nach den Umständen wurden sie mehrere Monate lang eingesetzt oder auf Lebenszeit verpflichtet. Im Jahre 1704 erhielten die Gouverneure der russischen Provinzen den Befehl, je vierzigtausend Mann pro Jahr zur Verfügung zu stellen. Die Arbeiter schufteten von Sonnenaufgang bis Sonnenuntergang, wohnten in feuchten Baracken, wurden schlecht ernährt und schlecht behandelt und verfügten nicht einmal über die primitivsten Geräte für ihre Aufgabe. Es fehlte sogar an Kreuzhacken und Schubkarren. Um die tiefliegenden Ufer aufzuschütten, trugen die Unglücklichen die Erde im Schoß ihrer Kleidung oder in Säcken aus alten Matten herbei. Oft arbeiteten sie mitten im Sumpf, bis zum Bauch im Wasser stehend. Beim kleinsten Verstoß gegen einen Befehl klatschte die Knute auf ihre Rücken. Flüchtlingen, die man ergriff, wurde die Nase bis zum Knochen abgeschnitten. Schlechtes Wetter, Skorbut und Ruhr setzten diesem zerlumpten, um die Baugerüste wimmelnden Haufen zu. Jeden Tag wanderten neue Leichen in ein großes Massengrab. Sträflinge aus den Gefängnissen wurden herbeigeschafft, um die Verstorbenen zu ersetzen. Aber auch sie reichten nicht aus. Zunehmend wurden den Gutsbesitzern die Bauern und Landarbeiter entführt. Aus ihren Dörfern und von ihren Familien fortgerissen, wurden sie sofort nach ihrer Ankunft zu den Baustellen geführt, wo sie unter Aufsicht von bewaffneten Soldaten arbeiteten. Die Krankheiten und die vielen Unfälle ließen die Sterberate steil ansteigen. Um die Opfer zu rechtfertigen, setzte Peter die Baukunst der Kriegskunst gleich: Ebenso wie man keine Schlacht gewinnen könne, ohne eine gewisse Anzahl Soldaten zu verlieren, könne man keine Stadt erbauen, ohne daß eine gewisse Anzahl von Arbeitern den Tod fände. Die Diplomaten aus dem Ausland behaupteten daraufhin, daß es in der ganzen Kriegsgeschichte keine so mörderische Schlacht gegeben habe wie den Bau von St. Petersburg. Ihre Aufzeichnungen sprechen von hunderttausend Toten. Der Historiker Weber kommt sogar auf eine Zahl von zweihunderttausend, eine wahrscheinlich übertriebene Schätzung. Aber unbestreitbar wurde St. Petersburg über einer Leichengrube errichtet. Die wirklichen Pfahlwerke der Stadt waren die Gebeine der Arbeiter, die mit dem Leben für die Pracht bezahlten, mit der sie sich aus dem Wasser erhob.

Um das Heer der Arbeiter zu führen, ließ der Zar im Februar 1704 den italienischen Architekten Domenico Trezzini anwerben. Die meisten Mitarbeiter Trezzinis waren Ausländer, Holländer, Italiener, Schweizer, Deutsche und Franzosen. Alle waren entsetzt über die Lebensbedingungen, die ihnen in der langsam und chaotisch wachsenden Stadt geboten wurden. Sie erhielten ihre Besoldung nur unregelmäßig, zitterten vor Kälte in den Behelfsquartieren, ekelten sich vor der schlechten Verpflegung, klagten über Ärger mit der Verwaltung und über den Mangel an Facharbeitern. Und bei der ersten Gelegenheit flüchteten sie aus dieser Hölle, die Peter hartnäckig sein »Paradies« nannte. Trezzini ersetzte sie und trieb sein Werk, so gut es ging, voran. In allen Fabriken wurde fieberhaft an der Produktion von Ziegeln und Dachplatten gearbeitet. Rings um die Stadt fällte man den Wald, um das für den Bau notwendige Holz zu beschaffen, und errichtete an Ort und Stelle von Wasser und Wind getriebene Sägewerke. Da es zuwenig Glas gab, erhielten auch die Häuser der Höhergestellten Fenster aus Glimmer. Die Beschaffung von Steinen war das größte Problem, denn in der Umgebung von St. Petersburg gab es keine Steinbrüche. Also verbot der Zar, dem Beispiel Boris Godunows folgend, der im Jahre 1600 den Gebrauch von Steinen außer für die Befestigung von Smolensk untersagt hatte, Stein anderswohin als nach St. Petersburg zu liefern. Schiffe durften die Stadt nicht anlaufen, wenn sie nicht zusätzlich zu ihrer normalen Fracht etwa dreißig Bruchsteine mitbrachten. Jeder Kutscher, der mit seinem Wagen die Tore der Stadt passieren wollte, mußte eine Ladung von mindestens drei Pflastersteinen vorweisen. St. Petersburg glich einem Ameisenhaufen, in dem jedes Insekt seinen winzigen Beitrag leistet. Diese Befehle wurden erst 1776 wieder aufgehoben.

Der Zar selbst überwachte die Arbeiten. Er ging von einem

Bauplatz zum anderen, seinen berüchtigten Knüppel, die *Dubina*, in der Hand, derer er sich ungehemmt bediente, um langsame Arbeiter anzutreiben. Im Umgang mit Handwerkern geübt und vertraut mit den Plänen der Architekten, bemängelte er hier die Arbeit eines Steinmetzen, lehnte dort den Entwurf eines Palastes ab, brüllte einen Werkmeister an, lobte einen Zimmerer, der die Axt geschickt handhabte, oder ergriff selbst den Hobel, um ein Brett zu glätten. Die Stadt bestand bisher aus nicht viel mehr als einer Vielzahl von Baustellen und einem Labyrinth von Kanälen, deren Ufer mit Pfählen und Faschinen befestigt waren. Der unermüdliche Trezzini baute zugleich die Peter-Pauls-Kathedrale mit ihrer vergoldeten Turmspitze innerhalb der gleichnamigen Festung, die Befestigungen von Kronstadt, das Alexander-Newski-Kloster, Paläste für die Ministerien, den Senat und den heiligen Synod, er entwarf Pläne für Hafenanlagen und schlug Holzbrücken über die Kanäle. Andere Architekten folgten ihm: der Franzose Le Blond, die Deutschen Schädel und Schlüter, der Baseler Härbel ...

Aber diese einzigartige Stadt war noch eine leere Schale, ein Blendwerk, fast unbewohnt, tot und kalt. Man mußte sie mit Leben füllen. 1706 befahl Peter seinem Großadmiral Golowin, sich in St. Petersburg niederzulassen, wo er über ein neues Gebäude für die Admiralität, einen Hafen und eine Werft verfügen würde. Diese Reede beschäftigte 1707 dreitausend Arbeiter. Stolz auf sein Zimmermannsdiplom, mischte sich der Zar gerne unter sie, arbeitete mit der Axt oder setzte einen Mastbaum. Jeder Stapellauf eines Schiffes gab Anlaß zu stürmischen Festen, bei denen Bacchus und Neptun in gleicher Weise geehrt wurden. 1708 forderte Peter seine Schwester Nathalie, seine beiden Halbschwestern, die beiden verwitweten Zarinnen, hohe Würdenträger und einige reiche Kaufleute nachdrücklich auf, nach St. Petersburg umzuziehen. Für die meisten Höflinge, die in Moskau ein leichtes und üppiges Leben gewohnt waren, kam dieser erzwungene Umzug einer Verbannung gleich. »Sie bringen große Mengen Gepäck mit«, schrieb der Gesandte Whitworth, »weil man ihnen versichert hat, daß man an Ort und Stelle nichts bekommen kann. Sie reisen schweren Herzens, aber niemandem ist es gestattet, sich unter Berufung auf Krankheit oder Alter zu entschuldigen.«[2] Das war nur ein Anfang. Bald darauf wurden dreihundertfünfzig adlige Familien aufgefordert, sich in St. Petersburg anzusiedeln. Als dann ein Großbrand ein Drittel von Moskau zerstörte, verbot ein neuer Ukas des Zaren, die niedergebrannten Häuser wiederaufzubauen – die fünftausend von dem Unglück betroffenen Familien (Adlige, Kaufleute, Handwerker) wurden in ein neues Leben in St. Petersburg gezwungen. Diese Verpflanzung ganzer Bevölkerungsteile auf Befehl des Zaren wurde in den folgenden Jahren fortgesetzt.

Der Umzug in eine künstliche, europäische Stadt ohne Bindungen an die Vergangenheit stürzte die ersten Einwohner von St. Petersburg in Verzweiflung. Nicht nur hatte die Verlegung viele den Besitz gekostet, sie hatten auch das Gefühl, nicht mehr in Rußland zu sein. Wenn man an den Kanälen entlang promenierte, glaubte man, bald in Holland, bald in Italien, bald in Deutschland zu sein. Wenn man ihnen wenigstens überlassen hätte, ihre Häuser nach eigenen Wünschen zu bauen. Aber auch das war durch einen Ukas geregelt. Größe und Standort jedes Wohnsitzes hingen vom Rang ab, den der Besitzer bekleidete, von der Zahl seiner Leibeigenen und von der Höhe seiner Steuerleistung. Alle Bauten auf der Hauptinsel oder längs der Newa mußten sich nach den von Trezzini entworfenen Plänen richten. Sie sahen drei Arten von Fassaden vor, die in der Gestaltung wiederum der Rangstufe der Bewohner entsprachen. So konnte man schon an der Ornamentik einer Mauer oder der Höhe eines Fensters das Vermögen desjenigen abschätzen, der sich dahinter verbarg: eine ins Architektonische gewendete soziale Uniformierung. Ein Erlaß bestimmte die Form der gußeisernen Balustraden, ein anderer schrieb vor, das Moos zum Abdichten der Holzwände auszukochen, um der Vermehrung der Küchenschaben Einhalt zu gebieten, ein dritter empfahl, neue

Häuser an die benachbarten Gebäude anzuschließen, um durch die gemeinsame Mauer Ziegel zu sparen.

Schon verlor das alte Moskau, verlassen von seinen hohen Würdenträgern und den Beamten der Verwaltung, an Bedeutung. 1713 wurde St. Petersburg zur Hauptstadt erklärt. Im folgenden Jahr hatte es 34 550 Einwohner, und diese Zahl erhöhte sich von Monat zu Monat. Zehn Jahre später waren es ungefähr 70 000. Ausländische Handwerker und Händler ließen sich, durch die großen Gewinnchancen angelockt, in der Stadt nieder. Aber alle, die freiwillig Gekommenen wie die zwangsweise Umgesiedelten, klagten über das Klima und die Lebensbedingungen in dieser Stadt des Wassers. Sie jammerten über das harte Klima, die Schneestürme im Winter, die Stechmücken im Sommer und das Hochwasser im Herbst. Den französischen Gesandten Campredon kostete die Reise von Moskau nach St. Petersburg tausendzweihundert Rubel, er blieb mit seinem Wagen in den aufgeweichten Straßen stecken, verlor acht Pferde und einen Teil seines Gepäcks. Vierundzwanzig Tage war er unterwegs. Selbst Peter war zuzeiten genötigt, einen Teil der Reise zu Fuß zurückzulegen und die Flüsse schwimmend zu durchqueren. Die Unsicherheit der Nachschubwege hatte zur Folge, daß St. Petersburg ungenügend mit Nahrungsmitteln versorgt wurde, was eine Teuerung in allen Bereichen hervorrief. Eßwaren kosteten dreimal soviel wie in Moskau. Einer wenig wirksamen Vorschrift zufolge mußten die Händler daraufhin ihre Waren bis Mittag zu amtlich vorgeschriebenen Preisen verkaufen, danach konnten sie sich jeden Wucher erlauben. Allerdings wurden diese Mißstände für manche Bürger, insbesondere die Jüngeren, durch eine Mischung aus Nationalstolz und Zuversicht aufgewogen. Sie fühlten sich allein durch die Tatsache, daß sie in neuen Mauern wohnten, als Vorhut des Kampfes für den Fortschritt: die Steine, die sie umgaben, sprachen zu ihnen nicht von gestern, sondern von morgen. Sie überließen es ihren Vätern, der Vergangenheit nachzutrauern und die Überlieferung zu pflegen. Und sie wußten sich mit dem Zaren, der ganz auf die Jugend setzte, einig. Er hatte Moskau verlassen, um dem hartnäckig fortschrittsfeindlichen Geist zu entrinnen, der im Kreml herrschte, er wußte, daß dort, im Herzen Rußlands, sein Werk beständig gefährdet war, der Willkür von Palastintrigen oder Volksaufständen preisgegeben. Hier, das wußte er, konnte er den ihres vertrauten Milieus beraubten und dadurch unsicheren Adligen seinen eisernen Willen leichter aufzwingen. Die neue Hauptstadt entsprach zugleich seinem ästhetischen Geschmack wie seinem politischen Instinkt.

Zu Beginn war sie nur eine scheinbar regellose Anhäufung von Einzelsiedlungen gewesen, die verstreut auf den Inseln und an den Ufern des Flusses lagen, mit einer Festung, Wagenschuppen und Kasernen. Jetzt säumten bereits schöne Steinbauten den Lauf der Newa. Alle hohen Würdenträger, Golowin, Schafirow, Gagarin, Jaguschinski, Tschernyschew und Menschikow, ließen ihre Privatpalais im italienischen Stil erbauen. Eine lange Allee, der zukünftige Newski-Prospekt, führte auf die Admiralität zu. Schwedische Gefangene fegten sie jeden Samstag. Zu beiden Seiten dieser Straße reihten sich die Häuser der Adligen aneinander, und an ihrem Ende ragten die Baugerüste des Alexander-Newski-Klosters empor. An einer anderen, parallel zur Newa verlaufenden Straße ließ Peter 1711 seinen Winterpalast errichten. Angebaut an Privathäuser, unterschied er sich von ihnen nur durch ein Portal mit zwei Säulen, das wie ein Schiffsbug hervorsprang. Dieses bescheidene Bauwerk barg einen großen Empfangssaal und eine Reihe kleiner schmaler Zimmer, wie Peter sie liebte. Da er aus Harmoniegründen gezwungen war, den Stockwerken die gleiche Höhe geben zu lassen wie die der Nachbarhäuser, ließ er in den Räumen, in denen er sich meist aufhielt, niedrige Zwischendecken einziehen.

Auch der Sommerpalast war ganz von Peters Wunsch nach Einfachheit geprägt. Er wurde in einiger Entfernung an einem Nebenfluß der Newa errichtet, der später den Namen Fontanka erhielt. Inmitten eines Parkes mit Blumenbeeten, Rasenplätzen, Rokokogrotten, Pavillons, Springbrunnen, Statuen, Wandelgängen, alles nach dem Vorbild von Versailles, erhob sich ein dem holländischen Landhaus nachempfundener Bau mit einem Metalldach, fahlgelben Mauern und weißgestrichenen Flachreliefs. Hinter dem Sommerpalast stand das Arsenal, wo zweihundert Facharbeiter ständig damit beschäftigt waren, Kanonen zu gießen. Dort befand sich auch das Raritätenkabinett mit der naturgeschichtlichen Sammlung Peters, die auch einige seiner bekannten lebenden Monstrositäten enthielt. Von hier stromaufwärts reihten sich die Holzhütten der »Moskowiter Vorstadt« aneinander, so genannt, weil fast alle ihre Einwohner Russen waren. Diese Vorstadt litt schwer unter den üblen Gerüchen aus den nahen Fabriken, Gerbereien, Ziegeleien, Seilereien, Munitions- und Teerfabriken. Im Zentrum der Stadt aber atmete man frische Meeresluft. Wenn Peter mit seinem weitausgreifenden wiegenden Schritt durch die Straßen ging, hatte er das Gefühl, sich auf der Brücke eines Schiffes zu befinden.

Wenn auch hier und da einige Bretterstege die Kanäle überspannten, eine Brücke über die Newa gab es nicht. Fähren besorgten den Verkehr von einem Ufer zum anderen. »Personen von Stand« hatten dafür eine Kopeke zu bezahlen, Soldaten und Arbeiter wurden umsonst übergesetzt. Seiner Leidenschaft für die Seefahrt folgend, verlangte Peter von jeder Adelsfamilie, ein eigenes Boot mit Matrosen in Livree zu unterhalten. Interessierte wurden darüber belehrt, wie man ein Boot instand hielt. Jeden Sonntag mußten die Bootsbesitzer an einem Navigationsunterricht teilnehmen. Konnten sie selbst nicht erscheinen, waren sie verpflichtet, ihre Kinder zu schicken. Bei schönem Wetter glitten beflaggte Schoner und Schaluppen mit buntgekleideten Ruderern über die Newa. Die Adelsgesellschaft wetteiferte in der Eleganz ihrer Schiffe unter den kundigen Blicken des Zaren, der seine eigene Jacht steuerte. Der Hof kreuzte mit vollen Segeln zwischen neuen Palästen, Werften, Barackenbauten, Ödland, Palisaden und Bootshäusern, während die Kanone in der Peter-Pauls-Festung donnerte und eigens dafür eingeschiffte Musikanten heitere Weisen für die Damen spielten, die an

Seekrankheit litten. Wenn sich im Winter die Newa mit einer Eisdecke überzog, erstarrten die verschiedenen Stadtviertel mit ihren Kanälen zu einem Block. Man brauchte dann weder Brükken noch Boote, um die Stadt zu durchqueren. Aber es war verboten, den zugefrorenen Fluß zu überschreiten, bevor eine Mannschaft den Weg vom einen Ufer zum anderen abgesteckt hatte. Wenn der Zar in St. Petersburg residierte, eröffnete er selbst mit seinem Schlitten diese weiße Straße. Ein Kanonenschuß aus der Peter-Pauls-Festung kündigte das Ereignis an. Hinter Seiner Majestät drängte sich die Menge, um die Newa trockenen Fußes zu überschreiten. Aber natürlich hatte Peter für den Winter im Norden, den Feind der Schiffahrt, nichts übrig. Der Eisgang im Frühjahr war für ihn jedesmal ein Fest. Auf den endlich befreiten Gewässern konnte er kreuz und quer durch sein »Paradies« fahren, das sich bald über St. Petersburg hinaus auf das südliche Ufer des Meerbusens ausweitete. Dort errichteten Peter und die Reichen und Adligen seines Gefolges ihre Lustschlösser: Strelna, Oranienbaum und das von Le Blond erbaute Petershof, in dem sich der Zar gewöhnlich während des Sommers aufhielt, ein großer Palast mit zwei Etagen, von einem herrlichen französischen Garten umgeben und mit Blick auf das Meer hinaus, voller kleiner, eleganter Räume und einem mit einer Bibliothek verbundenen Arbeitszimmer.[3] Trotz der Anmut dieses Gebäudes zog der Zar es vor, seine Nächte in einem einfachen Pavillon im holländischen Stil zu verbringen, der dicht am Ufer errichtet und »Mon Plaisir« getauft wurde. Von seinem winzig kleinen, mit glasierten Terrakottakacheln geschmückten Schlafzimmer aus konnte er die Festungsmauern von Kronstadt und die vor Anker liegenden Kriegsschiffe sehen. Der Steg, an dem seine Schaluppe lag, war mit ein paar Schritten zu erreichen. So war er auf dem Lande und gleichzeitig in St. Petersburg. Er liebte diese Stadt so sehr, daß er mit Freuden Hunderte ihresgleichen an Stelle der alten patriarchalischen russischen Städte erbaut hätte.

Kaum war seine Schwester Nathalie 1708 in St. Petersburg

angekommen, richtete sie in einem großen hölzernen Bauwerk ein Theater ein. Um Publikum anzulocken, verfügte Peter, daß kein Eintrittsgeld erhoben werden sollte. Die Truppe setzte sich aus zehn russischen Schauspielern und Schauspielerinnen und sechzehn Musikern zusammen, das Repertoire umfaßte Übersetzungen und neue russische Stücke, von denen einige aus der Feder der Zarewna Nathalie stammten. So gab sie sich auf Wunsch des Zaren in »Peter oder Die goldenen Schlüssel« alle Mühe, nachzuweisen, daß junge Leute zur Vervollständigung ihrer Ausbildung in fremde Länder gesandt werden müßten. Während der Pausen führte die Gruppe heitere Intermezzos auf, in denen die Sitten der Vergangenheit verspottet und die von Seiner Majestät angestrebten Reformen gefeiert wurden. Diese Propagandastücke hatten wenig Erfolg. Später lösten deutsche Schauspieler unter einem Spielleiter namens Mann die russische Truppe ab. Ein weiteres Zeichen der Vitalität der jungen Stadt war 1711 die Einrichtung einer Druckerei und die Herausgabe der Zeitung *Nachrichten von St. Petersburg*. Der Zar überwachte ihre Redaktion aus nächster Nähe. Auf Oktavformat in moderner Schrift und mit sehr schmalen Rändern gedruckt, brachte das Blatt diplomatische und militärische Informationen, aber auch Meldungen über die in der Stadt vorgenommenen Arbeiten oder über die Ankunft neuer »Monstrositäten« im Raritätenkabinett. Eine Bibliothek öffnete ihre Pforten, in der sich die wenigen Intellektuellen des Hofes mit ausländischen Werken versorgen konnten. All das war vielversprechend.

Dennoch verging Peter vor Ungeduld, weil sein »Paradies« die anderen europäischen Hauptstädte noch immer nicht überstrahlte. Er hatte Menschikow zum Generalgouverneur der Stadt und Bruce zu seinem Assistenten ernannt. Sie wurden durch eine städtische Kanzlei unterstützt, der auch die Architekten unterstellt waren. Trotz aller Anstrengungen war St. Petersburg bisher nicht mehr als ein heterogenes Konglomerat, in dem schöne Steinbauten neben notdürftigen Hütten standen und die eleganten Viertel von öden Trümmerfeldern umgeben waren. Im Winter erzitterten die Bewohner der Vorstädte, wenn aus den nahen Wäldern das Geheul der Wölfe herüberklang, die sich bis zu den Häusern wagten und sogar alleinstehende Wachposten anfielen. 1714 wurden zwei Soldaten, die vor der Kanonengießerei Posten standen, bei lebendigem Leib zerfleischt. Beleuchtung gab es beinahe keine. Nur wenige Öllampen hingen rund um den Winterpalast und vor den Hauptgebäuden. Über die Ordnung in der Stadt wachte anfänglich ein Woiwode, ab 1717 wurde hierfür ein Polizeipräfekt eingesetzt, der General Anton Devier. Aber dieser energische Mann portugiesischer Abstammung verfügte nur über zehn Offiziere, zwanzig Unteroffiziere, hundertsechzig Soldaten und zehn Schreiber, um für die Sicherheit der Bürger, die Reinigung der Kamine, die Verhöre der Verdächtigen, die Kontrolle der Reisenden, die Verhaftung von Dieben und das Auspeitschen jener Leibeigenen zu sorgen, die man ohne »Ermächtigungsbrief« ihres Herrn auf den Straßen aufgriff. In der Nacht wurden die Gassen an beiden Enden abgeriegelt, und Einwohner des Viertels hielten bis zum Tagesanbruch an den Schranken Wache. Alle mußten der Reihe nach diesen Frondienst leisten, sogar die Mitglieder des Klerus waren der Verpflichtung zur Stadtüberwachung unterworfen. Man konnte sich davon nur befreien, wenn man die Dienste eines Nachbarn mietete. Ein Ersatzmann kostete fünfzehn Kopeken pro Nacht. Ab elf Uhr abends ließen diese improvisierten Wachposten nur noch Standespersonen, zu ihren Bauplätzen gehende Arbeiter, Ärzte, Hebammen und Priester passieren, jedoch war es Vorschrift, daß sie eine Laterne trugen. Diese extremen Maßnahmen verweisen auf die Kriminalität in der neuen Stadt. Straßenraub war sehr häufig. Verbrecherbanden streiften in der Nachbarschaft umher. Der sächsische Gesandte berichtete seiner Regierung, daß eine Horde von angeblich neuntausend Räubern die Stadt bedrohe. Sechsunddreißig wurden gefaßt und aufgehängt. Die übrigen verliefen sich. Aber die Bürger fühlten sich deswegen nicht sicherer.

Die Furcht vor Feuersbrünsten war in der neuen Stadt sehr verbreitet. Die große Zahl der Holzhäuser begünstigte die Ausbreitung eines Feuers. Als Vorbeugungsmaßnahme wurde angeordnet, daß die öffentlichen Schwitzbäder nur am Samstag angeheizt werden durften. Einige Wächter, die auf Türmen postiert waren, meldeten die ersten Flammen durch Glockenläuten. Trommelwirbel verbreiteten die Nachricht in den Vierteln. Die zur Feuerwehr eingeteilten Städter stürzten, mit Äxten, Leitern und Eimern bewaffnet, zur Unglücksstelle, und bei Großbränden mußten auch die Soldaten der Bevölkerung beim Löschen helfen. Erst 1722 wurde eine reguläre Feuerwehr mit vier holländischen Spritzen aufgestellt. Bei einem Feuer war Peter stets zur Stelle. Die Axt in der Hand, sprang er wie ein Teufel mit wildem Blick und ohne Angst vor Verbrennungen durch die Flammen. »Ich habe ihn oft als ersten mit einer kleinen Pumpe in seinem Schlitten bei einem Feuer ankommen sehen«, schrieb Juel. »Er nahm an jeder Rettungsaktion teil und begriff mit seinem außerodentlich regen Verstand sofort, was zu tun war, um den Brand zu löschen; er stieg auf das Dach, eilte zu den gefährlichsten Stellen, trieb die Adligen ebenso wie die einfachen Leute an, sich am Kampf zu beteiligen, und ging nicht eher fort, bevor das Feuer nicht gelöscht war . . . Wenn aber der Herrscher nicht da war, verlief alles ganz anders; das Volk sah dem Feuer gleichgültig zu und tat nichts, um es zu löschen; man mochte es noch so ermahnen oder sogar Geld anbieten, es suchte nur eine Gelegenheit, etwas zu stehlen.«

Noch eine andere Plage beunruhigte die Bevölkerung von St. Petersburg: die Überschwemmungen. Fast jedes Jahr gegen Ende des Herbstes tobten heftige Unwetter an der Newa, der Sturm deckte Häuser ab und warf Gerüste um, die Newa trat über die Ufer und überflutete die Erdgeschosse der Häuser. Hastig flüchteten dann die Bewohner mit Lebensmittelvorräten in die höheren Stockwerke, und das Vieh wurde in die benachbarten Wälder getrieben. 1703 sprach der österreichische Gesandte Pleyer von zweitausend Kranken und Verwundeten, die im Hochwasser ertranken. Bei einer dieser Flutkatastrophen am 11. September 1703 stellte Peter in aller Ruhe fest, daß das Wasser einen guten halben Meter hoch über dem Fußboden seines Hauses stand. Als er hinaussah, erblickte er an Holztrümmern festgeklammerte Männer, Frauen und Kinder, die den Fluß hinuntertrieben. »Das ist sehr belustigend«, war sein Kommentar an Menschikow. Auf die Rückseite des Briefes schrieb er »Paradies«. 1717 stürzten die vom Wasser unterspülten Befestigungen des Arsenals ein. Im November 1721 stieg die Newa so hoch, daß es schien, als habe die letzte Stunde der schwer getroffenen Stadt geschlagen. Schiffe, deren Ankertaue gerissen waren, trieben in der Strömung in einem Wirrwarr von Möbeln, Balken, leeren Wagen, Fässern und Kisten dahin. Pferde ertranken. Die Schiffbrüchigen hingen hoch oben auf den Dächern und schrien und winkten. »Der Sturm«, schrieb de La Vie an Kardinal Dubois, »war von solcher Wucht, daß die ganze Stadt zugrunde gegangen wäre, hätte er noch zwei Stunden länger angehalten. Der Schaden, den er verursacht hat, ist unbeschreiblich. Es gibt kein Haus, das nicht seinen Teil abbekommen hätte. Die Verluste werden auf zwei bis drei Millionen Rubel geschätzt ... Ich übergehe die Betrachtungen, die ich bei dieser Gelegenheit anstellen könnte, mit Schweigen; es genügt mir, festzustellen, daß der Zar gleich einem zweiten Philipp von Spanien die Größe seiner Persönlichkeit durch seine Ruhe erkennen ließ.«

Sobald die Newa wieder in ihr Bett zurückgekehrt war, machten sich die Arbeiter daran, die Schäden zu beseitigen. Man kratzte den Schlamm von den Straßen, besserte die Dächer aus und nagelte die Bretter wieder fest, die das Hochwasser losgerissen hatte. Wie groß das Ausmaß der Katastrophe auch sein mochte, jeder wußte, daß der Zar von solchen Zwischenfällen nicht zu beeindrucken war. Doch viele im Volk meinten, St. Petersburg habe den göttlichen Zorn auf sich gezogen, weil es das heilige Moskau als Hauptstadt verdrängt habe. Ein Gerücht ging um, daß in der Dreifaltigkeitskathedrale eine himmlische Gestalt erschienen sei und den Gläubigen verkündet habe: »St. Petersburg wird wieder zur Einöde werden.« Der Diakon dieser Kirche wurde dafür, daß er diese Prophezeiung verkündet und verbreitet hatte, zu drei Jahren Zwangsarbeit verurteilt. Aber seine Worte fanden ihren Weg zu den Bauern, den Alt-Gläubigen und sogar bis in die Umgebung des Herrschers. Die rasch erbaute Stadt St. Petersburg, sagte man, werde ebenso rasch wieder untergehen. Einzig der unbeugsame Wille des Zaren erhalte diese künstliche Stadt am Leben. Sobald er nicht mehr da sei, würden die Mauern einstürzen, die Kanäle verschlammen, die Bevölkerung auseinanderlaufen, nur allzu glücklich darüber, wieder zu den alten Gewohnheiten zurückkehren zu dürfen. Peter jedoch war unerschütterlich – als würden seine Hauptstadt und er selbst ewig leben.

10. Kapitel
Reise nach Frankreich

Während Peter eine neue Hauptstadt baute und alte Bündnisse stärkte, versuchte Karl XII., noch immer ein Flüchtling in der Türkei, Sultan Ahmed III. zur Wiederaufnahme der Feindseligkeiten gegen Rußland zu überreden. Pjotr Tolstoi, der Gesandte des Zaren in Konstantinopel, forderte seinerseits die Auslieferung oder wenigstens die Gefangensetzung des Königs von Schweden. Aber er verfügte, um das osmanische Gewissen zu kaufen, nur über zwanzigtausend Dukaten und einige Zobelfelle, während Karl XII. seinen Gastgebern beträchtliche Summen zuwenden konnte. Der große Verlierer von Poltawa war ein reicher Mann, er hatte seine Kriegskasse gerettet, bei den Brüdern Cook und der englischen Levantegesellschaft Kredite aufgenommen, sich von Holstein Geld geliehen und schließlich noch von Mazeppa einige Fäßchen Gold geerbt, nachdem sich dieser, angewidert von einem Leben voller Verrat und Mißerfolge, selbst vergiftet hatte. Empfänglich für die Freigebigkeit ihres »Ehrengastes« und besorgt über die zunehmende Macht Rußlands im Bereich des Schwarzen Meeres, bereiteten sich die Türken auf den Krieg vor. Um sie zur Vernunft zu bringen, stellte Tolstoi ihnen ein Ultimatum. Die Hohe Pforte antwortete mit unannehmbaren Bedingungen: Rußland solle Stanislaus Leszczynski als König von Polen anerkennen, den Schweden Livland und Ingermanland zurückgeben und sich verpflichten, nie mehr in das Schwarze Meer einzudringen. Am 20. November 1710 wurde auf einer feierlichen Sitzung des Diwans der Krieg erklärt. Wie üblich wurde Tolstoi sogleich in der Burg der sieben Türme eingekerkert.

Am 1. Januar 1711 nach dem Gottesdienst wohnten die Einwohner von St. Petersburg bei Einbruch der Dunkelheit einem Feuerwerk bei, in dem ein osmanischer Halbmond »als Zeichen des Krieges gegen die Türken« am Himmel erschien. Dieses flammende Zeichen unterrichtete »das tapfere orthodoxe Volk«, daß der heilige Kreuzzug wieder beginnen sollte. Am Tag darauf reiste der Zar nach Moskau, wo er in Erwartung einer längeren Abwesenheit an der Kriegsfront einen Senat von acht Mitgliedern ernannte, der ihn in der Regentschaft vertreten sollte. Am 25. Februar wurde in der Mariä-Himmelfahrts-Kathedrale ein Tedeum zelebriert und ein Manifest verlesen, in dem Gott gebeten wurde, seine Hilfe »gegen die Friedensbrecher und Feinde des Namens Christi« zu gewähren. Zwei Garderegimenter waren vor der Kirche aufmarschiert. Ihre traditionell weißen Fahnen waren durch rote ersetzt worden, die die Inschriften trugen: »Für Jesus Christus und die Christenheit«, und: »In diesem Zeichen wirst du siegen.«

Der Sieg von Poltawa hatte das Vertrauen Peters in seine Armee und die Generalität verstärkt: Die Türken würden das Schicksal der Schweden erleiden. Da jedoch der Feldzug mehrere Monate dauern konnte, beschloß er, seine teure Katharina mitzunehmen. Während des Krieges gegen die Schweden hatte sie in den Zelten der Armee so viel Mut und Freundlichkeit bewiesen, daß er sie als lebendes Maskottchen betrachtete, als seine Glücksbringerin, und das eigentlich schon seit der Zeit, da sie seine anerkannte Geliebte war. Sollte er sie da nicht heiraten? Nach acht Jahren der Ausflüchte entschied er sich nun in wenigen Minuten. Am 19. Feburar 1711 um sieben Uhr morgens wurde in der privaten Kapelle des Fürsten Menschikow in einer einfachen Zeremonie und im kleinen Kreis die Trauung des Konteradmirals Peter (des Zaren von Rußland) mit der gottesfürchtigen Katharina Alexejewna (seiner Geliebten) vollzogen. Kein Minister wohnte der Zeremonie bei. Die Brautjungfern waren zwei kleine Mädchen von fünf und drei Jahren: Anna und Elisabeth, die unehelichen Kinder des Paares. So wurde die einstige livländische Gefangene, nachdem sie Peters Wäsche gewaschen und untertänigst sein Bett geteilt hatte, offiziell Zarin von Rußland.

Unmittelbar nach der Hochzeit bestieg die ganze Gesellschaft einen mit sechs Pferden bespannten Schlitten und fuhr mit einer Eskorte zum Palast. Dort eilte Peter in den Bankettsaal und hängte einen Kandelaber mit sechs Armen an die Dekke, den er auf einer Reise selber aus Ebenholz und Elfenbein geschnitzt hatte. Dem Galadiner folgten ein Ball und ein Feuerwerk. Der Zar brüstete sich dem englischen Gesandten gegenüber, wie fruchtbar seine neue Ehe sei, »da er aus ihr ja schon fünf Kinder habe«.[1] Seiner Schwester Nathalie und seinen beiden Halbschwestern erklärte er, er erwarte von ihnen, daß sie Katharina, seine Gemahlin vor Gott, achten und ihr, wenn er hinscheide, als seiner Witwe den Rang, die Privilegien und die Einkünfte einer Zarenwitwe zuerkennen würden. Am 6. März verkündeten Herolde den Moskowitern, daß »die Zarin Katharina Alexejewna die wahre und legitime Gemahlin des Zaren Peter I.« sei. Noch am selben Tag verließ der Zar mit seiner Frau Moskau, um sich der Armee anzuschließen. Gegen Ende des Monats erkrankte er unterwegs an Skorbut. Von Schmerzen gequält, schrieb er an Menschikow, daß er einen Weg vor sich habe, »von dem er sich keine Vorstellung machen könne«, und an Apraxin, daß er »krank und verzweifelt« sei und nicht wisse, welche Befehle er ihm geben solle. Aber kaum war er wieder auf den Beinen, reiste er weiter, immer mit Katharina, die sich weigerte, ihren genesenden Gatten zu verlassen. In seinem *Journal* ließ er schreiben: »Seine Majestät hatte die Absicht, seine Gemahlin mit den anderen Damen in eine sichere polnische Stadt zu schicken, um sie vor den Strapazen zu bewahren, die dem schwachen Geschlecht nicht zuträglich sind. Aber Katharina, diesen Schwächen nicht unterworfen, hat so inständig gebeten, ihr den Verbleib bei der Armee zu gestatten, daß sich Seine Majestät genötigt gesehen hat, einzuwilligen. Seit dieser Zeit begleitet ihn die Zarin auf allen seinen Feldzügen.«

Beim Vorstoß gegen die Türken rechnete Peter auf die Unterstützung Polens, der orientalischen Christen, der Hospodare der Moldau und der Walachei. Nur Demetrius Kantemir, der Hospodar der Moldau, kam seiner Aufforderung nach. Doch sandte auch der ihm lediglich eine lächerliche Truppe von fünftausend Kavalleristen, die mit Bogen und Reiterlanzen ausgerüstet waren. Inzwischen hatte die türkische Armee bereits die Donau überschritten. Ein Teil von Peters Generälen (darunter alle Ausländer) war der Ansicht, daß sich die Regimenter entlang dem Dnjestr verschanzen und den Angriff der Türken abwarten sollten, da es unklug sei, ihnen ohne gesicherte Nachschublinien durch die Steppe entgegenzumarschieren. Die russischen Generäle hingegen, unterstützt von Golowkin und Schafirow, riefen, daß die nationale Ehre den Vormarsch verlange.

Die Hitze in der ausgedörrten Landschaft am Dnjestr war erstickend. An die kalten Nebel der Ostsee gewöhnt, waren die russischen Soldaten lange vor Beginn der Kampfhandlungen erschöpft. Lebensmittel und Futter gingen aus. Das Gras der Wiesen war von »den Heuschrecken bis zu den Wurzeln abgefressen«, heißt es in Peters *Journal.* An Ort und Stelle zu bleiben hieß, Tausende von Männern und Pferden durch Hunger zu verlieren. Da war es noch besser, den Kampf zu suchen. Peter entschied sich für den Vormarsch. Er überquerte mit seiner Armee den Dnjestr, marschierte durch eine hügelige glühende Steppe bis zu den Ufern des Pruth, wo die Armee Lager bezog, um sich zu erholen und gleichzeitig den Jahrestag von Poltawa zu feiern. Zehn Tage später wurden sich Peters Generäle plötzlich der katastrophalen Lage bewußt, in die sie geraten waren: Am 7. Juli 1711 fand sich die russische Armee, die auf ungefähr achtunddreißigtausend Mann zusammengeschmolzen war, in der Umklammerung einer etwa fünfmal so starken türkischen Armee wieder. Die Türken hatten beide Ufer des Pruth besetzt. Mit Kartätschen und blanker Waffe angegriffen, erlitten die Russen schwere Verluste. »Wir konnten weder zurückweichen noch wegen des Mangels an Vorräten und Futter am Ort bleiben. Uns blieb nur Sieg oder Untergang«, ließ Peter in sein *Journal* eintragen. Von siegen konnte keine Rede sein, das war jedem deutlich. Aber untergehen? War es klug, die besten Truppen Rußlands zum Tode zu verurteilen? Und was würde mit Peter und Katharina geschehen, die sich im Lager aufhielten? Das *Journal* machte deutlich, daß man nicht in Betracht ziehen konnte, »Ihre Majestäten in Gefahr zu bringen, die zugegen waren und von deren Bewahrung das Glück des ganzen russischen Reiches abhing«.

Während das türkische Gewehrfeuer in seiner Armee wütete, geriet Peter in panische Angst: die Demütigung der Niederlage, die Aussicht auf Sklaverei in der Türkei, die Sorge um das Schicksal seiner Frau . . . Er dachte zuerst daran, zu Pferd mit Hilfe einiger Kosaken durch die feindlichen Linien zu fliehen, aber Katharina brachte ihn von dieser Verzweiflungstat ab. In der allgemeinen Verwirrung behielt sie allein klaren Kopf. Ruhig riet sie dem Zaren, mit den Türken zu verhandeln. Und um den Großwesir zu bestechen, bot sie ihren Schmuck und das ganze Gold ihrer Kassette an. Schafirow wurde beauftragt, es dem Türken als Geschenk zu überbringen. Tatsächlich gelang es auf diesem Wege, auf der anderen Seite zumindest Gesprächsbereitschaft herzustellen. Nun begab sich Scheremetjew, dessen Gerissenheit bekannt war, in das feindliche Lager, um über Friedensbedingungen zu verhandeln. Er machte geltend, daß die Russen noch genügend Kraft besäßen, einen blutigen Gegenstoß gegen die osmanische Armee zu führen. Andererseits wußte der Großwesir, daß die russische Kavallerie unter dem Kommando der Generäle Rönne und Tschiriwow Braila bedrohte, wodurch seine Rückzugswege bedroht waren. Dazu hatte er festgestellt, daß seine durch den Marsch und die Gefechte mit den Russen erschöpften Janitscharen ebenfalls alles andere als kampfbegierig waren. Das Geschenk Katharinas im Verein mit diesen strategischen Überlegungen machte ihn einem Vergleich geneigt.

Der Frieden von Husch wurde am 23. Juli 1711 unterzeichnet. Er sah vor, daß Rußland Asow an die Türkei zurückzugeben, einige benachbarte Festungen zu schleifen habe, sich nicht mehr in die polnischen Angelegenheiten einmischen dürfe und Karl XII. ungehindert in sein Königreich zurückkehren lassen müsse. Peter, der in seiner aussichtslosen Lage auch bereit gewesen wäre, wesentlich strengere Bedingungen anzunehmen (wie die Rückgabe aller eroberten Gebiete, die Abtretung Livlands an Schweden und die Überlassung einiger mittelrussischer Städte), gewährte erleichtert die gemäßigten Forderungen des Großwesirs. Wieder einmal hatte er sich einer drohenden Katastrophe mit nur geringem Schaden entzogen. »Die göttliche Gerechtigkeit griff ein«, steht in Peters *Journal*, »und vollbrachte bei diesem Anlaß ein wahres Wunder, indem es uns aus dieser unausweichlichen Gefahr errettete, in die wir geraten waren, weil wir aufrichtig die Befreiung und das Wohl der Christen gewünscht hatten.«

Als Karl XII. vom Abschluß des Friedensvertrages erfuhr, ritt er, von rasender Wut ergriffen, mit verhängten Zügeln ins türkische Lager, stürzte in das Zelt des Großwesirs und warf ihm zornig vor, daß er die russische Armee nicht vernichtet und den Zaren nicht gefangengenommen habe, obwohl er die Möglichkeit dazu gehabt hätte. »Wir haben die Russen geschlagen«, erwiderte der Großwesir. »Wenn Ihr auch mit ihnen handgemein werden wollt, so könnt Ihr das mit Euren eigenen Leuten tun. Was uns betrifft, wir werden einen Friedensvertrag nicht brechen.«[2]

Während Karl XII. tobte, zog sich die russische Armee entlang dem Pruth in guter Ordnung zurück. Eben noch von der Schmach der Niederlage erdrückt, faßte sich Peter wie gewohnt rasch, leugnete das Offensichtliche und begann, das Geschehene in neuem Licht darzustellen. »Obgleich ich diesen Ort [Asow], der uns so viel Arbeit und Mühe gemacht hat, nur höchst ungern einbüße«, schrieb er an Apraxin, »hoffe ich dadurch eine große Verstärkung und einen unvergleichlichen Vorteil zu erlangen.« Graf Golowkin versicherte seinerseits dem Fürsten Dolgoruki in einem Brief, daß dieser Friede sehr vorteilhaft sei, »da der Zar nach wie vor über seine ganze Armee verfügt«. Diese selbstgefälligen Rechtfertigungen konnten niemanden täuschen. Im Ausland sank das Prestige des Zaren, das sich nach Poltawa erholt hatte, wie im freien Fall. Seine Verbündeten lächelten hinter seinem Rücken über ihn, und die ohnedies brüchige Freundschaft kühlte weiter ab.

Der Zar begab sich nach Karlsbad, um sich von den Anstrengungen des Feldzugs zu erholen. Aber schon bald wurde er ungeduldig. An Katharina, die ihn nicht begleitet hatte, schrieb er am 14. September 1711 voller Groll: »Dieser Ort ist so vergnüglich wie ein Gefängnis. Er liegt zwischen derart hohen Bergen, daß man kaum die Sonne sieht. Das Schlimmste von allem ist, daß es hier kein gutes Bier gibt.« Und am 19. September 1711: »Gott sei Dank bin ich gesund, aber das Wasser, das ich trinke, bläht mir den Bauch auf, denn man tränkt uns wie Pferde.« Nach einigen Tagen der Ruhe reiste er von Karlsbad nach Torgau weiter, um der Hochzeit seines einundzwanzigjährigen Sohnes Alexej mit Charlotte Christine Sophie von Braunschweig-Wolfenbüttel beizuwohnen.

Unterdessen marschierte die geschwächte und demoralisierte russische Armee nach Norden, die vielen Kranken und Verwundeten im Troß. Peter hatte eine neue Aufgabe für sie. Nachdem er vorläufig auf das Schwarze Meer zu verzichten gezwungen war, wandte er sich wieder der Ostsee zu.

Er wollte Schweden endgültig besiegen. Aber Europa mißtraute seinen Absichten. Berlin befürchtete, daß das europäische Gleichgewicht endgültig zusammenbrechen würde, wenn man den Zaren unterstützte. Dieselbe Ansicht herrschte in London. Lord Stafford, der englische Gesandte in Holland, legte Kurakin gegenüber die traditionellen Leitsätze der britischen Diplomatie dar: »England wünscht den Ruin oder die Schwächung der schwedischen Krone nicht, denn es ist bestrebt, das Gleichgewicht aller Mächte des Nordens aufrechtzuerhalten.« Auch fürchteten die englischen Kaufleute, daß Rußland, wenn der

Zar eisfreie Meereshäfen eroberte, auf eigenen Schiffen mit allen Ländern Handel treiben würde, statt sich der englischen und holländischen Handelsschiffahrt zu bedienen. Österreich wiederum, obwohl es sich nach der russischen Niederlage am Pruth einer gestärkten Türkei gegenübersah, zog es vor, Preußen gegen die Schweden zu stärken, da es den Russen mißtraute.

Von allen im Stich gelassen, entscheidet sich Peter, allein loszuschlagen, vielleicht mit dem Ziel, jene Staaten mitzureißen, von denen er nicht mehr weiß, ob sie Freund oder Feind sind. 1713 überzieht er Finnland mit Krieg. Mit rücksichtsloser Offenheit schreibt er an den Großadmiral Apraxin: »Das Ziel des Feldzuges ist nicht, Finnland zu verwüsten, sondern es in Besitz zu nehmen, nicht weil der Zar diese Gebiete behalten will, sondern aus zwei Gründen: Das Land kann als Tauschobjekt oder Pfand bei Friedensverhandlungen dienen; ferner ist Finnland die Nährmutter Schwedens, wohin es Fleisch, andere Nahrungsmittel und Holz liefert. Wenn Gott uns erlaubt, Abo zu nehmen, werden die Schweden weniger starrsinnig sein.«

Gleich zu Beginn bemächtigte sich die junge Flotte, der sich Peter als Konteradmiral anschloß, unter dem Befehl von Apraxin der Städte Helsinki, Borga und Abo. Am 27. Juli 1714 gab es einen weiteren russischen Seesieg bei Hangö über die schwedische Flotte, die frühere Herrscherin über die Ostsee. Diesmal befehligte Peter persönlich die russischen Schiffe. Konteradmiral Ehrenskjöld geriet in Gefangenschaft, zehn schwedische Schiffe fielen in die Hände der Russen, die Alandinseln wurden eingenommen, und der Zar kehrte als Sieger in sein »Paradies« St. Petersburg zurück. Dort wurde er mit dem Rang eines Vizeadmirals und einem Orden mit der Inschrift: »Der russische Adler fängt keine Fliegen«, ausgezeichnet. Am 24. November 1714, dem Namenstag der Zarin, verlieh er ihr den neubegründeten Orden der heiligen Katharina, um ihr für ihre Gemütsstärke während der Schlacht am Pruth zu danken, wo man sie, heißt es im *Journal*, »nicht wie eine Frau, sondern wie einen

Mann handeln sah«. Vielleicht eine versteckte Andeutung der Tatsache, daß Katharina ihre Juwelen opferte, um Peter vor einer Katastrophe zu bewahren.

Der Seesieg hatte die Erinnerung daran schon fast getilgt. In Rußland wie im übrigen Europa hatte Hangö die Wirkung eines zweiten Poltawa. Die europäischen Mächte zweifelten nicht mehr daran, daß der Zar entschlossen war, gegen Schweden einen entscheidenden Schlag zu führen. Und danach? Wie weit würde er gehen? Seine früheren englischen und dänischen Verbündeten mußten nachdrücklich genötigt werden, ihn in seinen Eroberungsplänen zu unterstützen. Ein russisches Geschwader von achtundvierzig Galeeren kreuzte schon vor Kopenhagen. Beunruhigt über die Anwesenheit einer solchen bewaffneten Macht in seinen Gewässern, fragte sich König Friedrich IV. von Dänemark, ob Peter nicht vielleicht die Absicht hätte, den Freund auszuschalten, bevor er sich auf den Feind warf. Während am Hof von Kopenhagen glänzende Feste zu Ehren des Zaren gefeiert wurden, setzte man eiligst die Befestigungen der Stadt instand, um gegen einen eventuellen Angriff der Russen gewappnet zu sein, und verteilte Waffen an die Bürger. Das Mißtrauen hinter dem diplomatischen Lächeln war tief. Peter nahm auf seinem Schiff *Ingermanland* die Parade der russischen, dänischen, englischen und holländischen Geschwader ab, die auf der Reede versammelt waren. Es war das erstemal, daß ein britisches Geschwader unter dem Befehl eines ausländischen Admirals stand. Schafirow schrieb an Menschikow, daß »eine derartige Ehre noch keinem Monarchen seit Anbeginn der Welt zuteil geworden ist«. Eine Seeschlacht aber war der Flotte der Verbündeten nicht vergönnt, denn die schwedischen Geschwader wichen ihr konsequent aus. Die Expedition mußte abgebrochen werden. Trotz aller Ehrungen für den »Seemann Peter« hielt sich hartnäckig das Gerücht, daß sich die Engländer seiner bemächtigen und ihn dazu zwingen wollten, mit seinen Schiffen und seinem Expeditionskorps nach Rußland zurückzukehren, um der russischen Expansion in der Ostsee ein

Ende zu machen. Man unterstellte dem »Moskowiter Unhold« die teuflische Absicht, sich das dänische Pommern, Mecklenburg, Hamburg und Lübeck einzuverleiben ...

Und tatsächlich führte sich Peter im polnischen Pommern wie ein Potentat auf, so als wäre König August sein Vasall. Seine Absichten auf Mecklenburg schienen ebenfalls nicht unbegründet zu sein, denn Katharina, die älteste Tochter Iwans V. und eine Nichte des Zaren, heiratete den Herzog Karl-Leopold von Mecklenburg. Diese Verbindung, die durch einen Beistandspakt ergänzt wurde, erlaubte Rußland, sich im nördlichen Deutschland häuslich einzurichten. Vierzigtausend russische Soldaten wurden dem Herzog von Mecklenburg zur Verfügung gestellt, um ihm gegen seinen aufrührerischen Adel beizustehen. König Georg I. von England verlangte vergeblich von Peter, seine Truppen aus den Gebieten abzuziehen, in denen sie sich festgesetzt hatten. Anonyme Broschüren tauchten auf, in denen die Klagen der Bevölkerung gegen das Verhalten der russischen Besatzung in Mecklenburg, Pommern und Holstein zusammengestellt waren. Die gegen Schweden geschlossene Koalition litt so unter diesen Reibungen, daß Peter an Katharina schrieb: »In bezug auf die Zustände hier teilen wir Euch mit, daß wir unsere Zeit vergeuden, denn unser Bündnis ist einem Dreigespann junger Pferde vor einem Wagen vergleichbar; während das in der Mitte zu ziehen versucht, denken die anderen beiden nicht daran.«

Die Meinungsverschiedenheiten zwischen den Verbündeten gipfelten in einem offenen Streit im Kriegsrat. Der Feldzug gegen Schweden wurde auf den folgenden Sommer verschoben. Die Flotten trennten sich, jede kehrte in ihren Ausgangshafen zurück. Im höchsten Maße aufgebracht, verließ Peter Kopenhagen und begab sich nach Amsterdam. Unterwegs traf er mit dem König von Preußen zusammen und erneuerte mit ihm das russisch-preußische Bündnis.

Es war nicht mehr der »Zimmermann Peter« auf der Suche nach Lehrern, den Holland jetzt empfing, sondern der Führer des europäischen Bündnisses gegen Schweden. Dieser hochmütige und lästige Gast war nicht nach dem Geschmack der Vereinigten Niederlande. Man wußte nie, was er gerade anzettelte, und er schien die Taschen voller Sprengstoff zu haben. Ausgerechnet in Amsterdam nahm er heimlich Kontakt mit dem Freiherrn von Görtz auf, dem Bevollmächtigten und Vertrauensmann Karls XII. Dieser gerissene Mann schlug ihm vor, mit Schweden Frieden zu schließen, das dafür die Küsten der Ostsee an Rußland abtreten würde. Als Gegenleistung müßte Peter seinem früheren Feind Karl XII. helfen, Norwegen zu erobern, das damals zu Dänemark gehörte. Die entstehende Verwirrung würde man ausnützen, um König Georg I. von England zu stürzen und ihn durch den Kronprätendenten, den Sohn des Stuart-König Jakobs II., zu ersetzen. Diese Intrige wurde Georg I. hinterbracht. Er schäumte vor Wut. Wesselowski, Sekretär an der russischen Botschaft in London, protestierte in einem Memorandum gegen »diese falschen Verdächtigungen, diese vom Feind ausgestreuten empörenden Verleumdungen, diese umfassende Verschwörung zur Heuchelei; nie hat der Zar daran gedacht, an einem so abscheulichen Anschlag teilzunehmen; er setzt seine ganze Ehre daran, mit seinen Verbündeten in einer vollkommen aufrichtigen und redlichen Art zu verkehren . . . Er kommt allen seinen Bündnissen und Verpflichtungen gewissenhaft nach.«[3]

Diese Versicherung absoluter Ehrlichkeit fiel auf taube Ohren. Was auch immer Peters Gesandte erklärten, er war seinen Freunden von gestern verdächtig. Nicht ganz zu Unrecht. Enttäuscht von den Engländern und Dänen, wollte sich der Zar Frankreich wieder nähern, es aus dem Bündnissystem mit Schweden, Holland und England lösen und ihm als Ersatz ein Bündnis mit Rußland, Polen und Preußen anbieten. Dafür mußte er nach Paris reisen. Schon zu Lebzeiten Ludwigs XIV. hatte er diese Absicht geäußert, aber der alte König hatte sein Alter und seinen Gesundheitszustand bemüht, um alle Pläne einer Zusammenkunft scheitern zu lassen. Seit dem 1. September

1715 saß nun das Kind Ludwig XV. auf dem Thron, Philipp von Orléans herrschte als Regent. Würde man sich noch einmal weigern, den Herrn über Rußland zu empfangen? Davon konnte keine Rede sein. Jedoch fühlte sich Frankreich durch ein geheimes Abkommen mit Schweden, das noch nicht abgelaufen war, gebunden, und der französische Premierminister Abbé Dubois setzte ganz auf das Bündnis mit England. Er schrieb an den Regenten: »Wenn Ihr Seiner britischen Majestät nicht verbunden bleibt, werdet Ihr von sehr hoch oben sehr tief herabfallen.« Am 7. Januar 1717 erhielt der französische Gesandte in Den Haag, Marquis de Chateauneuf, den Befehl, dem Zaren mit Vorsicht zu begegnen, ihn aber, ohne ihn zu verletzen, in seinen Besuchsplänen zu entmutigen. Alle diese Ausflüchte erbitterten Peter, der nicht verstand, warum Paris so wenig Bereitwilligkeit zeigte, den Sieger von Poltawa und Hangö zu empfangen.

Schließlich aber überwand der Regent seinen Widerwillen gegen die russische Politik und ihre Repräsentanten und beugte sich. Er möge also kommen, dieser unerwünschte Gast aus dem Eis des Polarkreises. St. Simon notierte in seinen Memoiren: »Es gab keine Möglichkeit, sich anders als sehr erfreut zu zeigen, obgleich der Regent herzlich gern auf den Besuch verzichtet hätte. Die Kosten für den Unterhalt des Zaren und seines Gefolges waren groß, nicht weniger groß die Schwierigkeiten, mit einem so mächtigen, so scharfsinnigen, aber höchst launenhaften und immer noch ein wenig barbarischen Herrscher umzugehen.« Nachdem Peter seinen Wunsch durchgesetzt hatte, wählte er die Eskorte für die Reise aus. Ausnahmsweise verzichtete er auf die Begleitung seiner geliebten Katharina. Nachdem er sie ohne Sorge um den Eindruck, den sie mit ihren derben Manieren und ihren grellen Kleidern erwecken mochte, an allen ausländischen Fürstenhöfen zur Schau gestellt hatte, hielt er es für besser, sie nicht dem scharfzüngigen und raffinierten Milieu von Paris auszusetzen. Er begnügte sich damit, ihr von jeder Etappe seiner Reise aus zu schreiben.

In Antwerpen leerte er mit seiner Eskorte in eineinhalb Tagen zweihundertneunundsechzig Flaschen Wein. In Brüssel interessierte er sich für die Arbeiten eines Mönches, der für sein Geschick als Drechsler berühmt war, maß mit einem kleinen Taschenlineal einen Splitter des echten Kreuzes, den ihm der Dekan der Kathedrale von St. Gudula zeigte, und steckte den Kopf nach einem Trinkgelage in einen Springbrunnen in der Nähe des herzoglichen Palastes. In Ostende begeisterte er sich für den Mechanismus der Schleusen. In Nieuport wurde er vom Herzog von Holstein und von dem Fürsten von Thurn und Taxis begrüßt, die ihm für seine Weiterreise zu Schiff eine gute Überfahrt wünschten.

Am 21. April 1717 landete er bei Dünkirchen an der französischen Küste. Mit seiner Begrüßung war Monsieur de Libois, ein einfacher Edelmann aus dem Gefolge des Königs, beauftragt. Er erschrak über Zahl und Bedeutung des russischen Gefolges. Man hatte ihm angekündigt, daß Seine Majestät der Zar inkognito reiste mit einer Eskorte von zwanzig Herren und zwanzig Dienern. Statt dessen sah er sich siebenundfünfzig Personen gegenüber, und man versprach ihm noch weitere dreiundzwanzig in den nächsten Tagen. Wie sollte er sie alle freihalten, da seine Mittel durch Regierungsbeschluß streng begrenzt waren? Schüchtern bot Libois den Gästen einen festen Betrag von fünfzehnhundert Franc pro Tag an. Diese Art der Auszahlung war am Hof von Rußland im Umgang mit diplomatischen Missionen durchaus üblich. Aber Kurakin, der russische Gesandte in Frankreich, erhob ein Zetergeschrei: Eine solche Knauserei komme nicht in Frage, wenn man die Ehre habe, den Zaren selbst zu empfangen. Folgsam leitete Libois die Beschwerden weiter und erwartete neue Befehle. Zu seiner großen Erleichterung entschloß sich Versailles daraufhin, den Geldbeutel zu öffnen: Frankreich würde sich nicht knickerig zeigen, sondern sich sehr bemühen, seinen hohen Gast zufriedenzustellen. Nun, das war nicht leicht. Wußte er überhaupt selbst, was er wünschte? De Libois schrieb nach Versailles: »Dieser kleine Hofstaat ist außerordentlich unentschlossen und vom Thron bis zum Stall sehr jähzornig. Der Zar hat wohl Keime der Tugend in sich, aber ganz unkultivierte ... Er steht in aller Frühe auf, speist gegen zehn Uhr zu Mittag, verzehrt, wenn er gut diniert hat, nur ein leichtes Souper und geht um neun Uhr zu Bett; aber zwischen Mittag- und Abendessen nimmt er gewaltige Mengen an Anisschnaps, Bier, Wein, Obst und Nahrungsmitteln aller Art zu sich ... Er hat immer zwei oder drei volle von seinem Koch zubereitete Teller zur Hand, verläßt eine prächtig gedeckte Tafel, um in seinem Zimmer zu essen, erklärt das angebotene Bier für abscheulich und beklagt sich über alles.«[4]

Sogar die in Frankreich gebräuchlichen Verkehrsmittel finden keine Gnade vor Peters Augen. Übelgelaunt lehnt er alle Staatskarossen ab, die de Libois ihm vorschlägt. »Man hat noch nie einen Edelmann in solchen Leichenwagen fahren sehen!« ruft Kurakin aus. Auf Wunsch seines Herrn fordert er fünf zweirädrige Kutschen mit zwei Plätzen. Wo soll man die hernehmen? Ganz Dünkirchen und ganz Calais werden eilig durchsucht. Und als de Libois schließlich triumphierend mit den gewünschten Wagen ankommt, hat der Zar seine Meinung geändert. Jede Art von Fahrzeug sei ihm recht, sagt er, doch will er, daß man besondere Relaisstationen einrichtet, damit er in vier Tagen nach Paris gelangen könne. In Calais angekommen, vergißt er aber alle Absichten, die Reise schnell hinter sich zu bringen, und findet Vergnügen daran, die Befestigungen, den Hafen und die Werften zu besichtigen. Dabei wird ihm die Huldigung der Stadt von der charmanten Madame de Thosse, der Gattin des königlichen Gerichtspräsidenten von Calais, dargebracht. Zweifellos träumt Peter davon, die junge Frau in sein Bett zu locken, um sich von Frankreich eine bessere Vorstellung machen zu können. Besorgt um die Tugend der Präsidentin, dringt de Libois auf sofortige Weiterreise. Aber Peter erneuert entschlossen den Streit um die Kutschen und bleibt trotz der schärfer werdenden Mahnungen von de Libois in Calais.

An manchen Tagen fragt sich de Libois, ob der Zar überhaupt noch die Absicht hat, seine Reise fortzusetzen. Am 2. Mai, als er sie schon als »abgebrochen« betrachtet, trifft der junge Marquis de Mailly-Nesle in Calais ein, der vom Regenten beauftragt ist, Seine Majestät zu begrüßen. Der Abgesandte von Versailles weiß nicht, daß auf diesen Tag das russische Osterfest fällt. Um die Auferstehung des Herrn zu feiern, ist Peter mit seinem Gefolge und seinen Musikanten zu einem Saufgelage in ein Lokal gezogen. Die Russen sind samt und sonders stockbetrunken, allein der Zar hält sich noch einigermaßen aufrecht, ist aber für protokollarische Zeremonien nicht mehr zu haben. De Mailly muß warten, bis er nüchtern genug ist, um seine Begrüßungsansprache an den Mann zu bringen. Gereizt durch die Geziertheit seines Gastes, der sich in seiner Eitelkeit mehrmals am Tage umkleidet, knurrt Peter: »Monsieur de Mailly-Nesle tut mir wirklich leid, er hat einen so schlechten Schneider, daß er keinen passenden Anzug finden kann.« Schließlich hat er die Reize von Calais erschöpft und willigt in die Weiterfahrt ein. Aber er lehnt Kutschen und Karossen ab und ersinnt einen Wagen nach eigenem Gutdünken: einen Viersitzer mit Klappverdeck, auf Sattelbäumen befestigt, die von Pferden getragen werden. Trotz aller Vorhaltungen, daß die Gespanne für diese Art der Beanspruchung nicht geschult seien, besteht er darauf. Zur größeren Sicherheit müssen Männer zu Fuß die Sattelbäume stützen und die Pferde am Zügel führen.

Man befürchtet einen Unfall, aber der Zar ist entzückt von dieser gefährlichen Equipage. Seine Eskorte folgt ihm in Kutschen, Sänften und Tragesesseln. Von so viel Extravaganz erschöpft, schreibt de Mailly: »Menschen werden gewöhnlich von der Vernunft geleitet, aber diese hier (wenn man Geschöpfe, die nichts Menschliches an sich haben, überhaupt zur Menschheit zählen kann) begreifen das ganz und gar nicht ... Ich wünschte von ganzem Herzen, daß er (der Zar) in Paris angekommen und auch schon wieder abgereist wäre. Nach dem Empfang und einem Aufenthalt von einigen Tagen bin ich überzeugt, wenn ich es wagen darf, das zu sagen, daß Seine König-

Peter der Große
Gemälde von G. Kneller
(Foto: A. C. Cooper
Lord Chamberlain's Office, London)

Die Zarewna Sophie
Porträt eines unbekannten Künstlers, Ende 17. Jhdt.
(Foto: A. P. N.)

Fürst Boris Golizyn
Historisches Museum, Moskau
(Foto: A. P. N.)

Karl XII. von Schweden
Gemälde von David von Krafft, 1707
(Nationalmuseum, Stockholm)

Peter der Große
Aert de Gelder zugeschriebenes Porträt
(Rijksmuseum, Amsterdam)

Die Zarin Eudoxia
Bibliothèque Nationale
(Foto: Flammarion, Paris)

Der Zarewitsch Alexej
Gemälde von G. Danhauer
Eremitage, Leningrad
(Foto: Harlingue-Viollet)

Die Zarin Katharina
Gemälde von Nattier, 1717
Eremitage, Leningrad
(Foto: Harlingue-Viollet)

General Gordon
Kupferstich, 18. Jhdt.
Eremitage, Leningrad
(Foto: A. P. N.)

François Le Fort
Kupferstich von Dreyer
Bibliothèque Nationale
(Foto: B. N.)

Fürst Menschikow
Eremitage, Leningrad
(Foto: Eremitage)

St. Petersburg in der Zeit Peter des Großen
Der alte Winterpalast und der Kanal, der die Moika mit der Newa verbindet
Bibliothèque Nationale
(Foto: B. N.)

Plan von St. Petersburg in der Zeit Peter des Großen
Bibliothèque Nationale
(Foto: B. N.)

Treffen Ludwigs XV. und Peter des Großen
am 11. Mai 1717 im Louvre
Bibliothèque Nationale
(Foto: B. N.)

Peter der Große
Kupferstich von Oubraken
nach einem Gemälde von Moore, 1718
Bibliothèque Nationale
(Foto: B.N.)

Peter der Große
Zeichnung von Lagneau
Museum Condé, Chantilly
(Foto: Giraudon)

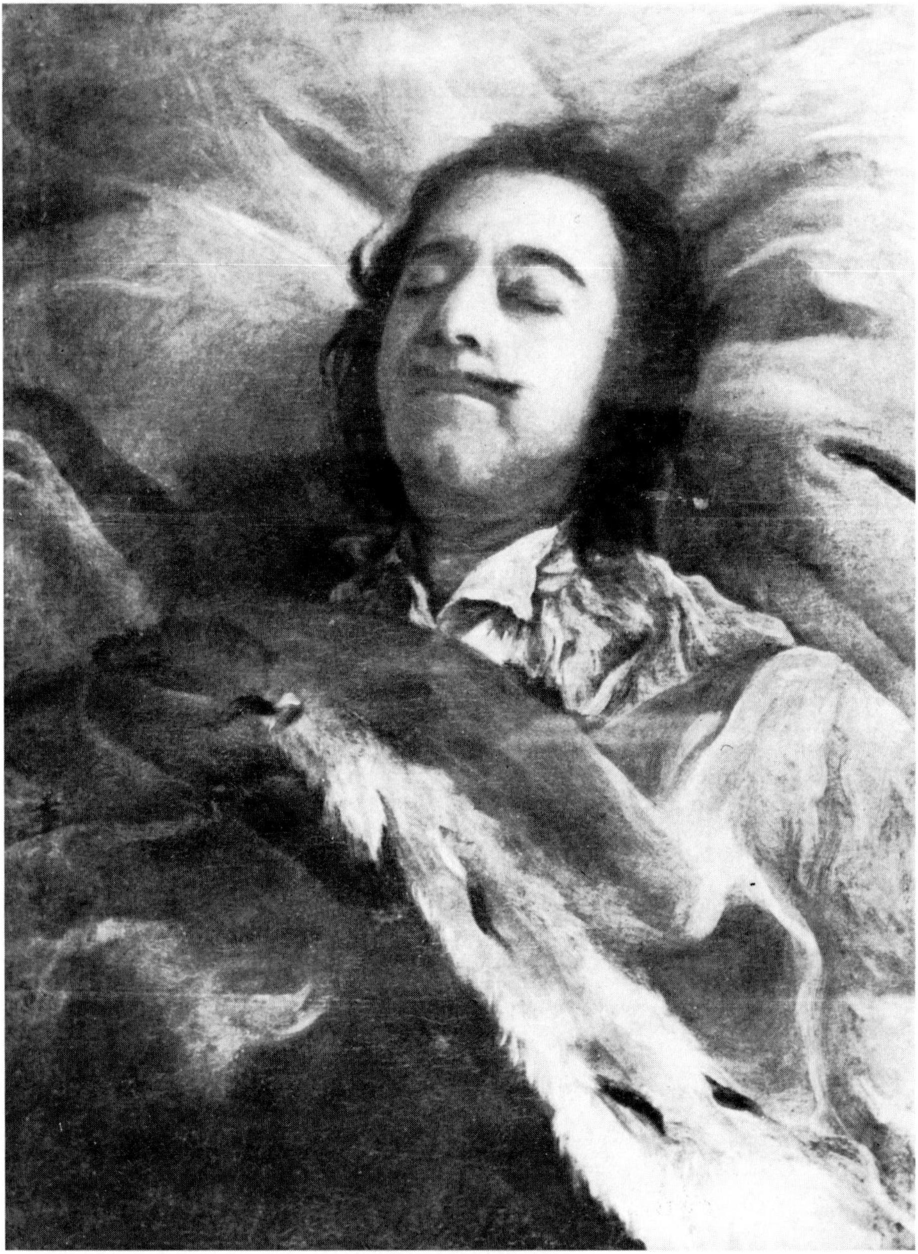

Peter der Große auf dem Totenbett
Gemälde von Iwan Nikitin
Eremitage, Leningrad
(Foto: A.P.N.)

liche Hoheit nicht betrübt sein wird, ihn wieder loszuwerden. Der Zar ändert alle Augenblicke seine Meinung. Ich kann derzeit nichts Sicheres über den weiteren Verlauf seiner Reise sagen.«

In Amiens hatten sich die Stadtverwaltung und der Bischof vorbereitet, den Zaren prunkvoll zu empfangen, aber er hielt nicht an, lehnte jede Ehrung ab und bestand darauf, sogleich nach Beauvais weiterzufahren. Man machte ihn darauf aufmerksam, daß zu dieser Stunde keine Ersatzpferde zur Verfügung stünden, was er mit Beschimpfungen beantwortete. Dann setzte er sich wieder in seinen Tragstangenphaeton. Eilig davon in Kenntnis gesetzt, trieb der Präfekt von Beauvais die benötigten sechzig Pferde auf, bereitete ein Souper, ein Konzert, eine Festbeleuchtung und ein Feuerwerk vor und schmückte das Palais mit dem Wappen des Zaren. Die Honoratioren der Stadt versammelten sich zum Empfang. Plötzlich erfuhr man indessen, daß der Zar die Stadt wie ein Wirbelwind durchquert und sich eine Viertelmeile hinter ihr in einem übel beleumundeten Lokal einquartiert hatte, wo er mit seinem Gefolge für achtzehn Franc speisen und die Nacht verbringen wollte. In seiner Begleitung befanden sich der Gesandte Kurakin, der Vizekanzler Schafirow, der Generaladjutant Jaguschinski, der Generalleutnant Dolgoruki, sein persönlicher Berater Tolstoi, Offiziere, Kammerherren, Pagen und von den Narren der Fürst-Papst Sotow, den Dubois mit den folgenden Worten beschrieb: »Ein greisenhafter Zwerg mit langen weißen Haaren, die ihm bis auf die Schultern fielen, von unerträglicher Häßlichkeit und Unförmigkeit und mit einer quäkenden Stimme wie ein Frosch.«

Am 7. Mai 1717 hielt der Zar, eskortiert von dreihundert Grenadieren zu Pferd, seinen Einzug in Paris. Trotz der späten Stunde (neun Uhr abends) drängte sich eine Menge Gaffer in den Straßen von St. Denis und St. Honoré, die zu diesem Anlaß erleuchtet waren. Der Regent hatte speziell für den »Monarchen der Schneelande« die prächtige Wohnung der Königinmutter im Louvre vorbereiten lassen, die Gemälde und Stuckdecken waren gereinigt und restauriert worden. Auch hatte man, wie Sergent berichtet, »das schöne Bett, das Madame de Maintenon für den König hatte anfertigen lassen, das reichste und prunkvollste der Welt«,[5] dorthin gebracht. Zwei Tafeln mit sechzig Gedecken warteten darauf, den Hunger der Reisenden zu stillen. Um die wichtigsten Beamten aus dem Gefolge des Herrschers zu beherbergen, war dem Herzog von Antin, dem Verwalter der königlichen Liegenschaften, nichts Besseres eingefallen, als den Sitzungssaal der *Académie française* mit Beschlag zu belegen, der sich ebenfalls im Louvre befand. Am 5. Mai davon benachrichtigt, dankte die ruhmreiche Akademie dem Herzog für »die Ehre und die Bezahlung«, räumte Tische, Stühle und Schränke aus und richtete sich im benachbarten Saal der *Académie des inscriptions et belles-lettres* ein. Unterdessen hatte Tolstoi, der nach Paris vorausgeeilt war, angeregt, auch das Hôtel Lesdiguières empfangsbereit zu machen, falls Peter ein einfacheres Quartier bevorzugen sollte. Das schöne Gebäude in der Rue de la Cerisaie wurde eiligst mit Möbeln und Teppichen der Krone ausgestattet. Würde Peter sich für dieses Quartier entscheiden? Es schien nicht so, er begab sich geradewegs in den Louvre und dort zu den beiden Tafeln mit den sechzig Gedecken. Er ließ verächtlich seinen Blick über diesen kulinarischen Aufwand schweifen, verlangte ein Stück Brot und Rübenknollen, kostete sechs Weinsorten, stürzte zwei Gläser Bier hinunter, ließ die Kerzen löschen und ging. Er hatte sich für das Hôtel Lesdiguières entschieden.

Aber als er dorthin kam, fand er sein Zimmer zu schön und zu groß und ließ in einer Garderobe ein Feldbett aufstellen. Einmal eingerichtet, lehnte er es ab, sich von der Stelle zu rühren, solange ihn der König von Frankreich nicht besucht hätte. Am nächsten Tag erschien der Regent. Peter machte einige Schritte auf den Besucher zu, umarmte ihn »sehr herablassend«, wie Saint-Simon schrieb, machte kurz kehrt und ging »ohne jede Höflichkeit« voraus in sein Kabinett, gefolgt vom Regenten und von Kurakin, der als Dolmetscher fungierte.

Nach Meinung Saint-Simons »verstand der Zar die französische Sprache und hätte sie wohl auch sprechen können, wenn er gewollt hätte; aber er hielt es wohl für würdevoller, einen Dolmetscher einzusetzen. Latein und eine Reihe anderer Sprachen beherrschte er sehr gut.« Zwei Sessel standen einander gegenüber. Gebieterisch wählte der Zar den mit der höheren Rükkenlehne. Nach einer Stunde liebenswürdiger und zusammenhangloser Konversation erhob er sich und ging wieder zur Türe hinaus. Der Regent folgte ihm auf dem Fuße. Man trennte sich mit einer Verbeugung, die »mittelmäßig erwidert« wurde. Alles deutete darauf hin, daß der Zar durch den Höflichkeitsbesuch der zweithöchsten Persönlichkeit des Königreiches nicht zufriedengestellt war.

Zwei Tage später, am 10. Mai, beugte sich der Hof seinem Verlangen. Der König von Frankreich begab sich zu den Klängen der höfischen Musikkapelle und umgeben von einem vielköpfigen Gefolge in einer mit acht Pferden bespannten Staatskarosse zum Hôtel Lesdiguères. In den Straßen von Saint-Honoré und Saint-Antoine drängte sich die Menge und jubelte diesem kleinen siebenjährigen Jungen zu, der mit seiner langen Perücke, seinem Spitzenjabot und dem blauen Band vom Orden des Heiligen Geistes die Hoffnung Frankreichs verkörperte.

Diesmal stieg Peter bis in den Hof hinunter, begrüßte das Kind an der Karossentür und führte es, links neben ihm gehend, in sein Zimmer, wo zwei gleich hohe Sessel bereitstanden, deren rechter dem König überlassen wurde. Eine Viertelstunde tauschte man unter Vermittlung Kurakins protokollarische Artigkeiten aus. Ludwig sagte seine Lektion her, und Peter antwortete in jovialem Ton. Die Anwesenden betrachteten hingerissen dieses Gespräch von Angesicht zu Angesicht zwischen dem gepuderten, geschminkten und herausgeputzten königlichen Jungen und dem unzivilisierten Riesen, der ihn mit den Augen verschlang. Im Augenblick des Abschieds vergaß der Zar die Etikette und faßte das Kind um den Leib. »Man war verwundert«, schrieb Saint-Simon, »als der Zar den König unter den Armen packte, hochhob und in der Luft küßte, doch ließ der König, der darauf nicht vorbereitet sein konnte, trotz seiner Jugend keinerlei Angst erkennen.

Auch war man überrascht über die Liebenswürdigkeit, mit der der Zar dem König begegnete, über die zärtliche Zuneigung, die er für ihn faßte, über die von Herzen kommende Höflichkeit, die dennoch die Hoheit, Standesgleichheit und ein wenig auch den Vorrang des Alters nicht außer acht ließ; denn all das war sehr deutlich spürbar.« Nach Dubois soll der Zar, als er seinen kleinen Gast geküßt hatte, gesagt haben: »Sire, das ist kein Judaskuß.« Er begleitete das Kind wieder bis zu seiner Karosse. Dann schrieb er, entzückt von dieser Zusammenkunft, an Katharina: »Ich teile Euch mit, daß ich letzten Montag den Besuch des kleinen Königs erhielt, der zwei Finger größer ist als unser Lukas (ein Zwerg am Hofe) und ein an Gestalt und Gesichtszügen sehr reizvolles und für sein Alter recht intelligentes Kind.« Am nächsten Tag, am Dienstag, dem 11. Mai, besuchte er den König, wie es das genau festgelegte Zeremoniell vorsah. Diesmal ging er zur Rechten des Herrschers von Frankreich, man machte nochmals eine Viertelstunde Konversation, und damit waren die beiden Monarchen quitt. Peter, aller Verpflichtungen ledig, konnte sich endlich ohne Hemmungen seiner unersättlichen Leidenschaft für Entdeckungen widmen. Die Pariser sahen ihn überall herumfahren, wobei er Droschken seiner Karosse vorzog.

»Er ist ein ungewöhnlich großer Mann«, schreibt Saint-Simon, »sehr gut gebaut, ziemlich mager, das Gesicht eher rundlich, die Stirne hoch mit schönen Augenbrauen, die Nase kurz, aber nicht allzusehr, mit eher dicker Spitze, die Lippen recht wulstig, das Gesicht rotbraun mit schönen, schwarzen, großen, lebhaften, durchdringenden und gutgeschnittenen Augen. Sein Blick ist majestätisch und würdevoll, wenn er darauf achtet, sonst düster und wild. Aber gelegentlich, wenn auch nicht sehr oft, verzerrt ein Zucken seine Augen und sein ganzes Gesicht, so daß man erschrickt. Das dauert einen Moment, mit einem verstörten, schrecklichen Blick, dann faßt er sich wieder ... Er trägt nur ein Leinwandjabot, eine runde braune Perücke ohne Puder, die nicht bis zu den Schultern reicht, ein einfarbig braunes, knapp sitzendes Gewand mit Goldknöpfen, bestehend aus Jackett, Kniehose und Strümpfen, weder Handschuhe noch Manschetten, seinen Ordensstern auf dem Rock und das Ordensband darunter, sein Gewand oft völlig aufgeknöpft, der Hut auf einem Tisch und nie auf seinem Kopf, nicht einmal im Freien. Trotz dieser Einfachheit und selbst wenn er in einem schlechten Wagen und ohne Begleitung ankommt, strahlt er doch eine unübersehbare Würde aus, die ihm angeboren ist.« Andere, darunter Buvat, haben ihn in etwas anderer Kleidung gesehen: »Meist in ziemlich grobes, graues, fast schwarzes Ziegenhaargewebe gekleidet, mit einer grauen Wollweste, deren Knöpfe aus Diamanten bestehen, ohne Halsbinde und Manschetten oder Spitzen an den Hemdsärmeln.« Die Kleidung des russischen Herrschers wurde bald unter der Bezeichnung »Tracht des Zaren« oder *Farouche* geradezu modisch. Die Stadtverwaltung überreichte dem Monarchen zwölf Dutzend Töpfe Dörrfrüchte und zwölf Dutzend weiße Wachskerzen zu zwei Pfund das Stück, »in ebenso viele Pakete mit Bändern zusammengebunden und in drei weiße, auserlesene Körbe gelegt und mit weißem Taft zugedeckt«. In einer Anwandlung von Eitelkeit bestellte Peter bei einem Hoflieferanten eine Ersatzperücke. Dieser hielt es für richtig, ihm entsprechend der Mode bei Hof eine solche mit langen Locken zu liefern. Unzufrieden stutzte Peter sie mit einer großen Schere auf die Form zurecht, die er gewöhnlich trug. Auch weigerte er sich, sie zu pudern.

Am 14. Mai besuchte er die Oper, wo ihn der Regent in der königlichen Loge erwartete, deren Balkon mit einem Gobelin geschmückt war. Die Aufführung langweilte den Zaren, und er verlangte Bier. Man brachte ihm einen großen Humpen auf einem Untersatz. Ehrerbietig erhob sich der Regent, um ihm selbst damit aufzuwarten. Peter trank in langen Zügen. Der Regent reichte ihm eine Serviette. Er nahm sie mit »einem Lächeln und einer höflichen Verbeugung an«, sagte Saint-Simon, und wischte sich vor den erstaunten Anwesenden den Mund ab. Beim vierten Akt ließ er seinen Nachbarn sitzen und ging soupieren. Gesellschaftliche Veranstaltungen langweilten ihn zu Tode. Den Salons zog er Kneipen, Läden und Werkstätten vor. Am liebsten machte er sich auf, ohne jemanden vorher zu benachrichtigen, und ging aufs Geratewohl in die Stadt. Seine Körpergröße und sein herrisches Auftreten lockten überall Gaffer an, was ihm bald lästig wurde. Der Marschall de Tessé, den ihm der Regent als Führer zur Verfügung gestellt hatte, kam nur zur Ruhe, wenn Seine Majestät der Zar das Zimmer hütete, nachdem er ein Abführmittel genommen hatte. Er berichtete seinem Herrn: »Ich weiß nicht, wo der Zar speisen wird noch ob er nochmals nach Versailles kommt. In diesem wirren Durcheinander hier gibt es niemanden, dem nicht der Kopf schwirrt.«

Peter besuchte den Louvre, besichtigte die Arbeiten an einer Drehbrücke, begab sich zum Invalidendom, kostete die Suppe der Soldaten und trank Wein auf ihre Gesundheit, »wobei er ihnen auf die Schultern klopfte und sie Kameraden nannte«. In Meudon belohnte er einen Bedienten mit einem »Papiertaler«, von dem dieser, wie Buvat behauptet, unflätigen Gebrauch machte.[6] In Versailles brachten die Höflinge seines Gefolges »Demoiselles« mit. »Sie schliefen mit ihnen in dem Zimmer, das einst Madame de Maintenon bewohnt hatte, ganz nahe jenem, in dem der Zar schlief. Bloin, der Verwalter von Versailles, fand es skandalös, daß dieser Tempel der Prüderie so entweiht wurde. Aber es war weder die Art des Zaren noch die seiner Männer, sich Zwang aufzuerlegen.« In Marly bewunderte der Zar das Pumpwerk: beim Trianon vergnügte er sich damit, seine französische Begleitung mit dem Wasser der Springbrunnen zu durchnässen; im Münzamt leitete er die Prägung einer Gedenkmünze für seinen Aufenthalt in Frankreich; im Louvre wog er die Kronjuwelen in der Hand und meinte, daß der gewaltige Wert, den sie darstellten, schlecht angelegt sei.

Aber wie immer zogen ihn wissenschaftliche Fragen am meisten an. Er sah den Badern auf der Pont-Neuf beim Zahnziehen zu, fragte im Observatorium den Geographen Delisle aus, nahm an einer Staroperation durch den englischen Augenarzt Woolhouse teil, machte sich mit den Geheimnissen der Teppichknüpfkunst in der Gobelinmanufaktur vertraut und rief in der Sorbonne, nachdem er die Büste Richelieus geküßt hatte: »Ich gäbe die Hälfte meines Reiches, wenn er mich lehren würde, die andere Hälfte zu regieren!« Doch als die dortigen Professoren vor ihm von einem möglichen Zusammenschluß der katholischen und orthodoxen Kirche sprachen, erwiderte er ihnen bescheiden, dafür sei er nicht zuständig, seine Angelegenheit sei es, Rußland zu regieren und den Krieg mit Schweden zu beenden, aber er ließ sich von den französischen Theologen fest versprechen, daß sie mit den wichtigsten Geistlichen seines Landes darüber korrespondieren würden.

Am 11. Juni begab er sich nach Saint-Cyr, besuchte das berühmte Fräuleinstift für adlige junge Mädchen, ließ sich die jungen Damen vorführen und verlangte, Madame de Maintenon zu sehen. Die zweiundachtzigjährige ehemalige Gemahlin Ludwigs XIV. flüchtete in ihr Zimmer und legte sich ins Bett, um der Neugier des Reisenden zu entrinnen. Aber sie hatte nicht mit der ungestümen Zudringlichkeit des Zaren gerechnet. Er stieß die Tür auf, trat mit großen Schritten ein, zog die Vorhänge am Fenster auf, dann die am Bett, betrachtete in aller Gemütsruhe die tiefgekränkte alte Frau und setzte sich auf den Bettrand. »Er fragte mich, ob ich krank sei«, schrieb Madame de Maintenon an ihre Nichte, Madame de Caylus. »Ich sagte ja. Er ließ mich fragen, was meine Krankheit sei. Ich habe geantwortet: Ein hohes Alter.« Er wußte nicht, was er sagen sollte, und sein Dragoman schien mich nicht zu verstehen. Sein Besuch war sehr kurz. Er ist noch im Haus, aber ich weiß nicht wo.«

Bei Madame de Maintenon hatte er sich noch relativ höflich gezeigt, aber den Prinzessinnen aus dem Königshaus begegnete er mit ausgesprochener Geringschätzung. Sogar als er zustimmte, die Herzoginnen de Berry und d'Orléans zu besuchen, tat er dies mit offenkundiger Frostigkeit. Die Damen, die die Herzoginnen »in vollem Staat umstanden«, wie Saint-Simon schreibt, würdigte er keines Blickes. Sie waren nichts als »Kokotten«. Andere »Kokotten« hatten für ihn mehr Reiz. Die Pariser Prostituierten regten ihn an. Er schlief in Versailles mit einem Straßenmädchen, schickte sie fort, nachdem er zwei Taler bezahlt hatte, und prahlte vor dem Regenten mit seinen Heldentaten im Bett. Dieses Mädchen habe ihn, sagte er, für »herrlich männlich« und für »souverän geizig« erklärt. Gerüchte über Orgien in den königlichen Räumen kamen Madame de Maintenon zu Ohren, die ihrer Nichte empört berichtete: »Man hat mir gerade erzählt, daß der Zar mit einem Mädchen herumzieht zum großen Ärgernis in Versailles, Trianon und Marly.« Diese galanten Seitensprünge hinderten den Zaren übrigens nicht, liebevoll mit Katharina zu korrespondieren. Er schrieb ihr, daß er sich alt fühle und sich fern von ihr langweile. Sie erwiderte ihm: »Ich hoffe, einen so liebenswerten Greis bis zum Tod innig zu lieben.«

Tatsächlich erschütterte das fieberhafte Leben, das er führte, manchmal seinen widerstandsfähigen Organismus. In Fontainebleau, nach einer Parforcejagd, für die er nicht viel übrig hatte, stopfte er sich dermaßen voll, daß ihm die Augen aus dem Kopf quollen. »Was er bei zwei normalen Mahlzeiten ißt und trinkt, ist unfaßbar«, schrieb Saint-Simon, »ohne mitzuzählen, was er an Bier, Limonade und anderen Getränken dazwischen hinunterstürzt; ein oder zwei Gläser Bier, ebensoviel und manchmal mehr Wein, nachher Dessertwein und am Ende des Mahles einen bereitgestellten Schoppen oder Liter Schnaps.« Nach Tisch stieg der Zar in seine Kutsche, aber bald bekamen die Stöße seinen Eingeweiden schlecht. Er spie den Wagen voll, und in Petit-Bourg mußten zwei Dorffrauen die Kissen reinigen. »Ich erinnere mich«, schrieb Voltaire am 3. Oktober 1760 in einem Brief, »daß jemand zum Kardinal Dubois sagte, der Zar sei nur ein Narr, dazu geboren, Bootsmann eines holländischen Schiffes zu sein.«[7] Der Herzog von Rohan erwiderte seiner Frau, die sich über die Grobheit einer so hochgestellten Persönlichkeit wunderte: »Wie konnten Sie, Madame, nur Höflichkeit von diesem Tölpel erwarten?« Und Saint-Simon, obwohl er dem Charme des Zaren nicht unzugänglich war, erklärte: »Er war nicht frei von einer starken Beeinflussung durch die alte Unkultur seines Landes, was sein ganzes Gehaben spontan, ja überstürzt und seine Willensäußerungen unbeständig machte, ohne daß er jedoch Mahnung oder Widerspruch geduldet hätte.«

Vollkommen gleichgültig gegenüber der öffentlichen Meinung verglich Peter befriedigt seine eigenen rauhen und unterwürfigen Höflinge mit den zynischen und skeptischen Laffen am Hofe des Regenten. Auf russischer Seite der Gehorsam und die Schwerfälligkeit, auf französischer Seite der Leichtsinn und die Unordnung. Er zog sein Land entschieden jedem anderen vor. Das Ausland war für ihn nur in dem Maße von Interesse, als es Rußland helfen konnte, noch größer zu werden. Für Peter bedeutete reisen soviel wie lernen. Als ewiger Schüler zog er in den Straßen, in den Werkstätten, in Versailles, im Louvre sein Notizbuch aus der Tasche und machte eilige Notizen.

Als er von der *Académie française* hörte, beschloß er unvermittelt am 19. Juni, ihr einen Besuch abzustatten. Aber er versäumte es, die Mitglieder von seiner Absicht zu unterrichten. So kam er erst nach Ende einer Sitzung an, und die meisten der Herren hatten sich bereits entfernt. Er traf nur zwei oder drei von ihnen an, die sich anstelle der vierzig bemühten, ihm die Sehenswürdigkeiten des Sitzungssaales zu zeigen, der als Unterkunft für das russische Gefolge vorgesehen gewesen war. Peter bewunderte eine Büste König Ludwigs XIV. und auch eine des Kardinals Richelieu. »Die Schönheit dieses Kopfes und der Adel seiner Gesichtszüge haben ihn tief beeindruckt«, kann man in den Annalen der *Académie française* unter diesem Datum lesen. Der Philologe und ständige Sekretär André Dacier hielt es für gut, dem Zaren auch ein Porträt der Königin Christina von Schweden zu zeigen, die einst wie er anläßlich einer Reise nach Frankreich die Akademie besucht hatte. Diese unerwartete Begegnung mit dem Bildnis der Exherrscherin eines feindlichen Landes war sicher nicht nach Peters Geschmack, aber er ließ sich nichts anmerken. Zerstreut lauschte er den Erklärungen Daciers über die Arbeiten am französischen Wörterbuch. Alle diese französischen Worte summten wie Fliegen an seinem Ohr vorbei. Um ihn loszuwerden, führte man ihn zur Akademie der Malerei, wo er einige Gemälde betrachtete und »viel Geschmack für diese Kunst« zeigte. Noch interessierter war er an einem Gespräch mit den Mitgliedern der Akademie der Naturwissenschaften und fand großen Gefallen daran, »die Maschine zu Hebung des Wassers« von La Faye, »den Baum vom Mars« von Lemery und die »Winde« von Dalesse zu besichtigen...

Aber das eigentliche Motiv seiner Reise war politisch. In Schwierigkeiten mit seinen Verbündeten, mit England auf schlechtem Fuß, hoffte er, Frankreich werde sich von Schweden lösen und sich Rußland nähern. Ausdrücken sollte sich das in einem Abkommen über gegenseitige militärische und wirtschaftliche Hilfe. Doch widerstrebte es Frankreich, ein Land im Stich zu lassen, dessen alte Freundschaft sich stets als verläßlich erwiesen hatte, um sich mit diesem ehrgeizigen und ungeduldigen Emporkömmling zu verbinden. Schafirow, der die Verhandlungen für die russische Seite zu führen hatte, stieß auf den höflichen, aber zähen Widerstand des Marschall de Tessé, dem der Regent die Weisung erteilt hatte, »den Zaren bis zu seiner Abreise herumschweifen und sich amüsieren zu lassen, ohne etwas mit ihm abzuschließen«.[8] Eine Zusammenkunft zwischen dem Zaren und dem Regenten diente nur dazu, noch mehr Verwirrung zu stiften. Das Palaver der Diplomaten führte schließlich am 15. August 1717 zu dem inhaltsarmen Vertrag von Amsterdam zwischen dem Zaren, Ludwig XV. und Friedrich Wilhelm I. von Preußen. Offiziell zielte der Vertrag auf »ein enges Bündnis, eine feste und dauerhafte Freundschaft und Allianz« zwischen den drei Mächten, aber entgegen allen Hoffnungen

Peters machte Frankreich keine Anstalten, mit England und Schweden zu brechen. Es versprach allenfalls seine Vermittlung, um einen Friedensschluß im Norden zu erleichtern. Ein dürftiges Resultat, mit dem sich Peter begnügen mußte. London war durch Dubois über diese angeblich geheimen Verhandlungen auf dem laufenden gehalten worden. Georg I. zog im Hintergrund die Fäden. Der Regent und seine Berater waren eindeutig anglophil. Saint-Simon bezichtigte Dubois in höchstem Zorn, ein Mietling Albions zu sein, und beklagte »den verderblichen Einfluß Englands« und »die verblendete Mißachtung, die wir Rußland entgegenbringen«.

Indessen erging sich der ganze Hof vor Peter in Glückwünschen und Versprechungen. Man munkelte, daß eine Heirat zwischen Elisabeth, der zweiten Tochter des Zaren, und König Ludwig XV. in Erwägung gezogen werde, ein rasch dementiertes Gerücht. Dagegen regnete es auf beiden Seiten Geschenke. So gerne Peter, wenn er als Privatmann auftrat, mit Trinkgeldern knauserig war, so großzügig wollte er sich als Monarch erweisen. Um die Erinnerung an seinen Besuch zu verewigen, schenkte er den Köchen, die ihm in Frankreich gedient hatten, fünfzigtausend Franc, der Garde, die über ihn gewacht hatte, dreißigtausend Franc und weitere dreißigtausend Franc den Arbeitern der Manufakturen und Fabriken, die er besucht hatte. Ein mit Diamanten reichgeschmücktes Porträt überreichte er dem König, dem Marschall de Tessé und einigen hohen Würdenträgern und verteilte verschwenderisch Erinnerungsmedaillen an seine Großtaten. Der König ließ ihm als Gegenleistung einen Degen übergeben, dessen Griff mit Diamanten besetzt war. Aus Gründen der Etikette lehnte Peter dieses allzu prunkvolle Geschenk ab. Aber er nahm gern zwei sehr schöne Gobelins an. Auch willigte er auf Wunsch des Regenten ein, für zwei Porträts bei den Malern Rigaud und Nattier Modell zu stehen. Diese Gemälde erschienen ihm jedoch ein wenig zu weichlich. Er fand, daß sie die grimmige Kraft des Modells nicht spiegelten. Als er am 20. Juni 1717 Paris verließ, bekannte er seine Zuneigung zu diesem fleißigen, gastlichen und frivolen Land. »Er hegte warme Gefühle für Frankreich«, schrieb Saint-Simon, »und sagte, er sehe mit Schmerz, daß sein großer Luxus es bald zugrunde richten werde.«

Die Ärzte hatten ihm dringend eine Wasserkur empfohlen, um der verheerenden Wirkung des Alkohols und der Liebe Einhalt zu gebieten, und so beschloß er, nach Spa zu fahren. Auf der ganzen Reise wetteiferten die Städte miteinander in der Großartigkeit ihrer Empfänge. In Reims, wo er nur einige Stunden blieb, gab die Stadtverwaltung für ein einziges Bankett vierhundertfünfundfünfzig Franc aus. Charleville ließ es sich mehr als viertausend Franc kosten, den Herrscher und sein Gefolge eine Nacht lang zu beherbergen. Am nächsten Morgen begab er sich sogleich zur Waffenmanufaktur und bot einigen Vorarbeitern an, sie nach Rußland mitzunehmen. Doch die Anregung, anschließend eine Spitzenklöppelei zu besuchen, wies er schroff ab: »Spitzen? Das ist nicht meine Sache! Eher die der Zarin, wenn sie hier wäre!« Ein in den russischen Farben geflaggtes Schiff erwartete ihn auf der Maas, um ihn nach Lüttich zu bringen. Man belud es mit Bergen von Lebensmitteln: »170 Pfund verschiedenes Fleisch zu 5 Sous, ein Reh, 35 Hähnchen oder Hühner, 6 fette Truthähne zu 30 Sous, 83 Pfund Mainzer Schinken zu 10 Sous, 200 Krebse, 200 Eier zu 30 Sous das Hundert, 15 Pfund Lachs, das Pfund 25 Sous, 2 fette Forellen, 3 Faß Bier, eine Rindszunge und 2 Schweinszungen, 6 Paar Tauben, 2 Hechte, 20 Pfund Butter . . .« Doktor Areskin sorgte sich über die Völlerei, die dieser Vorrat erwarten ließ. Seiner Meinung nach litt Seine Majestät an einer »Erschlaffung der Magenfasern, an geschwollenen Beinen und Gallenkoliken«. Peter stopfte ihm den Mund: Keine Kur vor Spa! Im Gegenteil, in Erwartung der langweiligen Diät, die ihm drohte, aß er das Doppelte.

In Namur unterhielt er sich bei den Schaukämpfen auf Stelzen, verfolgte aufgeregt das Schifferstechen, zeigte sich stehend in der Mitte eines Bootes, die Hand auf den Kopf eines Ruderers gestützt, und ließ sich von der Menge bejubeln, aß und trank für zwölf, tanzte bis weit in die Nacht hinein, lehnte es aber ab, in einem Palais zu schlafen, wo alles für seinen Empfang vorbereitet war. Er zog seine enge Kabine an Bord des Schiffes vor. Auch in Lüttich durchkreuzte er die Pläne der Veranstalter, verschmähte die prunkvolle Wohnung, die ihn erwartete, und verlangte, im Hôtel de Lorraine untergebracht zu werden. Vermutlich machte es ihm heimlich Spaß, die Pläne seiner Gastgeber über den Haufen zu werfen. Von den Fenstern des Hôtel aus betrachtete er befriedigt das Feuerwerk, bei dem sein Wappen neben dem des Fürstbischofs am Himmel erschien. Am nächsten Tag besichtigte er die Stadt, erkundigte sich eingehend nach Konstruktion und Funktion eines Brennspiegels und ging bis zu einer Kohlengrube hinaus, wo er sich für die Arbeit der einfachen, staubgeschwärzten Hauer interessierte, die die Kohle im Untertagebau förderten.

Als er schließlich mit einem Gefolge von vierzig Personen in Spa angekommen war, trank er mit derselben Gier Wasser, mit der er bisher Wein getrunken hatte. Jeden Morgen begab er sich zu Pferd, mit der Postkutsche oder in einem leichten Wagen, den er selbst über die schlechten, tiefgefurchten Schotterstraßen lenkte, zur Quelle Géronstère, eine Meile von Spa entfernt. Um die Aussichten auf eine schnelle Heilung zu verbessern, stürzte er hintereinander bis zu zwanzig Gläser Wasser hinunter. Dann füllte er sich den Magen mit sechs Pfund Kirschen und einem Dutzend Feigen. Mit der Zeit wurde ihm jedoch diese farb- und geschmacklose Flüssigkeit, die ihm durch die Kehle floß, zuwider. Er würzte das Getränk durch reichliche Zugaben von Alkohol. Und um seiner Verdauung auf die Sprünge zu helfen, spazierte er zu Fuß durch die Gegend. Überall und in jeder Umgebung unbefangen, trat er in die Bauernhöfe ein, fragte die Bauern aus, nahm ihre Geräte in die Hand und besichtigte ihre Scheunen und Ställe. Offenbar waren diese sonderbaren Muschiks in der Umgebung von Spa keine Leibeigenen. Und im Ganzen machten sie einen sehr viel weniger elenden Eindruck als die russischen Muschiks. Aber in Rußland, dachte Peter, könnte Wohlstand und Freiheit nur zu einer Verweichlichung führen. Ein glückliches Volk hatte einen dicken Bauch und einen widerspenstigen Geist. Nur mit einer Nation von Sklaven konnte man große Politik machen.

Zu den Mahlzeiten fand sich Seine Majestät wieder in Spa ein. Ein Dutzend Gäste speiste mit ihm in einem Zelt. Er führte in Nachthaube und ohne Halsbinde den Vorsitz. Wenn er nicht genug Suppe in seinem Napf hatte, löffelte er aus dem seines Nachbarn. Alle gestikulierten und schrien durcheinander, während der Herrscher gierig aß. Der Domherr de La Naye, der einmal Zeuge dieser schlechten Tafelsitten wurde, schrieb an Seine Durchlauchte Hoheit den Kurfürsten: »Fast alle Näpfe wurden auf dem Tischtuch umgestürzt, auch Weinflaschen, die nicht gut verkorkt waren. Als man die Gedecke fortnahm, war das Tischtuch von Fett und Wein durchtränkt. Der zweite Gang wurde serviert... Er bestand aus einer Platte, auf der zwei Kalbslendenbraten und vier Hähnchen lagen. Seine Majestät entdeckte, daß ein Hühnchen größer war als die anderen, nahm es mit der Hand, hob es an seine Nase, bedeutete mir, daß es gut sei, und erwies mir die Gnade, es auf meinen Teller zu werfen. Die Platte glitt andauernd von einem Ende der Tafel zum anderen, ohne jedoch irgendwo anzustoßen, da sie die einzige war und das mit Fett getränkte Tischtuch ihr das Rutschen erleichterte. Das Dessert kam, ein Teller mit drei Zuckerbroten aus Spa. Schließlich erhob man sich vom Tisch. Der Zar trat an ein Fenster, fand dort auf dem Sims eine speckige rostige Lichtputzschere und bediente sich ihrer, um seine Fingernägel zu reinigen.«[9]

Nach vier Wochen dieser sonderbaren Kur, die Mineralwasser und Schlemmerei vereinigte, fühlte sich Peter völlig wiederhergestellt. Er gab ein Bankett für den Magistrat, verteilte einige Erinnerungsmedaillen und befahl seinem Arzt, schriftlich zu bestätigen, daß Seine Majestät der Zar die Gesundheit dank des sehr heilsamen Wassers von Spa wieder zurückerlangt habe.

Von Amsterdam aus schickte er eine Gedenktafel aus schwarzem Marmor nach Spa, deren Inschrift an seinen glücklichen und ersprießlichen Aufenthalt im Kurort erinnerte.

Bei seinem Wiedersehen in Holland mit Katharina, der meistbetrogenen und vielgeliebtesten Frau der Welt, war er von überströmender männlicher Zärtlichkeit. Er hatte ihr Versailles nicht zumuten wollen, aber er nahm sie mit nach Berlin. König Friedrich Wilhelm I. und die Königin von Preußen empfingen die hohen Reisenden und ihr zahlreiches Gefolge liebenswürdig in dem Stadtschloß. Zur Begleitung des Zaren war noch die der Zarin gekommen. Das ergab ein kopfstarkes lärmendes Gewimmel. Die scharfzüngige Markgräfin Wilhelmine von Bayreuth, Schwester des zukünftigen Königs Friedrich II., behauptete später in ihren Memoiren, daß die preußische Königin, »um der Unordnung vorzubeugen, die die Herren Russen allerort, wo sie gewesen waren, hinterlassen hatten, das ganze Haus ausräumte und die zerbrechlicheren Sachen fortschaffen ließ«. Als der Zar die achtjährige Tochter seines Gastgebers begrüßte, faßte er sie um den Leib und zerkratzte ihr die Wangen mit heftigen Küssen. Sie fand ihn »sehr groß und gut gebaut«, aber sein Gesicht »so grob, daß es angsteinflößend war«. Was Katharina betraf, so sah die Markgräfin in ihr eine ziemlich häßliche, übermäßig herausgeputzte und ungebildete Person. »Die Zarin«, schrieb sie, »war klein, untersetzt und stark gebräunt und hatte weder Ausstrahlung noch Würde. Schon ihr Anblick verriet ihre niedere Herkunft. Man hätte sie in ihrem geschmacklosen Aufzug für eine deutsche Komödiantin halten können. Ihr Kleid hatte man wohl in einem Trödlerladen gekauft; es war altmodisch und starrte von Silber und Schmutz ... Vorne an ihm waren von oben bis unten ein Dutzend Orden und ebenso viele Heiligenbilder und Reliquien angebracht, und wenn sie ging, hätte man glauben können, ein Maultier zu hören.« Auch Karl Ludwig Freiherr von Pöllnitz stellte fest, daß Katharina mit ihrem weiß und rot geschminkten Gesicht und dem untersetzten Körper in einem schlechtsitzenden Kleid nicht gerade verführerisch wirkte. Aber: »Ihr Benehmen hatte nichts Anstößiges, und man war versucht, es gut zu nennen, wenn man an ihre Herkunft dachte. Sicher hätte sie, wenn sie eine vernünftige Person neben sich gehabt hätte, sich bilden können, da sie großes Verlangen danach hat, alles richtig zu machen; aber es gab nichts Lächerlicheres als die Damen ihres Gefolges. Man sagt, daß der Zar, ein in allem außergewöhnlicher Fürst, Vergnügen darin gefunden habe, gerade diese auszuwählen, um die anderen Damen seines Hofes zu ärgern, die würdiger gewesen wären.« Und die Markgräfin von Bayreuth bemerkte bissig: »Sie [Katharina] hatte vierhundert sogenannte Damen in ihrem Gefolge. Das waren meistens deutsche Dienerinnen, die Aufgaben als Gesellschaftsdamen, Stubenmädchen, Köchinnen und Waschfrauen versahen. Fast alle diese Frauenzimmer trugen ein reichgekleidetes Kind auf dem Arm, und wenn man eine fragte, ob es ihr Kind sei, erwiderte sie mit der tiefen russischen Verbeugung: ›Der Zar hat mich beehrt, mir dieses Kind zu machen.‹«

Als Peter mit seiner Begleitung das Museum für antike Münzen und Statuen besichtigte, auf das der König sehr stolz war, geriet er über eine Statuette, die »eine heidnische Gottheit in einer sehr anstößigen Haltung« darstellte, vor Entzücken außer sich. Höchst erheitert verlangte er, daß Katharina vor aller Welt diese obszöne Figur küsse. »Sie wollte sich dagegen wehren«, schrieb die Markgräfin, »er wurde böse und sagte in schlechtem Deutsch zu ihr: *Kop ab,* was heißen sollte: Ich lasse dich enthaupten, wenn du mir nicht gehorchst. Die Zarin bekam solche Angst, daß sie alles tat, was er wollte.« Dann verlangte Peter in seiner üblichen Ungeniertheit vom König, er möge ihm dieses äußerst seltene Stück zum Geschenk machen. Etwas widerwillig gestand ihm Friedrich Wilhelm I. das zu. Ermutigt bat Peter dann noch, daß man ihm gestatte, »einen Schrank, der ganz mit Bernstein eingelegt war«, mitzunehmen. Auch darin gab der König nach, obwohl ihn dieses Möbelstück sehr viel gekostet hatte.

Während dieses kurzen Aufenthaltes in Berlin erregten Peter und seine Begleitung bei ihren Gastgebern Anstoß durch ihre völlige Mißachtung der Sitten, ihre Maßlosigkeit und die Unordnung, in der sie das Quartier hinterließen, das ihnen zur Verfügung gestellt worden war. »Dieser barbarische Hof reiste endlich nach zwei Tagen ab«, schrieb die Markgräfin von Bayreuth in ihren Memoiren. »Die Königin begab sich nach Schloß Monbijou. Dort sah es aus wie nach der Zerstörung Jerusalems; ich habe nie etwas Ähnliches gesehen; alles dort war dermaßen ruiniert, daß sich die Königin gezwungen sah, fast das ganze Gebäude renovieren zu lassen.«

Am 9. Oktober 1717 traf Peter wieder zu Hause in seinem teuren »Paradies« St. Petersburg ein. Er bereute seine lange Abwesenheit nicht. Im Lichte dessen, was er in Westeuropa gesehen hatte, war ihm nun klarer, was noch zu tun war, um seine Hauptstadt zu einer wirklichen europäischen Stadt umzugestalten. Es war sein Traum, die abendländischen Wissenschaften mit der russischen Seele zu verbinden. An dem Tag, an dem sich Rußland unter Bewahrung seines eigenständigen Volksgeistes die technischen Fähigkeiten seiner Nachbarn zu eigen machte, würde es unüberwindlich sein. Aber welche Hindernisse waren noch zu überwinden, bevor der Tag der slawischen Vorherrschaft in der Welt anbrechen konnte! Der Geist des Rückschritts vergiftete noch immer die Nation. Peter mußte ihn sogar in seiner eigenen Familie bekämpfen. Und das schon am Tag nach seiner Rückkehr von der Reise. Statt zu einer Stütze war sein Sohn Alexej zu einer Quelle der Unruhe und der Sorge geworden.

11. Kapitel
Der Zarewitsch Alexej

Alexej war ein schwächliches Kind gewesen und wuchs im Schatten seiner Mutter, der empfindsamen, frommen und abergläubischen Eudoxia, auf. Ihr Gatte flößte ihr Angst ein, und so erzog sie seinen Sohn in einer nie abreißenden Flut von frommen Fabeln und Gebeten. An ihrer Seite lernte er, der Kirche blindlings zu gehorchen und Reformen zu mißtrauen, die darauf zielten, die von Gott gewollte uralte Ordnung der Dinge zu erschüttern. Sein Hauslehrer war der pedantische und ungebildete Fürst Nikofor Wiasemski. 1698 wurde Alexej nach dem Strelitzenprozeß ebenso brutal wie plötzlich des mütterlichen Schutzes beraubt. Aus Gründen, die der Zarewitsch nicht verstand, verbannte sein Vater seine Mutter in ein Kloster bei Susdal. Mit acht Jahren der Obhut seiner Tante Nathalie anvertraut, hatte er das seltsame Gefühl, eine Waise geworden zu sein, obwohl beide Eltern noch lebten. Im Bestreben, dem Thronerben seine Leidenschaft für den Fortschritt und die Liebe zu Europa einzuimpfen, dachte Peter einen Augenblick daran, ihn ins Ausland zu schicken: nach Dresden, Paris oder Wien, wo er, wie man ihm versicherte, bei Hofe »wie ein Sohn« aufgenommen werden würde. Dann änderte er seine Meinung, behielt Alexej bei sich in St. Petersburg und vertraute ihn dem deutschen Baron Huyssen an.

Huyssen, ein energischer und gebildeter Mann, nahm seine Aufgabe sehr ernst und stellte ein umsichtiges Erziehungsprogramm auf: Neben der Lektüre von je zwei Kapiteln der Bibel morgens und abends ein Schnellstudium des Französischen (mit der Fénelonschen Fassung des Télemaque) und des Deutschen, ferner Stunden in Mathematik, Festungsbau, Reiten, Fechten und anderen militärischen Übungen ... Über diesen allwissenden Hauslehrer herrschte der unvermeidliche Menschikow, der zu allem zu gebrauchen war und zu Alexejs Oberhofmeister bestellt wurde. Unglücklicherweise wurde Huyssen vom Zaren bald mit einer wichtigen diplomatischen Mission beauftragt, reiste ins Ausland, und der Fürst Wiasemski tauchte wieder an der Schulter des Jungen auf.

Die Erziehung Alexejs fiel ins Chaos zurück. Man brachte ihn nach Moskau. Menschikow besuchte ihn nur hin und wieder, um ihn zu schulischem Fleiß zu ermahnen, und begnügte sich damit, ihn an den Ohren oder an den Haaren zu ziehen. Mönche und Geistliche kreisten ständig um den Jüngling. Dem Protopopen Jakow Ignatjew, seinem Beichtvater, gelobte er, daß er in ihm immer »seinen Schutzengel, den Richter aller seiner Handlungen und den Fürsprecher Christi« sehen werde. Aber mehr noch als dieser herrische Geistliche verwirrte ein früherer Diener des Zaren namens Alexander Kikin, ein lebhafter, unlauterer und ausschweifender Mensch, den jungen Alexej, indem er alle Initiativen seines Vaters vor ihm kritisierte. Unter dem Einfluß seiner Umgebung verband der Zarewitsch in seltsamer Mischung Frömmelei mit Trägheit, Trunksucht mit Ehrfurcht vor der Vergangenheit und Pietät dem Vater gegenüber mit der Abneigung, die ihm sein Erzeuger einflößte. Schon allein die Ankunft des Zaren ließ das Blut in den Adern des verschüchterten Jungen erstarren. Wenn sein Vater ihn küßte, atmete er mit Abscheu den männlichen Geruch von Tabak, Leder und Schweiß ein, der den Kleidern des Herrschers anhaftete. Alexej wurde verschlossen und heuchlerisch, er zeigte sich abwechselnd liebenswürdig und gehässig, brutal und feige. In seiner Lebensangst suchte er Zuflucht in der Bibel, deren altslawische Buchstaben ihn entzückten.

Um diesen in seinen Augen ungeratenen Sprößling an den Krieg zu gewöhnen, ließ Peter ihn in brutaler Unbedenklichkeit mit dreizehn Jahren als einfachen Kanonier in der Armee dienen. 1703 nahm Alexej, fern jeder Gefahr, an der Eroberung von Nienschantz teil. Im folgenden Jahr, nach dem Sieg bei Narwa, erklärte ihm der Zar feierlich in Anwesenheit zahlreicher Offiziere: »Ich habe dich nur deshalb auf diesen Feldzug mitgenommen, damit du siehst, daß ich weder die Arbeit noch die Gefahr scheue. Aber als sterblicher Mensch könnte ich morgen abberufen werden, und du mußt wissen, daß du nur wenig Befriedigung im Leben haben wirst, wenn du nicht meinem Beispiel folgst. Du mußt in deinem Alter alles lieben, das dem Interesse und der Ehre des Vaterlandes dient ... Weihe dich der Arbeit für das Gemeinwohl ... Wenn meine Ratschläge in den Wind gesprochen sind, wenn du nicht nach meinen Wünschen handeln willst, werde ich dich nicht mehr als meinen Sohn anerkennen und Gott bitten, daß er dich in dieser und in der anderen Welt straft.« Ein eiserner Blick fiel auf den unglücklichen Zarewitsch, der auf die Knie fiel, die Hände seines Vaters mit Küssen bedeckte, in Tränen ausbrach und rief: »Majestät und vielgeliebter Vater, ich bin noch zu jung, und ich tue, was ich kann. Aber ich versichere Euch als gehorsamer Sohn, daß ich versuchen werde, Euch in allem nachzuahmen.«[1]

In Wirklichkeit verdeckte diese stotternde Unterwerfung eine geheime Auflehnung, einen tiefen Widerwillen. Seinem Wesen nach war Alexej das krasse Gegenteil von Peter. Alles in ihm lehnte sich gegen seinen Erzeuger auf. In seinen Adern floß das Blut der schwachen und frommen Eudoxia und nicht das des Despoten, der ihn nach seinem Bild formen wollte. Peter brüstete sich mit seinen herkulischen Kräften. Alexej hingegen war ein schwächlicher junger Mann, von Halluzinationen heimgesucht. Der Vater liebte den Krieg, der Sohn verabscheute ihn; Peter trotzte der Kirche, Alexej fand Ruhe nur im Umgang mit den Popen; Peter verschlang wissenschaftliche Bücher, Alexej sah die Welt im Spiegel der Heiligen Schrift; Peter wollte Rußland seinem jahrhundertealten Schlaf entreißen, Alexej klammerte sich an die alten Moskowiter Sitten; Peter war bereit, alles dem Fortschritt zu opfern, Alexej blickte unbeirrt zurück.

Zwar hatten beide einen ausgeprägten Hang zur Ausschweifung, aber das genügte nicht, um gemeinsame Interessen zwischen ihnen zu begründen. Außerdem konnte Alexej seinem Vater nicht verzeihen, daß er ihn in seiner Kindheit der Zärtlichkeit einer empfindsamen und liebenden Mutter beraubt hatte.

Zu Beginn des Jahres 1707 besuchte er sie heimlich in ihrer Zelle im Kloster bei Susdal. Über diesen Verstoß gegen seine Befehle unterrichtet, argwöhnte Peter eine Verschwörung, ließ seinen Sohn kommen und überhäufte ihn mit Beschimpfungen und Drohungen. Wie immer zog Alexej den Kopf ein, murmelte Entschuldigungen und versprach, es nicht wieder zu tun. Aber jeder Zwist entfernte ihn ein wenig weiter von diesem Vater, den er zugleich bewunderte und verabscheute. Bald wurde das Haus des Zarewitschs in Moskau ein Anziehungspunkt für alle mit der Regierung Unzufriedenen. Dort fanden die Traditionalisten und Reaktionäre zusammen, dort spottete man flüsternd über den Wahn eines Herrschers, der alle Wurzeln Rußlands abschneiden wollte, und prophezeite den Untergang von St. Petersburg, das im Schlamm versinken werde. Um seinen achtzehnjährigen Sohn mit staatlicher Verwaltungsarbeit vertraut zu machen, ernannte ihn Peter 1708 zum Statthalter von Moskau und gab ihm auf, die Befestigung des Kreml, die Rekrutierung der Soldaten, die Versorgung mit Lebensmitteln und die Erhebung der Steuern zu überwachen.

Die Anforderungen der Verwaltung aber langweilten den jungen Mann. Er fegte die Register und Kontobücher sowie die Handbücher der Feuerwerkskunst und der Artillerie von seinem Tisch, um sich in die Heiligenlegenden und die Schriften des Thomas von Kempen zu vertiefen. Peter erfuhr davon und grollte. Gegen den väterlichen Grimm flehte Alexej brieflich um die Hilfe der neuen Favoritin, die den Platz seiner Mutter eingenommen hatte und die er höflich mit Katharina Alexejewna anredete: »Ich bitte Euch, trachtet herauszufinden, warum mein Vater, der Herrscher, so zornig über mich ist; er schrieb mir, daß ich meine Pflichten vernachlässigt, mich dem Müßiggang ergeben hätte; das stürzt mich in große Ratlosigkeit und Trauer.« Zweifellos verwendete sich Katharina umgehend für ihn, denn acht Tage später schrieb er ihr, um seine Dankbarkeit auszudrücken: »Katharina Alexejewna, ich danke Euch von ganzem Herzen für diese mir erwiesene Zuneigung und bitte Euch, mich auch zukünftig in ähnlichen Fällen nicht im Stich zu lassen. Ich setze meine Hoffnung in Euer Wohlwollen.« Im folgenden Jahr 1709 führte Alexej dem Zaren eine angeforderte Truppenverstärkung zu, erkältete sich dabei und konnte nicht an der Seite seines Vaters am Triumph für Poltawa teilnehmen. Peter ärgerte sich darüber, daß sein Erbe so schwächlich veranlagt war. Wenn dieser Bursche schon keine Kraft hatte, bilden wir eben seinen Geist, dachte er. Und beschloß, ihn nun doch nach Deutschland, nach Dresden, zu schicken, um seine Bildung zu vervollständigen. »Ich befehle Dir«, schrieb er ihm kurz, »Dich während Deines dortigen Aufenthaltes [in Dresden] würdig zu benehmen und Dich ernsthaft Deinen Studien zu widmen, vor allem dem der fremden Sprachen, in denen Du schon einige Kenntnisse erworben hast [Deutsch und Französisch]. Mache Dich auch mit Geometrie und Festungsbau vertraut sowie mit den politischen Belangen. Wenn Du mit Geometrie und Festungsbau fertig bist, dann schreibe mir. Möge Gott Dich auf Deiner Reise geleiten.«

Alexej verzögerte jedoch seine Abreise. Er war nur in Moskau glücklich, der heiligen Stadt, wo es so viele Kirchen gab und jedes Haus ihm wie das Vorzimmer zu einem Heiligtum erschien. Im März 1710 brach er endlich auf. Diese Reise, vor der er sich gefürchtet hatte, brachte jedoch einen gewissen Vorteil mit sich, sie legte eine große Entfernung zwischen ihn und seinen Vater. In Dresden angekommen, beunruhigte es ihn, daß er sich ohne geistlichen Beistand unter Ketzern befand. Er bat Jakow Ignatjew in einem Brief, für das Heil seiner Seele heimlich einen Popen zu schicken, der sich vorher den Bart rasieren und als Lakai verkleiden sollte. Er korrespondierte auch mit seiner

Mutter, seinem Großvater und seinen Freunden in Moskau, aber heimlich und auf Schleichwegen. »Denn«, schrieb er, »die Spione sind zahlreich.« Im Gegensatz zu seinem Vater waren es nicht die Arsenale, Bauhöfe und Manufakturen, die ihn im Ausland anzogen, sondern die religiösen Bücher. Er wandte sich an den Professor Johann Gottlieb Heineccius, um ihn mit der Bearbeitung eines orthodoxen Katechismus zu beauftragen, und fand Gefallen daran, die *Annales ecclesiastici* von Baronius mit Anmerkungen zu versehen. Die Auszüge, die er machte, zeigen durchwegs seinen Hang zu und seine Ehrfurcht vor den ältesten Formen der Religion: »Valentinianus und Theodosius ließen die Gefangenen zu Ostern frei . . .« – »Theodosius hatte angeordnet, daß es während der großen Fastenzeit keine Hinrichtungen geben dürfe . . .« – »In Frankreich trug man lange Gewänder. Karl der Große verbot die kurzen Gewänder . . .« – »Der fränkische König Chilperich I. wurde ermordet, weil er sich Güter der Kirche angeeignet hatte . . .«

Die fromme Lektüre und die täglichen Andachtsübungen hinderten Alexej allerdings nicht daran, den Frauen nachzulaufen und sich sinnlos zu betrinken. Als Gefährten hatte man ihm zwei Söhne hochgestellter Familien mitgegeben: Iwan Golowkin und Juri Trubeskoi. Er verführte sie in Kürze zu tiefster Zügellosigkeit. Solche Ausschweifungen aber waren damals in der russischen Gesellschaft so üblich und geschätzt, daß er sich seinem Beichtvater Jakow Ignatjew gegenüber rühmte: »Wir berichten Eurer Heiligkeit, daß wir das Gedächtnis des heiligen Märtyrers Eustachius hier mit geistlichen Exerzitien, Vespern, Abend- und Frühgebeten und einem Gottesdienst feierten. Danach haben wir fröhlich die Seele und den Leib gepflegt und auf Eure Gesundheit getrunken; und über diesen Brief haben wir Wein gegossen, damit Ihr nach seinem Empfang lange lebt und in Erinnerung an uns tüchtig trinkt. Möge Gott uns bald wieder vereinen! Alle orthodoxen Christen, die hier bei uns sind, unterzeichnen dieses Schreiben. Der Sünder Alexej und der Pope Iwan Slonski haben diese Unterschriften mit Gläsern beglaubigt und mit Krügen gestempelt, und wir haben Eurer Gesundheit nicht auf deutsche Weise, sondern auf russische die Ehre erwiesen. Alle haben ihre Gläser auf Eure Gesundheit geleert! Verzeiht, wenn Ihr das hier nur mit Mühe lesen könnt, aber wir waren beim Schreiben wirklich betrunken.«[2]

Aber auch die besten Dinge nehmen mal ein Ende. Plötzlich setzt sich Peter in den Kopf, seinen Sohn zu verheiraten. Zu seiner Braut wählt man Charlotte Christine Sophie von Braunschweig-Wolfenbüttel. Alexej ist tief bestürzt. Die Prinzessin ist sechzehn Jahre alt, sehr groß, krankhaft mager und von Pocken gezeichnet. Gewiß wirkt er mit seinem schmalen Gesicht, dem spitzen Kinn und dem scheuen Blick auch nicht schön, aber er hat schon viele anziehende und leidenschaftliche Frauen besessen. Allein der Anblick dieses germanischen Brettes nimmt ihm jede Lust. Und dazu ist sie lutherisch. Wie kann er, ein unbeirrbarer Verteidiger des orthodoxen Glaubens, sich mit einer Ketzerin abfinden? Selbst wenn sie konvertiert, haftet ihr der ursprüngliche Makel an. Schon ihre Berührung weiht ihn der Verdammnis. Zu schwach, um sich gegen den Willen seines Vaters aufzulehnen, versucht er, Zeit zu gewinnen, und verlangt, andere Prinzessinnen zu sehen. Der alte Herzog Anton Ulrich von Braunschweig-Wolfenbüttel, der Onkel Charlottes, schreibt im August 1710:

»Die Frau des russischen Gesandten in Dresden, Madame Matwejew, sagt, daß der Zarewitsch einer Heirat mit einer deutschen Prinzessin nie zustimmen wird. Ich zweifle nicht am guten Willen des Zaren. Aber kann er seinen Sohn zu einer solchen Heirat zwingen, und was hat die Prinzessin zu erwarten, wenn sie der Zarewitsch mit Widerwillen nimmt? Alle bedauern sie.«

Am 1. März 1712 verheiratete sich der Zar noch vor seinem Sohn, um sein Verhältnis mit Katharina zu ordnen. Diese Formalität erschien ihm so zweitrangig, daß er es versäumte, den Zarewitsch davon zu unterrichten. Alexej hörte die Neuigkeit von Reisenden. Bestrebt, die Freundschaft seiner Stiefmutter zu gewinnen, schrieb er ihr am 7. Mai 1712: »Madame, ich habe erfahren, daß der Herrscher, mein Vater, geruht hat, Euer Gnaden als seine Gemahlin anzuerkennen. Ich beglückwünsche Euch dazu und bitte Euch, da Ihr mich immer mit Eurem Wohlwollen beehrt habt, es mir auch weiterhin zu bezeigen, wie ich wohl hoffen darf. Ich wage es nicht, den Herrscher, meinen Vater, zu beglückwünschen, da ich noch keine schriftliche Nachricht von ihm erhalten habe.«

Nach der katastrophalen Schlacht am Pruth, in deren Verlauf der Zar und die Zarin beinahe in Gefangenschaft geraten wären, begab sich Peter nach Karlsbad zur Kur. Am 14. Oktober 1712 wohnte er in Torgau an der Elbe der Hochzeit seines Sohnes bei. Die Zeremonie fand im Schloß der Patin der Braut, der Königin von Polen und Kurfürstin von Sachsen, statt. In dem großen Saal hatte man einen Altar unter einem Baldachin aus rotem Samt errichtet. Den Boden bedeckte ein grüner Teppich. An den Wänden flackerten große Kerzen auf den Kandelabern. Alle Fenster waren geschlossen. Das Orchester spielte eine feierliche Weise, während der Zar den Zarewitsch hereinführte; hinter den beiden ging die Braut am Arm ihres Vaters. Nach dem einige Monate vorher geschlossenen Vertrag behielt Charlotte ihren lutherischen Glauben, aber die Kinder des Ehepaares sollten orthodox getauft werden. Der Pope las die Gebete auf russisch und wandte sich von Zeit zu Zeit auf lateinisch an die Braut. Peter beobachtete heimlich seine zukünftige Schwiegertochter, die ihm vielleicht einen Enkel schenken würde, eine häßliche und flachbrüstige junge Frau, aber rührend durch die Sanftmut, die aus ihren Augen strahlte. Sie weinte, während der Kanzler Golowkin die schwere Zeremonienkrone über ihren Kopf hielt, ein Opferlamm an der Seite dieses Schwachkopfs Alexej, dem auch nicht festlich zumute war. Bei dieser Hochzeit wirkten nur die beiden Väter zufrieden, da sie hinter den Rücken ihrer Kinder ein gutes Geschäft abgeschlossen hatten. Wie schade, daß der Fürst-Papst nicht dabei war, dachte Peter. Und noch am selben Tag, unmittelbar nach der

Hochzeitszeremonie, schrieb er an Katharina: »Bitte unterrichte den höchst possierlichen Fürst-Papst von diesem Ereignis und befiehl ihm, den Segen über die jungen Ehegatten zu sprechen, nachdem er sein Dienstgewand angelegt hat.«[3]

Nach dem Souper und dem Ball geleitet er die Neuvermählten in ihre Wohnung und bringt sie zu Bett. Am nächsten Tag zu früher Stunde besucht er sie in ihrem Zimmer und frühstückt dort ungeniert mit seinen Dienern. Mit dem Messer in der Hand mustert er heiter als Kenner die Mienen der beiden »Turteltäubchen« beim Aufstehen. Dann, wie um dieser Verbindung auch die letzte Erfolgschance zu nehmen, sendet er den Zarewitsch nach Thorn, wo er die Verpflegung der Truppe vorzubereiten hat. Den väterlichen Befehlen gehorchend, ist Alexej fast ständig auf Reisen. Charlotte führt in seiner Abwesenheit ein jämmerliches Leben in Thorn, Elbing und Marienburg, in lauter durch den Krieg halbzerstörten Städten. Wenn ihr Gatte zu ihr zurückkehrt, denkt er nur daran, sich zu betrinken und sie wegen ihrer Angst und Empfindlichkeit zu verspotten. »Es gibt keinen Zweifel, daß diese Welt voll Trübsal ist, möge mich das Schicksal in Zukunft vor noch größerem Leid bewahren«, schreibt sie an ihre Eltern. »Angst erfüllt mich, wenn ich daran denke, was mich erwartet, und die Ursache meines Kummers ist eine mir zu teure Person, als daß ich mich beklagen dürfte.«

Die vom Zaren versprochene Apanage wird sehr unregelmäßig ausgezahlt, und der junge Haushalt gerät manchmal in Geldverlegenheit. 1712 wendet sich Charlotte in äußerster Not an Menschikow, der ihr fünftausend Rubel aus dem Uniformfonds eines Regiments vorstreckt. Im selben Jahr berichtet sie ihrer Mutter: »Ich bin mit einem Mann verheiratet, der mich nie geliebt hat, der mich weniger liebt als je . . . Meine Lage ist entsetzlich . . .« Dann besinnt sie sich eines anderen: der Zarewitsch hat sich ausnahmsweise liebenswürdig gezeigt. »Er liebt mich leidenschaftlich«, stellt sie fest, »und ich liebe ihn stürmisch.« Aber das war nur ein kurzer Lichtblick. Etwas später gesteht sie in einem anderen Brief, daß sie versucht habe, vor sich selbst den Charakter ihres Gemahls zu verschleiern, »aber die Maske ist jetzt gefallen«. Verzweifelt flüchtet sie zu ihren Eltern nach Wolfenbüttel und verbringt dort die Wintermonate. Im Frühjahr 1713 holt Peter selbst sie mit sanfter Bestimmtheit dort ab und bringt sie nach St. Petersburg. Dort wird sie von Katharina sehr gut aufgenommen. Aber Alexej kümmert sich überhaupt nicht mehr um sie. Sie ist nur dazu gut, die Freunde ihres Gatten während ausschweifender und endloser Bankette zu bedienen.

Die Zahl der Anhänger – und man muß nun schon von Parteigängern sprechen – Alexejs wächst von Tag zu Tag. Alle Welt weiß, daß der Zarewitsch gegen die Reformen Peters eingestellt ist, der ihn gewaltsam mit einer Protestantin verheiratet hat, während er der orthodoxen Kirche tief ergeben ist. Ohne es zu wollen, sogar ohne etwas davon zu merken, sammelt er die Gegner der Regierung um sich. Die Geistlichkeit steht ganz auf seiner Seite; die Angehörigen der alten aristokratischen Familien wie die Dolgoruki und die Golizyn setzen auf ihn; sogar das einfache Volk verehrt ihn wie einen Heiligen. Wenn er betrunken ist, läßt er sich öffentlich zu Ungehörigkeiten hinreißen, die seine Frau beunruhigen. So ruft er einmal in seiner Trunkenheit: »Wenn kommt, was kommen muß, werden die Freunde meines Vaters und meiner Stiefmutter Bekanntschaft mit dem Pfahl machen . . . Die Flotte wird verbrannt werden, und St. Petersburg wird im Sumpf versinken.«

Gleichwohl hütet er sich, dem Zaren die Stirn zu bieten. Im Gegenteil, als dieser ihn ersucht, Pläne vor ihm zu zeichnen, damit er die im Ausland gemachten Fortschritte abschätzen kann, hat Alexej solche Angst vor dem väterlichen Urteil, daß er sich in seinem Zimmer versteckt und sich eine Pistolenkugel durch die rechte Hand schießen will. Die Kugel verfehlt ihr Ziel, aber das Schießpulver versengt ihm die Handfläche. Damit ist er für die Prüfung entschuldigt. Sein Vater mißt ihn mit mißtrauischen Blicken. Und er vergeht vor Scham und Schmerz unter dieser stummen Befragung. Nach solchen Ängsten gibt es nichts Besseres als ein gutes Saufgelage. »Der Zarewitsch«, schreibt Pleyer, »berichtete als Gesandter des Kaisers aus Deutschland weder über die Sitten noch über die germanische Wesensart. Er verbringt den größten Teil seiner Zeit mit moskowitischen Popen und mit Leuten schlechten Rufes; vor allem ergibt er sich völlig dem Trunk.«

Diesen Weinschlauch rührte es nicht einmal, als er erfuhr, daß seine Frau ein Kind von ihm erwartete. Einige Wochen vor dem voraussichtlichen Zeitpunkt der Niederkunft reiste er zu einer Kur nach Karlsbad. Peter und Katharina befanden sich zu der Zeit in Finnland. Auf Befehl des Zaren wurde das deutsche Gesinde Charlottes von ihrem Zimmer ferngehalten. Drei russische Matronen wachten Tag und Nacht über sie, um einen Kindestausch zu verhindern. Sie entrüstete sich darüber und schrieb an ihren Schwiegervater: »Ich glaube, daß mein Betragen zu keiner üblen Nachrede Veranlassung gegeben hat ... Gott ist meine einzige Hoffnung in der Fremde. Und da ich von allen verlassen bin, wird Er meine Seufzer erhören und meine Leiden verkürzen ... Die Hebamme, die ich mitgebracht habe, genießt mein volles Vertrauen, sie muß ihre Aufgabe erfüllen. Doch da ich von Eurer Majestät völlig abhängig bin, kann ich mich dem nicht widersetzen, daß sich eine andere Hebamme um mich kümmert. Aber nun füllen sich meine Augen mit Tränen, und das Herz blutet mir.« Und an ihre Mutter: »Ich bin ein armes Opfer unseres Hauses, ohne daß es davon den geringsten Vorteil hätte. Und ich sterbe vor Kummer eines langsamen Todes.«

Am 12. Juli 1714 brachte Charlotte eine Tochter zur Welt: Nathalie.[4] Alexej fand es nicht der Mühe wert, deshalb nach Rußland zurückzukehren. Er traf erst Ende Dezember wieder in St. Petersburg ein. Unberührt von den Gefühlen der Frau, die ihm gerade ein Kind geschenkt hatte, brachte er kaltblütig seine neue Geliebte mit unter das eheliche Dach: Afrosinia, eine Leibeigene seines früheren Erziehers Nikofor Wiasemski. Nach Aussagen der Zeitgenossen war sie häßlich, klein, rothaarig und füllig. Sie hatte wulstige Lippen und das Benehmen einer Stallmagd. Ungebildet und dem Trunk ergeben, war sie dem Zarewitsch offenbar ein willkommener Gegensatz zu seiner legitimen Gattin. Bei Afrosinia unterhielt er sich, bei ihr schüttete er sein Herz aus und befriedigte seine grobe Sinnlichkeit, bei Charlotte fühlte er sich immer plump und unerwünscht. Obwohl tief gedemütigt, ertrug Charlotte tapfer die Anwesenheit der arroganten Rivalin in ihrem Haus. »Nur die Wände sehen ihre Tränen«, schrieb der hannoversche Gesandte. Sie wagte es nicht einmal, sich ihrem Gatten zu widersetzen, wenn ihn gelegentlich die Lust auf sie überkam, und wurde wieder schwanger. Kurz vor der Niederkunft stürzte sie auf der Treppe und beklagte sich über starke Schmerzen in der Hüfte. Gerüchte wollten wissen, daß Alexej sie geschlagen, ja ihr sogar Fußtritte in den Leib versetzt habe. Ein Arzt ließ sie zur Ader, worauf sie erklärte, daß sie sich besser fühle. Am 22. Oktober 1715 brachte sie einen Sohn zur Welt: Peter. Bald danach befielen sie große Schmerzen, die nicht zu mildern waren. Die sechs an ihr Bett gerufenen Ärzte schüttelten ratlos die Köpfe: hoffnunglos? Charlotte wußte sich verloren und bereitete sich auf den Tod wie auf eine Erlösung vor. In ihrer Selbstlosigkeit machte sie sich noch jetzt Gedanken darüber, welche Folgen ihr Ableben auf die Beziehung zwischen ihrer Familie und der ihres Gatten haben könnte. Um keinen Preis wollte sie der Anlaß zu Zwistigkeiten sein.

Sobald es ihr Zustand erlaubte, diktierte sie eine schriftliche Anweisung an ihre Mutter und ihre Schwester: »Zu meinen Lebzeiten wurden verleumderische Gerüchte über mich verbreitet. Es gibt Menschen, die nach meinem Tod sagen werden, meine Krankheit sei mehr durch den Kummer als durch den gefährlichen Verfall meines Körpers verursacht worden. Um diesen Bosheiten entgegenzutreten, sollt ihr in meinem Namen und in dem der Familie erklären, daß ich immer mit meinem Los zufrieden und auf die Zuneigung Ihrer Majestäten stolz war. Der Zar hat nicht nur alle Bestimmungen meines Vertrages eingehalten, sondern sich mir gegenüber stets voller Wohlwollen gezeigt, wofür ich ihm hiermit meine Dankbarkeit bezeige . . .« Nachdem sie den Brief nochmals durchgelesen hatte, sagte Charlotte: »Jetzt habe ich nichts mehr auf dem Herzen. Ich wende mich von dieser unruhigen Welt ab und richte alle meine Gedanken auf Gott.« Der Zar, der seit Wochen an heftigen Koliken litt, verließ sein Bett, um seiner Schwiegertochter einen letzten Besuch abzustatten. Sie flehte ihn an, ihrer Freundin, einer Adelsdame aus Ostfriesland, die Erziehung der beiden Waisen anzuvertrauen. Dann nahm sie Abschied von ihrem Gefolge und den Bediensteten. Am verzweifeltsten war der Mann, der ihr am meisten angetan hatte, ihr Gatte. Ob Komödie oder echte Gewissensbisse, er schluchzte, rang die Hände und fiel dreimal vor dem Bett der Sterbenden in Ohnmacht. Mit einundzwanzig Jahren tat sie in der Nacht des 2. November 1715 ihren letzten Atemzug.[5]

Das Gerücht, sie sei damals gar nicht in St. Petersburg gestorben, sondern nach Louisiana geflohen und nach einer neuerlichen und glücklichen Heirat in hohem Alter in Brüssel gestorben, ist eine durch alle Dokumente widerlegte Legende.

Am nächsten Tag, dem 3. November, ordnete Peter eine Autopsie seiner Schwiegertochter an. Immer interessiert an Operationen und Untersuchungen, nahm er persönlich daran teil. Der Anblick der freigelegten Eingeweide befriedigte gleichzeitig sein wissenschaftliches Interesse und seine ungezügelte Vorliebe für das Makabre. Am gleichen Tag, an dem er sich über den geöffneten Leib der jungen Toten gebeugt hatte, wohnte er der Taufe des Kindes bei, das sie unter dem Herzen getragen hatte. Der kleine Peter empfing das erste Sakrament seines Lebens zwei Schritte entfernt von dem Sarg mit der sezierten Leiche seiner Mutter. Diese Nähe störte den Zaren nicht. Das Begräbnis fand am 27. November statt und war sehr prunkvoll. Peter und Alexej führten den Trauerzug an. Katharina erschien nicht, im neunten Monat schwanger, stand sie selbst kurz vor der Niederkunft.

Als Alexej nach dem feierlichen Leichenbegängnis nach Hause kam, fand er einen Brief seines Vaters vor, der mit dem 21.

Oktober 1715 datiert war, dem Vorabend des Tages, an dem der kleine Peter geboren worden war. Allem Anschein nach hatte der Zar indessen dieses lange Schreiben später geschrieben und das Datum im nachhinein geändert. Er erinnerte an die Fehlschläge und die späteren Erfolge im Krieg gegen Schweden und zeigte sich aufs tiefste betrübt, daß sein Sohn der Kriegskunst keinerlei Beachtung schenkte. Wenn der Zarewitsch es nicht lernte, Männer zu befehligen, stünde ihm ein düsteres Schicksal bevor: »Du wirst genötigt sein, Dich wie ein junger Vogel füttern zu lassen. Du berufst Dich auf Deine schwache Gesundheit, die Dich daran hindert, die Strapazen des Waffenhandwerks zu ertragen. Aber das ist keine Entschuldigung, denn ich verlange von Dir nicht, daß Du Mühsal auf Dich nimmst, sondern daß Du Dich für die Sache interessierst, woran Dich keine Krankheit hindern könnte ... Denk an den verstorbenen König von Frankreich. Er nahm kaum selbst am Krieg teil, aber welchen Sinn hatte er dafür und wie berühmt ist er dadurch geworden ...! Deine schlechten Neigungen und Dein Eigensinn stehen mir vor Augen. Wie oft habe ich Dich deswegen getadelt und nicht nur getadelt, sondern geschlagen? Seit wieviel Jahren (zähle sie!) habe ich es aufgegeben, mit Dir zu sprechen? Nichts hat geholfen, alles war vergebens, alles hat seinen Zweck verfehlt, Du willst nichts tun. Du denkst an nichts anderes, als Dich in Deinem Hause zu vergnügen, während anderswo alles drunter und drüber geht. Der Unverständige macht sich über sein Unglück lustig, ohne an die Folgen zu denken ... Nachdem ich in Trauer über all dieses nachgedacht habe und daran verzweifle, Dich dem Guten zuzuführen, glaubte ich, Dir zu Deinem Besten dieses letzte Zeugnis schreiben zu müssen, und warte noch ein wenig darauf, daß Du Besserung zeigst, aber *ohne Heuchelei.*[6] Wenn Du nichts dergleichen tust, so laß Dir gesagt sein, daß ich Dich aus meiner Thronfolge streichen und wie ein von der Fäulnis befallenes Glied behandeln werde. Und denke ja nicht, daß ich eine leere Drohung ausspreche, weil Du mein einziger Sohn bist. Wahrhaftig – ich rufe Gott als Zeugen an –, ich werde tun, was ich Dir sage. Für mein Land und mein Volk habe ich mein Leben nicht geschont und bin noch immer bereit, es zu opfern. Warum also sollte ich einen Taugenichts wie Dich schonen? Mir bedeutet ein rechtschaffener Fremder mehr als ein Taugenichts von meinem Blut.«

Nach der Trauer die Enterbung. Völlig verwirrt befragte Alexej seine alten Berater: Kikin, Wiasemski, Dolgoruki. Alle rieten ihm, unter dem Vorwand schlechter Gesundheit auf die Krone zu verzichten. Ein wichtiges Ereignis bestärkte sie in ihrer Meinung. Am 29. November, zwei Tage nach dem Begräbnis Charlottes, gebar Katharina einen Sohn. Er wurde auf den Namen Peter getauft wie Alexejs Sohn. Es war nun klar, wem der Zar in der Nachfolge den Vorrang geben würde: dem Sohn Katharinas, der rechtmäßigen Zarin. Besser wäre also, dachte Alexej, dem zuvorkommen und von sich aus zu verzichten. Am 30. November schrieb er an seinen Vater: »Gnädiger Herrscher und Vater, ich habe den Brief gelesen, der mir am 27. dieses Monats zugegangen ist, am Tage des Begräbnisses meiner Frau. Ich kann darauf nur antworten, daß ich, wenn ich denn aufgrund meiner Untauglichkeit durch Euch von der Nachfolge auf dem Thron Rußlands ausgeschlossen bin, Euren Willen erfüllt sehen möchte. Ich selbst bitte Eure Majestät untertänigst darum, da ich mich ungeeignet und unfähig für diese hohe Aufgabe fühle, um so mehr, als es mir an Gedächtnis mangelt (und ohne Gedächtnis kann man nichts tun) und ich an Geist und Körper (infolge verschiedener Krankheiten) geschwächt und zur Herrschaft über ein Land untauglich bin, das einen weniger verkümmerten Mann fordert als mich. Deshalb beanspruche ich die Thronfolge nicht (Gott möge Euch noch viele Jahre schenken!) und hätte sie, selbst wenn ich keinen Bruder gehabt hätte (während ich gegenwärtig einen habe und dafür Gott danke und ihn anflehe, er möge ihn bei guter Gesundheit erhalten!), nie beansprucht, noch werde ich sie je in Zukunft beanspruchen. Zu alledem rufe ich bei meinem Leben Gott zum Zeugen an. Um meine ehrlichen Absichten zu verbürgen, schreibe ich diesen Brief mit eigener Hand. Ich vertraue meine Kinder Eurem gnädigen Wohlwollen an und erbitte für mich nur eine Pension bis ans Ende meiner Tage. Ich überlasse alles Eurer Entscheidung und Eurer Gnade und bleibe Euer untertänigster Sklave und Sohn – Alexej.«

Trunken vor Stolz, mit dreiundvierzig Jahren noch einen zweiten Sohn geschenkt zu bekommen, der ihn gewiß für den ersten entschädigen würde, feierte Peter die Geburt mit Artilleriesalven, Banketten und Festbeleuchtung. Und wie immer mischte er Possen unter den Prunk. Im Laufe des Festmals, das auf die Taufe folgte, stellten die Diener auf die Tafel der Herren eine riesige Pastete. Eine vollkommen nackte Zwergin hob unter allgemeinem Gelächter den Deckel dieses Backwerks, sprang heraus, trug einen Glückwunsch vor, prostete der Gesellschaft zu und lief hinaus. Eine ähnliche Pastete erschien auf der Tafel der Damen. Dort war es ein Zwerg, der sich ebenso splitternackt den Blicken der Eingeladenen darbot.[7] Peter war von diesem Einfall begeistert. Aber zweifellos mutete er sich im Verlauf des Festes wieder einmal zuviel zu. Er wurde krank und war gezwungen, das Bett zu hüten. Als sich sein Zustand verschlechterte, verlangte er am 2. Dezember, die Sakramente zu empfangen. Besorgte Minister und Senatoren schliefen in dem Saal neben seinem Zimmer. Alexej wagte sich nur einmal an das Bett seines Vaters. Nach seinem Besuch war er unschlüssig. War das wirklich das Ende? Hatte er das Recht, zu hoffen? Und was würde der Tod des Zaren für ihn bedeuten? Sein Freund Kikin belehrte ihn eines Besseren: »Dein Vater ist nicht so krank. Er hat eilig gebeichtet und kommuniziert, um seine Umwelt glauben zu lassen, es gehe ihm sehr schlecht. Aber das ist alles eine Komödie.«[8]

Tatsächlich erholt sich Peter wieder. Am Weihnachtstag zeigt er sich mit funkelndem Blick und sicherem Schritt seinen Hofbeamten. Und am 19. Januar 1716 antwortet er seinem Sohn in einem letzten Memorandum. In diesem emphatischen Brief wirft er Alexej vor, er habe nicht einmal versucht, sich gegenüber den Anklagen der Faulheit und Unfähigkeit zu rechtfertigen; er wirft ihm den Ausspruch König Davids an den Kopf: »Jeder Mensch ist aus Lüge gemacht«, und schließt: »Unterstützt Du mich auch nur im Geringsten bei meiner Arbeit und meinen gleichfalls unerträglichen Mühen? Ah, niemals! Jeder weiß, daß Du verabscheust, was ich, ohne meine Gesundheit zu schonen, für mein Volk tue. Und am Ende wirst Du der Zerstörer meines Werkes sein. Es ist unmöglich, daß Du bleibst, was du zu sein wünschst, weder Fisch noch Fleisch. Ändere also entweder Dein Leben und werde würdig, mein Nachfolger zu sein, oder werde Mönch. Ohne dies kann meine Seele keine Ruhe finden, besonders jetzt, da meine Gesundheit geschwächt ist. Antworte mir nach Erhalt dieses Briefes sofort schriftlich oder mündlich. Falls Du mir nicht gehorchst, werde ich mit Dir wie mit einem Schurken verfahren.«

Die kalte Dunkelheit eines Klosters, der langsame Tod in der Vergessenheit, die unvermeidliche Trennung von Afrosinia! Alexej ist entsetzt. Wie gewohnt befragt er seine Vertrauten. Kikin tröstet ihn: »Die Mönchskappe ist nicht mit einem Nagel auf dem Kopf befestigt«,[9] sagt er. Das Kloster sei kein Grab. Wie viele seien von dort zurückgekommen! Solle sich doch der Zarewitsch in irgendein Kloster einschließen lassen. Seine Stunde würde kommen und seine Legende dadurch nur machtvoller. Überzeugt kritzelt Alexej ein kurzes Billett: »Gnädigster Herrscher und Vater, ich habe Euren Brief vom 19. d. M. heute morgen erhalten. Da ich krank bin, kann ich nicht ausführlich darauf antworten. Es verlangt mich danach, Mönch zu werden, und ich erbitte dazu Eure gütige Erlaubnis. Euer unwürdiger Sklave und Sohn – Alexej.« Um später bekräftigen zu können, daß er nicht zur Verbüßung einer Schuld gewaltsam in ein Kloster gebracht worden war, sucht er den Protopopen Gregor von St. Petersburg auf und sagt ihm, daß er gezwungen und unter Druck in den geistlichen Stand trete. Dieser beruhigt ihn. »Wenn die Zeit gekommen ist, werde ich es verkünden«, sagt er. Auch übergibt Alexej vorsichtshalber seiner Geliebten Afrosinia zwei Billetts für Kikin und den Popen Jakow Ignatjew mit der Mitteilung, daß man ihn *zwinge*, Mönch zu werden.

Kurz vor seiner Abreise nach Holland tritt Peter in das Zimmer seines Sohnes, der vorgibt, krank zu sein, und fragt ihn, ob er immer noch die Absicht habe, die Kutte zu nehmen. Als Alexej versichert, daß dies sein innigster Wunsch sei, erklärt der Zar seufzend: »Das ist nicht leicht für einen jungen Mann. Überlege es dir ohne Hast. Dann schreibe mir, was du tun willst ... Ich warte noch sechs Monate.«[10]

Gewohnt, die anderen nach sich selbst zu beurteilen, wollte Peter nicht glauben, daß ein Mann – sein eigener Sohn – so willenlos sein könne. Er gab ihm eine letzte Chance, sich eines Besseren zu besinnen. Über diesen unerhofften Aufschub hocherfreut, kehrte Alexej in Abwesenheit seines Vaters zu seinen Orgien zurück, die nur von Stunden erbaulicher Lektüre unterbrochen wurden. Die junge Tote war rasch vergessen. Afrosinia ersetzte Charlotte im Haushalt. Sieben Monate hintereinander warfen sich der Zarewitsch und seine Geliebte in endlose Vergnügungen, in ein einziges Fest der Sorglosigkeit, so als würde der Zar nie zurückkehren. So wirkte ein Brief Peters vom 26. August 1716 aus Kopenhagen wie eine kalte Dusche: »Ich habe sieben Monate auf Deine Entscheidung gewartet, und bis heute hast Du mir nichts darüber geschrieben. Doch hast Du Zeit gehabt, zu überlegen. Entscheide Dich nach Erhalt dieses Briefes sofort für das eine oder das andere. Wenn Du den guten Weg gewählt hast, reise in einer Woche ab und finde Dich hier bei mir ein (in Kopenhagen), denn Du kannst Dich noch bei den Verhandlungen nützlich machen. Wenn Du den anderen Weg wählst, schreibe mir, an welchem Tag und in welches Kloster Du eintreten wirst, damit ich ein ruhiges Gewissen haben kann und weiß, was ich von Dir zu erwarten habe ... Ich sage Dir zum letztenmal, daß Du zu einem Entschluß kommen mußt, denn ich habe festgestellt, daß Du nur Zeit gewinnen willst, wie es Deiner gewohnten Trägheit entspricht.«

Erneut suchte Alexej den Rat seiner Umgebung. Manche seiner Vertrauten glaubten zu wissen, daß der Zar das Kloster schon bestimmt habe, in das sein Sohn eingeschlossen werden sollte, nämlich in Twer, und daß er eine schlechtere Zelle habe einrichten lassen als jene, die den Schwerverbrechern in den Staatsgefängnissen vorbehalten waren. Auf ihr Drängen hin stürzte der Zarewitsch zu Menschikow und erklärte ihm, daß er seinem Vater nachreisen werde. Natürlich würde er Afrosinia mitnehmen. Aber er brauchte Geld für die Reise. Menschikow gab ihm tausend Dukaten, und der Senat, vor dem er dieselbe Erklärung abgab, streckte ihm zweitausend Rubel vor. Am 26. September 1717 verließ er mit seiner Geliebten, ihrem Bruder Iwan Fjodorow und drei Dienern St. Petersburg. Bevor er abreiste, vertraute er seinem Haushofmeister Afanassjew seine geheimen Absichten an: Er würde nicht zu seinem Vater nach Kopenhagen reisen, sondern sich nach Wien zu seinem Schwager, dem jetzigen Kaiser Karl VI., oder vielleicht nach Rom zum Papst flüchten. Kikin war schon einige Monate zuvor ins Ausland gereist, um das Terrain zu sondieren. Die Nachrichten, die er aus Wien gesandt hatte, klangen beruhigend: Alles war bereit, den Zarewitsch zu empfangen.

In Riga borgte Alexej noch fünftausend Dukaten von einem Heereszahlmeister. Auf dem Weg nach Libau traf er seine Tante, die Zarewna Maria Alexejewna, die von Karlsbad zurückkehrte. Sie fragte ihn: »Wohin reist du?« – »Zu meinem Vater«, antwortete er. »Das ist gut«, sagte sie. »Man muß seinem Vater immer gehorchen. Das ist Gott wohlgefällig. Welchen Vorteil hätte es schon für dich gehabt, Mönch zu werden?« – »Ich weiß nicht mehr«, seufzte er, »ich kann vor Trauer nicht mehr denken. Ich wäre glücklich, wenn ich mich irgendwo verbergen könnte!« – »Wo willst du dich vor deinem Vater verbergen?« rief sie aus. »Er würde dich überall finden.« Alexej brach in Schluchzen aus und gestand, daß er große Hoffnung in die Güte Katharinas setzte. »Warum rühmst du sie so?« erwiderte Maria Alexejewna. »Sie ist nicht deine Mutter. Sie hat keinen Grund, dir Gutes zu wollen.«[11]

Verwirrt fragte sich Alexej, ob es nicht besser sei, den Fluchtplan aufzugeben. Aber in Libau traf er Kikin, der ihn mit ein paar Worten aufrichtete. »Geh nach Wien zum Kaiser«, sagte er, »dort wird man dich nicht ausliefern ... Nach Mitteilung des Vizekanzlers Schönborn hat der Kaiser gesagt, er werde dich wie einen Sohn aufnehmen. Sicherlich wird er dir etwa dreitausend Gulden im Monat geben.« Guten Mutes machte sich der Zarewitsch mit Afrosinia wieder auf den Weg.

Indessen schöpfte Peter, der vergeblich auf die Ankunft seines Sohnes wartete, sehr rasch den Verdacht, von ihm irregeführt worden zu sein. Wütend beauftragte er seine besten Spürhunde mit der Verfolgung: Wjesselowski, seinen Gesandten in Wien, Rumjanzow und Tolstoi. Seine Kundschafter reisten ins Ausland, folgten den Reiserouten und prüften die Registrierungen in den Gasthöfen. Sie waren voller Hoffnung. »Wir sind auf der Fährte«, schrieben sie. »Wir werden das Wild finden.« Aber die Jagd blieb erfolglos.

Am 29. Oktober 1717 kam der Zarewitsch in Frankfurt an der Oder an und trug sich in das offizielle Register als Oberstleutnant Kochanowski mit Frau und Dienern ein. Der Wirt des Gasthofes notierte, daß sich sein Gast »einen schwarzen Schnurrbart nach der französischen Mode« wachsen lasse und daß seine Frau »von kleinem Wuchs« sei. Eine kurze Verschnaufpause, und schon spannte man wieder an. In Breslau, Neiße und Prag kamen die auf die Spur der Flüchtlinge gesetzten Jäger jeweils zu spät. Wjesselowski war so lange geritten, daß er an Hämorrhoiden litt. Aber er weigerte sich, diese Menschenjagd aufzugeben, und brach, vor Fieber zitternd, wieder auf. Inzwischen hatte Alexej Wien erreicht. Im Gasthof zum Schwarzen Adler gab er sich als polnischer Adliger namens Kremenetzki aus. Seine erste Sorge war es, »kaffeebraune« Männerkleidung für Afrosinia zu kaufen. Sie verkleidete sich als Page, um alle Verfolger irrezuleiten.

Am nächsten Tag, dem 10. November 1717, gegen zehn Uhr abends war der Vizekanzler Schönborn gerade im Begriff, zu

Bett zu gehen, als ihm eine Ordonnanz meldete, daß ein Besucher, der schlecht deutsch spreche, darauf bestehe, sogleich empfangen zu werden. Nach einigem Zögern warf Schönborn seinen Schlafrock über und ließ die Tür öffnen. Der Ankömmling war Afrosinias Bruder Iwan Fjodorow. »Monseigneur«, rief er, »der Zarewitsch wartet unten auf dem Platz und möchte Sie sehen!« Verwirrt fragte sich Schönborn erst, ob es sich nicht um einen schlechten Scherz handle, dann entschloß er sich, das Risiko auf sich zu nehmen, und befahl, den Thronerben Rußlands hereinzuführen. Es erschien ein abgezehrter Mann mit irrem Blick und fahrigen Bewegungen. Im Zimmer auf und ab gehend, schrie Alexej seine Angst, seine Hoffnung hinaus, stammelte, brach in Tränen aus, verlangte zu trinken, stürzte ein Glas Moselwein in einem Zug hinunter und setzte schluchzend seine Rede fort. »Der Kaiser«, sagte er, »muß mir das Leben retten und meine Rechte und die Rechte meiner Kinder auf den Thron garantieren. Mein Vater will mich des Lebens und der Krone berauben. Doch habe ich mir ihm gegenüber nichts zuschulden kommen lassen, ich habe ihm nichts Böses getan. Ich gebe zu, daß ich ein schwacher Mensch bin. Aber das ist der Fehler Menschikows, der mich so erzogen hat. Man hat meine Gesundheit mit Absicht untergraben, mich zum Trinker gemacht. Gegenwärtig sagt mein Vater, daß ich weder fähig bin, Krieg zu führen, noch zu regieren. Aber ich besitze genügend Intelligenz, um zu regieren ... Nun trachtet man danach, mir eine Tonsur zu scheren und mich in ein Kloster einzusperren ... Ich will kein Mönch sein ... Von dem Augenblick an, als die neue Zarin einen Sohn zur Welt brachte, war alles für mich verloren. Sie und Menschikow sind eifrig dabei, meinen Vater gegen mich aufzuhetzen ... Mein Vater ist von üblen Leuten umgeben. Er selbst ist grausam und blutrünstig. Er glaubt, wie Gott Macht über Tod und Leben der Menschen zu haben. Er hat viel unschuldiges Blut vergossen. Manchmal hat er mit eigener Hand unglückliche Verurteilte hingerichtet. Er ist jähzornig und rachsüchtig. Er schont niemanden.

Wenn mich der Kaiser ihm auslieferte, wäre das, als nähme er mir das Leben. Außerdem, selbst wenn mich mein Vater verschonte, würden meine Stiefmutter und Menschikow nicht ruhen, bis ich tot wäre, entweder durch das Trinken oder durch Gift.«[12]

Mit viel Mühe brachte Schönborn den Zarewitsch nach zweistündiger Diskussion dazu, in seinen Gasthof zurückzukehren und abzuwarten, wie der Kaiser – in aller Freundschaft – über sein Los befinden würde. Als Karl VI. am nächsten Tag unterrichtet wurde, faßte er in großer Verlegenheit den Entschluß, einen Versuch der Versöhnung von Vater und Sohn zu unternehmen und den Sohn in Erwartung einer friedlichen Lösung insgeheim aufzunehmen. Alexej, seine Diener und die jetzt als Page verkleidete Afrosinia wurden heimlich nach Weierburg in der Nähe der Hauptstadt gebracht und dann auf die Feste Ehrenberg in der Nähe von Reutte in Tirol. Der Kommandant der Festung erhielt vom Kaiser den Befehl, die Neuankömmlinge als hochgestellte Gefangene anzusehen, ihnen vier bequeme Zellen zu geben »mit festen Türen und Gittern vor den Fenstern«, einen guten Koch zu ihrer Bedienung zu bestellen, sie mit Büchern und Papier zu versorgen, aber nicht zu versuchen, ihre Namen zu erfahren. In dieser einsam gelegenen alten Feste fühlte sich Alexej endlich in Sicherheit. Er wußte nicht, daß die Spürhunde seines Vaters seiner Fährte bereits bis nach Wien gefolgt waren.

Am 20. Dezember 1717 schrieb Peter an Karl VI., daß er seinen Gesandten Wjesselowski beauftragt habe, den Zarewitsch zu suchen und zurückzubringen: »Daher bitte ich Eure Majestät, falls er [Alexej] sich in Eurem Land befindet, ihn uns unter der Obhut einiger Offiziere zum Schutz während der Reise zurückzusenden, damit wir ihn väterlich zu seinem Wohl zurechtweisen können.« Nachdem er den Brief, den ihm Wjesselowski im Laufe einer Audienz übergab, gelesen hatte, erklärte Karl VI. dem russischen Gesandten kaltblütig, daß er nicht über die Anwesenheit des Zarewitsch in irgendeiner Ecke seines Reiches unterrichtet sei. Wjesselowski hatte jedoch in der Zwischenzeit durch Bestechung eines Referendars der Hofkanzlei erfahren, daß Alexej in Tirol verborgen gehalten wurde. Sogleich entsandte er Hauptmann Rumjanzow, um die Fährte dort wieder aufzunehmen. Ein paar Tage später fand Rumjanzow die Spur, und seine Leute schlichen um die Festung herum. Das führte zu Gerüchten, der Zarewitsch solle mit Gewalt entführt werden. Russische Spione, hieß es, machten die Provinz unsicher. Um einen Skandal zu vermeiden, entschloß sich der Kaiser, den Flüchtling nach Neapel schaffen zu lassen.

Der österreichische Staatssekretär Kühl begab sich zur Feste Ehrenberg, teilte Alexej diese Entscheidung mit und hielt ihm den Brief Peters an den Kaiser vor Augen.

Der Zarewitsch las ihn, brach in Schluchzen aus, fiel in der Mitte seiner Zelle auf die Knie, rang die Hände und rief: »Ich flehe den Kaiser im Namen Gottes und aller Heiligen an, mein Leben zu retten und mich, den Bedauernswertesten der Lebenden, nicht im Stich zu lassen! Ich bin bereit, überall hinzugehen, wohin er will, und zu leben, wie er es verlangt, wenn er mich nur nicht meinem mir zu Unrecht zürnenden Vater ausliefert!« Man bereitete in Eile den Aufbruch vor. Diesmal durfte Alexej den Anweisungen des Kaisers entsprechend nur Afrosinia (immer noch als Page gekleidet) und einen einzigen Diener mitnehmen. Kühl diente als Reisebegleiter. Von Mantua schickte er folgenden lakonischen Bericht nach Wien: »Bis Trient folgten uns einige verdächtige Personen auf den Fersen. Trotzdem geht alles gut. Ich habe mein möglichstes getan, um unsere kleine Gesellschaft daran zu hindern, sich häufig und übermäßig zu betrinken, aber vergeblich.« Am 6. Mai erreichte die Gesellschaft schließlich Neapel; am 9. Mai richteten sich Alexej, Afrosinia und ihr Diener im Castell Sant' Elmo ein, das, auf einem felsigen Hügel über der Bucht aufragend, einen bezaubernden Ausblick auf den Vesuv und die blauen Wogen des Meeres bot. Welch ein Friede nach dem Alptraum der Reise! Als seine Aufgabe erfüllt war, stieß Kühl einen Seufzer der Erleichterung aus und schrieb an Prinz Eugen von Savoyen auf französisch: »Unser kleiner Page hat sich endlich als weiblich herausgestellt, aber ohne Trauschein und offenbar auch ohne Jungfernschaft, denn sie ist zur Mätresse ernannt und für die Gesundheit notwendig. In Tirol trieben sich etliche Personen fraglicher Nationalität mit Pässen neuesten Datums und ausgeliehenen Namen herum, einige als polnische Offiziere verkleidet. Die Abreise war gut vorbereitet und geheim durchgeführt, ebenso wie die zeitgerechte Ankunft am bekannten Ort.«

Nun, über diesen Punkt gab sich Kühl selbstgefälligen Illusionen hin. In Wirklichkeit war er von Etappe zu Etappe bis nach Neapel von dem unermüdlichen Hauptmann Rumjanzow unauffällig verfolgt worden. Sehr rasch erfuhr der Zar das neue Versteck Alexejs. Er schrieb am 10. Juli 1717 direkt an den Kaiser, um seiner Verwunderung Ausdruck zu geben, daß ihn ein befreundeter Herrscher in Unwissenheit über die Ortsveränderung seines Sohnes gelassen hatte: »Eure Kaiserliche Majestät kann sich leicht vorstellen, wie unangenehm es für Uns als Vater ist, festzustellen, daß Unser erstgeborener Sohn, der Uns gegenüber so ungehorsam gewesen und ohne Unsere Einwilligung abgereist ist, gegenwärtig den Schutz eines anderen genießt, und sei es auch als Arrestierter. Da Wir diese Situation nicht zulassen können, ersuchen Wir Eure Kaiserliche Majestät, Uns aufzuklären, wie es darum steht. Dementsprechend senden Wir Euch Unseren persönlichen Ratgeber Tolstoi mit dem Befehl, mit Euch im Laufe einer Sonderaudienz alle diese Dinge zu erörtern. Er wird Unseren Sohn aufsuchen, ihm mündlich und schriftlich Unseren väterlichen Willen zur Kenntnis bringen und Euch ersuchen, ihn sofort zur Rückkehr zu Uns zu veranlassen. Wir haben dem besagten persönlichen Ratgeber den Hauptmann der Garde Rumjanzow beigegeben, der Zeuge der Abreise Unseres Sohnes aus der Feste in Tirol und seiner Überführung nach Neapel gewesen ist. Wir werden nicht zulassen können, daß sich Eure Kaiserliche Majestät gegen Unsere Forderungen stellt, denn eine solche Weigerung ließe sich weder durch das Recht noch durch ein sonstiges Motiv begründen. Tatsächlich untersagt das Naturrecht, vor allem in unserem Land, sogar in privaten Fällen jede Einmischung eines Dritten, um in einem Konflikt zwischen Vater und Sohn zu richten, dies gilt um so mehr, wenn der Vater ein souveräner und unabhängiger Monarch ist ... In Erwartung Eures endgültigen Beschlusses, von dem es abhängen wird, welche Maßnahmen Wir Unsererseits zu ergreifen haben, bleiben Wir Eurer Kaiserlichen Majestät getreuer Bruder – Peter.«

Am 29. Juli 1717 werden Tolstoi und Rumjanzow vom Kaiser empfangen, überreichen ihm den Brief des Zaren und geben zu verstehen, daß ihr Herrscher zum Äußersten entschlossen sei, um Genugtuung zu erlangen. Nachdem Karl VI. die Botschaft gelesen hat, erklärt er sie für nicht recht verständlich und verspricht, nach reiflicher Überlegung darauf zu antworten. Sogleich ruft er seine Minister zu einer Geheimkonferenz zusammen. Alle sind der Meinung, daß der Zarewitsch ein lästiger Gast sei; aber würde der Kaiser nicht vor Europa das Gesicht verlieren, wenn er einen Unglücklichen, der ihn um Schutz angefleht habe und überdies sein Schwager sei, der väterlichen Rachsucht überantwortete? Andererseits sei zu befürchten, daß Peter, durch eine Weigerung gereizt, seine Armee aus Polen nach Schlesien und Böhmen vorstoßen lasse, wo er von der slawischen Bevölkerung mit offenen Armen empfangen werden würde.

Nach endlosen Debatten mit Tolstoi und Rumjanzow beschloß man, den beiden Abgesandten zu gestatten, den Zarewitsch aufzusuchen, um ihm einen Brief des Zaren zu übergeben und ihn zu ermahnen, in den Schoß der Familie zurückzukehren. Am 21. August schrieb der Kaiser an den Grafen Daun, den Vizekönig von Neapel, und empfahl ihm, den Flüchtling auf diese entscheidende Zusammenkunft vorzubereiten: »Es wäre vorteilhaft, die Absichten des Zarewitschs zu kennen, bevor er darüber mit dieser verkleideten Frau gesprochen hat, denn sie wäre fähig, ihn von einer guten Lösung abzubringen.

Ihr müßt persönlich seinem Zusammentreffen mit Tolstoi beiwohnen oder Euch von einer geeigneten Persönlichkeit nach Eurer Wahl vertreten lassen. Da das Gespräch sicherlich auf russisch geführt wird, schicke ich Euch einen Kurier, der dieser Sprache mächtig ist. Er wird alle Vorschläge Tolstois und die Antworten des Zarewitschs notieren ... Das Zusammentreffen soll so organisiert werden, daß keiner der Moskowiter (diese Schurken sind zu allem fähig) sich des Zarewitschs bemächtigen oder Hand an ihn legen kann ...« Vor der Abreise der besagten »Schurken« empfahl ihnen Karl VI. noch dringend Nachsicht. »Ich wäre sehr glücklich, wenn der Zarewitsch schließlich doch die Verzeihung seines Vaters erlangen würde«, gab er ihnen mit auf den Weg.

Nach einer fünfwöchigen Reise über aufgeweichte Straßen kamen Tolstoi und Rumjanzow am 5. Oktober in Neapel an. Das erste Zusammentreffen mit dem Zarewitsch fand im Palast des Vizekönigs statt. Beim Anblick der beiden Abgesandten seines Vaters zitterte Alexej vor Angst. Er konnte kaum den Brief entziffern, den sie ihm überreichten: »Mein Sohn, alle Welt weiß, wie geringschätzig Du Dich meinen Anordnungen gegenüber verhalten hast. Weder meine Bitten noch meine Drohungen konnten Dich zum Gehorsam bringen ... Du bist geflohen und hast Dich wie ein Verräter in fremden Schutz begeben. Nie hat ein Prinz aus unserem Haus, nicht einmal einer unserer adligen Untertanen, etwas Ähnliches getan. Welche Trauer, welche Sorge für Deinen Vater! Welche Schmach für Dein Land! Ich schreibe Dir zum letztenmal. Die Herren Tolstoi und Rumjanzow werden Dir meine Vorschläge unterbreiten. Da Du Angst vor mir hast, versichere und verspreche ich Dir bei Gott und seinem Gericht, daß es für Dich keine Strafmaßnahmen geben wird. Ich werde Dir sogar meine aufrichtigste Zuneigung bezeugen, wenn Du meinen Wünschen gehorchst und zurückkehrst. Wenn Du Dich weigerst, werde ich Dich als Dein Vater und kraft meiner von Gott gegebenen Macht bis in alle Ewigkeit verfluchen; und als Herrscher werde ich Dich zum Verräter erklären und kein Mittel scheuen, um Dich zu bestrafen, wie es einem Verräter und einem rebellischen Sohn gebührt, wobei Gott mir beistehen wird, da er meine Lauterkeit kennt. Erinnere Dich, daß ich Dir gegenüber nie Gewalt angewendet habe! Wenn ich Dich zwingen wollte, hätte ich Dir dann die Wahl gelassen? Nein, ich hätte meinen Willen durchgesetzt.«

Tief verstört weiß Alexej nicht, was er antworten soll. Darf er diesem Vater glauben, der ihm die Verzeihung verspricht? Steht er vor einer Brücke oder einer Falle? Im Angesicht des gestellten Opfers teilen sich Rumjanzow und Tolstoi die Rollen. Rumjanzow runzelt die Stirn, schreit und droht. Tolstoi appelliert zuckersüß an das Herz, predigt die Versöhnung und läßt die Zukunft in hellem Licht erstrahlen. »Ich kann noch nicht antworten«, stammelt Alexej. »Ich muß nachdenken.« Man trennt sich mit dem Versprechen, sich in zwei Tagen wieder zu treffen. Alexej berät unablässig mit seiner teuren Afrosinia. Beim zweiten Treffen erscheint er sicherer: »Es wäre gefährlich für mich, zu meinem Vater zurückzukehren«, sagt er. »Ich werde Seiner Kaiserlichen Majestät, die mich beschützt, schriftlich die Gründe für meine Weigerung darlegen.« Auf einmal ändert Tolstoi seine Taktik und wird böse. »Ich habe Befehl, nicht eher fortzugehen, als bis ich mich deiner bemächtigt habe!« schreit er. »Wenn man dich anderswohin bringt, werde ich dir folgen!« Er setzt hinzu, der Zar verlange seinen Sohn »tot oder lebendig« zurück. Alexej weint, weigert sich aber noch einmal abzureisen. Ein drittes Treffen zwischen ihm und den Gesandten des Zaren wird vertagt, da er über Kopfschmerzen klagt. Diese Verzögerung erlaubt Tolstoi, einen neuen Angriffsplan vorzubereiten. Zunächst gewinnt er für hundertsiebzig Dukaten die Mithilfe von Weingarten, dem Sekretär des Vizekönigs. Dieser Mann erschleicht sich das Vertrauen Alexejs und flüstert ihm ein, daß der Kaiser entschlossen sei, ihn preiszugeben, um sich nicht der Gefahr eines Krieges mit Rußland auszusetzen.

Tolstoi selbst erklärt dem Zarewitsch im Verlauf eines vierten Treffens, daß der Zar auch bereit sei, zu den Waffen zu greifen, um sich seines Sohnes zu bemächtigen, und daß er ihn auf jeden Fall persönlich in Sant' Elmo aufsuchen werde. »Wer könnte ihm verbieten, hierherzukommen?« sagt er. »Ihr wißt selbst, daß Euer Vater schon seit langem den Wunsch hat, nach Italien zu reisen. Die Möglichkeit, schnell hierherzukommen, ist gegeben.« Auch Graf Daun spielt seine Rolle in diesem Drama, indem er dem Flüchtling versichert, daß er sich von seiner Mätresse trennen müsse, wenn er in Sant' Elmo bleiben wolle. Von Tolstoi bestochen, gibt Afrosinia vor, diese Lüge zu glauben, und fleht Alexej an, aufzugeben. Von allen Seiten unter Druck gesetzt und wie gelähmt in der Furcht vor einem Besuch des Vaters und vor dem Verlust der Geliebten, ist Alexej völlig willenlos. Am nächsten Tag erklärt er Tolstoi und Rumjanzow, daß er mit ihnen nach Rußland zurückkehren werde, wenn ihm sein Vater erlaube, Afrosinia zu heiraten. Aber er verlangt ausdrücklich, daß die Ehe noch vor ihrer Ankunft in St. Petersburg geschlossen werden müsse, denn Afrosinia sei schwanger.

»Es ist schwer, die Liebe und Sorge zu begreifen, die er diesem Mädchen entgegenbringt«, notiert der unnachsichtige Tolstoi. Seine wirkliche Meinung bringt er in einem Brief an den Vizekanzler Schafirow zum Ausdruck: »Ich bin der Ansicht, daß man ihm gewähren sollte, was er verlangt. Zunächst, weil er so der ganzen Welt zeigen kann, daß er nur um seiner Geliebten willen die Flucht ergriffen hat, und ferner, weil sich Kaiser Karl VI. darüber ärgern und ihm nicht mehr das geringste Vertrauen schenken wird. Ich bitte, daß mir der Zar seine Wünsche zu diesem Punkt zwischen andere Anweisungen schreibt, damit ich dem Zarewitsch den Brief zeigen kann, ohne ihn ihm zu überlassen. Falls der Zar gegen diesen Plan ist, würde es genügen, mir zu schreiben, daß die Ehe in St. Peterburg geschlossen werden müsse. Der Zarewitsch wird dann voll Hoffnung sein und nicht weiter auf seiner ursprünglichen Absicht bestehen. Ich persönlich meine, wenn man ihm erlaubt, dieses Mädchen zu heiraten, beweist man damit dem ganzen Land, was für ein Mann er ist.«

Von Afrosinia gedrängt, die ein doppeltes Spiel mit ihm treibt, gewinnt Alexej rasch sein Selbstvertrauen wieder und schreibt am 4. Oktober 1717 an den Zaren: »Allergnädigster Herrscher und Vater, Euer Brief, Majestät, wurde mir von den Herren Tolstoi und Rumjanzow übergeben; sie haben mir auch mündlich Eure wohlwollenden Absichten mitgeteilt, so unwürdig ich auch Eurer Gnade sein mag, und haben mir erklärt, daß Ihr die Güte haben werdet, mir meine unsinnige Reise zu verzeihen, wenn ich zu Euch zurückkehre. Mit Tränen in den Augen und zu Füßen Eurer Majestät flehe ich weinend um Verzeihung meiner Vergehen und bekenne, daß ich jede Züchtigung verdient habe. Im Vertrauen auf Eure gnädige Zusage unterwerfe ich mich Eurem Willen und werde mit Euren Abgesandten Neapel in den nächsten Tagen verlassen, um zu Euch nach St. Petersburg zurückzukehren. Euer demütigster und abscheulichster Sklave, unwürdig, Euer Sohn zu heißen – Alexej.«

Als Peter diesen Brief in St. Petersburg erhielt, war er gerade mit Katharina von seiner langen Europareise zurückgekehrt. Nach dem französischen Firlefanz wieder die schwere russische Erde. Sogleich legten sich die Sorgen wie ein schweres Gewand auf seine Schultern. Der Zarewitsch hatte ihn in den Augen der anderen Herrscher lächerlich gemacht. Diese Affäre wog in seinem Urteil schwerer als eine neue Niederlage durch die Türken oder Schweden. Er würde seinem Sohn diese öffentliche Schande nicht verzeihen. Aber die Hauptsache war, ihn nach Hause zu bringen, mit List, wenn nötig auch mit Lügen. Einem Monarchen, der um seinen Ruf kämpfte, war alles erlaubt. Übrigens machte es ihm wenig aus, daß der Zarewitsch so in diese Afrosinia vernarrt war. Der Vater hatte eine ehemalige Wäscherin zur Zarin gemacht, der Sohn dachte daran, eine Spülmagd zu heiraten, das war ganz natürlich! Am 20. November 1717 schickte er ein kurzes Billett an Alexej: »Mein Sohn, ich habe Deinen Brief vom 4. Oktober erhalten. Hier meine Antwort. Du bittest um Verzeihung. Tolstoi und Rumjanzow haben sie Dir in meinem Namen schriftlich und mündlich versprochen. *Noch einmal bekräftige ich sie Dir. Sei also ihrer gewiß.*[13] Was manche Deiner anderen Wünsche betrifft, die Tolstoi mir mitgeteilt hat, so werden sie befriedigt werden. Er wird mit Dir darüber sprechen.« Am gleichen Tag schrieb er an Tolstoi: »Du hast mir geschrieben, daß mein Sohn dieses Mädchen, das bei ihm ist, heiraten und dann in die Heimat zurückkehren will: Ich werde es ihm erlauben, wenn er hier ist. Die Trauung kann dann nach seiner Ankunft in der Stadt oder auf dem Land vollzogen werden.« Später, in einem anderen Brief, der an Tolstoi und Rumjanzow gemeinsam adressiert war, präzisierte er seinen Standpunkt: »Die Tatsache, daß sich mein Sohn im Glauben an die Aufrichtigkeit meiner Verzeihung auf den Weg zu mir macht, ist mir sehr angenehm. Ihr habt mir mitgeteilt, daß er das Mädchen heiraten will, mit dem er lebt. Das kann er tun, wenn er es will, sobald er in Rußland ist, sogar in Riga oder in Kurland bei meiner Nichte. Aber sich in einem fremden Land zu verheiraten wäre schändlich. Wenn er sich vorstellt, ich würde ihm dabei Schwierigkeiten machen, möge er doch überlegen: Wie könnte ich zögern, ihm eine so kleine Gnade zu gewähren, nachdem ich ihm eine so große Schuld verziehen habe?«

Und um sicherzugehen, daß der Zarewitsch seine Meinung nicht unterwegs noch einmal ändert, wiederholt er ihm wiederum seine Versprechungen und Schwüre. Alexej hat ein solch unersättliches Bedürfnis nach Zuspruch, daß er nun seinen alles umfassenden Argwohn ganz aufgibt und überhaupt niemandem mehr mißtrauen will. Neuerlich bestärkt, sieht er seiner Zukunft mit solcher Zuversicht entgegen, daß sich sogar seine beiden Bewacher wundern. Ihre Wagen fahren von Neapel nach Rom und von Rom nach Bologna auf schlechter Wegstrecke, und der Zarewitsch fürchtet für die Gesundheit seiner Mätresse. Angesichts ihrer Schwangerschaft beschließt er, sie mit ihrem Bruder in Bologna zurückzulassen. Sie soll ihm in kleinen Etappen nach St. Petersburg folgen. Kaum hat er sich von ihr getrennt, um seine Reise fortzusetzen, als er sich auch schon Sorgen um sie macht. Von jeder Poststation schreibt er ihr sehr zärtliche

Briefe: »Teures Herz, laß in Venedig das Medikament nach dem Rezept des Arztes bereiten und nimm es nach den Anweisungen ...« – »Sorge Dich nicht, mein Herz. Mach Dich mit Gottes Hilfe wieder auf den Weg. Paß gut auf Dich auf ... Ruhe Dich aus, sooft Du kannst ... Schau nicht auf die Kosten ... Deine Gesundheit ist mir teurer als alles auf der Welt ...« – »Alles geht gut, ich fühle, daß man mich von allem entbinden wird und daß ich mit Dir, so Gott will, auf dem Lande werde leben können und wir uns um nichts mehr sorgen müssen.« Er schreibt auch an Afrosinias Bruder: »Iwan Fjodorowitsch, sei gegrüßt! Ich bitte Dich um der Liebe Gottes willen, behüte Deine Schwester und meine Frau (auch wenn sie es noch nicht offiziell ist, aber ich habe die Zustimmung erhalten, daß sie es wird); tue Dein Möglichstes, damit sie keinen Verdruß hat, denn nichts soll den Verlauf ihrer Schwangerschaft stören, die mit Gottes Hilfe zu einem glücklichen Ende kommen wird.«

Der Brief schließt mit einem groben Postskriptum an einen Diener der Geliebten: »Pjotr Michailowitsch, Sohn einer Hündin und Hure, erheitere Afrosinia, so gut du kannst, damit sie nicht traurig ist, denn alles wird gut; es ist nur wegen ihres Bauches, daß ich die Sache nicht beschleunigen kann.«

Dieser Bauch beschäftigt Alexej derart, daß er von Danzig aus eine Hebamme nach Berlin schickt mit dem Auftrag, seine Mätresse auf ihrer weiteren Reise zu begleiten. Afrosinia antwortet auf so viel Fürsorge mit geistlosen banalen Billetts, die sie einem Sekretär diktiert. Sie berichtet über ihre Gesundheit und über die Einkäufe, die sie im Laufe ihrer Reise macht: dreizehn Ellen Goldstoff, ein Kreuz, Ohrringe und einen Rubinring. Vor allem aber kreisen ihre Gedanken um das Essen. Ist es ihr Zustand, der ihren Appetit dermaßen anregt? Sie beauftragt den Zarewitsch mit Hunderten von Nahrungswünschen: »Schicke mir nach Berlin gepreßten Kaviar und frischen Kaviar, schwarzen und roten, eingesalzenen Lachs und geräucherten Lachs, Fische aller Art und Buchweizengrütze.« Er gibt sich alle Mühe. Nichts erscheint ihm gut und schön genug für seine Afrosinia.

Als er die russische Grenze überschreitet, ist er erstaunt über die Zuneigung, die ihm die kleinen Leute in der Provinz erweisen. Manche werfen sich nieder, wenn er vorüberfährt, und flehen um seinen Segen, so als sei er dadurch, daß er dem Zaren getrotzt hatte, der Verteidiger aller jener geworden, die in Rußland leiden. Diese Beliebtheit erfreut und beunruhigt ihn. Wird sein Vater ihm das nicht übelnehmen? Aber nein, er hat »bei Gott und seinem Gericht« versprochen, daß er seinem Sohn in Zukunft mit Zuneigung begegnen werde. Der Zar kann einen Eid nicht brechen, für den er den Ewigen zum Zeugen aufgerufen hat.

Der Hof hält sich in Moskau auf, und der Zarewitsch begibt sich dorthin, um seinen Vater wiederzusehen. Er kommt am 31. Januar 1718 spätabends in der Stadt an. Der Zar empfängt ihn nicht, sondern beruft für Montag, den 3. Februar, seinen persönlichen Rat ein, der sich aus Geistlichen, Ministern und hohen Beamten zusammensetzt. Der große Audienzsaal im Kreml nimmt diesen glänzenden Areopag auf, der über den Grund seiner Einberufung nicht unterrichtet worden ist. Die weißen Perücken der Senatoren wechseln mit den hohen schwarzen Kopfbedeckungen der Geistlichen ab. Drei Bataillone des Garderegiments umringen, mit geladenen Gewehren bewaffnet, den Palast. Nachdem Peter auf dem Thron Platz genommen hat, befielt er, seinen Sohn hereinzuführen. Von zwei kräftigen Offizieren mit gezogenen Degen begleitet, erscheint der Zarewitsch. Er ist bleich, ohne Perücke, ohne Waffe, in bescheidenes Schwarz gekleidet und wirkt noch größer und zerbrechlicher als bei der Abreise aus Rußland. Bei seinem Anblick bricht der Zar in Verwünschungen aus. Bunt durcheinander wirft er Alexej seine schlechte Erziehung, seine Trägheit, seine Flucht und seine gemeinen Versuche vor, das Ausland gegen seinen Vater aufzubringen. Erschreckt fällt der Zarewitsch auf die Knie, stammelt schluchzend Entschuldigungen und fleht den Herrscher an, ihm noch einmal seine Liebe zu schenken. Mit harter Stimme befiehlt ihm der Zar, klar und deutlich zu sagen, was er erbitten wolle. »Das Leben und die Vergebung!« wimmert Alexej und beugt seine Stirn bis zu den Steinplatten des Bodens. Peter befiehlt ihm, sich zu erheben, und verspricht, ihn unter zwei Bedingungen zu begnadigen: Als Schuldiger und Unwürdiger müsse der Zarewitsch für immer auf die Krone verzichten und ferner jene preisgeben, die ihm bei seiner Flucht geholfen haben. Man gibt ihm Papier, Tinte und eine Feder. In der Hoffnung, billig davonzukommen, schreibt er mit zitternder Hand: »Allergnädigster Herrscher und Vater, ich habe mein Unrecht Euch gegenüber bereits bekannt und Euch dieses Geständnis aus Neapel gesandt. Ich wiederhole heute, daß ich, meine Pflichten als Sohn und Untertan vergessend, Rußland verlassen, den Kaiser um Hilfe gebeten und mich unter seinen Schutz gestellt habe. Dafür erflehe ich demütig Eure gnädige Verzeihung – Alexej.«

Nachdem er den Text gelesen hat, führt Peter seinen Sohn in ein Nebenzimmer und verlangt dramatisch unter vier Augen, daß er ihm die Namen aller seiner Mitschuldigen nenne, auch jener, die sich darauf beschränkt haben, ihn durch ihr Mitgefühl zu ermutigen. Er möge sein Gedächtnis gut erforschen und ja niemanden vergessen! Wenn er einen einzigen auslasse, verspiele er alle Hoffnung auf Gnade! Unter dem finsteren und kalten Blick des Zaren verläßt Alexej alle Kraft. Schwitzend vor Angst verrät er Kikin, Wiasemski, den Hofmeister Afanassjew, den Fürsten Dolgoruki und andere. Bei jedem Namen braust Peter zornig auf. Schließlich kehrt er mit dem Zarewitsch in den Saal zurück, der nun, nachdem er alles preisgegeben hat, auch an seine Begnadigung nicht mehr zu glauben wagt. Vor der aufmerksamen Versammlung liest der Vizekanzler Schafirow mit erhobener Stimme den Text eines »Eidlichen Versprechens« vor, das Alexej zur Unterschrift vorgelegt werden soll:

»Ich, der Unterfertigte, anerkenne vor der heiligen Ikonostase, daß ich aufgrund meiner Verbrechen gegen meinen Vater und meinen Herrscher, deren Einzelheiten in meinem Brief und meinem Geständnis festgehalten sind, jedes Recht auf die

Thronfolge in Rußland verwirkt habe. Deshalb verspreche ich und schwöre beim allmächtigen Gott, verherrlicht in der Dreifaltigkeit, und bei seinem Gericht, daß ich mich mit Rücksicht auf meine Fehler und meine Unwürdigkeit vollkommen dem väterlichen Willen unterwerfe und niemals und zu keiner Zeit weder nach diesem Erbe trachten noch es wünschen noch es annehmen werde. Ich erkenne meinen Bruder, den Zarewitsch Peter Petrowitsch,[14] als rechtmäßigen Thronfolger an. Ich küsse das heilige Kreuz und unterzeichne mit eigener Hand.«

Dann gehen die Versammelten geschlossen zur Mariä-Himmelfahrts-Kathedrale. Im Vorraum vor den geöffneten Türen zum Heiligtum steht der neue Erzbischof von Nowgorod, Theophan Prokopowitsch, in zeremoniellem Gewand mit dem Kreuz in der Hand, neben ihm der Zar. Vor der Ikonostase nimmt Alexej das Schriftstück, das ihm Schafirow reicht, und liest nun selbst mit schwacher Stimme den feierlichen Verzicht auf die Thronfolge vor. Zur gleichen Zeit hört das Volk auf dem Roten Platz die Verlesung eines endlosen Manifestes, in dem die Laster und Verbrechen des Zarewitschs aufgezählt sind. Keiner der alten Vorwürfe ist vergessen: Trägheit, Trunksucht, verdächtige Freundschaften, Sittenlosigkeit, Undank gegenüber einem wohlwollenden Vater, schändliches Verhalten gegenüber einer vortrefflichen Gattin. »Noch zu Lebzeiten seiner Frau hat er sich an eine träge Kreatur niederer Herkunft gehängt, mit ihr auf illegitime Weise gelebt und seine rechtmäßige Frau verlassen, die in der Folge zwar an einer Krankheit, aber auch vor Kummer gestorben ist, den ihr die liederliche Lebensweise ihres Gatten verursachte«, heißt es in dem Manifest. Und weiter: »Trotz der Schande, die Uns als Vater und Herrscher vor aller Welt durch die Flucht Unseres Sohnes zugefügt wurde, und trotz der Verleumdungen, die er über Uns verbreitet hat, alles Taten, die den Tod verdient hätten, empfanden Wir Mitleid in Unserem väterlichen Herzen, verziehen ihm seine Missetaten und verschonten ihn von jeglicher Strafe. Aber in Anbetracht seiner Unwürdigkeit und seiner obenerwähnten

Fehler können Wir nicht verantworten, ihm das Recht auf die Thronfolge in Rußland zu lassen ... Deshalb schließen Wir ihn, Unseren Sohn Alexej, zum Wohle des Staates von der Erbfolge aus und ernennen und proklamieren Unseren anderen Sohn Peter zum Erben des besagten Thrones, auch wenn er noch sehr jung ist ... Wer auch immer sich dieser gegenwärtigen Entscheidung widersetzt und Unseren Sohn Alexej als Unseren Erben betrachtet oder es wagt, ihm irgendwelche Unterstützung anzubieten, wird hiermit zum Verräter an Uns und an der Heimat erklärt.«

So erfuhr das Volk bestürzt, daß der Zar die Erbfolge geändert und ein Kind von siebenundzwanzig Monaten einem Mann von achtundzwanzig Jahren vorgezogen hatte. Allerdings war der erste der Sohn Katharinas und der zweite der Sohn Eudoxias, verkörperte der erste die Unschuld und der zweite die Ausschweifung, konnte sich der erste später als Förderer und Fortsetzer von Peters Werk erweisen, während der zweite nur daran dachte, es zu zerstören.

Am nächsten Tag, dem 4. Februar, wurde der Zarewitsch aufgefordert, schriftlich einen Fragebogen von sieben Punkten zu beantworten, um die Denunziationen, die er am Vortag dem Zar gegenüber ausgesprochen hatte, zu bestätigen und darzulegen. Für alle Fälle erklärte ihm eine Präambel, die der Zar selbst redigiert hatte, daß er »mit dem Tode bestraft« würde, wenn er etwas verschweige, eine unnötige Ermahnung, denn der Zarewitsch war ohnedies zu allem bereit, um seine Haut zu retten. Nach vier Tagen der Überlegung füllte er den Fragebogen aus und nannte nun nicht nur Kikin, Dolgoruki, Wiasemski und Afanassjew, »die sich manches eingebildet hätten«, sondern auch die Zarewna Maria Alexejewna als Mitschuldige und implizierte indirekt auch seine Mutter, die Exzarin Eudoxia. In seiner Angst, nicht genug zu gestehen, setzte er noch Namen von Statisten hinzu, insgesamt ungefähr fünfzig. Genügte das, den Zorn des Zaren zu beschwichtigen?

Kaum von Alexej genannt, wurden die »Schuldigen« nach

Moskau gebracht, unter ihnen Bischof Dosifei von Rostow. Dieser gab zu, der Exzarin den nahen Tod Peters und die Inthronisierung Alexejs prophezeit zu haben. Vor seine geistlichen Vorgesetzten zitiert, die beauftragt waren, seine Absetzung auszusprechen, rief er: »Bin ich denn der einzige Schuldige in dieser Sache? Überlegt doch, was ihr alle im Grunde eures Herzens fühlt! Was findet ihr dort? Öffnet eure Ohren dem Volk. Wovon spricht es? Von einem Namen, den ich nicht nennen werde!« Seines Titels und Ranges beraubt, wurde er als »in Schande davongejagter Priester« der Folter übergeben. Als man ihm die Glieder brach, gestand er, eine ruchlose Feindseligkeit gegen die Reformen des Zaren gehegt zu haben, und denunzierte Abraham Lopuchin, einen Onkel Alexejs. Dieser, ein Bruder der Exzarin Eudoxia, gab im Verhör zu, daß er tatsächlich mit ihr korrespondiert habe.

Sogleich wurde Hauptmann Skornjakow-Pissarew zum Kloster bei Susdal geschickt, um über die Machenschaften der ersten Frau Peters, die dort unter dem Namen Schwester Helene lebte, eine Untersuchung anzustellen. Was er an Ort und Stelle feststellte, versetzte ihn in Bestürzung. Nach achtzehn Jahren der Abgeschlossenheit und Erniedrigung hatte die Exzarin in der Person des Majors Stepan Gljebow einen Tröster gefunden. Er war zu einer Rekrutierung in die Gegend von Susdal gekommen. Dort rührte ihn das Los der Unglücklichen, und als sie sich über die Kälte in ihrer Zelle beklagte, ließ er ihr Pelzwerk bringen. Sie dankte ihm erst brieflich, dann empfing sie ihn, und von Besuch zu Besuch nahm ihr Verhältnis einen intimeren Charakter an. Nachdem diese Frau, die die Vierzig schon überschritten hatte, die Geliebte Gljebows geworden war, gab sie sich ganz ihrer schwärmerischen Liebe hin, während er, jung, ehrgeizig und berechnend, sich für sie nur insoweit interessierte, als sie ihm im Falle eines Regierungswechsels eine glänzende Zukunft sichern konnte. Sehr bald verbargen sie ihr Verhältnis nicht mehr, tauschten öffentlich Küsse und schickten die Nonnen fort, um sich ungestört zu vergnügen. Sie versuchte, ihn dazu zu bewegen, den Dienst zu quittieren, damit sie ihn öfter sehen könnte. Auch hatte sie sich eingeschränkt, um ihn mit ihren dürftigen Mitteln bei seinen Ausgaben zu unterstützen. Sie litt sehr darunter, daß er verheiratet war und ihre Sünde dadurch noch größer wurde. Während jeder Trennung schrieben sie einander leidenschaftliche Briefe. Diese Briefe stöberte der Untersuchungsbeamte im Laufe einer Durchsuchung auf. Nicht einer war von der Hand Eudoxias. Sie hatte sie der Nonne Kaptelina, ihrer Vertrauten, diktiert. Aber auf jeden von ihnen hatte der unvorsichtige Gljebow geschrieben: »Brief der Zarin.« Skornjakow-Pissarew rieb sich die Hände. Die Ausbeute war gut. Neun Liebesbriefe, die man dem Zaren vorlegen konnte.

Peter las mit einer Mischung aus Empörung, Abscheu und nachträglicher Eifersucht: »Wo Dein Geist ist, mein *Batko* [eine liebevollere Form von *Batjuschka,* Väterchen], ist auch der meine; wo Dein Wort ist, ist mein Kopf; ich bin ganz Dir zu Willen . . .« – »Vergiß nicht die Liebe einer armen Frau, die so unglücklich ist, daß sie kaum noch eine Seele in sich hat . . .« – »O mein Licht, wie kann ich getrennt von Dir auf Erden leben! Trage wenigstens den Ring, den ich Dir gegeben habe, mein Herz, und liebe mich ein wenig, ein wenig. Ich habe einen gleichen für mich anfertigen lassen . . . O Du mein alles, mein Angebeteter, mein *Lapuschka* [Pfötchen], antworte mir . . . Komm mich morgen besuchen, laß mich nicht vor Kummer sterben. Ich habe Dir eine Halsbinde geschickt, trage sie, o meine Seele; Du trägst nichts, was von mir kommt. Ist das ein Zeichen, daß ich Dir nicht mehr gefalle? . . . Deine Liebe vergessen, das kann ich nicht!« – »Wer hat mir meinen Schatz gestohlen? . . . Warum verläßt Du mich? . . . Hast Du kein Mitleid mit mir? . . .« – »Schick mir, o mein Herz, schick mir das Wams, das Du so gern trägst . . . Schick mir ein Stück Brot, von dem Du abgebissen hast . . .« Dieser Sturzflut verliebter Klagen entnahm Peter wütend, daß Eudoxia es wagte, ihren Liebhaber zärtlich »Lapuschka« zu nennen, was einige zwanzig Jahre früher ihm vorbehalten gewesen war. Auch fand er, sie schulde ihm Treue, obwohl er sie verstoßen hatte. Man hörte nie auf, die Gemahlin des Zaren zu sein. Auf jeden Fall enthielten diese sentimentalen Albernheiten einer Frau an der Schwelle des Alters nichts Politisches. Nichtsdestoweniger verdienten sie und ihr Liebhaber eine exemplarische Strafe. Er befahl, das Paar nach Moskau zu bringen.

Während der Reise schrieb Eudoxia an den Zaren: »Sehr barmherziger Herrscher, in der Vergangenheit (wann genau, kann ich mich nicht mehr erinnern) wurden mir im Kloster die Haare abgeschnitten, und ich nahm den Namen Schwester Helene an; danach trug ich ein halbes Jahr lang die Nonnentracht. Aber da ich nicht Nonne sein wollte, zog ich die Kutte aus und führte verborgen in diesem Kloster ein weltliches Leben ... Heute setze ich meine Hoffnung auf die großzügige Menschlichkeit Eurer Majestät. Ich werfe mich Euch zu Füßen, um Euch um Gnade und Verzeihung für mein Vergehen anzuflehen, um nicht eines schmachvollen Todes zu sterben. Ich verpflichte mich, wieder Nonne zu werden und es bis zu meinem Lebensende zu bleiben ... Eure ehemalige Gattin – Eudoxia.«

Von der Untersuchungskommission befragt, gestand sie schriftlich: »Ich bekenne, daß ich mit Stepan Gljebow in Sünde gelebt habe, darin besteht meine Schuld. Geschrieben mit eigener Hand – Helene.« Aber sie verneinte jede schlechte Absicht dem Zaren gegenüber. Gljebow ebenfalls. Als er der Hauptanklage gegenüber beharrlich schwieg, schlug man ihn mit der Knute, brannte ihn, brach ihm die Rippen, riß ihm mit Zangen Fleischstücke aus dem Körper heraus und sperrte ihn in einen Kerker, dessen Boden von scharfen Holzsplittern starrte, die seine nackten Füße zerrissen, wenn er einen Schritt tat. Trotz dieser Qualen weigerte er sich, zuzugeben, daß er in eine Verschwörung verwickelt gewesen wäre, und denunzierte niemanden. Um mehr zu erfahren, ließen die Untersuchungsbeamten etwa fünfzig Nonnen mit Ruten auspeitschen, von denen einige unter den Schlägen zusammenbrachen. Der Zar wohnte allen Martern bei und horchte begierig auf das Röcheln und Lallen der Unglücklichen.

Aber auch aus all diesen Zeugenaussagen ging hervor, daß der Zarewitsch zwar in dem von Steuern niedergedrückten Volk, bei der entmachteten Geistlichkeit und dem alten gedemütigten Adel große Sympathien genoß, aber keineswegs an der Spitze einer Organisation und noch weniger einer Partei stand. Die Untersuchungsbeamten stießen immer wieder nur auf Sympathisanten Alexejs, nicht aber auf Verschwörer. Unwichtig! Der Prozeß mußte seinen Lauf nehmen. Wenn man schon einmal einen so bedeutenden Apparat in Bewegung gesetzt hatte, konnte der Urteilsspruch am Ende nur sehr hart sein. Am 14. und 16. März 1718 verurteilte der Gerichtshof, dem die Minister des Zaren vorstanden, Kikin, Gljebow und Dosifei zum »grausamen Tode«, den Verwalter Pustynnik und den Kantor Schurawski zum »einfachen Tode«. Dem Fürsten Schtscherbatow sollten Zunge und Nase abgeschnitten werden; andere wurden zur Knute, zu Zwangsarbeit oder Verbannung verurteilt; einige wie Wiasemski und Dolgoruki kamen mit der Einziehung ihrer Güter davon. Der ehemalige Priester Dosifei, der zu Tode gerädert wurde, hatte vor seinem Tod noch die Kraft, dem Zaren ins Gesicht zu schreien: »Wenn du deinen Sohn umbringst, soll dieses Blut über dich und die Deinen vom Vater zum Sohne bis zum letzten Zaren kommen! Gnade für deinen Sohn! Gnade für Rußland!« Nach der Hinrichtung wurde Dosifeis Kopf vom Rumpf getrennt und auf einen Spieß gesteckt, sein Leib verbrannt. Kikin schlug der Henker Arme und Beine entzwei. »Seine Folter dauerte lange«, schrieb der österreichische Gesandte Pleyer, »mit Pausen dazwischen, damit er Zeit hatte, zu leiden.«

Am nächsten Tag ging Peter zu diesem blutenden Körper, der, am Rad hängend, immer noch atmete. Einigen Zeugenaussagen zufolge fragte der Zar den Sterbenden: »Wie konntest du dich in eine solche Sache einlassen, der du doch so klug bist?« Und dieser habe angeblich geantwortet: »Die Klugheit liebt Raum um sich, und du erstickst sie.«[15] Als ihm der Kopf abgeschlagen wurde, hob der Henker ihn auf und zeigte ihn, auf eine Pike gespießt, der schweigenden Menge. Der dritte, der den »grausamen Tod« sterben sollte, war Gljebow, der Liebhaber der Exzarin. Für ihn und nur für ihn allein hatte der Zar den Pfahl gewählt. Da es sehr kalt war, was die Qualen des Verurteilten hätte verkürzen können, hüllte man ihn in einen pelzgefütterten Mantel, setzte ihm eine Pelzmütze auf und zog ihm warme Stiefel an, bevor man ihn aufspießte. Das geschah um drei Uhr nachmittags, und sein qualvoller Todeskampf dauerte bis halb acht Uhr abends des nächsten Tages. Eudoxia dagegen wurde das Leben geschenkt. Sie wurde in das abgelegene Kloster Staraja Ladoga bei Schlüsselburg verbannt. Bevor man sie dort einschloß, wurde sie vor allen Nonnen von zwei Mönchen ausgepeitscht.[16] Die Zarewna Maria Alexejewna wurde in der Festung Schlüsselburg eingekerkert. Von den nur am Rande erwähnten Personen erhielten eine Fürstin Trojekurow sowie einige Nonnen und Adlige die Knute. Die Fürstin Anastasia Golizyn, die, über das Verhältnis zwischen Eudoxia und Gljebow unterrichtet, es nicht der Obrigkeit gemeldet hatte, wurde in einem Kreis von Soldaten auf den Boden gelegt und mit Ruten geschlagen. Dann ließ man sie zu ihrem Gemahl zurückkehren, der sie zu ihrem Vater heimschickte. Peter bestand darauf, daß sein Sohn bei den spektakulären Bestrafungen zusah, und genoß grausam das Entsetzen, das Alexej nicht verbergen konnte. Die Eisenstangen, auf die man vor zwanzig Jahren die Köpfe der Strelitzen gespießt hatte, waren gereinigt worden, um neue Köpfe aufzunehmen. »In der Stadt«, schrieb der Gesandte Pleyer, »auf dem großen Platz vor dem Palast [des Kreml], wo die Hinrichtungen stattfanden, erhob sich ein viereckiges Podest aus weißem Stein, ungefähr sechs Ellen hoch, umgeben von Eisenstangen, auf denen die Köpfe aufgespießt waren. Oben auf dem Podest lag ein quadratischer Stein von einer Elle Höhe. Auf diesem Stein waren die Leichen der Hingerichteten aufgehäuft, darunter jene von Gljebow, der sich so gleichsam im Kreis der anderen befand.«

Am Abend nach der letzten Hinrichtung versammelte Peter

»den Rat der großen Narretei« und betrank sich mit seinen verkleideten Gefährten im Verlauf eines fröhlichen Banketts. Als neuer Fürst-Papst wurde Pjotr Iwanowitsch Buturlin gewählt, um Nikita Sotow, den verstorbenen früheren, zu ersetzen. Auf dem Höhepunkt des Festes übergab man ihm das groteske Meßgewand und die Mitra. Der Zar hatte während der blutigen Tage der Zeugenverhöre die Zeit gefunden, alle Einzelheiten für diese blasphemische Zeremonie auszuarbeiten. Unter einem Samtbaldachin erhob sich ein aus Fäßchen erbauter und mit Lichtern aus Glasflaschen geschmückter Thron. Ein Gast nach dem anderen verneigte sich vor dem »Heiligen Vater der Säufer«, der ein Kreuz aus Pfeifenröhren in der Hand hielt. Eine Bacchus-Ikone glänzte über seinem Kopf. Um sie zu segnen, schlug er alle Zecher mit einer in Wodka getauchten Schweinsblase und zelebrierte seine Form des Abendmahls, indem er ihnen eine riesige Kelle mit gepfeffertem Schnaps reichte. Die so Geweihten sangen im Chor zotige Hymnen. Dann begab man sich lärmend zu Tisch, saß eng gedrängt, schlang gierig das Fleisch hinunter, trank, rülpste und furzte – dies alles nur wenige Schritte von dem Podest entfernt, auf dem die Leichen von Alexejs Freunden lagen. Ehrwürdige Amtsträger des Zaren, bis oben hin voll vom Alkohol, stritten sich, ohrfeigten einander, fuhren sich in die Haare, versöhnten sich plötzlich wieder und sanken einander weinend in die Arme. Ein alter Bojar weigerte sich zu trinken, da flößte ihm sein Nachbar Wodka mit Hilfe eines Trichters ein. Schließlich übergab sich der Fürst-Papst von der Höhe seines Thrones herab auf die Perücken der Gäste, die unter ihm saßen.

Am nächsten Tag, dem 18. März 1718, reiste der Zar nach St. Petersburg. Alexej folgte ihm mit anderen Angeklagten, über deren Schicksal noch nicht entschieden war. Aber der Zarewitsch machte einen ruhigen Eindruck: Diese gebrochenen Glieder, diese abgeschlagenen Köpfe, meinte er, mußten den Hunger des Molochs von Rußland gestillt haben. Er war offenbar noch einmal davongekommen. Afrosinia, die durch ihre

Schwangerschaft noch in Berlin festgehalten war, schrieb er, daß sein Vater ihn zum Abendessen empfangen habe, daß alles gutgehe und daß er erleichtert sei, nicht mehr der offizielle Thronfolger zu sein: »Du weißt ja, daß wir nie etwas anderes wollten, als ruhig in Roschtschestwjenka zu leben, mit Dir in Frieden bis zu meinem Tod, das ist mein einziger Wunsch.« Während er wartete, trank er mehr als je zuvor, vielleicht um das durch seine Schuld vergossene Blut zu vergessen. Der Zar hatte ihm als überwachten Wohnsitz ein Haus nahe dem Winterpalast zugewiesen. Am Ostersonntag, dem 13. April 1718, tauschte Alexej den dreifachen Friedenskuß mit Katharina, warf sich ihr zu Füßen und flehte sie an, sich beim Zaren dafür zu verwenden, daß er seine Afrosinia heiraten dürfe. Sie sagte weder ja noch nein, war aber ganz Liebenswürdigkeit und hatte feuchte Augen. Auch der Zar küßte Alexej dreimal; war das die Versöhnung? Der Zarewitsch hoffte es törichterweise bei der Berührung dieser rauhen rasierten Wangen und dieses schmalen borstigen Schnurrbarts. Der vertraute Geruch seines Vaters hüllte ihn ein.

Zwei Tage später traf Afrosinia ein. Während sich Alexej noch voller Freude auf das Wiedersehen vorbereitete, erfuhr er, daß seine Geliebte direkt in die Peter-Pauls-Festung geführt worden war. Man begann, die Dienerschaft der jungen Frau zu verhören. Nach Afrosinias Niederkunft[17] brachte man sie in einer geschlossenen Schaluppe nach Peterhof, der Sommerresidenz des Zaren. Dort sprach der Zar unter vier Augen persönlich und eindringlich mit ihr, weil er hoffte, etwas Neues zu erfahren. Sie hatte nur einen Gedanken: ihren Kopf zu retten. Da sie erriet, daß ihr Befrager handfeste Anschuldigungen erwartete, belastete sie Alexej durch die Schilderung an sich belangloser Gesten und Äußerungen, die in dieser Form Gewicht bekamen. Peter notierte erfreut einige Einzelheiten, die er in das vorgefaßte Bild einfügen konnte, aber im ganzen genommen enttäuschte ihn die Beichte Afrosinias, denn sie brachte keine wichtigen Enthüllungen. Auf sein Verlangen bestätigte die junge Frau ihre Aussage schriftlich: »Alexej hat oft Briefe an den Kaiser geschrieben, um sich über seinen Vater zu beklagen ... Als er von der Meuterei der Truppen in Mecklenburg erfuhr, freute er sich darüber, da er immer wünschte, den Thron zu erben; deshalb flüchtete er ... Als er erfuhr, daß der kleine Sohn des Zaren krank war, sagte er zu mir: ›Du siehst, mein Vater tut, was er will, und Gott tut, was Er will ...‹ Er hat gesagt: ›Wenn ich Zar bin, werde ich in Moskau leben, und St. Petersburg wird nur eine einfache Stadt sein; ich würde mich nicht um Schiffe kümmern, die Flotte abschaffen, nur einige Truppen für die Verteidigung des Landes halten und mit niemandem Krieg führen, das alte Reich würde mir genügen ... Vielleicht stirbt mein Vater, oder es gibt eine Revolte. Ich weiß nicht, warum mich mein Vater nicht liebt und meinen Bruder zu seinem Erben machen will, der ja erst ein Knirps ist. Er glaubt, daß seine Frau, meine Stiefmutter, klug sei und daß wir, wenn er stirbt, von ihr regiert werden sollen. Das ist nicht gut. Das Volk wird sich erheben. Die einen auf der Seite meines Bruders, die anderen auf meiner Seite.‹«

In Neapel hatte Alexej Afrosinia den Entwurf eines Briefes an zwei Bischöfe und an den Senat gegeben, damit sie ihn verbrenne. Sie hatte das Dokument in der geheimen Hoffnung, es bei Gelegenheit zu Geld machen zu können, nicht vernichtet. Vielleicht würde ihr der Zar für ihre Umsicht und Aufrichtigkeit dankbar sein. Sie übergab ihm das Papier. Er las: »Die Gründe, die mich nötigen, meine teure Heimat zu verlassen, waren, wie Ihr bereits wißt, meine fortwährenden Sorgen und jene unangemessenen Entscheidungen, deren unschuldiges Opfer ich war, denn zu Beginn des letzten Jahres hat nicht viel daran gefehlt, daß man mich gezwungen hätte, das schwarze Gewand zu nehmen ohne eine Schuld von meiner Seite, wie Ihr bezeugen könnt.« Die Nachschrift war noch unverschämter: »Um jede Erinnerung an mich im Volk auszulöschen, wird man bekanntgeben, daß ich nicht mehr lebe oder ähnliche böswillige Lügen. Schenkt ihnen keinen Glauben. Dank Gottes und meines Wohltäters [Kaiser Karls VI.] Hilfe lebe ich und befinde mich an einem sicheren Ort. Ich sende Euch diese Botschaft, um alle gegenteiligen Meinungen über mich zu widerlegen.«

Die Endfassung dieses Briefes, vom Kabinett in Wien aufgefangen, war nie an seinen Bestimmungsort gelangt. Peter nahm ihn mit unbändigem Frohlocken zur Kenntnis. Afrosinia, erschöpft und erleichtert, hatte nichts mehr zu sagen. Der Zar ließ sie per Schiff zur Festung zurückbringen. Kurz darauf befahl er, seinen Sohn ebenfalls dort einzukerkern. Alexej hatte seine Geliebte noch immer nicht gesehen.

Eines Tages holte man ihn aus seiner Zelle und führte ihn nach Peterhof, aus den vor Feuchtigkeit triefenden Mauern in den schönen Pavillon »Mon Plaisir« am Meeresufer. Sein Vater empfing ihn. Alexej sah ihn kaum an. Eine vertraute Gestalt zog seine ganze Aufmerksamkeit auf sich: Neben dem Zaren stand Afrosinia. Die Rundung der Schwangerschaft war verschwunden, aber auch ihr Gesicht hatte sich verändert. Es war bleich und trug einen harten, eigensinnigen Ausdruck, und über dieser feindseligen Maske loderten die roten Haare wie die Flammen der Hölle. Er wollte auf sie zustürzen, aber die Wachen hinderten ihn daran. Bei den ersten Worten begriff er, daß sie ihn verraten hatte. Jedesmal, wenn er versuchte, sich zu rechtfertigen, widersprach sie ihm kalt. Von der Frau verlassen, in die er seine ganze Hoffnung gesetzt hatte, brach er zusammen. Nur aus Liebe zu Afrosinia hatte er am Leben bleiben wollen. Wozu sollte er jetzt noch kämpfen? Sollte man doch mit ihm machen, was man wollte. Außerdem würde sich vielleicht, wenn er sich zu all diesen Vergehen bekannte, seien sie nun wahr oder unwahr, der Zorn seines Vaters endlich legen. Angewidert, müde und ernüchtert nahm Alexej still alles auf sich, was man ihm vorwarf, und bestätigte seine Erklärungen Punkt für Punkt schriftlich. Am 26. Mai verfaßte er, von Tolstoi und Buturlin getrieben, ein Geständnis, das ihn den Absichten seines Vaters endgültig auslieferte: »Bei meinem letzten Verhör habe ich gesagt, daß ich zu den Rebellen gestoßen wäre, wenn sie mich, gleichgültig zu welcher Zeit, selbst zu Euern Lebzeiten, an ihre Spitze gerufen hätten.«

Sogleich veröffentlichte Peter ein ergänzendes Manifest, um das schändliche Verhalten seines Sohnes bekanntzumachen und ihn zugleich der Lüge vor Gericht anzuschuldigen. Im Laufe weiterer Verhöre denunzierte Alexej, am Ende seiner Widerstandskraft, noch einige seiner Freunde, darunter seinen Beichtvater Ignatjew. Sie wurden ausgepeischt, an den Wippgalgen gehängt und gaben schließlich zu, den Tod des Zaren gewünscht zu haben. Sie wurden enthauptet. Peters Argwohn wuchs ins Unermeßliche, er hätte gern in die Köpfe aller seiner Untertanen hineingesehen, um noch dem letzten subversiven Gedanken auf die Spur zu kommen. Er hatte den Eindruck, ganz Rußland sei von Verrätern bevölkert, und das harmloseste Lächeln erschien ihm verdächtig. Das mörderische Verfahren, das er entfesselt hatte, riß ihn immer weiter auf der Bahn des Grauens fort. Andauernd in Verhöre und Folterungen verwikkelt, wußte er nicht mehr, wie er diesen Strömen von Blut ein Ende setzen sollte. Wo aufhören? Wen auf die Spitze der Leichenpyramide legen?

Der hannoveranische Gesandte Weber schrieb in seinem Bericht: »In diesem Staat wird alles eines Tages in einer entsetzlichen Katastrophe enden. Denn Millionen Seelen rufen den Himmel gegen den Zaren an. Der allgemeine Haß, der hier schwelt, bedarf nur eines Windstoßes, um aufzuflammen. Man hofft auf das Erscheinen eines Führers.« War dieser Führer nicht der Zarewitsch? Ja, gewiß, Rußland krankte an Alexej, dachte der Zar. Man mußte diese verfaulte Wurzel austilgen. Das Kloster? Der Tod? Peter zögerte.

Am 13. Juni 1718 richtete er einen Brief an die Metropoliten, Erzbischöfe und Bischöfe und bat um ihre Meinung über die Bestrafung, die der Zarewitsch verdiente: »Obwohl er die wichtigste Tatsache verschwieg, nämlich seinen Plan einer Revolte gegen Uns, seinen Vater und Herrscher, erinnern Wir Uns an die Worte Gottes, daß man sich in solchen Dingen an die Geistlichkeit wenden solle, wie es im 17. Kapitel des Deuteronomiums geschrieben steht. Wir möchten, daß alle, Erzbischöfe wie Priester, die Gottes Wort verkünden, in der Heiligen Schrift einen Hinweis auf die Bestrafung suchen, die Unserem Sohn für sein schändliches Verhalten gebührt, das dem Absaloms gleichkommt ... Die Antwort gebt Uns schriftlich und eigenhändig unterschrieben. Wir können dann, ohne Unser Gewissen zu belasten, in dieser Sache entscheiden. Wir vertrauen Uns Euch, den würdigen Hütern der Gebote des Herrn und getreuen Hirten der Herde Christi, an und beschwören Euch beim Gericht Gottes und Eurem heiligen Amt, ohne Heuchelei oder Leidenschaft ans Werk zu gehen.«

Die versammelten geistlichen Würdenträger antworteten vorsichtig mit neun Zitaten aus dem Alten Testament, die einen Vater ermächtigten, seinen Sohn mit größter Strenge zu bestrafen, und sieben Beispielen aus dem Neuen Testament, die zur Duldsamkeit ermahnten. Den Abschluß bildete eine Verbeugung vor der Macht: »Diese Sache liegt nicht in unserer Kompetenz, denn wer hat uns dazu erhoben, über den zu richten, der über uns bestimmt? Wie können die Glieder dem Kopf Ratschläge erteilen? Auch darf unser geistliches Gericht nur über die Seele richten und nicht über Fleisch und Blut; der kirchliche Stand verfügt nicht über das Schwert aus Eisen, sondern über das Schwert des Geistes ... Wir bieten alle diese Betrachtungen unserem allerhöchsten Monarchen voll Demut dar und glauben, daß er nach Gottes Willen das tun wird, was ihm selbst am besten erscheint. Wenn er den Schuldigen nach dem Maße seiner Vergehen bestrafen will, hat er Beispiele im Alten Testament. Wenn er zu begnadigen wünscht, hat er an Christus selbst ein Beispiel, der dem verlorenen Sohn verzieh, der der zur Steinigung verurteilten Ehebrecherin die Freiheit gab und der die Barmherzigkeit dem Opfer vorzog. Kurz gesagt, das Herz des Zaren liegt in den Händen des Herrn. Möge er den Teil wählen, den ihm der Herr eingibt.«

Als Peter dieses Dokument las, empfand er ein seltsames Gefühl der Leere, so als sei er plötzlich eines Rückhalts beraubt. Da er der Kirche jegliche Autorität entzogen hatte, konnte er nicht mehr auf ihre Hilfe rechnen. Er stand allein inmitten einer Nation, die bebte und den Kopf einzog. Trotzdem weigerte er sich – vielleicht aus der Furcht vor Gott –, persönlich die Verantwortung für eine exemplarische Bestrafung zu übernehmen. Nicht er, sondern ein Staatsgerichtshof würde seinen Sohn verurteilen. Er selbst wählte das Gericht unter den Ministern, Senatoren, Beamten, Funktionären, Generälen und Offizieren aus, insgesamt hundertsiebenundzwanzig Personen. Dieses hohe Sondergericht versammelte sich in Gegenwart des Zaren im Audienzsaal des Senats. Die Zugänge zum Palais waren verbarrikadiert und von Soldaten bewacht. Den Zarewitsch hatte man inzwischen in eine Zelle der Trubezkoi-Festung gebracht. Zur Vereinfachung des Verfahrens war im anschließenden Raum ein ganzer Folterapparat aufgebaut worden. Am 17. Juni 1718 erschien der Gefangene zum erstenmal vor seinen Richtern, die nach dem Verhör seine Antworten als ungenügend erachteten und beschlossen, ihn der peinlichen Befragung zu unterwerfen. Zwei Tage später wurde er in die Folterkammer geführt und am Wippgalgen hochgezogen, so daß seine Füße die Erde nicht berührten und er mit seinem ganzen Gewicht an seinen ausgerenkten und verdrehten Armen hing. In dieser Stellung erhielt er fünfundzwanzig Knutenhiebe. Mit zerfetztem Rücken brüllte er vor Schmerz und bestätigte schluchzend sein Geständnis. Peter wohnte der Folter bei. Bei jedem Schlag hoffte er auf eine Enthüllung, die seinen Haß rechtfertigte. Der Geruch von Blut und Schweiß berauschte ihn. Als ihn der Henker fragend anblickte, sagte er: »Weitermachen!« Aber man mußte die Folter auf Rat des Arztes unterbrechen. Alexej war nur noch eine keuchende Jammergestalt. Man trug ihn fort, versorgte seine Wunden und ließ ihn drei Tage ausruhen.

Am 22. Juni suchte ihn Tolstoi, der als Untersuchungsrichter fungierte, in seiner Zelle auf und legte ihm nahe, um seinen Vater zu besänftigen, in aller Demut eine vollständigere und aufrichtigere Beichte als die früheren zu schreiben. Der Zarewitsch nahm die Feder in seine schmerzende rechte Hand und schrieb: »Der Grund meines Ungehorsams gegen meinen Vater war, daß ich in meiner Kindheit nur mit meiner Mutter und mit Mädchen gelebt und nichts gelernt habe als Scheinheiligkeit, zu der ich außerdem eine natürliche Veranlagung hatte ... Mein Vater, der wünschte, daß ich Dinge lernte, die dem Sohn eines Herrschers würdig waren, befahl mir, Kenntnisse in der deutschen Sprache und anderen Wissenschaften zu erwerben, was ich sehr verabscheute, daher widmete ich mich dem Studium nur sehr träge und ohne guten Willen. Und da mein Vater oft auf Feldzügen war, wehrten Wiasemski und Naryschkin es mir nicht, als sie sahen, daß ich nichts anderes im Sinn hatte als Frömmelei und Gespräche mit Popen und Mönchen und mich mit ihnen zu betrinken, sondern ermutigten mich noch dazu und leisteten mir Gesellschaft ... So entfernten sie mich allmählich immer mehr von meinem Vater. Es kam so weit, daß ich nicht nur die militärischen Angelegenheiten meines Vaters verabscheute, sondern ihn selbst ... Als ich, um auf den Thron zu gelangen, einen anderen Weg als den des Gehorsams einschlug, so geschah das, wie man klar erkennen kann, weil ich bereits den Pfad der Tugend verlassen hatte und in nichts meinem Vater folgen wollte. Wie konnte ich anders nach der Erbfolge trachten, als daß ich mich, wie ich es getan habe, für die mir zustehenden Rechte um die Unterstützung des Auslandes bemühte? Hätte mir der Kaiser seinem Versprechen gemäß eine Armee gegeben, damit ich mich der Krone von Rußland bemächtigen könne, hätte ich das nicht abgelehnt. Hätte der Kaiser russische Soldaten für einen Feldzug gegen irgendeinen Feind gewünscht oder große Geldsummen benötigt, hätte ich alles gewährt. Ich hätte sogar seinen Ministern und Generälen schöne Geschenke überreicht. Für die Truppen, die er mir gegeben hätte, um die Krone von Rußland für mich zu gewinnen, hätte ich die Kosten auf mich genommen. Mit einem Wort, ich hätte an nichts gespart, um meinen Willen durchzusetzen.«

Nachdem er unterschrieben hatte, fragte sich Alexej mit Schrecken, ob er nicht in eine Falle getappt war, wenn er sein Verhalten schwärzte, um dem Zaren gefällig zu sein. Er wollte widerrufen. Zu spät, Tolstoi hatte sich des Dokuments bemächtigt und nahm es mit sich fort.

Am 24. Juni versammelte man sich neuerlich in Gegenwart des Zaren in der Folterkammer. Fünfzehn Knutenhiebe auf den noch durch die früheren Martern kreuz und quer aufgeplatzten Rücken. Ergebnis: nichts oder fast nichts. Alexej wußte nicht mehr, was er noch sagen sollte, so wimmerte er, daß er an den Metropoliten von Kiew geschrieben hatte, das Volk zur Revolution aufzuhetzen. Dann schwieg er. Er konnte nicht mehr sprechen. Der Arzt fürchtete um sein Leben. Noch am gleichen Tag trat der Staatsgerichtshof zusammen. Die hundertsiebenundzwanzig Richter wußten, welches Urteil der Zar von ihnen erwartete. Kein einziger dachte auch nur im Traum daran, sich dem zu widersetzen, indem er dem Angeklagten mildernde Umstände zubilligte. Die Entscheidung wurde einstimmig gefällt. Das Verdikt wurde unter anderen von Menschikow, Großadmiral Apraxin, Kanzler Golowkin, Vizekanzler Schafirow, Pjotr Tolstoi und Iwan Iwanowitsch Buturlin unterschrieben ... von allen Großen des Landes. Wenn einige Unterschriften am unteren Rand fehlten, so nur deshalb, weil mehrere dieser Stegreifrichter nicht schreiben konnten.

»24. Juni 1718 ... Wir, die Unterzeichneten, Minister, Senatoren, Funktionäre, Offiziere und Zivilpersonen, versammelt im Saal des Senats von St. Petersburg, haben nach reiflicher Überlegung und inspiriert durch unseren christlichen Glauben kraft der heiligen Gebote des Alten und Neuen Testaments, der heiligen Briefe der Evangelisten und der Apostel, der Regeln und Satzungen der Kirchenväter und Lehrer, des Rechtes der römischen und griechischen Kaiser und jenes der anderen christlichen Herrscher wie auch kraft des russischen Rechtes einstimmig und ohne Widerrede entschieden, daß der Zarewitsch Alexej für seine Schuld und seinen Aufruhr gegen seinen Herrscher und Vater ebensosehr als Sohn wie als Untertan Seiner Majestät den Tod verdient.«

Nun war wieder Peter am Zug: Sollte man die Strafe umwandeln oder den Henker sein Werk tun lassen? Katharina legte ihrem Gemahl nahe, zu verzeihen. »Begnüge dich damit, ihn zum Mönch zu machen«, sagte sie. »Sein Tod würde auf dich und deine Nachkommen zurückfallen.« Seine anderen Berater schwiegen besorgt, um sich der Gefahr eines Widerspruchs nicht auszusetzen. Ganz Rußland hielt den Atem an. In die Stille platzte das blitzartig umlaufende Gerücht, Alexej sei am 26. Juni in seiner Zelle gestorben. Am nächsten Tag ließ Peter einen von Schafirow, Tolstoi und Menschikow verfaßten Bericht über das Ende des Zarewitschs veröffentlichen:

»Bei der Verkündigung des Gerichtsurteils gegen Unseren Sohn schwankten Wir, sein Vater, zwischen dem naturgemäßen Erbarmen einerseits und der Sorge um die Sicherung des Friedens im Reiche andererseits. Wir konnten in dieser so schmerzlichen und schwerwiegenden Angelegenheit keine Entscheidung treffen. Aber der allmächtige Gott wollte Uns in seiner Güte aus Unseren Zweifeln befreien und Unser Haus und Unser Land vor der Gefahr und der Schande schützen. Er zerschnitt gestern, am 26. Juni, den Lebensfaden des Zarewitschs Alexej. Dieser erlag einer schweren Krankheit, die ihn bei der Verlesung des Todesurteils und der Liste seiner Verbrechen gegen Uns und den Staat befiel. Die Krankheit begann mit einer Art Schlaganfall. Dann kam er wieder voll zu Bewußtsein, beichtete, empfing christlich die Sterbesakramente und bat Uns, ihn zu besuchen, was Wir auch, seine sämtlichen Übeltaten vergessend, begleitet von allen Unseren Ministern und Senatoren, taten. Er gestand aufrichtig seine Verbrechen gegen Uns, weinte viel und erhielt die Vergebung, die Wir ihm als Vater und Herrscher schuldeten. Am 26. Juni gegen sechs Uhr nachmittags starb er eines christlichen Todes.«

Diese Version vom Ende des Zarewitschs täuschte niemanden. Die verschiedenartigsten Gerüchte liefen im Volk, bei Hofe und in diplomatischen Kreisen um. Der österreichische Gesandte Pleyer schrieb, daß der Zarewitsch mit dem Schwert oder mit dem Beil in seinem Gefängnis enthauptet worden sei. Der holländische Gesandte Jakob de By meldete den Generalstaaten, daß man dem Unglücklichen die Adern geöffnet habe und er verblutet sei. Ein Fräulein Anna Kramer, eine Kammerfrau Katharinas, versicherte, man habe dem Zarewitsch auf Befehl seines Vaters die Kehle durchgeschnitten, den Kopf wieder an den Rumpf der Leiche genäht und dann den Schnitt mit einer langen Halsbinde verdeckt. Peter-Henry Bruce sprach von Vergiftung. Andere, darunter Rumjanzow, verteidigten die These der Erdrosselung oder Erstickung unter Kissen. Später erzählten der sächsische Legationsrat Lefort und Graf Rabutin, der Nachfolger Pleyers, daß Alexej am 26. Juni nach der Urteilsverkündung zweifellos von seinem eigenen Vater mit der Knute geschlagen worden und während der Folter verschieden sei. Das *Journal* der Garnison von St. Petersburg erhärtete diese Behauptung, da es eine weitere Folter am 26. Juni erwähnt: »Sie fand in Anwesenheit des Zaren statt von acht Uhr morgens bis elf Uhr vormittags. Am selben Tag um sechs Uhr abends starb der Zarewitsch.« Also hatte der Zarewitsch im Zuge dieser letzten Folter nach der Urteilsverkündung, vielleicht geschwächt durch einen Aderlaß, den Geist aufgegeben. Hatte sein Vater persönlich Hand an ihn gelegt? Das war durchaus möglich. Nach dem Knüppel die Peitsche. Der Zar hat die Arbeit des Henkers nie gescheut. Ohne Zweifel hat er vor der Leiche Alexejs an Iwan den Schrecklichen gedacht, der 1581 in einem Wutanfall ebenfalls seinen ältesten Sohn mit einem Hieb seines eisenbeschlagenen Stockes tötete. Um seine Schuld zu sühnen, versenkte sich Iwan nach der Tat in Gebete und Selbstkasteiungen. Davon war Peter weit entfernt.

Am Tag nach dem Tod Alexejs feierte man in St. Petersburg den neunten Jahrestag des Sieges von Poltawa. Eine gelbe Fahne mit dem schwarzen Doppeladler wurde auf der Peter-und-Pauls-Festung gehißt, in der Dreifaltigkeitskirche ein Tedeum gelesen, die Kanonen donnerten, hell läuteten die Glocken, in der offenen Wandelhalle des Sommergartens zu Füßen der Venusstatue wurde abends ein Festmahl serviert, das Orchester spielte anmutige Weisen, und die Garben eines Feuerwerks zerplatzten am Himmel. Als Mitglieder des Diplomatischen Korps den Kanzler Golowkin fragten, ob Trauerkleidung getragen werden solle, antwortete dieser abweisend: »Der Prinz ist schuldig gestorben.« Im Verlauf des Mahles zeigte sich Katharina nachdenklich, der Zar jedoch, nach Angabe Pleyers, in bester Laune. Und ein Sekretär Menschikows bestätigte: »Nach dem Essen ging man in den Garten Seiner Majestät hinunter, wo man sich sehr gut unterhielt.«

Währenddessen wusch man in der Festung die Leiche, kleidete sie an und legte sie in einen Sarg. Am Morgen des 28. Juni wurde sie zur Dreifaltigkeitskirche gebracht, wo das Volk in stummer Bestürzung an ihr vorbeizog. Für Sonntag, den 29. Juni, zu Peter und Paul, dem Namenstag des Zaren, waren weitere Festlichkeiten vorgesehen: Eine Messe, Artilleriesalven, weithin klingendes Glockengeläut, ein Festmahl mit Musik und am Abend der Stapellauf einer Fregatte vor der Admiralität. Dem folgten an Bord des Schiffes das übliche Trinkgelage, schallendes Gelächter, Trinksprüche und Vivatrufe. Der Redakteur des *Journals* der Garnison notierte: »Es ging dabei hoch her.«

Am Montag, dem 30. Juni, fand das Begräbnis Alexejs statt, in Anwesenheit des Zaren, der Zarin, der Minister, der Senatoren und aller militärischen und zivilen Würdenträger. Eine große Menschenmenge, die im Innern keinen Platz gefunden hatte, umstand die kleine Kirche. Der mit schwarzem Samt ausgeschlagene Sarg stand auf einem hohen Katafalk unter einem Baldachin aus weißem Brokat, umgeben von einer Ehrenwache mit gezogenen Degen. Waren das nicht dieselben Soldaten, die Alexej vor seine Richter geführt hatten? Die Geistlichen walteten mit betonter Feierlichkeit ihres Amtes. Von den Getreuen des Zaren in ihren prachtvollen Uniformen hatten sich die meisten noch nicht von der Zecherei des Vorabends erholt. In ihren müden Köpfen mischten sich die Choräle mit dem Nachklang der Trinklieder. Am Schluß des Gottesdienstes erklomm der Zar die Stufen des Katafalks, beugte sich über den Sarg und küßte die kalten Lippen seines Sohnes. Die Zeugen versicherten, daß er, als er sich wieder aufrichtete, ein menschliches Gesicht zeigte, die Augen feucht von Tränen. Dennoch bereute er seine Entscheidung nicht. Dieses Mal war er sicher, das Übel endgültig ausgetilgt zu haben. Jenen, die ihm in dieser notwendigen und undankbaren Angelegenheit geholfen hatten, erwies er seine Dankbarkeit: Der arglistige Tolstoi wurde Graf; Rumjanzow, zum Major ernannt, erhielt zweitausend Leibeigene; Afrosinia fand sich als Lohn für ihren Verrat im Besitz einiger Dinge wieder, die dem Zarewitsch gehört hatten. Aus der Festung freigelassen, zog sie Nutzen aus dem Wohlwollen der Majestäten und heiratete schließlich einen Offizier der Garnison St. Petersburg, mit dem sie noch dreißig Jahre lang in Überfluß und Harmonie zusammenlebte. Am Ende des Jahres 1718 war Peter so überzeugt davon, dieser Intrige vernünftig und richtig begegnet zu sein, daß er eine Medaille mit dem Bild einer Krone prägen ließ, die von einer die Wolken siegreich durchbrechenden Sonne angestrahlt wurde. Am Rand trug sie die Inschrift: »Der Horizont hat sich erhellt.«

Die ausländischen Gesandten waren nicht dieser Ansicht. Der hannoveranische Gesandte Weber analysierte die Lage scharfsinnig: »Wie auch immer die Liebe des Monarchen zu seinen Untertanen aussehen mag, er steht in seinem Handeln allein ... Alles, was er während seiner glorreichen Regierungszeit trotz des Widerwillens der Russen geändert hat, wurde ausschließlich durch Gehorsam erreicht. Die schlaflosen Nächte, die seinen Untertanen der Gedanke an die Zukunft ihres Landes verursacht, lassen die Mehrzahl von ihnen hoffen, daß die Tage Seiner Majestät gezählt sind und daß das Reich zu seinen alten Formen zurückfindet ... St. Petersburg, die Schiffe, das Meer, die deutsche Mode und die abrasierten Bärte, alle diese Gebräuche und fremden Sprachen sind für die Mehrzahl der

Russen ein Alptraum. Wer sich in St. Petersburg niederlassen mußte, sehnt sich nach seiner Heimat wie nach dem Paradies und wünscht nichts so sehr, wie in sein altes, schmutziges Rußland zurückzukehren ...

Da der Zar diesem Widerstand gegenüber sehr empfindlich ist und erkennen mußte, daß der Zarewitsch nicht seinen Wegen, sondern denen seiner Ahnen folgte, ist es nicht weiter erstaunlich, daß er mit einer Härte vorging, die in den Augen der Welt unvertretbar und dem Recht der Staaten widersprechend erscheint, die aber doch in den Augen jener gerechtfertigt ist, die sich ein gesundes Urteil in diesen Fragen bewahrt haben.« Für den Schluß seines Rapports benutzt Weber eine chiffrierte Sprache: »In diesem Land wird es ein entsetzliches Ende geben, weil die Seufzer von Millionen Menschen gegen den Zaren zum Himmel steigen und weil in jedem Menschen ein Zornesfunken schwelt, der nur auf einen Wind, einen Erwecker wartet, um den großen Brand auszulösen.«

Als habe er um diese Zeilen gewußt, rechtfertigte sich Peter einige Monate nach dem Prozeß in einer Rede vor dem Adel: »Ihr habt gesehen, wie ich die Verbrechen eines undankbaren, heuchlerischen und unvorstellbar böswilligen Sohnes bestraft habe ... Ich hoffe dadurch mein großes Bestreben zu sichern, die russische Nation für immer mächtig und gefürchtet und alle meine Länder blühend zu machen, ein Werk, daß mich so viel Mühe und meine Untertanen so viel Blut und Geld gekostet hat und das im ersten Jahr nach meinem Tode zunichte geworden wäre, hätte ich nicht auf diese Weise die Ordnung wiederhergestellt.«[18]

Das Volk gedachte jedoch weiter Alexejs als eines Märtyrers, der das heilige Rußland verkörperte. Ohne jeden Zweifel hätte er als Nachfolger seines Vaters den Popen und den Bojaren die langen Bärte und die Macht zurückgegeben, hätte aufgehört, Kriege zu führen, und hätte sich von dem gottlosen Europa abgewandt. War er wirklich tot? Man munkelte, er lebe noch. Bald erschienen überall im Lande falsche Alexejs. Man zählte fünf verschiedene in fünf Jahren. Aber Peter kümmerte sich nicht darum. Durch sein hartes und schnelles Zuschlagen hatte er die rückständigen Geister in einen viel größeren Schrecken versetzt als seinerzeit durch die Massenhinrichtung der Strelitzen. Die Opposition war nun ohne Kopf. Der Zar konnte zu seiner wahren Bestimmung zurückkehren: Rußland zur Großmacht zu erheben, indem er die Grenzen hinausschob und seine Untertanen erzog. Das Schwert nach außen und den Knüppel im Innern! Wenn auch heute einige darunter litten, dachte Peter, morgen würde ihm die Nachwelt Gerechtigkeit widerfahren lassen.

12. Kapitel
Kaiser und Kaiserin

Nicht nur der Zarewitsch Alexej starb im Jahre 1718, sondern auch Peters Erbfeind Karl XII. Der König von Schweden fiel am 11. Dezember, von einer Kugel getroffen, vor der Festung Frederikshald. Seine Schwester Ulrike Eleonore, die ihm im Februar 1719 auf den Thron folgte, ließ den einflußreichsten Ratgeber des Königs, den Freiherrn von Schlitz, genannt von Görtz, der des heimlichen Einverständnisses mit Rußland angeklagt wurde, hinrichten und durch ihre Bevollmächtigten verkündigen, daß Schweden nicht mehr geneigt sei, Konzessionen im Raum der Ostsee zu machen. Peters Gegenschlag kam sofort. Im Juli 1719, während die russisch-schwedischen Verhandlungen auf den Alandsinseln auf der Stelle traten, setzte eine ansehnliche russische Flotte, dreißig große Schiffe und hundertdreißig Galeeren, an der schwedischen Küste ein Armeekorps an Land. Hunderte von Dörfern, Mühlen, Lagern und Fabriken wurden von Kosaken und russischen Matrosen niedergebrannt. Eine Abteilung Kosaken näherte sich bis auf eineinhalb Meilen der Hauptstadt. Aber trotz ihrer Verluste gaben sich die Schweden nicht geschlagen. Im September wurden die Verhandlungen auf Aland abgebrochen. Ulrike Eleonore hatte sich in der Zwischenzeit der Unterstützung Englands und des Wiener Hofes versichert, der dem Zaren seit der Affäre um den Zarewitsch Alexej grollte. Die geschickte Politik Londons zielte darauf, Rußland diplomatisch zu isolieren. Aber selbst wenn sich die Großmächte in ihren Reden gegen den Zaren wandten, hatten sie doch nicht die Mittel, ihre Drohungen in die Tat umzusetzen. Im Mai 1720 vereinte sich ein englisches Geschwader unter dem Kommando von Admiral Norris mit einem schwedischen Geschwader und versuchte, den Gegner durch Beschießung seiner Stellungen einzuschüchtern. Das Ergebnis war lächerlich: Ein Blockhaus und eine Badehütte auf Nargö gingen in Flammen auf. Währenddessen fiel Mengden ein zweites Mal in Schweden ein und brannte angeblich tausendsechshundertzwanzig Bauernhäuser nieder. Spöttisch schrieb Menschikow an Peter: »Das ist ein empfindlicher Schaden, den die vereinigten Flotten Eurer Majestät auf der Insel Nargö zugefügt haben. Aber genau betrachtet kann man den Verlust eines Blockhauses durch die schwedische Flotte und den einer Badehütte durch die englische Flotte verschmerzen.«

Nach diesem Scheingefecht verließ Admiral Norris die Ostsee. Die Schweden begriffen, daß sich bei aller Freundschaft weder der König von England noch der Regent von Frankreich noch der deutsche Kaiser darauf einlassen würden, sie in dem ungleichen Kampf zu unterstützen. Inzwischen hatte Peter ein Vermittlungsangebot des fähigen Campredon, des Gesandten Ludwigs XV., angenommen, der es unternehmen wollte, die Standpunkte der beiden Parteien einander anzunähern. Campredon mühte sich ab, konferierte mit Friedrich von Hessen-Kassel, der nach dem Thronverzicht seiner Gemahlin Ulrike Eleonore König von Schweden geworden war, korrespondierte mit Peter und brachte im April 1721 neuerliche Verhandlungen zwischen den russischen und schwedischen Bevollmächtigten in Nystad zustande. Nach langen Debatten stimmte Schweden einigen Abtretungen zu, beharrte aber darauf, daß der Zar die Ansprüche des Herzogs Friedrich von Holstein, eines Neffen Karls XII., auf die schwedische Krone nicht unterstützen dürfe. Dieser wurde jedoch gerade zu Beginn des Sommers in der schmeichelhaftesten Art in St. Petersburg empfangen. Man sprach davon, daß demnächst die Verlobung zwischen ihm und Peters Tochter Anna gefeiert werden würde. Voll Sorge beschloß König Friedrich I., allen Wünschen des Zaren nachzugeben, um der Gefahr eines Erbfolgekrieges aus dem Wege zu gehen. Der Friede von Nystad wurde zwischen dem 30. August und dem 10. September 1721 ausgehandelt. Rußland erhielt für immer Livland, Estland, Ingermanland, einen Teil Kareliens mit Wiborg sowie die Inseln Ösel und Dagö. Dagegen leistete es einen Schadenersatz von zwei Millionen Rubel, zahlbar in vier jährlichen Raten, gab Schweden den Rest Finnlands zurück und verzichtete darauf, sich in seine inneren Angelegenheiten einzumischen. Die Bewohner der Provinzen, die an Rußland abgetreten wurden, behielten die Rechte, die sie unter schwedischer Regierung genossen hatten, Religionsfreiheit, Sprache und Kultur. Grundherren blieb ihr Besitz unter der Bedingung, daß sie russische Bürger wurden. Polen und England unterzeichneten den Vertrag ebenfalls. Der Herzog von Holstein wurde darin nicht erwähnt.

Am 10. September 1721 kommt ein Bote in Wiborg an und bringt dem Zaren die Nachricht, daß der Friede unterzeichnet sei. Nach einundzwanzig Jahren Krieg an seinem Ziel angelangt, frohlockt Peter. Er hat die Küste der Ostsee erobert, hat Zugang zum Meer gewonnen; das Gesicht der europäischen Politik ist verändert. Jetzt kann Rußland aufatmen. Die Leiden und Entbehrungen, die das Volk erdulden mußte, sind nicht vergeblich gewesen. Die Härte des Zaren seinen Untertanen gegenüber ist für ihn durch diesen Erfolg gerechtfertigt. Er schreibt an Wassili Dolgoruki: »Die Ausbildung von Studenten dauert im allgemeinen sieben Jahre. Unsere Schulung hat dreimal solange gedauert, aber sie hat zu dem besten Erfolg geführt, den man sich wünschen konnte.«

Er steuert sogleich seine Jacht die Newa hinauf nach St. Petersburg. Auf der ganzen Fahrt schießen die drei Bordkanonen Salven ab, die Trompeten schmettern, und die Trommeln rasseln. In der Hauptstadt sammelt sich die Menge an der Landungsbrücke der Dreifaltigkeit und sieht schon von weitem den Zar am Bug des Schiffes stehen. Er winkt mit dem Taschentuch und brüllt aus voller Kehle: »Mir! Mir!« (Friede! Friede!). Dann springt er trotz seiner neunundvierzig Jahre geschmeidig an Land und läuft zur Dreifaltigkeitskirche. Dort wird ein Tedeum zelebriert, während man rasch ein Holzpodest vor dem Gotteshaus errichtet und Bier- und Schnapsfässer bringt. Nach dem Ende des Gottesdienstes erklimmt Peter gewandt die Plattform und ruft angesichts des Meeres von Köpfen, das vor ihm wogt: »Seid gegrüßt, meine Kinder! Orthodoxe, dankt dem allmächtigen Gott, der uns einen günstigen und ewigen Frieden mit Schweden geschenkt hat nach einem so langen und schweren Krieg. Ich trinke auf die Gesundheit von euch allen, die ihr eurer Heimat solchen Ruhm gebracht habt!« Dann ergreift er ein Glas mit Branntwein und leert es inmitten begeisterten Jubels in einem Zug auf das Wohl der Nation. Das ist das Zeichen für eine allgemeine Zecherei. Bis tief in die Nacht hinein gehen Herolde mit Helmen auf den Köpfen, weißen Schärpen über den Schultern und weißen, mit Lorbeerzweigen geschmückten Fahnen in den Händen durch die Straßen und verkünden zwischen zwei Trompetenstößen den Beginn einer neuen Friedensära. Man weint vor Freude, man preist den Herrscher, man tanzt, trinkt und singt in den erleuchteten Straßen.

An jedem Tag der folgenden Woche wird eine Maskerade veranstaltet, zu der sich auf Befehl des Zaren Tausende von Teilnehmern einfinden. Die hohen Würdenträger und ihre Gattinnen formieren sich in den verschiedensten Verkleidungen zu einem Zug und umkreisen langsamen Schritts stundenlang den Dreifaltigkeitsplatz. Da gibt es Schäfer, Nymphen, Spanier, Türken, Inder, Harlekine und Skaramuze. Die Zarin ist als holländische Bäuerin kostümiert, der Zar kommt als holländischer Matrose. Er marschiert an der Spitze des Zuges und schlägt mit unermüdlicher Energie die Trommel. Niemand wagt es, aus der Reihe zu treten oder stehenzubleiben, bevor er das Signal zur Auflösung gegeben hat. Den Höhepunkt des Festes bildet die Hochzeit des neuen Fürst-Papstes Buturlin mit der Witwe seines Vorgängers Sotow, die gut sechzig Jahre alt ist. Diese Verbindung hatte der Zar gegen alles inständige Flehen der Beteiligten beschlossen. Für die Hochzeitsfeierlichkeit wird der

Fürst-Papst unter einem Baldachin neben den Zaren gesetzt, seine Gattin unter einem anderen Baldachin neben die Zarin. Vom Herrscher ermuntert, zechen Männer und Frauen tüchtig. Alle sind so betrunken, daß die Tänze, die dem Mahl folgen, nur zu einem von Stürzen und Lachsalven unterbrochenen Taumeln werden. Nachdem sie sich ein wenig Bewegung gemacht haben, führen der Zar und die Zarin die Neuvermählten in das Ehegemach, das man im Erdgeschoß der großen Holzpyramide zu den »Vier Fregatten« gegenüber dem Senatsgebäude eingerichtet hat. Wein- und Schnapsfässer umrahmen das Bett. Sobald sich das Paar niedergelegt hat, trinkt es noch einmal auf das Wohl Ihrer Majestäten. Dann ziehen sich Peter und Katharina zurück und schließen die Tür hinter sich ab. Aber in die Wände der Pyramide sind Löcher gebohrt, damit man von außen die beiden frisch gebackenen Eheleute bei ihren herzzerreißenden Intimitäten beobachten kann. Als Voyeure amüsieren sich der Zar, die Zarin und ihre Umgebung über die Verrenkungen und Grimassen des alten Fürst-Papstes und seiner Frau, die sich unbeobachtet glauben.[1]

Für den nächsten Tag hatte sich der Zar, der entschieden bei Laune war, einen neuen Spaß ausgedacht. Auf einem Floß stand ein gewaltiges Bierfaß. Auf der Oberfläche des Bieres schwamm eine Bütte, und in dieser hockte der Fürst-Papst mit seiner Tiara aus Weißblech auf dem Kopf und seinem mit einer Venus geschmückten Kreuz in der Hand. Er blickte furchtsam um sich, während eine Barke mit zwölf Ruderern die Plattform die Newa entlangschleppte. Seine »Kardinäle« folgten ihm, rittlings auf Fässern sitzend, ihre roten Roben bis zum Bauch aufgekrempelt. Ein als Neptun verkleideter Matrose ließ den Fürst-Papst in seiner Bütte mit Hilfe eines Dreizacks kreiseln. Der Bedauernswerte brüllte und klammerte sich an. Der Zuber kippte um, und der Fürst-Papst pantschte im Bier herum. Die sich am Ufer drängende Menge klatschte. Man traf sich wieder im Hotel Post zu einer gewaltigen Schlemmerei. An den folgenden Tagen ging die Maskerade weiter, immer ausgelassener und unsinniger. Es war den Standespersonen verboten, ohne Verkleidung auf die Straße zu gehen, eine Geldstrafe von hundert Rubel traf alle Zuwiderhandelnden.

Erst nach einer Woche der Ausgelassenheit wandte man sich wieder ernsteren Dingen zu. Am 2. November 1721, als der Text des Friedensvertrages mit Schweden eintraf, wurde noch einmal ein Tedeum in der Dreifaltigkeitskirche zelebriert. Der Erzbischof von Nowgorod rühmte die Weisheit des Herrschers, und Kanzler Golowkin hielt im Namen des Senats eine schwungvolle Ansprache:

»Die glorreichen Unternehmungen Seiner Majestät des Zaren, die Erhabenheit seines Mutes in der Politik ebenso wie im Kriege und seine unermüdliche Arbeit haben uns aus der Dunkelheit und Unwissenheit, in der wir uns befanden, herausgerissen und uns auf dem Theater der Ehre dieser Welt auftreten lassen, so daß man sagen kann, daß Seine Majestät aus nichts etwas Bedeutendes geschaffen hat, indem er uns in die Reihen der zivilisierten Völker geführt hat ... Der Senat nimmt sich die Freiheit, Seine Majestät demütig und in tiefster Ergebenheit zu bitten, den Titel Peter der Große, Vater des Vaterlandes, Kaiser aller Reußen anzunehmen ... Es lebe Peter der Große, Vater des Vaterlandes, Kaiser aller Reußen!«

Peter spielte den Erstaunten, umarmte ihn, nahm schließlich an und beschwor in einer kurzen Ansprache seine Untertanen, ihre Kriegstugenden nicht aufzugeben. Danach stieg frenetischer Beifall aus der Menge auf, Trompeten schmetterten, die Artillerie der Festung und der Admiralität gab Ehrensalven ab, denen Schuß für Schuß die Kanonen von hundertfünfzig Galeeren antworteten. Dann defilierten im Audienzsaal des Senats die höchsten Persönlichkeiten des Reiches an ihrem Herrscher vorüber, um ihn zu beglückwünschen. Er saß auf einem Thron aus geschnitztem und vergoldetem Holz, überragt vom Doppeladler. Zu seiner Rechten Katharina in einer Robe aus rotem, mit Silber besticktem Samt und zu seiner Linken die Prinzessinnen Anna und Elisabeth in weißen Kleidern mit Goldlitzen. Die

Vorbeiziehenden stiegen einer nach dem anderen die Stufen zur Estrade hinauf und küßten die Hand des neuen Kaisers. Ein großes Bankett vereinte dann alle, die Männer in einem Saal und die Frauen in einem anderen. Trinksprüche folgten einander, begleitet von Paukenschlägen und Kanonenschüssen. Nachdem Peter ausgiebig gegessen und getrunken hatte, verließ er seine Gäste mit dem Verbot, fortzugehen, und ging seiner Gewohnheit gemäß auf seine Jacht, um sich auszuruhen.

An der Tür postierte Wachen hinderten die Gäste daran, den Saal zu verlassen und zu gehen, sei es auch nur, um ein natürliches Bedürfnis zu befriedigen. Auf ihren Plätzen festgehalten, schlummerten einige von den älteren mit dem Kopf auf dem Tisch ein. Schließlich kam Peter frisch und ausgeruht nach dem Schläfchen zurück und gab das Zeichen zum Ball. Polonaisen und Menuette rüttelten die Anwesenden auf, die unlustig die Beine schwangen, um den Monarchen zu belustigen. Um neun Uhr abends beendete man den Tanz, und das Feuerwerk begann. Aber der Feuerwerker war betrunken, und man konnte bei dieser heiklen Arbeit nicht mit ihm rechnen. Das hatte wenig zu bedeuten, der neue Kaiser war selbst ein Fachmann der Pyrotechnik. Er lief hinaus, krempelte die Ärmel hoch und ging persönlich daran, die Feuerwerkskörper zu zünden, die von seinem Ruhm kündeten. Die Türen eines Janustempels öffneten sich langsam, leuchtende Inschriften proklamierten Peter I. zum Kaiser von Rußland, die Statuen eines russischen und eines schwedischen Soldaten reichten einander unter dem leuchtenden Wort »Pax« die Hand. Allegorische Gestalten der Gerechtigkeit, der Klugheit und des Sieges erschienen im Hintergrund, Tausende von Raketen versprühten am nächtlichen Himmel zu bunten Blumen, die vor dem Senat ankernden Galeeren schossen blind, und bei jeder Salve bebten die Mauern, als würden sie einstürzen. Die Gäste drängten sich vor den Fenstern und brachen in bewundernde Rufe aus. Auf den Straßenkreuzungen drehten sich ganze Ochsen am Spieß, und aus künstlichen Brunnen floß Wodka und Wein. Das Volk drängte sich, um ein

Stück Fleisch zu ergattern und einen Mundvoll Alkohol zu trinken. Die Wachen hatten alle Mühe, des Durcheinanders Herr zu werden. Die einfachen Leute fragten sich, was sich im Lande ändern würde, nachdem Peter jetzt Kaiser geworden war. Würde man glücklicher oder unglücklicher werden? Mehr oder weniger Steuern bezahlen?

Diesen anspruchvollen Titel hatte Peter in seiner Tragweite begrenzen wollen. Er hatte es angenommen, Kaiser aller Reußen zu sein, aber nicht Kaiser des Orients, wie ihm einige vorschlugen. Obwohl er damit seine Ansprüche allein auf das russische Staatsgebiet beschränkte, hatte der neue Titel eine beunruhigende Wirkung auf die anderen europäischen Staaten. Die Botschafter in St. Petersburg verhehlten ihm nicht, daß sie Mühe haben würden, den Kaisertitel bei den jeweiligen Regierungen durchzusetzen. Und tatsächlich erkannten nur Preußen, Holland und Schweden den neuen Titel an, Österreich, England, die Türkei, Frankreich, Spanien und Polen lehnten ihn zunächst ab.

Der, den es betraf, jedenfalls fühlte sich in keiner Weise verändert, seit ihn die Kaiserwürde kleidete. Weder seine Ansichten noch seine Lebensweise änderten sich. Seine Härte und Zähigkeit wie auch sein Mangel an Mitgefühl setzten alle in Erstaunen, die mit ihm zusammenkamen.

Seine Porträts, die Berichte und Memoiren aus dieser Epoche zeigen ihn übereinstimmend als einen Riesen mit breiten Schultern, sonnenverbranntem Gesicht, vollen Backen, einem sinnlichen Mund unter einem kleinen Schnurrbart, herrischen Augen und kurzem, gelocktem, braunem Haar. Eine Warze sitzt auf seiner rechten Wange. Er geht mit schwungvollen, weit ausgreifenden Schritten, die Arme schlenkernd, den Rücken gebeugt: ein Matrose, der gerade das Deck seines Schiffes verlassen hat. Von Zeit zu Zeit wird sein Kopf von einem nervösen Zucken herumgerissen, sein Körper krümmt sich, sein Blick nimmt einen Ausdruck irrsinnigen Zornes an. Das dauert nur einen Augenblick. Dann kehrt Ruhe in seine Züge zurück. Aber seine

Gesprächspartner erschrecken wie beim Erscheinen einer Tierfratze auf einem menschlichen Gesicht. Um diese Zuckungen zu bekämpfen, schluckt er bizarre Arzneien, so etwa ein Pulver, das aus dem Magen und den Flügeln einer Elster hergestellt ist. Aus Furcht vor Anfällen liebt er es nicht, allein zu schlafen. Wenn keine Frau sein Bett teilt, befiehlt er einem Ordonnanzoffizier oder einem Diener, sich neben ihn zu legen, und hält seine Schultern mit eisernen Fäusten fest. Wehe, wenn sich der andere bewegt oder gar schnarcht. Er wird mit Knüppelschlägen bestraft. Wenn er auf Reisen Mittagsschlaf hält, legt Peter seinen Kopf gern statt auf ein Kopfkissen auf den Bauch eines Dieners. Wenn der Mann Magenknurren hat, ärgert sich der Zar und verprügelt ihn.

1717, als er mit der Königin von Preußen zu Tisch sitzt, wird er von einem so starken Krampf geschüttelt, daß sie Angst bekommt und sich erheben will. Um sie zu beruhigen, packt er sie am Arm und drückt ihn so stark, daß sie einen Schrei ausstößt. Er zuckt die Achseln und sagt: »Meine Katharina hat weniger empfindliche Knochen!«[2] Die Muskelkraft Peters ist so groß, daß er spielerisch mit den Händen ein Hufeisen verbiegt oder einen Silberteller zusammenrollt.

Seine Kleidung ist immer bewußt einfach und sogar nachlässig. Ein Hut ohne Band, ein Gewand aus grobem, fadenscheinigem Tuch, eine schmutzige Weste, geflickte Strümpfe und schiefgetretene Schuhe. Manchmal legt er auch die grüne Uniform des Regiments Preobraschenski an mit einem schwarzen Degengehenk zur Seite. In der Hand trägt er seinen berüchtigten Knüppel, seine *Dubina*, ein starkes spanisches Rohr mit elfenbeinernem Knauf, das ihm dazu dient, störrischen Köpfen seine Befehle einzubleuen. An Festtagen ist er jedoch bereit, einen mit Silber bestickten roten Waffenrock mit großen Revers nach der französischen Mode mit einem kleinen schwedischen Kragen anzuziehen. Seine braune ungepuderte Perücke ist so kurz, daß seine eigenen, selten geschnittenen Haare darunter hervorstehen. Oft stopft er die Perücke gereizt in die Tasche.

Oder er vergißt sie mitzunehmen und bemächtigt sich, am Kopf frierend, der seines Nachbarn oder eines Dieners, um sich damit zu bedecken. Im Winter trägt er eine Mütze aus Schafspelz, weiche Stiefel aus Hirschleder, das Fell nach außen gewendet, und einen pelzgefütterten Kaftan. Seine morgendlichen Besucher, ob es nun Gesandte oder Fürsten sind, treffen ihn in einem alten, viel zu kurzen Schlafrock an, der den Blick auf seine behaarten Beine freigibt. Seinen Kopf bedeckt eine Nachthaube aus Baumwolle mit grünen Bändern, innen mit Leinen gefüttert, um den Schweiß von der Stirn und den Schläfen aufzusaugen, denn er schwitzt sehr viel.

In Gesprächen kommt er immer sofort zur Sache. Er überschüttet seine Gesprächspartner mit Fragen, und seine Sachkenntnis gibt vielen das Gefühl, eine Prüfung vor einem Meister abzulegen, der ihre Angelegenheiten besser überblickt als sie selbst. Wenn er sie bei seinen Morgenaudienzen restlos ausgequetscht hat, schickt er sie fort, kleidet sich hurtig an, stürzt ein Glas Wodka hinunter, ißt einen Zwieback und geht zur Marinewerft. Bei schönem Wetter begibt er sich zu Fuß dorthin, bei schlechtem Wetter in einem kleinen, einspännigen, roten Kabriolett. Im Winter wird das Kabriolett durch einen einfachen Schlitten ersetzt. So sehen die Einwohner von St. Petersburg ihren Zaren in nachlässiger Kleidung und ohne Eskorte wie einen Privatmann in der Stadt herumfahren. Manchmal tritt er auf gut Glück in ein Haus, verlangt zu trinken oder schlingt einen Bissen hinunter. Auf der Straße ist es verboten, vor ihm auf die Knie zu fallen. Außer bei großen Empfängen steigt er nie in eine Karosse. Und in solchen Fällen bedient er sich einer Equipage Menschikows, die in der ganzen Stadt für ihre fürstliche Pracht berühmt ist.

In den Palast zurückgekehrt, trinkt er abermals ein Glas Branntwein und arbeitet an seinen Dossiers, bis es Zeit ist, sich zu Tisch zu setzen. Aber es kommt auch vor, daß er zwischen zwei Rapporten in seine Werkstatt geht. Seit Jahren arbeitet er an einem großen Elfenbeinlüster mit vierundzwanzig Kerzen, der für die Dreifaltigkeitskirche von St. Petersburg bestimmt ist. Nichts entspannt ihn so wie diese manuelle Arbeit. Auch bei den Festen und Aufführungen, die er zum Amüsement seines Hofes veranstaltet, liebt er es, selbst Hand anzulegen, die Feuerwerke zu entzünden, die Trommel zu schlagen und den Tanz anzuführen. 1722 übernimmt er bei der Hochzeit einer Tochter Romodanowskis die Rolle des Haushofmeisters, trägt würdevoll den Stab, das Kennzeichen dieses Berufs, überwacht das Servieren der Speisen und besteht darauf, nach allen anderen mit den Bedienten zu essen. Als die Gesellschaft über die Hitze klagt, läßt er sich Werkzeug bringen und öffnet eigenhändig ein vernageltes Fenster.

Einige Stunden Schlaf genügen ihm, um neue Kräfte zu sammeln. Seine Vertrauten haben ständig alle Mühe, seinem Tempo, so gut es geht, zu folgen. Spät in der Nacht redet er noch mit dem Glas in der Hand auf seine erschöpften Tischgefährten ein, überfällt sie mit Fragen, Befehlen und Ratschlägen und reißt sie mit schallendem Gelächter oder ebenso bestürzendem Zorn aus dem Halbschlaf. Und um vier Uhr morgens ist er wieder wach und geht in seinem Schlafrock auf und ab in Erwartung der ersten Audienz.

Seine legendäre Einfachheit zeigt sich nicht nur in seiner ausgesprochenen Vorliebe für kleine Zimmer, niedere Decken, schmale und harte Betten und nüchterne, stabile Möbel, sondern auch in seiner Anspruchslosigkeit im häuslichen Bereich. Der Unterhalt seines Hofstaates kostet ihn kaum fünfzigtausend Rubel pro Jahr, und seine persönliche Dienerschaft setzte sich alles in allem aus einem Dutzend junger Leute zusammen, Adligen und Bürgerlichen, die die Funktionen von Kammerdienern, Kurieren und Sekretären zugleich erfüllen. Einer von ihnen, Nartow, hilft ihm auch bei seiner Drechslerei in Holz und in Elfenbein. Alle fürchten und verehren den Zaren, der sie abwechselnd grob und freundlich behandelt.

Gerüchte wollten wissen, daß er einigen von ihnen eine zweideutige Zärtlichkeit entgegenbringe. Seine Umarmungen und

Küsse kamen für den Betreffenden meist ebenso überraschend wie seine Wutausbrüche. Es kam vor, daß er in seinem Überschwang einen rauhen Kuß auf den Mund eines Mannes drückte. Berkholz schreibt, daß der Zar eines Tages den Kopf des Herzogs von Holstein mit beiden Händen ergriff, ihm die Perücke abnahm und ihn auf die Stirn, den Hals und auch »zwischen Zähne und Lippen küßte«. Unter seinen Pagen befand sich eine Zeitlang ein junger Schwarzer namens Abraham Petrowitsch Hannibal. Er war vom Gesandten Tolstoi in Konstantinopel gekauft und elfjährig mit Peter als Paten und der Königin von Polen als Patin getauft worden, dann in den Dienst des Zaren getreten und hatte ihn auf Anhieb durch seine Freundlichkeit und seine Intelligenz bezaubert. Er schlief in der Drechslerwerkstatt des Herrschers und begleitete ihn auf allen seinen Feldzügen. Peter trieb die Fürsorge sogar so weit, daß er ihn ohne Scheu vor der Beschmutzung seiner Finger persönlich von einem Bandwurm zu befreien suchte. Fjodor Puschkin, der darüber in seinen »Tischgesprächen« berichtet, fügte lakonisch hinzu: »Die Anekdote ist recht unappetitlich, aber sie gibt einen guten Eindruck von den Gewohnheiten Peters.« Als Abraham zweiundzwanzig Jahre alt war, schickte man ihn nach Paris, um seine Erziehung zu vervollständigen. Er trat in die französische Armee ein, wurde während des Feldzuges 1720 gegen Spanien zum Leutnant befördert, erlitt eine Kopfverletzung, kehrte nach Paris zurück, trat in die Ingenieurschule ein, verließ diese mit Kapitänsrang und kehrte schließlich nach Rußland zurück. Dort diente er als Leutnant in dem Artillerieregiment, das Peter befehligte. Der Zar schätzte den Ernst und die Ergebenheit dieses Gefolgsmannes mit dem dunklen Gesicht. Abraham starb hochbetagt nach einem bewegten Leben. Er war der Urgroßvater mütterlicherseits des Dichters Alexander Puschkin.

Während seines Aufenthaltes bei Hof hatte gelegentlich auch »der Mohr des Zaren«[3] Bekanntschaft mit dem Knüppel, der *Dubina*, seines Herrn gemacht. Aber diese Art der Züchtigung blieb nicht nur den Vertrauten des Zaren vorbehalten. Oft rief er einen höheren Beamten, über den er sich geärgert hatte, in sein Zimmer und schlug ihn dort ohne Zeugen mit seinem Stock. Von Seiner Majestät verprügelt zu werden war kein Zeichen von Ungnade. Die geheime Züchtigung kam einer Gunstbezeugung nahe. Wenn der Sünder das Zimmer verließ, warf er sich in die Brust und gab vor, eine vertrauliche Besprechung von höchster Wichtigkeit hinter sich zu haben. Manchmal beauftragte Peter einen seiner Günstlinge, den Knüppel an seiner Stelle zu führen. »Du speist morgen bei Herrn Soundso«, sagte er zu Kapitän Siniawin, »suchst während der Mahlzeit Streit mit ihm und verabreichst ihm in meiner Gegenwart fünfzig wohlgezählte Stockhiebe.«[4] Während seines Feldzuges in Persien unterlief es ihm, daß er nachts in der Nähe seines Zeltes irrtümlich über seinen Vertrauten Wolynski herfiel, den er in der Dunkelheit für einen anderen gehalten hatte, seinen Irrtum schließlich erkannte, in schallendes Gelächter ausbrach und sagte: »Das macht nichts, du hättest eines Tages doch das verdient, was du heute erhalten hast; du mußt mich nur erinnern, daß es schon bezahlt ist.«[5] Diese Art der Gewalttätigkeit entsprach offenbar dem jähzornigen Charakter des Herrschers, aber ebenso seiner Auffassung, wie Rußland zu regieren sei. Eines Tages riß er einem Schiffskapitän ein Buch aus den Händen, das dieser vor ihm zu verbergen suchte. Er warf einen Blick auf die aufgeschlagene Seite und las: »Der Russe ist wie der Dorsch; wenn man ihn nicht mürbe klopft, wird nichts Rechtes daraus.« Während sich der Kapitän schon am Wippgalgen sah, lächelte der Zar und erklärte: »Du liest nützliche Sachen. Ich werde dich befördern.« Für ihn war die *Dubina* nur jenen vorbehalten, die er liebte und zu ihrem eigenen Wohl züchtigte, während die anderen eine viel härtere Behandlung zu erwarten hatten. Nicht selten lud er einen Vertrauten, nachdem er ihn verprügelt hatte, am gleichen Tag zum Essen ein. Das war das Pflaster auf die Wunde.

Sein Geschmack in bezug auf das Essen war ebenso einfach wie der in Kleidungs- und Wohnungsangelegenheiten. Wenn er allein mit Katharina aß, bediente sie ein einziger Page. Wenn sich einige Gäste dazugesellten, servierte der Küchenchef Velten selbst, unterstützt von zwei Dienern, das Mahl. An Festtagen speiste man bei Menschikow, der über Goldgeschirr und Porzellan, mehrere Köche und einen Schwarm von Dienern verfügte.

Peters Tischsitten waren außerordentlich grob. Er aß mit den Fingern, bespritzte sich mit Sauce und wischte sich den Mund mit dem Handrücken ab. Der polnische Gesandte in Berlin, Manteuffel, der ihn bei einem Bankett des Kronprinzen erlebte, hielt danach eine ironische Eloge auf den Zaren, der sich, wie er sagte, selbst übertroffen habe, denn »er habe weder gerülpst noch gefurzt noch in den Zähnen gestochert, wenigstens habe ich weder etwas gehört noch gesehen«. Peter trug immer sein Besteck bei sich: einen Holzlöffel, mit Elfenbein verziert, und Messer und Gabel mit grünen Beingriffen. Aber er bediente sich dieser Utensilien nur selten. Es war so viel bequemer, mit den Fingern zu essen! Kulinarische Feinheiten langweilten ihn. Er liebte Ragouts, Grütze, Kohlsuppen, Spanferkelgelee, Gurken und eingesalzene Zitronen, Limburger Schinken und Zwiebeln, die er roh mit schwarzem Brot aß. Niemals Fisch oder süße Speisen, die ihm, wie er behauptete, auf den Magen schlugen. Er war ein gewaltiger Esser und ein unersättlicher Trinker. Wodka, Gerstenbier, Wein aus Tokaj, Cahors oder Médoc, alles schmeckte ihm.

»Es verging kein einziger Tag, ohne daß er Wein trank«, versichert der Freiherr von Pöllnitz. Der geringste Anlaß – Namenstage, Erinnerungstage an Siege, Beförderungen, Stapelläufe von Schiffen – diente als Vorwand für endlose Zechereien. Viele dieser Bankette zogen sich über mehrere Tage und Nächte hin. Da er sehr viel Alkohol vertrug, verlangte er dieselbe Fähigkeit von seinen Gästen. Wenn man schon die Ehre hatte, am Tisch seines Herrschers zu sitzen, mußte man ihm dadurch danken, daß man das Glas ebensooft leerte wie er, eine Verpflichtung, die die Diplomaten mit Schrecken erfüllte. Und nicht nur sie. Die Mehrzahl der Festgäste beobachtete besorgt die Gruppe von sechs Grenadieren, die auf einer Tragbahre gewaltige Behälter hochprozentigen Wodkas hereintrugen. Der Geruch des Alkohols war so stark, daß schwächere Gemüter es nur mit Mühe an der Tafel aushielten. Jeder mußte die vom Zaren vorgegebene Menge an Flüssigkeit hinunterstürzen. Wer versuchte, sich dem zu entziehen, wurde gezwungen, zusätzlich noch »den Kelch des großen Adlers« auszutrinken. Wenn jemand beteuerte, daß er schon genug habe, mußte er einem Gardemajor ins Gesicht hauchen, der dann darüber befand, ob der Atem des Zechers entsprechend nach Alkohol roch.[6] Selbst die Damen waren dieser Regel unterworfen. Die Tochter des Vizekanzlers Schafirow, eines getauften Juden, weigerte sich einmal, ein großes Glas Wodka zu trinken, und Peter schrie sie an: »Elende hebräische Brut, ich werde dich lehren, zu gehorchen!« Und er verabreichte ihr vor aller Welt zwei kräftige Ohrfeigen.[7] Wachen hinderten die Gäste daran, den Speisesaal zu verlassen, bevor der Zar die Tafel aufgehoben hatte. Er selbst, obwohl er ziemlich standhaft war, zeigte manchmal Spuren der Ermüdung, nachdem er »Bacchus gehuldigt« hatte. Aber er kannte sein »Fassungsvermögen« und traf nie eine wichtige Entscheidung in betrunkenem Zustand.

Seit frühester Jugend an totale Ungebundenheit in seinem Tun gewöhnt, ließ er, wenn er etwas anordnete, keinerlei Hindernis gelten. Es hat wohl nur wenige Menschen gegeben, die so rücksichtslos und so gedankenlos mit ihrer Umgebung umsprangen. Er verschwendete keinen Gedanken an die Gefühle anderer Menschen. Seine ausgefallensten Launen schienen ihm allein dadurch gerechtfertigt, daß die Idee dazu von ihm stammte. Er terrorisierte seine Untertanen mit totaler Bedenkenlosigkeit. Zur Unterhaltung des Publikums zwang er Achtzigjährige, bis zur völligen Erschöpfung zu tanzen und dabei die hüpfende Art der Jungen zu imitieren, während sich die Jungen beim Tanz schleppend wie die Alten bewegen mußten. Als Katharina sich bei ihm für die schwangere Marschallin Olsufjew verwandte, um sie von der Teilnahme an einer Sauferei zu dispensieren, wurde er über diese Zumutung unwillig, bestand auf der Anwesenheit der Bedauernswerten beim Bankett und zeigte keinerlei Gewissenbisse, als er erfuhr, daß sie in der Folge eine Totgeburt erlitt. Der Minister Fjodor Golowkin weigerte sich bei einem Bankett, vom Salat zu essen, denn er vertrug keinen Essig. Der Zar wurde wütend, ließ den schlechten Gast packen und fesseln und ihm Essig in den Mund schütten, bis er, halb erstickt, Blut spuckte.[8] Ein anderer aus der berühmten Familie Golowkin, der Greis Matwej, sollte auf seinen Befehl bei einer Maskerade in einem Teufelskostüm erscheinen. Als er sich sträubte und auf sein Alter und seine Stellung verwies, ließ Peter ihn ausziehen, ihm eine Kappe mit Hörnern aufsetzen und splitternackt auf das Eis der Newa setzen. Dort ließ man ihn bei starkem Wind eine Stunde lang allein. Nach Hause zurückgekehrt, legte er sich zu Bett, wurde von »hitzigem Fieber« befallen und starb. Peter fühlte sich dafür in keiner Weise verantwortlich.

1721 bei der Hochzeit des Fürsten Juri Jurewitsch Trubezkoi, eines alten Mannes, der eine junge zwanzigjährige Frau heiratete, servierte man Früchte in Gelee, eine von der Jungvermählten geschätzte Delikatesse. Sogleich öffnete Peter ihr mit Gewalt den Mund und stopfte sie wie eine Gans mit dieser süßen Speise, indem er ihr die Bissen mit einem Finger in den Hals schob, damit sie rascher hinunterrutschten. Währenddessen kitzelten die anderen Gäste auf Befehl der Kaiserin den Bruder des jungen Mädchens, der sich wand und brüllte, so berichtete Berkholz, »wie ein Kalb, das man schlachtet«. In Kopenhagen sah Peter eine Mumie von besonderer Schönheit und hätte sie gerne in seinen Besitz gebracht. Da es sich um ein einmaliges Stück handelte, lehnte der König von Dänemark die Bitte seines Gastes höflich ab. Der Zar kehrte ins Museum zurück, riß der Mumie die Nase ab und sagte zu dem verdutzten Aufseher: »Jetzt könnt ihr sie behalten.« Am 30. Juni 1705 kam er, von einer nächtlichen Orgie zurückkehrend, am frühen

Morgen in Polozk zum Kloster der ruthenischen Basilianerpatres, stellte sich vor die Statue des seligen Josaphat, der mit einer Axt im Kopf dargestellt war, weil er auf diese Weise 1623 in Witebsk von russischen Soldaten ermordet worden war, und fragte mit Säuferstimme: »Wer hat diesen heiligen Mann so traurig zugerichtet?« – »Das waren die Schismatiker«, antwortete Pater Kozikowski, der Superior des Ordens. Dieses Wort Schismatiker, angewandt von einem Anhänger des Papstes auf orthodoxe Soldaten, brachte den Zaren außer sich vor Zorn. Er durchbohrte Pater Kozikowski mit seinem Degen und tötete ihn; die Offiziere seines Gefolges metzelten drei weitere Mönche nieder, trafen zwei tödlich und verwundeten einige fromme Frauen, die das Blutbad entsetzt mitangesehen hatten. Am gleichen Abend schrieb Makarow, der Sekretär des Zaren, in das *Journal* Seiner Majestät: »In die unierte Kirche von Polozk eingetreten und fünf Unierte getötet, weil sie unsere Generäle der Ketzerei bezichtigten.«

Die Angelegenheit erregte Aufsehen bis Rom. Aber Peter spottete über die Aufregung, die im fernen Rom einige katholische Soutanen in Wallung brachte.[9] Fünf Jahre später in Moskau ging er anläßlich einer Jahresfeier für den Sieg von Poltawa auf einen Soldaten zu, der die schwedische Fahne trug, und verprügelte ihn mit wutentstelltem Gesicht mit der flachen Degenklinge, ohne daß zu erkennen war, wessen sich sein Opfer schuldig gemacht hatte. 1721 in Riga sah er, wie ein anderer Soldat ein Stück Kupferblech wegschleppte, das vom Dach der durch Blitzschlag beschädigten Petrikirche gefallen war, und tötete ihn mit Knüppelschlägen. Als ihn Romodanowski und Sotow einmal während eines Wutanfalles zu beruhigen versuchten, zog er blank, schlug mit der Klinge wild um sich, schnitt dem einen halb die Finger ab und verletzte den anderen am Kopf. Wenig später stellte er während eines Balls fest, daß Menschikow mit dem Degen an der Seite tanzte, und ohrfeigte ihn so heftig, daß der Günstling aus der Nase blutete.

Einige seiner Exzesse beruhten auf den Einfällen seines groben Humors, mit denen er sich und andere erheitern wollte. So ließ er am 30. April 1723 nachts die Sturmglocke läuten. Die Einwohner von St. Petersburg fuhren aus den Betten und stürzten in dem Glauben an eine Feuersbrunst zur vermuteten Unglückstelle. Dort stand ein einfaches Kohlenbecken. Die Soldaten, die die Flammen schürten, erklärten ihnen lachend, es handle sich um einen Scherz Seiner Majestät.[10] Ein anderes Mal zündete er, um sich zu belustigen, das alte Holzhaus an, das er sich 1690 in Moskau hatte bauen lassen, nachdem er Feuerwerkskörper an den Deckenbalken angebracht hatte, und schlug die Trommel, während das Dach einstürzte und sich ein wunderbares Feuerwerk entwickelte. Oder er klebte einem seiner Narren, der eingeschlafen war, den Bart mit Teer auf die Brust und lachte über dessen Verrenkungen beim Erwachen.[11]

Diese Narren – man zählte bis zu sechzig in seiner Umgebung – hatten keineswegs nur die Aufgabe, ihn mit zweideutigen Witzen zu unterhalten. Bei Tisch schilderten sie mit lauter Stimme und unter Gelächter die Diebstähle, Veruntreuungen und Ungeschicklichkeiten der Würdenträger, während der Zar die angesprochenen Persönlichkeiten scharf beobachtete. Der berühmteste unter den Spaßmachern war der Portugiese d'Acosta. Peter hatte ihm die Aufsicht über die grotesken Zeremonien und die Leitung des Personals anvertraut, das dafür eingesetzt wurde. Ein anderer Narr, Balakirew, diente dem Zaren als symbolischer Sündenbock, als König der betrogenen Ehemänner, der bei den Festen mit trauriger Miene seine aufgesetzten Hörner zur Schau zu tragen hatte.

Neben den Narren gab es die Zwerge. Peter schwärmte für sie. Um die Hochzeit zweier seiner Lieblingszwerge glänzender zu gestalten, ließ er zweiundsiebzig der Kleinen aus den entferntesten Gebieten des Reiches heranschaffen. In der Kirche hielt er selbst die rituelle Krone über den Kopf des Bräutigams, der ihm bis zum Nabel reichte. Ein gigantisches Bankett versammelte schließlich alle Eingeladenen in Menschikows Palais. Die »normalen Leute« saßen an großen Tafeln und die »Monstren« an kleineren Tischen, die mit Miniaturgeschirr gedeckt waren. Bald war die ganze Gnomengesellschaft vollkommen betrunken. Über den Ball, der auf das Mahl folgte, schrieb ein Zeitgenosse: »Man kann sich das Vergnügen Peters I. und der Gesellschaft gut vorstellen, als sie die komischen Sprünge, seltsamen Grimassen und lächerlichen Stellungen dieses Gewimmels von Pygmäen sahen, von denen die meisten schon allein durch ihre Gestalt zum Lachen reizten. Einer hatte einen großen Höcker und sehr kurze Beine, ein anderer fiel durch seinen ungeheuren Bauch auf, ein dritter wackelte beim Gehen auf seinen zwei kleinen krummen Beinen wie ein Dachs mit den Hüften, andere hatten schiefe Münder, lange Ohren, kleine Schweinsaugen oder noch viel lächerlichere Verunstaltungen. Als die Lustbarkeiten zu Ende gingen, führte man die Neuvermählten in den Palast des Zaren und legte sie in seinem eigenen Zimmer zu Bett.«[12]

Das Begräbnis desselben Zwerges einige Jahre später gab Peter Gelegenheit zu einer Veranstaltung, auf die er sehr stolz war. An der Spitze des Leichenzuges schritt ein Priester, den er wegen seiner auffallenden Kleinheit ausgewählt hatte. Die Sänger waren alle noch Kinder. Klein war der Sarg, klein der Leichenwagen, auf dem er stand, klein waren die vorgespannten Pferde mit ihren schwarzen Schabracken. Dahinter schritten alle, derer er habhaft werden konnte, in Trauerschleiern. Ihre Häßlichkeit, ihr hinkender Gang amüsierte die Gaffer und auch den Zaren. Um den Kontrast zu betonen, ließ er den Zug von fünfzig riesigen Grenadieren mit Fackeln in den Fäusten einrahmen. Nach dem Begräbnis wurden die Zwerge im Palais von Seiner Majestät empfangen. Einige Tage danach inspirierte der Tod eines Küchenchefs Peter zu einer neuen Maskerade. Alle Teilnehmer am Leichenzug waren als Köche gekleidet mit Schürzen und weißen Mützen.

Nicht nur Zwerge zogen Peter an, sondern auch Riesen. Von seiner Frankreichreise hatte er einen dicken, zwei Meter sechsundzwanzig großen Koloß mitgebracht, der der Bourgeois (von

Calais) genannt wurde. Peter verheiratete ihn mit einer gleich großen Finnin in der Hoffnung, daß aus der Verbindung riesige Kinder hervorgehen würden. Auch nachdem diese ganz wissenschaftliche Erwartung enttäuscht worden war, ließ er dem gewaltigen Ehepaar weiterhin jährlich ein Gehalt von sechshundert Rubel zukommen und Bourgeois bei grotesken Zeremonien als Affen verkleidet und von den Zwergen am Halsband gehalten auftreten.[13]

Bald darauf richtete Peter in seinem morbiden Hang zu Monstrositäten ein Kabinett ein, in dem er alles sammeln ließ, was von der Normalität abwich: Männer ohne Geschlechtsorgane, Kinder mit zwei Köpfen, Schafe mit fünf Beinen, mißgestaltete Fehlgeburten. Er liebte es, zwischen den Glasgefäßen herumzugehen, in denen solche Dinge in Alkohol schwammen. Ein Ukas befahl den Gouverneuren der Provinzen ausdrücklich, abnorme Gestalten, die in ihrem Gebiet auftraten, zu suchen und nach St. Petersburg zu schicken, sei es Mensch oder Tier, tot oder lebendig. Für die Entdecker wurde ein fester Tarif von Belohnungen entwickelt: Soviel für eine lebende Abnormität, soviel für eine tote, soviel für eine menschliche und soviel für eine tierische. Der Wächter und zugleich Heizer des Museums war ein Zwerg, der an jeder Hand und an jedem Fuß nur zwei Finger bzw. Zehen hatte. Er wußte, daß er nach seinem Tode ausgestopft und in den Räumen ausgestellt werden würde, in denen er die Öfen in Gang hielt.

Diese Leidenschaft für das Abnorme und Schreckenerregende war es auch, die Peter in die Folterkammern trieb, wenn Verdächtige verhört wurden. Notfalls war er den Folterknechten auch behilflich, wahrscheinlich sogar, als es sich um seinen eigenen Sohn handelte. Der Anblick von Hinrichtungen war für ihn ein Vergnügen, das er nicht missen mochte. Nach den Berichten Semjewskis »verfolgte er die Verurteilten bis zum Schafott mit Vorwürfen und Schmähungen und spottete über ihren Todeskampf und ihr Sterben«.

Offenbar war für ihn der menschliche Körper nicht mehr als

ein interessanter Mechanismus. Ihn mit dem Skalpell in der Hand zu erforschen, bereitete ihm Freude. Seit seinem Aufenthalt in Holland trennte er sich kaum noch von seinem chirurgischen Besteck. Die Pfleger der St. Petersburger Spitäler hatten Befehl, ihm zu melden, wenn eine interessante Operation bevorstand. Meist assistierte er bei derartigen Eingriffen und ließ sich die einzelnen Phasen erklären. Oft handhabte er selbst das Operationsmesser, und keiner der anwesenden Ärzte wagte es, seine Arbeit zu kritisieren. So entzog er der Frau des Kaufmanns Borst, die an Wassersucht litt, zwanzig Liter Wasser. Dieses Ergebnis erfüllte ihn mit großem Stolz, bis seine Patientin vier Tage später starb. So zornig, als wäre sie ihm ungehorsam gewesen, befahl er eine Autopsie in seiner Gegenwart, um sich vor den Ärzten zu rechtfertigen. Selbstverständlich hatte keiner den Mut, ihm einen Fehler vorzuwerfen. Als höchste Gunst, für die der zum Witwer gewordene Borst dem Zaren mit Tränen in den Augen dankte, wohnte Seine Majestät dem Begräbnis bei. Ebenso operierte Peter nach Aussage Dolgorukis persönlich an der Leiche der Zarin Martha Apraxin herum, der Witwe Feodors III., die an Verdauungsstörungen gestorben war, um zu sehen, ob sie tatsächlich mit zweiundfünfzig Jahren noch Jungfrau war, wie man bei Hofe behauptete.

Weniger dramatisch waren die Eingriffe an den Gebissen seiner Höflinge. Seine Leidenschaft für die zahnärztliche Kunst nahm mit der Zeit noch zu. Er ließ keine Gelegenheit mehr aus, die kranken Zähne seiner Diener und Höflinge in Augenschein zu nehmen. Eine geschwollene Wange versetzte ihn in erwartungsvolle Freude, und er verfolgte alle, die sich der Ziehung eines Backenzahnes widersetzten, mit seinem Zorn. Der berühmte Zahnsack schwoll von Jahr zu Jahr an wie die Börse eines Geizhalses[14].

Als genialischer Pfuscher wollte er sich alles menschliche Wissen aneignen, ohne Zeit oder Geduld für ein vertiefendes Studium aufzubringen. Er begeisterte sich für die Einzelheiten und vernachlässigte die Grundlagen. Abstrakte Begriffe verwirrten ihn. Eine Art intellektueller Kurzsichtigkeit brachte ihn immer wieder zu isolierten Details zurück. Seine Handlungsweise war bestimmt von Eingebung, Laune und Gefühl. Und dennoch ergab sich aus dieser Unmenge verschiedenster Anläufe mit der Zeit eine Richtung. So wie der Bau von St. Petersburg nach anfänglicher Zusammenhanglosigkeit zu etwas Schönem wurde, so endete auch ein unüberlegt begonnener Krieg mit einer beachtlichen Gebietserweiterung. Sein Hang, sich gleichzeitig für die verschiedenartigsten weder an Dringlichkeit noch an Bedeutung vergleichbaren Fragen zu interessieren, spricht aus allen seinen Schriften. Sein Kopf sprudelte von so vielen Ideen über, daß er kaum die Zeit fand, sie alle aufzuschreiben. Er trug immer Täfelchen bei sich, die er aus der Tasche zog und mit Hieroglyphen bedeckte. Wenn der Platz nicht ausreichte, bemächtigte er sich des erstbesten Dokuments, um darauf seine Gedanken festzuhalten. Auf den Rand eines Berichts über die Planung einer Akademie in St. Petersburg kritzelte er folgende Zeilen: »Rumjanzow in der Ukraine den Befehl übermitteln, daß er die Rinder, die er aus seiner Provinz herausziehen kann, durch Ziegen und Schafe ersetzt und jemanden ins Ausland schickt, damit er dort lernt, wie man diese Tierart versorgt, wie man sie schert und die Wolle verarbeitet!«[15] In einem Brief vom September 1706 an Apraxin gab er gleichzeitig Anweisungen für den laufenden Feldzug, für die Übersetzung einiger lateinischer Bücher und für die Dressur eines Paares kleiner Hunde, die unbedingt lernen müßten, über einen Stock zu springen, den Hut ihres Herrn abzunehmen, auf den Hinterbeinen sitzen zu bleiben und einen Gegenstand zu apportieren ... Sein unruhiger Geist sprang wie ein Ball von einer Sache zur anderen: Die Neuorganisation der Armee und das Verbot von Eichensärgen, der Bau einer Flotte und ein Rezept für Kaldaunengelee, der Walfang und das Auftreten von Sonnenflecken, Unterhandlungen über die Wiederabtretung Schlesiens an den Herzog von Holstein und die Suche nach einem Mädchen mit einem Schweinsrüssel für sein Kuriositätenkabinett. Er war immer in solcher Eile, daß seine Mitteilungen meistens aus kaum leserlichen kurzen Billetts bestanden. Manche Worte waren unvollständig, und man mußte ihren Sinn erraten. So schrieb er deutsch an Menschikow: »Mei her Brude un Kamara«, was heißen sollte: »Mein Herr Bruder und Kamerad.« Selbst seine Unterschrift kürzte er häufig ab.

Die Neugier des Zaren fand ihresgleichen nur in seiner Arbeitskraft: vierzehn Stunden am Tag, behaupteten seine Vertrauten. »Er zeigte in allen Angelegenheiten einen unermüdlichen Fleiß«, stellte Campredon fest, »er vertiefte sich in sie, begriff sie besser als irgendeiner seiner Minister und war bei allen ihren Beratungen anwesend.« Meditation, abstraktes Denken gab es bei ihm nicht, die zweckfreie Gymnastik des Gehirns war ihm fremd. Alle Gedanken mußten sich unmittelbar in eine Handlung umsetzen lassen. Dennoch hatte dieser Entscheidungsfanatiker, dieser leidenschaftliche Materialist, der sich über den Aberglauben seiner Untertanen lustig machte, die Schwäche, an Träume zu glauben. Er notierte sie so gewissenhaft, als handle es sich um physikalische Phänomene. Er sah sich an einem Seil auf einen gewaltigen Turm hinaufklettern, den der russische Doppeladler überragte, den Großwesir gefangennehmen, der ihm seinen Säbel übergab, gegen Tiger kämpfen, bis vier weißgewandete Gestalten sie vertrieben. Dieser letzte Traum bestärkte ihn in seinen kriegerischen Absichten. Auch litt er unter bei einem Mann von einem so unempfindlichen Gemüt erstaunlichen Phobien. Den Anblick einer Küchenschabe etwa konnte er nicht ertragen, ohne daß ihm übel wurde. Ein Offizier, dem das unbekannt war, zeigte ihm einmal eines dieser Insekten, das er gerade zerdrückt hatte. Peter erbleichte, fiel über den Unglücklichen mit harten Knüppelschlägen her und entfloh.[16]

Sein Verhältnis zur Religion war von großer Verworrenheit und Inkonsequenz. Die traditionelle Gottesfurcht, die ihm seine Mutter Nathalie eingeflößt hatte, blieb allem Spott und allen Blasphemien zum Trotz eine Konstante seines Denkens. Er glaubte an Gott, den Schöpfer der Welt, betrachtete sich als den Auserwählten Gottes, was jeden Ungehorsam ihm gegenüber zu einer Versündigung am christlichen Glauben machte, und rief im Kampf gegen die »teuflischen Muselmänner« die Hilfe des heiligen Kreuzes an. Alle seine Siege wurden mit einem Tedeum gefeiert, das fünf Stunden dauerte. Nie zog er in den Krieg, ohne ein Bild des Erlösers mitzunehmen, das ihm sein Heil verbürgte. Gern und oft erging er sich in frommen Sprüchen wie: »Wer Gott vergißt und seine Gebote nicht hält, sammelt keine Schätze im Himmel und entbehrt der himmlischen Gnaden.« Oder: »Gott steht über allem.« Er nahm wie seine Vorgänger an den wichtigsten religiösen Feiern teil. Er sang in den Kirchen am Chorpult mit der Sicherheit eines Diakons, nahm das Abendmahl, diskutierte mit den Priestern über Theologie und verhängte über die Gläubigen, die während der Messe schwatzten oder dösten, Ordnungsstrafen. Aber wenige Stunden danach stürzte er sich in Orgien und gab sich hemmungslos seinen niedrigsten Trieben hin. Beleidiger der Kirche bestrafte er hart. Aber zugleich ersann er blasphemische Zeremonien rings um den Fürst-Papst und hatte seinen Spaß daran, die Kultgegenstände der orthodoxen Kirche zu verspotten. Er verpflichtete die Gläubigen, mindestens einmal im Jahr zu beichten, drohte ihnen andernfalls Strafen der weltlichen Gerichtsbarkeit an. Aber er selbst zeigte nie die geringsten Gewissensbisse. Es war, als ginge er davon aus, daß zwischen Gott und ihm ein Sonderabkommen existierte, das ihm auf Erden volle Freiheit ließ und ihn von jeder Verantwortung gegenüber dem Himmel entband. Er wäre sehr erstaunt gewesen, hätte man ihm gesagt, daß er nicht wie ein wirklicher Christ handelte. Einmal erklärte er: »Ich wollte, das Volk kümmerte sich nicht nur um Fastenzeiten, Kniefälle, Kerzen und Weihrauch, sondern faßte Vertrauen zu Gott und begriffe Glaube, Hoffnung und Liebe.«[17] Aber gerade die Liebe war ein ihm fremder Begriff. Er liebte sein Land, aber er liebte seinen Nächsten nicht.

Anderen Religionen gegenüber war Peter von großer Unbefangenheit. Er umgab sich gern mit Calvinisten und Lutheranern und hörte interessiert ihren »ketzerischen« Debatten zu. Er ging sogar gerne in protestantische Kirchen. Durch eine Verordnung vom Jahre 1702 garantierte er den Ausländern die freie Ausübung ihrer Religion. Den Katholiken allerdings mißtraute er, denn der Papst hatte für seinen Geschmack zuviel Macht. Nachdem er die Jesuiten zunächst aufgenommen hatte, schickte er sie später mit der Begründung wieder fort: »Ich kenne ihr umfassendes Wissen, aber ich weiß auch, sie bedienen sich ihrer Religion nur als Vorwand und ihrer Schulen nur für geheime Machenschaften zugunsten des Papstes, der über sie Einfluß auf die Herrscher zu gewinnen versucht.«[18] Kapuziner ersetzten die Jesuiten, aber auch sie erschienen dem Zaren bald verdächtig, und er übertrug die Verwaltung der katholischen Kirchen in Rußland den Franziskanern. Noch mißtrauischer stand er den Juden gegenüber, denen er die Einwanderung verbot: »Es ist nicht der Augenblick, diesen Leuten das Reich zu öffnen!« sagte er. Aber sein Vizekanzler Schafirow war ein konvertierter Jude. Und in der Umgebung Seiner Majestät gab es einen Meyer und einen Lups, die ihm in seinen finanziellen Angelegenheiten zur Seite standen, beide jüdischer Abstammung.

Peter war zuallererst ein Mann der Praxis. Wichtig war ihm nicht die Herkunft eines Menschen, sondern seine Fähigkeit, ihm zu dienen. Im allgemeinen mißtraute er den großen Prinzipien. So hatte er zwar im Laufe seiner Reisen Leibniz wiederholt getroffen und ihm den Titel »Geheimer Rat« verliehen, aber Leibniz' umfassenden Plänen für Rußland folgte er nicht. Ihm schien dieser Philosoph in den Wolken zu schweben, während er selbst immer den Boden unter den Füßen spüren wollte. »Unser Ausgangspunkt ist derselbe, Sire!« hatte Leibniz zu ihm gesagt. »Wir sind beide Slawen, einer Rasse zugehörig, deren Bestimmung noch niemand voraussehen kann, auch sind wir beide Vorkämpfer kommender Epochen.«[19] So viel Überheblichkeit reizte Peter. Für die Feinheiten dieses großen Kopfes unempfänglich, neigte er dazu, in dem Vater der Differentialrechnung nur einen auf Ehrungen und Pfründen erpichten Intriganten zu sehen. Und er war überzeugt, Menschen beurteilen zu können. Oft packte er einen seiner Günstlinge bei den Haaren, bog seinen Kopf zurück und sah ihm forschend in die Augen, um seine Absichten zu ergründen.

Diese Grobheit kennzeichnete auch seinen Umgang mit Frauen. Sie interessierten ihn nur, soweit sie sein momentanes Verlangen befriedigen konnten. Die Liebe zu Katharina hielt ihn nicht davon ab, zahlreiche Mätressen zu unterhalten. 1717 befand er sich in Magdeburg und empfing die Delegation des Königs von Preußen, darunter den Freiherrn von Pöllnitz. Dieser beschreibt die Audienz in den folgenden Worten: »Da der König befohlen hatte, daß man dem Zaren alle erdenkliche Ehre erweisen solle, kamen die verschiedenen Kollegien des Staates vollzählig zur Begrüßung, die jeweils ihr Präsident aussprach. Monsieur de Coccej, der Bruder des Großkanzlers, der die französische Gesandtschaft bei der Audienz anführte, fand den Zaren mit zwei russischen Damen im Arm, denen er mit den Händen über den Busen strich, was er während der an ihn gerichteten Ansprache fortsetzte.«[20] Derselbe Pöllnitz schildert auch das Treffen des Zaren mit seiner Nichte, der Herzogin von Mecklenburg: »Der Zar lief auf die Prinzessin zu, umarmte sie zärtlich und führte sie in ein Zimmer, wo er sie, ohne die Tür zu schließen und ohne Rücksicht auf die im Vorzimmer Zurückgebliebenen oder den Herzog von Mecklenburg, auf ein Kanapee legte und in einer Weise behandelte, die bewies, daß nichts seine Leidenschaft zügeln konnte.« Ohne Hemmung wechselte er von einer Hofdame zu einem Dienstmädchen und von einem Dienstmädchen wieder zu einer Hofdame über. Eine von diesen, die Fürstin Golizyn, diente ihm, sagt Pöllnitz, »als *Dura* oder Hofnärrin«. »Da sie sehr oft mit dem Zaren zusammen speiste«, schreibt er, »warf er ihr den Rest seines Essens an den Kopf oder ließ sie aufstehen, um ihr Nasenstüber zu geben.«

Zu den Geliebten des Zaren zählte eine gewisse Eudoxia, die Frau des Kapitäns Tschernyschow. Peter nannte sie *Boj-Baba*, »das Mannweib«. Sie schenkte sieben Kindern das Leben, von denen man unmöglich sagen konnte, ob ihr Ehegatte oder der hohe Liebhaber sie gezeugt hatte. Bei ihr zog er sich eine Geschlechtskrankheit zu, die er auf Katharina übertrug. Um die Ungetreue dafür zu bestrafen, daß sie ihn angesteckt hatte, ließ er sie durch ihren Gatten auspeitschen. Die Liebschaft mit Maria Matwejew ähnelte dieser Affäre. Peter verheiratete das junge Mädchen mit Hauptmann Rumjanzow, der sich als so tüchtig bei der Treibjagd und der Festnahme des Zarewitschs Alexej erwiesen hatte. Das war gleichzeitig eine Belohnung für geleistete Dienste und eine Aufforderung, die Augen vor dem weiteren zu verschließen. Als Ehrendame der Zarin gehörte Maria mehr dem Zaren als ihrem Gatten. Sie brachte einen Sohn zur Welt, der den Vornamen Peter erhielt. Er wurde später einer der Marschälle Katharinas II. und hatte nach Aussage von Zeitgenossen eine verblüffende Ähnlichkeit mit Peter dem Großen.

Der Hofstaat Katharinas war übrigens die Vorstufe zur Liebschaft mit dem Herrscher. Er hatte dort eine Auswahl williger Schönheiten zur Hand. Katharina ließ es als treue Kameradin nachsichtig geschehen. Und die Ehemänner waren nur allzu glücklich, wenn ihre Frauen die Aufmerksamkeit des Zaren auf sich zogen. Er verteilte den kaiserlichen Samen sehr großzügig. Als Vater zahlreicher Bastarde glaubte er, auch auf diese Weise für die Zukunft Rußlands zu sorgen. Eine seiner »Eroberungen«, Maria Hamilton, ebenfalls eine Ehrendame, stammte aus einer berühmten schottischen Familie, die schon lange in Rußland ansässig war. Hübsch und willig, unterwarf auch sie sich den Wünschen des Zaren. Als er sie nicht mehr begehrte, tröstete sie sich mit seinen Ordonnanzen, wurde wiederholt schwanger und ließ ihre Kinder systematisch verschwinden. Einer ihrer Liebhaber, der junge Orlow, betrog, mißhandelte und erpreßte sie, bis sie, um ihn zu halten, Geld und Schmuck von der Zarin stahl. Der Verdacht fiel sofort auf sie. Vom Zar verhört, gab sie gleichzeitig ihr Verhältnis, den Diebstahl und die Kindesmorde zu. Die Untersuchung deckte außerdem auf, daß sie vor Zeugen den allzu künstlichen Teint der Herrscherin verspottet hatte. Katharina intervenierte großzügig zugunsten der Schuldigen, die Zarin Praskowia, die Witwe Iwans V., desgleichen. Umsonst, Peter wollte ein Exempel statuieren. Diese Frau hatte ihn betrogen, diese Frau hatte Kinder getötet, von denen eines vielleicht von ihm war, diese Frau hatte in die Schmuckkassette seiner Gemahlin gegriffen. Das Urteil war die Todesstrafe. Maria Hamilton ging am 14. März 1719 vor einer großen Menschenmenge zum Schafott. Der Zar hatte verlangt, daß sie zu diesem Anlaß ein weißes Kleid mit schwarzen Bändern tragen sollte. Er begab sich seiner Gewohnheit gemäß selbst an den Ort der Hinrichtung, umarmte die Verurteilte zärtlich am Fuß der Leiter und sagte: »Ich kann dich nicht retten, ohne die himmlischen und irdischen Gesetze zu verletzen. Nimm dein Los in der Hoffnung auf dich, daß Gott dir verzeiht, wenn du bereust.« Dann half er ihr, das Podest zu besteigen, ermahnte sie noch einmal zu beten und machte dem Henker Platz. Die Axt fiel mit dumpfem Geräusch herab. Ruhig bückte sich Peter nach dem blutenden Kopf, der über die Bretter gerollt war, hob ihn an den Haaren hoch, betrachtete ihn und verwandelte sich vor der Menge der zuschauenden Höflinge in einen Anatomieprofessor. Mit gemessener Stimme wies er die Anwesenden darauf hin, was für einen sauberen Schnitt der Stahl hinterlassen hatte, und benannte die Organe, die an der Schnittfläche sichtbar waren: die Halsschlagader, die Luftröhre, die Wirbelsäule, die Nerven und die Muskeln ... Nachdem er seinen Vortrag beendet hatte, drückte er einen Kuß auf die toten Lippen, ließ den abgeschlagenen Kopf in den Schmutz fallen, schlug das Kreuz und ging.

Keine Frau war unersetzlich, dachte er, außer vielleicht Katharina. Sie hatte mit den Jahren noch zugenommen. Ihre Brust quoll über. Ihre Arme waren so dick wie ihre Oberschenkel. Pickel verunstalteten ihr Gesicht. Sie verbarg sie unter dicker

Schminke und parfümierte ihre mit Stickereien überladenen Kleider. Aber sie war immer heiter, verfügbar und ergeben. Und bei Tisch stand sie niemandem nach. Man sagte von ihr, sie sei eine »Trinkerin ersten Ranges«.[21] Der Anblick eines Eimers voll Wodka machte ihr keine Angst. Nie sträubte sie sich gegen den »Kelch des Großen Adlers«, den Peter seine Zechkumpane häufig auszutrinken zwang. Sie hatte so viel Kraft, daß sie das Zepter des Zaren an einem Ende packen und mit ausgestrecktem Arm waagrecht hochheben konnte. Keiner der jungen Ordonnanzoffiziere Seiner Majestät machte ihr das nach – es sei denn, sie heuchelten Schwäche, um der Zarin gefällig zu sein.

Bei einem Feuerwerk erschienen die Vornamen Peter und Katharina auf einem leuchtenden Feld in Herzform, ein Liebessymbol, das Peter selbst entzündete. Etwa zur gleichen Zeit wurde die frühere livländische Dienstmagd durch einen Vorfall plötzlich an ihre niedrige Abstammung erinnert. Auf dem Weg von St. Petersburg nach Riga verwahrte sich ein Postillion gegen Belästigungen durch einen Fahrgast, indem er sich auf sein nahes Verwandtschaftsverhältnis zu Ihrer Majestät der Zarin berief. Man verhaftete den Unverschämten, der sich Fjodor Skawronski nannte. Der Zar ordnete eine Untersuchung an, die ergab, daß es sich tatsächlich um den ältesten Bruder Katharinas handelte. Ein anderer Bruder der Zarin war Landarbeiter, eine ihrer Schwestern Dienstmagd, eine andere die Frau eines Schusters, und eine dritte übte in Reval den Beruf einer Prostituierten aus. Großzügig bewilligte Peter der bunten Verwandtschaft seiner Frau eine kleine Pension und hielt sie vom Hofe fern. Das Straßenmädchen jedoch, das ein für seinen Geschmack zu kompromittierendes Leben führte, ließ er kurzerhand hinter Schloß und Riegel bringen.

Nichts schien das Vertrauen erschüttern zu können, das er in seine legitime Gemahlin setzte. War sie nicht, nachdem Alexej unter der Folter gestorben war, die Mutter des Thronfolgers, des kleinen Peter Petrowitsch? Der Zar betete diesen schönen kräftigen Vierjährigen an und sah in ihm schon einen Soldaten, einen Matrosen, mit einem Wort den Nachfolger, der seine großen Pläne der Erneuerung und Eroberung fortsetzen würde. Aber am 16. April 1719 starb der kleine Peter, der heißgeliebte Petruschka, ganz plötzlich an einer Krankheit. Die Verzweiflung des Zaren war ungeheuer; an seinem eigenen Fleisch und Blut getroffen, brüllte er auf vor Schmerz. Sah er vielleicht in diesem unerwarteten Verlust die Strafe für die Gewalt, die er seinem anderen Sohn Alexej vor kaum zehn Monaten angetan hatte? Gott schlug ihn, wie er selbst geschlagen hatte. Das war die Vergeltung. Alle sechs Söhne, die Katharina ihm geboren hatte, waren einer nach dem anderen gestorben. Von seinen sechs Töchtern überlebten nur drei: Anna, die den Herzog Karl Friedrich von Holstein-Gottorp heiratete und die Mutter des zukünftigen Peter III. wurde, Elisabeth, die von 1741 bis 1762 Kaiserin von Rußland war, und Nathalie. Lag auf seiner zweiten Heirat nicht ein Fluch? Würde er gezwungen sein, die Krone Rußlands dem anderen Peter zu überlassen, dem Sohn dieses erbärmlichen Alexej, der ihm zu trotzen gewagt hatte, und dem Enkel dieser Jammergestalt Eudoxia, die er in ein Kloster gesteckt hatte?

Nach einem Augenblick der Unsicherheit faßte er wieder Mut. Gott, der ihm immer zur Seite gestanden hatte, konnte ihn nicht wirklich verlassen haben. In seinem Alter fühlte er sich durchaus noch fähig zu zeugen. Er brauchte noch einen Sohn, aber von wem? Von der dicken Katharina? Nein. Seit einiger Zeit hatte er eine neue Mätresse, die sehr hübsche und sehr junge Maria Kantemir. Sie war die Tochter des Fürsten Demetrius Kantemir, der, als Hospodar der Moldau durch den Frieden von Husch abgesetzt, mit seiner Familie nach St. Petersburg geflüchtet war. Wenn sie einen Knaben gebar, wäre die Zukunft der Dynastie gesichert. Notfalls würde Peter Katharina verstoßen, um Maria zu heiraten und den erhofften Sohn zum legitimen Thronfolger zu machen. Katharina ahnte das, aber getreu ihrer Gewohnheit spielte sie die Nachsichtige und sagte kein

Wort. Für Peter begann eine Periode, in der Politik und Liebe unentwirrbar ineinander übergingen. Seine Liebe wurde zur staatspolitischen Angelegenheit, und wann immer er die Freuden des Bettes genoß, tauchte der Gedanke an die Thronfolge auf.

Da schien der Krieg wieder aufzuflammen, nicht mehr auf seiten Schwedens, sondern an der östlichen Grenze. Von seiner diplomatischen Mission in Ispahan meldete Wolynski seinem Herrscher, daß Persien, von Revolten bedroht, der Anarchie zusteuere und leicht zu erobern wäre. Wenn sich Rußland nicht beeile, würde ihm, wie er sagte, die Türkei zuvorkommen, die bereit sei, die Ordnung bei ihren Nachbarn wiederherzustellen. Leicht überzeugt ernannte Peter 1720 Peter Wolynski zum Gouverneur von Astrachan und beauftragte ihn damit, für das folgende Jahr einen Feldzug vorzubereiten. 1721 zerstörten eingeborene Stämme die russischen Handelsniederlassungen in Persien; die Afghanen drangen bis Ispahan vor. Das war der vom Zaren gesuchte Vorwand. Er verließ St. Petersburg, um sich zur Armee zu begeben. Selbstverständlich begleitete ihn Katharina. Aber Maria Kantemir machte die Reise ebenfalls mit. Die Kutsche der rechtmäßigen Ehefrau und die der Mätresse fuhren hintereinander. Im Feldlager trafen sich die beiden Rivalinnen vor dem Zaren wieder. Die eine wie die andere begegnete ihm freundlich. Indessen, wenn der Abend kam, war es nicht Katharina, die er in seinem Zelt empfing.

In Astrachan sah sich Maria Kantemir zum Bleiben gezwungen, denn sie war schwanger. Der Zar wollte sie den Mühen eines langen Marsches in einem wenig sicheren Land nicht aussetzen. Sie möge dort auf ihn warten und ihm bei seiner Rückkehr einen Sohn schenken. Katharina tat, als sei das auch ihr Wunsch, obwohl sie wußte, was diese Geburt für sie bedeuten würde. Tapfer beschloß sie, dem Zaren zu folgen, der sich am 18. Juli 1722 in Astrachan mit dreiundzwanzigtausend Fußsoldaten auf dem Kaspischen Meer in Richtung Derbent einschiffte. Mehr als hunderttausend Mann, Kosaken, Kalmücken und

Tataren, mußten ihm auf dem Landwege folgen. Am 23. August, nach einigen unbedeutenden Plänkeleien, hielt er seinen triumphalen Einzug in Derbent, wohin ihm die Senatoren einen Glückwunsch und die Aufforderung sandten, »auf den Spuren Alexanders weiterzumarschieren«. Doch sehr rasch erkannte der neue Alexander, daß er ohne genügende Vorbereitung in diese Gegend gekommen war. Wie vor elf Jahren im Moldaugebiet litten seine Soldaten unter der Hitze, dem Durst und dem Mangel an Lebensmitteln. Die Schiffe, die Nachschub über das Kaspische Meer bringen sollten, gingen in einem Sturm unter, Tausende von Pferden verendeten an Futtermangel. Die Sonne brannte so stark, daß Katharina ihr Haar abschnitt und eine Soldatenkappe aufsetzte. Sie musterte die Truppen, lächelte den Männern zu und scherzte mit den Offizieren. Wenn er sie so sah, konnte Peter nicht umhin, ihre Widerstandskraft und ihre gute Laune zu bewundern.

Zu Beginn des Feldzuges hatte er gehofft, Baku zu erreichen, wo der Khan, wie man sagte, ein fettiges Öl förderte, das Naphtha, das die Eigenschaft hatte zu brennen. Aber Baku, das erforderte noch gegen dreißig Tage Marsch im Sand unter einem glühenden Himmel und ohne Trinkwasser. Die russische Armee war zu erschöpft, um sich auf ein solches Abenteuer einzulassen. Peter zog sich nach Astrachan zurück, nachdem er General Matjuschkin mit genügend Truppen zurückgelassen hatte, um die Eroberung im geeigneten Augenblick wiederaufzunehmen.

In Astrachan erwartete ihn eine Enttäuschung. In seiner Abwesenheit hatte Maria Kantemir eine Fehlgeburt gehabt. Er verdächtigte die von Katharina bestochenen Diener, sie mit Hilfe eines Getränks herbeigeführt zu haben. Aber er hatte gegen niemanden Beweise. Die Ärzte gaben nur natürlichen Ursachen die Schuld. Katharina triumphierte unter einer mitfühlenden Maske. Maria Kantemir, die den Erwartungen ihres Herrschers nicht zu entsprechen vermocht hatte, wurde verstoßen.

Peter war wütend, daß er den Bäuchen der Frauen nicht befehlen konnte. Wieder einmal kam der Trost von der Armee. General Matjuschkin eroberte an der Spitze eines Detachements Baku, eine strategische Stellung ersten Ranges. Diese Nachricht erreichte St. Petersburg am 3. September 1723. Peter befand sich, als katholischer Kardinal verkleidet, auf einem Kostümfest im Palast Menschikows. Als er sich mit dem Fürsten zurückgezogen und die Berichte gelesen hatte, die durch Boten direkt aus Persien kamen, legte er die purpurne Kardinalsrobe ab, zog seine gewohnte dunkelgrüne Offiziersuniform mit rotem Revers vom Regiment Preobraschenski an und erschien wieder mit hocherhobenem Kopf, strahlend vor Stolz und Kraft, um Menschikow vor seinen Gästen den russischen Sieg verkünden zu hören. Freudengeschrei erhob sich. Katharina, als große venezianische Dame verkleidet, bot ihm den vollen Siegespokal. Er leerte ihn in einem Zug. Rings um ihn tranken alle auf den Ruhm der nationalen Waffen. Um zehn Uhr abends zählte man einem zuverlässigen Zeugen zufolge tausend leere Flaschen. Sogar die Wachen waren betrunken. Schließlich schlug der Zar auf Bitten der Zarin die Trommel, um das Ende der Lustbarkeiten anzuzeigen. Aber nachdem er in die Kutsche gestiegen war, konnte er sich doch nicht dazu entschließen, nach Hause zu fahren, kehrte in die Gärten Menschikows zurück, und das Fest ging mit seinen Strömen von Alkohol, seinen Hochrufen und seinen Tänzen weiter.

Neun Tage später, am 12. September, wurde in St. Petersburg zwischen dem Schah von Persien und dem Zaren ein Friedensvertrag geschlossen. Aber die Türkei protestierte. Ging man auf einen neuen Krieg zu? Marquis de Bonnac, der französische Gesandte in Konstantinopel, vermittelte mit Erfolg. Tatsächlich wollte die Türkei, um sich ruhig zu verhalten, nur ein Stück vom persischen Kuchen. Man gestand es ihr zu. Im Juni 1724 wurde in Konstantinopel ein Teilungsvertrag unterzeichnet, der Rußland die Städte Baku und Derbent und die drei Provinzen Gilan, Masenderan und Astrabad überließ; das Osmanische Reich bemächtigte sich der Städte Täbris, Eriwan und einiger anderer. Sogleich dachte Peter daran, seine neuen Errungenschaften wieder instand zu setzen. Er befahl, Straßen und Festungen zu bauen, christliche Kolonisten hinzuschicken, die Mohammedaner soweit wie möglich zu elimenieren und die örtlichen Erzeugnisse nach St. Petersburg zu liefern: Zucker, Früchte, Konfekt, Zitronen und vor allem dieses berühmte Petroleum, dessen Eigenschaften er gerne studieren wollte. »Dieses Produkt wird von großem Nutzen sein«, sagte er, »auf jeden Fall für unsere Nachkommen.«

Rumjanzow, der zur Ratifizierung nach Konstantinopel geschickt worden war, traf unterwegs eine armenische Delegation, die nach St. Petersburg reiste, um die Hilfe des orthodoxen Zaren gegen die moslemische Unterdrückung anzurufen. Diese Gesandten wurden von Peter wohlwollend aufgenommen, denn er sah bereits voraus, daß ihm die Unterstützung der christlichen Bevölkerung Armeniens und Georgiens als Vorwand für neue Eroberungen auf Kosten der Türkei und Persiens dienen konnte, vorausgesetzt, daß seine Erben ein Interesse an dem von ihm in groben Umrissen vorgezeichneten Weg hatten und den Vorstoß nach dem Osten und gegen Indien beharrlich weiter verfolgten.

Inzwischen hatte Peter eine folgenschwere Entscheidung getroffen. Da er nicht mehr auf einen Sohn hoffte, wollte er seiner alten Gefährtin, die ihn so großzügig in der Liebe, in der Politik und im Krieg unterstützt hatte, die höchste Weihe durch eine Krönung in Moskau verleihen. Am 5. Februar 1722 hatte er schon ein Manifest veröffentlicht, durch das er sich das Recht vorbehielt, über den Thron nach eigenem Gutdünken zu verfügen, »damit es den Kindern der Fürsten wie auch denen des Volkes ein Ansporn sei, tugendhaft zu sein und nicht ähnliche Verirrungen zu begehen wie die Unseres Sohnes, dessen Beispiel Uns immer noch zur Warnung dienen sollte«. Am 15. November 1722 unterzeichnete er folgenden Ukas:

»Es ist offenkundig, daß die christlichen Potentaten die unwandelbare Gewohnheit hatten, ihre Gemahlinnen krönen zu lassen, wie es schon die orthodoxen Kaiser Basilius, Justinian, Heraklios usw. getan hatten. Und alle wissen, welchen langen Mühen und Gefahren aller Art Wir unter Einsatz Unseres Lebens während einundzwanzig Kriegsjahren ausgesetzt waren. Diese Kriege wurden gerade durch einen ebenso günstigen wie ruhmreichen Frieden beendet. Da Unsere teure Gemahlin, die Kaiserin Katharina, Uns dabei eine große Hilfe war, Uns überallhin und auf allen Feldzügen aus freien Stücken und auf eigenen Wunsch begleitete, ohne die üblichen Schwächen ihres Geschlechts zu zeigen ... haben Wir beschlossen, kraft der von Uns ausgeübten herrscherlichen Gewalt Unsere Gemahlin in Anerkennung alles dessen zu krönen, was in diesem Winter unweigerlich, so Gott will, in Moskau geschehen wird.«

Die Umgebung des Kaisers wunderte sich: In der Geschichte Rußlands war bisher nur eine einzige Frau gekrönt worden, und zwar 1606, in der Zeit der Unruhen, Marina Mniszech. Aber ihr Gemahl, der falsche Demitrius, war acht Tage später ermordet worden, und sie selbst hatte die Flucht ergriffen. Eine armselige Bezugnahme, doch spielte das keine Rolle, Peters Wille war heilig. Und dieses eine Mal knauserte er nicht, so sehr er sonst immer auf die Kosten sah. Die Kleider und Kutschen wurden in Paris bestellt. Die Krone, von einem russischen Juwelier in St. Petersburg angefertigt, übertraf an Kostbarkeit alle früher verwendeten. Geschmückt mit Perlen und Diamanten und mit einem großen Rubin an der Spitze, kostete sie eineinhalb Millionen Rubel. Als Katharina die prunkvolle Staatsrobe vor Peter ausbreitete, die er für die Zeremonie anziehen mußte, schämte er sich fast dieser Pracht. Sie hatte eigenhändig an der Stickerei gearbeitet. Das Gewand war azurblau, mit Silber bestickt und einem Gürtel aus Silber, und Silbermünzen zierten den mohnroten Saum. Während der Kaiser diesen ungewohnten Anzug anprobierte, lösten sich Silberflitter vom Stoff und fielen zu Boden. »Schau, Katinka«, sagte er seufzend, »man wird das wegfegen, und das ist fast der Sold eines meiner Soldaten.«

Ende März reiste der ganze Hof von St. Petersburg nach Moskau. Am 7. Mai 1724 begab sich Katharina in einer vergoldeten Karosse, auf der die kaiserliche Krone prangte, zur Erzengel-Michael-Kathedrale im Zentrum des Kreml. Der Kaiser befehligte persönlich die neuaufgestellte »Reiterschwadron der Kaiserin«, die das Gefolge anführte. Überall in der Stadt läuteten die Glocken; Artilleriesalven begrüßten den langen Zug; gellende Trompetenstöße und dumpfe Paukenschläge übertönten zeitweise den Jubel der Menge. Zwölf Pagen in Brokathemden und grünen Samtjacken, mit blonden Perücken und federgeschmückten Hüten folgten der Herrscherin. Als sie den Fuß auf die Erde setzte, trugen vier hohe Würdenträger ihren von Diamantspangen gehaltenen Mantel. Ihre purpurne, in spanischem Stil mit Gold bestickte Robe setzte sich in einer Schleppe fort. Delegationen aus allen Provinzen drängten sich in der Kathedrale. Man hatte unter einem Baldachin aus karmesinrotem Samt zwei Thronsessel aufgestellt. Der Erzbischof von Nowgorod las die Messe. Peter nahm die schwere Krone und setzte sie auf das Haupt seiner vor ihm knienden Frau. Sie weinte und wollte die Knie ihres Gemahls umarmen. Er hob sie auf und überreichte ihr den Reichsapfel, das Symbol der Herrschaft. Aber er behielt das Zepter, das Symbol der Macht.

13. Kapitel
Die letzten Reformen

Trotz der Last seiner Jahre hatte Peter nichts von seiner Ungeduld eingebüßt. Wenn er auf sein Leben zurückblickte, mußte er feststellen, daß er die Hälfte seiner Zeit mit Manövern, im Krieg und auf Reisen verbracht hatte ... Dieses ungeregelte Leben hatte ihn nicht daran gehindert, durch Tausende von Schicksalsschwankungen hindurch sein Reformwerk voranzutreiben. Aber seine Maßnahmen, die Rußland umformen sollten, waren ohne Zusammenhang und unter einem atemberaubenden Druck der Umstände getroffen worden: militärische Lage, wirtschaftliche Krise, Schwierigkeiten mit der Kirche, Volksaufstände, Feindseligkeiten der führenden Schicht ... Jedesmal hatte er das Ruder wieder hart in die Hand genommen. Besonders nach dem Frieden von Nystad bewies er vor den Augen der Welt seine Begabung zu administrativer Neuregelung. Von der schweren Sorge befreit, konnte er sich seinen innenpolitischen Aufgaben widmen. Er erklärte seinen Vertrauten: »Die Reform wurde in drei Etappen zu je sieben Jahren durchgeführt: 1700 bis 1707 Sammlung der Kräfte; 1707 bis 1714 Vermehrung des Ruhmes Rußlands; 1714 bis 1721 Einführung einer guten Ordnung.«

Diese »gute Ordnung« verstand Peter als Autokrat.

»Der Kaiser«, sagte er, »ist ein absoluter Monarch. Es ist Gottes Wille, daß man ihm gehorcht, denn er ist nur Gott für das ihm anvertraute Volk verantwortlich. Neben ihm kann es nur Ratgeber und Ausführende des souveränen Willens geben, der allein maßgebend ist.« Zu seiner Unterstützung schuf er eine geheime Kanzlei, ersetzte die frühere Duma der Bojaren durch einen Rat ernannter Minister, gab ihm eine Justizkammer bei und ernannte einen Senat, der über legislative, juristische und exekutive Autorität verfügte.

Neun Kollegien oder Ämter ersetzten die früheren *Prikasen:* Auswärtige Angelegenheiten, Rechnungsprüfung, Steuern, Ausgaben, Krieg, Admiralität, Gerichtsbarkeit, Handel, Bergbau und Industrie ... Die Zahl dieser Ämter wurde bald auf zwölf erweitert. Jedes von ihnen wurde von einem elfköpfigen Kollegium geführt. Ihre Organisation war nach dem schwedischen Muster aufgebaut. Der Senat arbeitete die kurzgefaßten Anweisungen des Zaren aus, unterzeichnete die Ukase und ernannte den Oberfiskal.

Dieser Oberfiskal, ein neuer hoher Beamter, mußte nach dem Ukas vom 5. März 1711 ein »intelligenter und geschickter Mann sein, von welcher Abstammung auch immer, und seine Aufgabe besteht darin, alle Staatsbürger einschließlich der hochgestellten Persönlichkeiten heimlich zu überwachen«. Unter seiner Leitung standen etwa fünfhundert Spione, die Fiskals, die pausenlos in allen Bevölkerungsschichten Untersuchungen durchführten, um korrupte Richter, Steuerhinterzieher, der Unterschlagung Schuldige, kurz alle jene, die den Staat bestahlen, ausfindig zu machen. Der Eifer dieser Spione wurde mit materiellen Zusagen angespornt: Sie teilten den Ertrag der Geldstrafen, zu deren Verhängung sie beigetragen hatten, mit der Staatskasse. Diese amtliche Förderung der Denunziation führte zu einem widerwärtigen Amtsmißbrauch. Die Fiskals betrugen sich wie Inquisitoren und erpreßten ihre Opfer unter Androhung schrecklicher Enthüllungen. Sogar die Unschuldigen zitterten davor, angezeigt zu werden. Der Oberfiskal Nesterow brachte sogar den Gouverneur von Sibirien, Fürst Gagarin, durch die Anklage, öffentliche Gelder veruntreut zu haben, an den Galgen. Aber zum gerechten Ausgleich wurde bald darauf er selbst der Unterschlagung und Lüge angeklagt. Als dieser weißhaarige Greis, das Schreckgespenst vieler russischer Häuser, das Schafott bestieg, räderte man ihn erst methodisch und langsam. Dann schleppte ihn der Henker mit gebrochenen Armen und Beinen zum Richtblock und hieb ihm den Kopf ab. Einige weniger bedeutende Fiskals erlitten dasselbe Schicksal. Daraufhin schaffte Peter das Amt des Oberfiskals ab und ernannte einen Generalstaatsanwalt beim Senat, der nur dem Herrscher unterstand.

Der Senat selbst hing vollständig vom Zaren ab. Da die Senatoren die meiste Zeit ihrer Tage mit unnützen Debatten und Gezänk verbrachten, schrieb ihnen Peter 1720 ein Reglement vor, das die Diskussionszeit für laufende Angelegenheiten auf eine halbe Stunde beschränkte. Wenn diese Frist in der Sanduhr abgelaufen war, brachte man Papier und Tinte in den Saal, damit jeder Senator seine Ansicht schriftlich niederlegen konnte. »Wenn ein Senator das nicht tut«, heißt es in dem Erlaß, »ist sogleich und unverzüglich der Zar zu verständigen, wo er auch sei.« So schwebte beständig die Drohung einer Tracht Prügel oder einer Geldstrafe über der hohen Körperschaft. Das genügte nicht, sie aus ihrer Trägheit aufzurütteln. Die unerledigten Akten häuften sich im Sekretariat (man zählte nach einer Aussage des preußischen Gesandten Mardefeld im Jahre 1722 mehr als sechzehntausend). Jede Verhandlung war ein Anlaß, Bestechungsgelder zu kassieren. Die hohen Würdenträger bereicherten sich. Fürst Menschikow, der natürlich im Senat saß, rupfte schamlos alle, die sich um seine Unterstützung bemühten. Peter wußte das, ärgerte sich von Zeit zu Zeit darüber und verabreichte seinem Günstling Prügel. Nachdem der Sturm vorüber war, gewannen die alten Gewohnheiten der Pflichtverletzung wieder die Oberhand.

Dem Senat unterstanden die Gouverneure, die an der Spitze der acht vom Zaren geschaffenen Bezirke standen:

Archangelsk, Ingermanland (St. Petersburg), Moskau, Smolensk, Kiew, Asow, Kasan und Sibirien. Diese allzu großen Territoren wurden bald in Provinzen unterteilt. Die Gouverneure kümmerten sich gewiß auch um die Polizei, die Straßen und die Urteilsvollstreckung, aber ihre Hauptaufgabe bestand im Eintreiben von Steuern. So waren sie gewissermaßen Steuerpächter und Geldeintreiber und hatten jede Freiheit, sich die notwendigen Mittel zu beschaffen, um dem Staat die gewaltigen Kriegskontributionen, die man von ihnen verlangte, zukommen zu lassen. Beim Durchlaufen dieser Gelder strichen diese Potentaten beträchtliche Summen ein. Ihre Untergebenen machten es ihnen in kleinerem Maßstab nach. Um den Steuereingang besser kontrollieren zu können, unterstellte Peter diese Beamten der direkten Aufsicht des Senats. Daraus ergaben sich Kompetenzkonflikte und eine Kompliziertheit des Rechnungswesens, die einem Chaos nahekam.

In dem Versuch, in die so verschiedene Bevölkerung seines Reiches ein wenig Ordnung zu bringen, teilte Peter die Einwohner der Städte in drei Gilden. Die erste umfaßte die Bankiers, die vermögenden Kaufleute, die Ärzte und die Handwerksmeister; der zweiten gehörten die Gesellen und kleinen Handelstreibenden an; die einfachen Arbeiter, Handlanger und das einfache freie Volk bildeten die dritte. Alle zusammen wählten den Bürgermeister für ein Jahr. Die Männer der ersten Gilde und die Bürgermeister ernannten die Magistratsbeamten, die die Stadt verwalteten, auf Lebenszeit. An erster Stelle unter den Befugnissen dieser Beamten stand die Polizei, eine Polizei, die dauernd durch den Straßenraub überlastet war, der auf dem Lande herrschte. Die Straßen waren nicht sicher. Diebesbanden wagten sich bis in die Vororte der großen Städte. Von den gefaßten Banditen wurden die Bedeutenderen auf der Stelle gehängt, und den anderen wurde, nachdem man sie ausgepeitscht hatte, die Nase bis auf den Knochen abgeschnitten. Diese exemplarischen Strafen genügten nicht, die Verbrecher abzuschrekken. Ihre Zahl wuchs von Jahr zu Jahr.

Aber nicht nur der inneren Sicherheit galt die Sorge Peters. Seine vordringlichsten Bemühungen richteten sich auf die Armee. Die Kriege hatten ihm große Verluste an Menschen gebracht. Er mußte die nationalen Reserven ganz ausschöpfen. Nach einigem Herumtappen führte er für die verschiedenen

Gesellschaftsklassen eine Dienstpflicht ein. Alle Adligen wurden mit fünfzehn Jahren als einfache Soldaten zu einem Regiment eingezogen. Die Söhne reicher und vornehmer Familien kamen gewöhnlich ins Garderegiment, jene aus dem Kleinadel in die Frontregimenter. Man konnte in St. Petersburg nicht selten einen jungen Fürsten vor einer Kaserne auf Posten stehen sehen. Untergebracht, ernährt und bezahlt wie ein einfacher Soldat, tat er genau wie ein solcher Dienst, bevor er zu höheren Rängen aufstieg. Das machte die Garde zu einer Art Schule, in der die militärische und zivile Elite des Landes erzogen wurde. Peter hatte selbst den harten Dienstweg durchgemacht, hatte als Tambour begonnen, wurde im Laufe der Jahre Kanonier, Unteroffizier, Fähnrich, Hauptmann, Oberst und Generalleutnant. Er bezog ordnungsgemäß seinen Sold, quittierte ihn und schrieb die Summe in sein Rechnungsbuch: »1707 Oberstgehalt in Grodno kassiert: hundertfünfzig Rubel.« Er betrachtete sich als ersten Diener des Staates und erwartete, daß alle seine Untertanen nach seinem Beispiel ihr Leben der Gemeinschaft widmeten. Die Dauer des Verbleibs der Adligen unter den Fahnen war praktisch unbegrenzt. Sie konnten ihren Abschied nur im Falle von Verwundungen, Invalidität, Alter oder schwerer Krankheit nehmen. Aber selbst die Ausgemusterten wurden bis zur totalen Erschöpfung ihrer körperlichen und geistigen Eignung weiterverwendet; man schickte sie in Garnisonstädte oder setzte sie in der Zivilverwaltung ein. Der Aristokrat wurde überall und in jedem Alter gebraucht. Um Widerspenstige von Listen und Ausflüchten abzuschrecken, ordnete der Zar an, ihre Güter einzuziehen und die Hälfte davon den Denunzianten zu übergeben, seien es auch Leibeigene. Die Schuldigen wurden außerdem für »politisch tot« erklärt. Dadurch waren sie vogelfrei, genossen keinerlei Schutz mehr und konnten ausgeplündert oder getötet werden, ohne daß diese Tat als strafwürdig angesehen wurde.

Dieselbe Sorge um den Nutzwert »menschlicher Arbeitskraft« regte Peter dazu an, den Adelsrang Leuten aus der Mittelschicht zu öffnen. Nach dem Ukas vom 16. Januar 1724 konnte ein Soldat niedrigster Herkunft Offizier werden und als solcher erblichen Adel erlangen. So wie ein Adliger durch seine Herkunft Offizier wurde, so wurde ein Offizier durch seine Dienste ein Adliger. Talent ersetzte die Herkunft. Die Stammrollen der alten Aristokratie gerieten unter dem Andrang dieses nichtadligen Blutes aus den Fugen. Zu den großen Namen der Geschichte Rußlands gesellte sich eine Menge neuer Namen, die nach Erde oder Handel rochen.

Aber es genügte nicht, fähige Führer zu haben, man brauchte auch große Truppenbestände. Nach der Katastrophe von Narwa waren die Verluste so groß, daß Peter gewaltsam und unmethodisch Soldaten aus der untersten Bevölkerungsschicht Rußlands aushob. Um seine Regimenter aufzufüllen, tastete er sogar das Recht über die Leibeigenen an, indem er diesen gestattete, ohne die Einwilligung ihrer Herren Soldaten zu werden. 1705 sicherte eine erste allgemeine Rekrutierung, ein Mann auf zwanzig Steuerpflichtige, dreißigtausend Neuzugänge pro Jahr. Diese Rekrutierung erstreckte sich auf alle Einwohner in den Städten und auf dem Lande, auf Diener, Arbeiter, Söhne der Geistlichkeit wie auch Verwaltungsbeamte. Sie gründete sich auf ein neues Prinzip: die Gleichheit aller gesellschaftlichen Klassen vor der Militärpflicht. Um von Fahnenflucht abzuschrecken, befahl der Zar 1712, alle Rekruten zu »kennzeichnen«. Als Zeichen wurde ein Kreuz gewählt und auf die linke Hand tätowiert. Man ritzte es in die Haut, bestreute es mit Schießpulver und zündete es an. So war jeder Soldat wie ein Sträfling für immer gekennzeichnet.

Am 26. November 1718 warf Peter die Richtlinien für einen neuen Ukas aufs Papier: »Von allen Meldung verlangen: eine Frist von einem Jahr setzen; die wahre Anzahl der männlichen Einwohner jedes Dorfes erkunden, indem man erklärt, daß von jedem, der sich zu verstecken versucht, der gesamte Besitz an denjenigen übergeben wird, der ihn denunziert; bestimmen, wie vielen Seelen der Unterhalt eines Soldaten obliegt; einen durchschnittlichen Abgabesatz festsetzen.« Dieses Durcheinander von Maßnahmen traf der Zar mit der Absicht, die Armee über das ganze weite Land in dauernden Quartieren unterzubringen und die Bevölkerung jeder Region zu verpflichten, für den Unterhalt der dort stationierten Regimenter zu sorgen. Um zu einer gerechten Verteilung des notwendigen Aufwandes für diesen Unterhalt zu gelangen, nahm er eine Volkszählung der Leibeigenen und sonstigen in der Landwirtschaft Tätigen vor. Bald kamen auch die Hausangestellten dazu.

Diese Zählung erhielt den offiziellen Namen »Revision«, und die Gezählten wurden als »revidiert« bezeichnet. Allen revidierten Personen wurde dieselbe Steuer auferlegt, und der Grundbesitzer war verantwortlich für die Bezahlung der von der Verwaltung festgesetzten Summen. So wurde er zu einer Art Finanzbeamter, zum Steuereintreiber für die Leute, die auf seinem Land lebten. Das stärkte seine Macht über sie. Bauern oder Leibeigene unterlagen in der Folgezeit der gleichen sklavischen Abhängigkeit. Mit diesem Übergang von der Haussteuer zur Kopfsteuer ersetzte der Zar die frühere Bindung des Bauern an den Boden durch die Bindung an die Person des Grundbesitzers. In der Sorge, nach dem Umfang ihres Personalbestandes eingeschätzt zu werden, fanden diese oft Mittel und Wege, nicht alle Leibeigenen anzugeben, die sie besaßen. Zu Beginn des Jahres 1721 entdeckte man, daß trotz der schärfsten Drohungen zwei Millionen Menschen verheimlicht worden waren. Die Gouverneure unternahmen Reisen, um an Ort und Stelle die Wahrheit der Erklärungen zu überprüfen. Schließlich brachte nach Verhaftungen, Beschlagnahmungen und Folterungen eine erste Schätzung den Behörden eine Zahl von fünfeinhalb Millionen männlicher Staatsbürger. Aus den jährlichen Gesamtausgaben für das Heer wurde 1724 der Steuersatz mit vierundsiebzig Kopeken pro Kopf errechnet und festgesetzt. Außerdem wurden die Grundbesitzer aufgefordert, Unterkünfte für die Armee bereitzustellen. Die meisten von ihnen weigerten sich, Häuser für die Truppen zu bauen, und begnügten sich damit, den Befehlshabern die Häuser des Dorfes zur Verfügung zu stellen. Die Bauern mußten raschestens die leerstehenden Räume ohne Bezahlung für die zahlreichen ankommenden Soldaten ausbauen.

Genötigt, die Arbeit auf den Feldern zu verlassen, um die Standquartiere vorzubereiten, und unfähig, die neuen drückenden Steuern zu bezahlen, ergriffen viele die Flucht. Die anderen beugten ihren Rücken wieder einmal vor der Gewalt. Von jetzt an waren sie alle Leibeigene und wurden als solche vererbt. Die Dienstbarkeit wurde mit dem Samen der Väter weitergegeben. Als Leibeigene konnten sie nur Leibeigene zeugen. Durch die gleiche Belastung mit der Kopfsteuer bildeten alle Landarbeiter und alle Hausbediensteten nur noch eine Klasse, die Klasse der Revidierten. Sie waren Teil des Erbes ihres Herrn und bezeugten seinen Reichtum. Um das Vermögen eines Adligen abzuschätzen, sagte man: »Er besitzt fünfhundert Seelen, zweitausend Seelen ...« Gewiß, Peter bedauerte den Verkauf von Leibeigenen um soundso viel das Stück wie Vieh, »was es«, wie er sagte, »sonst nirgends auf der Welt gibt«. 1721 ließ er dem Senat den Entwurf eines Ukases zukommen, »daß dieser Menschenhandel aufzuhören hat und, sofern sich diese Gewohnheit nicht gänzlich ausrotten läßt, daß man wenigstens die Familien geschlossen verkauft und nicht auseinanderreißt«. Aber dieser Beschluß blieb ein Wunsch, und nachdem er ihn einmal geäußert hatte, dachte Peter nicht mehr daran. Ihn interessierte nicht die menschliche oder rechtliche Seite der Leibeigenschaft, sondern die finanztechnische. Er hatte nun einmal festgestellt, daß er der Staatskasse regelmäßige und überprüfbare Einnahmen sicherte, indem er den Leibeigenen eine Steuer auferlegte und sie damit endgültig an den Grundherrn band. Die Entwicklung der Sklaverei mochte gewisse empfindliche Herzen verletzen, aber wie konnte man die Vorzüge einer solchen Maßnahme zur Erhöhung der Steuern und Rekrutierung von Soldaten unbeachtet lassen?

Am Ende seiner Regierungszeit verfügte Peter neben seinen

beiden Garderegimentern über fünfzig Infanterieregimenter, dreißig Dragonerregimenter, einige Schwadronen Husaren, sechzig Besatzungsregimenter und sechs Bürgerwehrregimenter. Die ganze reguläre Truppenstärke belief sich auf mehr als zweihunderttausend Mann; dazu kamen noch hunderttausend Irreguläre, Kosaken und Kalmücken. Die Kampfkraft der russischen Truppen erwies sich bei verschiedenen Gelegenheiten in eklatanter Weise. Pleyer schreibt 1710: »Man muß sich wundern, welchen Grad an Vollkommenheit die Soldaten dank der rastlosen Bemühungen des Zaren in ihrer Diensterfüllung erreicht haben, wie exakt sie die Befehle ihrer Obersten ausführen und wie mutig sie sich im Kampf verhalten.« Manstein versicherte 1714, daß es »nirgends in ganz Europa eine Artillerie gibt, die der russischen gleichkäme, und noch weniger eine, die sie übertreffen könnte«. Er spricht von dreizehntausend Geschützen. Und die Fabriken produzierten in unverminderter Geschwindigkeit weiter. Das Schmiedeeisen für die Gewehrläufe kam aus Sibirien, der Hartstahl für die Bomben und Granaten wurde von Olonez und Tula geliefert, Schwefel und Salpeter baute man in der Ukraine ab. Es gab keine Ecke Rußlands, die nicht in dieser oder jener Art dem Krieg seinen Tribut zollte. Das Militärgesetz von 1716 legte die Rechte und Pflichten des Soldaten fest. Peter selbst entwarf die wichtigsten Passagen. Er betonte, daß er »Schlachten mit der geringsten Anstrengung und ohne zu viel Blutvergießen gewinnen« wolle und daß »jeder Mann verpflichtet ist, seinem Kameraden vor dem Feind beizustehen und bis zum letzten Atemzug seine Fahne zu verteidigen, die ihm ebenso teuer sein muß wie sein Leben und seine Ehre«. Ein besonderer Zusatz verbot den Truppen bei Androhung erbarmungsloser Strafen, »Mütter, schwangere Frauen, Greise, Priester, Kirchendiener und Kinder« zu belästigen.

Im Generalstab gab es zahlreiche ausländische Offiziere, 1721 waren es unter den Generälen vierzehn von einunddreißig. Aber das Oberkommando blieb in russischer Hand: Scheremetjew, Menschikow, Golizyn, Repnin ... Ebenfalls Russe war der

Generalkriegskommissar Fürst Jakow Dolgoruki, genannt »der Unbestechliche«. Übrigens erhielten diese Offiziere, ob sie Russen waren oder nicht, den gleichen Sold – der allerdings sehr unregelmäßig ausbezahlt wurde – und unterlagen den gleichen Strafen, wenn sie sich Verstößen gegen die Dienstordnung schuldig machten. Einige der ausländischen Offiziere klagten über ihr Los, sehnten sich nach der Heimat, entrüsteten sich, weil der Zar sie an der Heimkehr hinderte, aber kaum einer von ihnen konnte sich der aus Angst und Bewunderung gemischten Faszination entziehen, die Peter in seiner Umgebung erweckte.

Er reorganisierte das Heer von Grund auf, mehr noch aber tat er für die Marine, die vor ihm praktisch nicht existiert hatte. Als er den Thron bestieg, besaß Rußland kein einziges Kriegsschiff, und die einzigen Männer im Lande, die etwas von Navigation gehört hatten, waren einige Fischer in der Gegend von Archangelsk. 1725 aber wehte die russische Flagge auf vierzig Linienschiffen und siebenhundertsiebenundachtzig Galeeren. Die Matrosen, achtundzwanzigtausend an der Zahl, stammten fast alle von den Meeresküsten im Norden oder aus Dörfern an den Ufern großer Flüsse. Um sie zu befehligen, war Peter gezwungen, auf ausländische Kapitäne zurückzugreifen. Aber gleichzeitig hatte er junge Russen ins Ausland geschickt, damit sie dort die Schiffahrt erlernten. Sie bildeten bald ein erfahrenes Seeoffizierskorps, das sich jedes Jahr durch die Absolventen der neugegründeten Marineakademie vergrößerte.

Auch den Schiffsbau auf den Werften leiteten zu Beginn fast ausschließlich Holländer, Franzosen und Engländer. »Der Zar hegt und pflegt sie mit großer Sorgfalt«, schrieb der Diplomat Jefferies. »Ihr Lohn wird pünktlich ausbezahlt; sie speisen häufig mit dem Herrscher; auch bei den größten Gastmählern werden sie zur Tafel gebeten.«

Diese verhätschelten Gäste unterrichteten jene Russen, die sie einmal ersetzen sollten. Von seinem Traum einer russischen Vorherrschaft auf den Meeren besessen, brachte Peter gewaltige Summen auf, um Häfen bauen und Schiffswerften errichten zu lassen. Aber er mußte gewaltige Schwierigkeiten überwinden, und viele seiner Pläne ließen sich nicht verwirklichen. So verlegte er die Werften von Olonez nach St. Petersburg, nur um dann festzustellen, daß die Newa für den Stapellauf größerer Schiffe zuwenig Wasser führte. Und als er glaubte, in Rogerwiek in der Nähe von Reval den idealen Platz gefunden zu haben, zerstörten Unwetter die halbfertigen Bauten. In Woronesch war das Holz von so schlechter Qualität, daß die Schiffe schon nach einem Jahr unbrauchbar wurden. Bei diesen titanischen übereilten Unternehmungen kamen Tausende schlechternährter und unzulänglich untergebrachter Arbeiter um. Alles, was Peter entwarf, übersetzte sich in der Ausführung in gigantische Opfer an Menschenleben. Aber dank dieser jungen Flotte, die die Nation so viel gekostet hatte, konnte der Zar schließlich Schweden seinen Willen aufzwingen.

Um sein Landheer kriegsbereit und den Ausbau seiner Flotte in Gang zu halten, um Städte und Häfen zu bauen und um auf diplomatischem Wege die neuen Ansprüche Rußlands in Europa zu vertreten, mußte der Zar ohne Unterlaß neue Quellen erschließen. Die Einkünfte des Staates, die 1680 nur eine Million fünfhunderttausend Rubel betrugen, überstiegen 1725 bereits neun Millionen Rubel. Zu den früheren Staatsmonopolen an Harz, Pottasche, Rhabarber und Leim kamen nun die Monopole Salz, Tabak, Kreide, Teer und Fischtran hinzu. Drückendste Abgaben wurden den Steuerpflichtigen aller Klassen und Vermögensschichten auferlegt. Sondersteuern trafen die Altgläubigen besonders hart. Sie wurden auch erhoben auf Gasthöfe, Mühlen, fruchtbaren Boden, Schach- und Kartenspiele, Pferdegeschirre, Kopfbedeckungen und Stiefel, Postkutschen (ein Zehntel des Fahrpreises), Schaffelle, Badestuben, Spiegel, Weinkeller, den Schiffshandel, Brennholz, Wassermelonen, Gurken, Nüsse, Bärte, Bienen, Särge und sogar den Hochzeitsschleier. Die Kopfsteuer hatte jeder männliche Untertan zu entrichten, und sie brachte dem Staat allein ungefähr zwei Millionen Rubel ein. Die Furcht vor der Steuerbehörde und die Hinterziehungen wuchsen in gleichem Maße. Grundbesitzer und Bauern riskierten oft ihr Leben, um einer Ausplünderung durch die Steuereinnehmer zu entgehen. In finanziellen Dingen hielt Peter es mit der Devise: »Verlange das Unmögliche, um das Mögliche zu erhalten.« Einmal plante er gar, den berühmten Bankier John Law, den er in Paris kennengelernt und dessen Adresse er aufgeschrieben hatte, nach St. Peterburg zu holen, damit ihm dieser Geldmagier half, seine Finanzschwierigkeiten zu überwinden. Aber seine Einladung kam zur Unzeit: Law war gerade nach einem Bankrott, der das ganze Land erschütterte, aus Frankreich geflohen.

Besessen von der Notwendigkeit, um jeden Preis Geld für seine Pläne aufzutreiben, war Peter gezwungen, den Bedarf einer Kriegswirtschaft mit der für die Entwicklung der Nation notwendigen Prosperität in Einklang zu bringen. Er wollte gleichzeitig neue Steuerquellen und neue Produktionszweige schaffen, den Export ankurbeln und zugleich die Importe durch die Entwicklung der heimischen Industrie verringern, dem Volk hohe Abgaben auferlegen, ohne ihm dadurch die private Unternehmungslust zu nehmen. Wie durch ein Wunder hatte er in gewissem Maße sogar Erfolg. Er schloß einen Handelsvertrag mit Persien ab, ermutigte den Verkehr mit Zentralasien und China, erleichterte den Warenaustausch mit dem Westen und beauftragte unternehmende Kaufleute und Konsuln, das Ausland anzuregen, russische Waren zu kaufen: Hanf, Leinen, Tauwerk und Wachs ... Bald eröffneten russische Handelsagenturen ihre Kontore in Paris, Toulon, Bordeaux, Antwerpen, Lüttich, Wien, Cadiz und in China. Im Inland schützte der Zar den Wald, dessen Holz für den Bau seiner Schiffe unentbehrlich war, entwickelte die Viehzucht, führte neue Rinderrassen ein, machte in den Provinzen Charkow, Poltawa und Jekaterinoslaw Merinoschafe heimisch, errichtete die ersten Gestüte, versuchte, im Land der Donkosaken Weinstöcke zu akklimatisieren, ließ in der Umgebung von Derbent ungarische und persische Weinreben pflanzen, lehrte die Bauern, das Getreide mit einer Sense und nicht mit der Hippe zu schneiden, kümmerte sich um die Auswahl des Saatkorns und um die Düngung der Felder. Aber vor allem trieb er die Industrie in einen schwindelerregenden Aufschwung. »Rußland ist begünstigter als mancher andere Staat, es besitzt reiche Metall- und Erzvorkommen, die niemand bisher verwertet hat«, schrieb er. Und seit dem Beginn seiner Regierung war er entschlossen gewesen, dieses große »Geschenk Gottes« an sein Land nach Kräften zu nutzen.

Mit leidenschaftlichem Interesse verfolgte er die Berichte der Prospektoren, die er in alle Himmelsrichtungen schickte. Er persönlich organisierte den systematischen Abbau von Eisen-, Kupfer- und Silbererzen sowie die effektive Arbeit in den Kohlegruben. Die Besitzer der Lagerstätten hatten nur das Vorrecht der Ausbeutung, nutzten sie es nicht, wurden sie enteignet. Verschwiegen sie die Existenz eines Erzvorkommens, hatten sie die Todesstrafe zu gewärtigen. In Tula, Olonez und St. Petersburg entstanden zahlreiche eisenverarbeitende Betriebe. Vinius, General Hennings und der Waffenhändler Demidow arbeiteten mit Peter zusammen an der Erschließung des Bergbaus im Ural, dessen Förderung sich 1720 schon auf mehr als hunderttausend Tonnen Kohle und Erz belief. Auf Veranlassung des Herrschers entstand in der erzreichen Gegend zwischen dem Ladogasee und dem Onegasee eine Industriesiedlung, die später den Namen Petrosawodsk erhielt.

1725 gab es in Rußland sechsundachtzig metallverarbeitende Betriebe und Arsenale, fünfzehn Stoffabriken, vierzehn Gerbereien, fünfzehn Manufakturen für Wolle, neun für Seide, sechs für Baumwolle, Sägewerke, Pulverfabriken, Papierfabriken, Glashütten ... Peter richtete sogar unter Mithilfe französischer Fachleute eine Teppichweberei ein. Doch der Westen interessierte sich zwar für die russischen Rohstoffe, verschmähte aber dessen Fertigprodukte. Und sogar in Rußland selbst kaufte das Volk die besseren und billigeren ausländischen Waren. Um den Aufschwung der jungen nationalen Industrie zu unterstützen, hob der Zar die Zölle aller Art scharf an. Gleichfalls aus dem

Wunsch heraus, das Interesse der Privatleute für Handel und Industrie zu wecken (die Hüttenwerke Demidows im Ural, die Webereien Apraxins), befreite er die Erbauer von Fabriken und ihre Familien vom Staatsdienst und von den Steuern; er erließ ihnen die Abgaben auf den Ankauf von Rohstoffen und den Vertrieb ihrer Erzeugnisse; er bewilligte ihnen zinslose Anleihen und gestand ihnen 1721 das Privileg zu, von den Grundbesitzern Leibeigene zu kaufen, um sie in ihrem Unternehmen anzustellen. Nur ein geringer Teil der Arbeiterschaft bestand aus freien Männer, die meisten wurden in die Fabriken »verbannt«: Vagabunden, davongelaufene Leibeigene, Sträflinge, sogar Freudenmädchen. Und die Herren dieser Menschenställe begannen, so etwas wie eine neue Aristokratie zu bilden, die ihre Rechte nicht von der Geburt, sondern von Kapital und Unternehmungsgeist herleitete.

Der Aufschwung des Handels und der Industrie war jedoch in kritischer Weise von den Verkehrswegen abhängig. Nun waren aber die Straßen in Rußland bei Schnee oder Regen kaum benutzbar. Peter versuchte vergeblich, St. Petersburg mit Moskau durch eine befahrbare Straße zu verbinden. Das Unternehmen war zu teuer, man hatte keine Zeit, sich darum zu kümmern, und es wurde abgebrochen, nachdem man einige hundert Werst gebaut hatte. Die ausländischen Diplomaten, die von der alten zur neuen Hauptstadt reisten, sprachen voller Schrecken von dieser fünfwöchigen Reise durch Wälder, Sümpfe und aufgeweichtes Ödland, über Flüsse auf wackeligen Brücken, die unter den Rädern der Kutsche zusammenzubrechen drohten. Um den Reisenden den Weg ein wenig zu erleichtern, ließ der Zar entlang den größeren Straßen Wegweiser aufstellen und auch einige »Etappenhäuser« erbauen. Im Grund aber neigte er mehr zum Warentransport auf dem Wasser. Er ließ Wolga und Newa durch einen Kanal bei Wyschni-Wolotschek verbinden. Als er die Schwierigkeiten der Lastkähne auf den stürmischen Gewässern des Ladogasees erkannte, befahl er die Erbauung eines Kanals von hundert Werst Länge, um den See zu umgehen. In Begleitung einiger Ingenieure untersuchte er selbst den sumpfigen Boden. Dieses gigantische Unternehmen, von Menschikow schlecht geführt, ging nur langsam voran, die Schleusen versandeten bald wieder, und die Arbeiter starben wie vorher beim Bau von St. Petersburg zu Hunderten. 1723 schrieb Campredon: »Dreißigtausend Mann sind schon bei den Arbeiten am Kanal von Ladoga umgekommen.« Man braucht kaum zu erwähnen, daß dieser Blutzoll Peter nicht beirren konnte.

Auch in die russische Rechtsprechung griff er ein, zum Teil mit unparteiischen, ja sogar großzügigen Ideen. Er ordnete an, daß in jedem Gericht, vom höchsten bis zum niedrigsten, auf dem Tisch, an dem die Richter saßen, ein bizarrer, dreiseitiger, vom Doppeladler gekrönter Aufsatz aus vergoldetem Holz aufzustellen sei. Jede Seite trug eine der drei Anweisungen, die aus der Feder des Zaren stammten: Die erste empfahl den Richtern die genaue Kenntnis des Rechts, das sie anwenden sollten; die zweite erklärte ihre Pflichten bei der Verhandlung; die dritte verbot ihnen, die gesetzlichen Vorschriften zu verletzen. Wie immer waren Peters Vorschriften mit Bedrohung jeder Zuwiderhandlung verbunden – Geldstrafen, Einziehung des Vermögens oder Tod. Der Rechtsgang stützte sich schwer auf die Folter, sowohl zur Erlangung von Geständnisssen wie zur Bestrafung der Schuldigen. Die größten Verbrechen waren jene, die sich gegen die Interessen des Staates richteten. In diesem Fall konnte sogar eine Schwangere gefoltert werden. Frauen, die ihren Gatten umgebracht hatten, wurden lebendig begraben. Falschmünzern goß man geschmolzenes Blei in den Schlund. Es gab keine Geschworenen, die vor ihrem Gewissen die Schuld des Angeklagten zu prüfen hatten, keinen Rechtsanwalt, der ihn verteidigte. Der Richter entschied nach seinem Gutdünken – und er war der Exekutive vollkommen unterstellt: Der Woiwode leitete das Bezirksgericht, der Gouverneur das Obergericht. Die »Landrichter«, eine Art Zivilrichter nach schwedischem Brauch und Stellvertreter des Gouverneurs, waren vor allem Steuereintreiber und befaßten sich mehr damit, die Prozeßparteien auszupressen als ihre Streitigkeiten zu regeln.

Um die Effektivität der Rechtsprechung zu verbessern, setzte es sich Peter in den Kopf, das alte Gesetzbuch des Zaren Alexej, die *Uloshenie* vom Jahre 1649, durch das schwedische Gesetz zu ersetzen, dessen auf Rußland nicht anwendbare Vorschriften man eliminieren sollte. Expertenkommissionen, darunter einige ausländische Juristen, traten mehrmals zusammen und kamen 1722 zu dem Schluß, daß es absolut unmöglich war, ein fremdes Gesetzeswerk den nationalen Erfordernissen anzupassen. Überdies machte Peter den Bearbeitern ihre Tätigkeit durch einander widersprechende Erlasse nicht leichter. Andauernd änderte er den Gehalt der Vorschriften, nach denen sich das Leben seiner Untertanen gestalten sollte. Was gestern noch erlaubt war, wurde heute verboten. Die Rechtsprechung folgte den Launen des Monarchen auf allen Irrwegen. Wenn er Gesetze erließ, hatte er nicht Angemessenheit, sondern Wirksamkeit im Sinn. So konnte sich ein geschickter Handwerker, der wegen Mordes verurteilt war, durchaus als freier Mann an der Spitze einer Gruppe von Arbeitern wiederfinden, die er in der Ausübung seines Gewerbes unterwies. Denn war er dem Lande bei dieser Arbeit nicht nützlicher als bei den Galeerensträflingen? Pragmatismus und Despotismus – das waren die beiden Pfeiler von Peters Denken.

Sie manifestierten sich beide sehr deutlich in seinen Beziehungen zur Kirche. Als der Patriarch Adrian 1700 starb, gab er ihm keinen Nachfolger und ernannte den Metropoliten Stephan Jaworski von Riasan zum Exarchen des »heiligen patriarchalischen Thrones«. Aber der neue Exarch wurde nur mit nebensächlichen Dingen betraut; die wesentlichen Entscheidungen wurden von dem Bojaren Mussin-Puschkin getroffen, der an der Spitze des Klosteramts *(Monastyrki Prikas)* stand. Dies war nur der erste Schritt. Im Laufe der Jahre schrieb Theofan Prokopowitsch, der Rektor der Akademie in Kiew, ein Kirchengesetz mit dreihundert Artikeln, das vom Zaren angeregt und

Punkt für Punkt von ihm durchgesehen wurde. 1721 hob Peter das Patriarchat offiziell auf und verkündete ein neues Kirchenstatut. Der Patriarch wurde durch ein geistliches Kollegium ersetzt, den heiligen Synod, der aus vom Herrscher ernannten Erzbischöfen bestand und beauftragt war, alle Angelegenheiten der Kirche zu regeln. Ein Bevollmächtigter der Krone, ebenfalls vom Herrscher ernannt, wohnte den Beratungen dieses Kollegiums bei und verfügte über das Vetorecht. Dieser Bevollmächtigte durfte keine Verbindungen zur Geistlichkeit haben, der Zar wünschte in dieser Funktion »einen rechtschaffenen Offizier mit fester Haltung«. Der erste Inhaber des Postens war denn auch ein gewisser Boltin, ein simpler Dragoneroberst. Über den Sinn der Reform hieß es in der Präambel der Statuten: »Die einfachen Leute kennen den Unterschied zwischen der geistlichen und weltlichen Macht nicht; beeindruckt durch die Tugend und die Pracht, in der der höchste Hirte der Kirche erstrahlt, meinen sie, er sei ein zweiter Herrscher, dem Zaren an Macht gleich oder sogar mächtiger als er. Wenn das Volk dieser Ansicht ist, was geschieht, wenn sich eine ehrgeizige Geistlichkeit unterfängt, das Feuer einer Revolte zu schüren? Sieht das Volk hingegen, daß die synodale Ordnung durch ein Dekret des Monarchen und auf Beschluß des Senats eingesetzt wird, unterwirft es sich in Milde und verliert bei seinen Revolten die Hoffnung auf Unterstützung durch den Klerus.« Die Botschaft war deutlich: Die Bestimmung der Kirche ist rein geistlicher Natur; ihre Einmischung in die Politik ist unzulässig; es gibt nur einen Herrn in Rußland, den Zaren; auch der Klerus schuldet ihm Gehorsam.

Auch wenn Peter die Autorität der Kirche im Bereich der Dogmen durch sein Statut nicht antastete, nahm er ihr doch jede Unabhängigkeit. Die Mitglieder des heiligen Synod, von ihm ernannt und von einem Bevollmächtigten der Krone überwacht, der ihre Vorschläge an den Monarchen weitergab, waren nur noch Beamte wie alle anderen. Sie gehörten einer dem Senat vergleichbaren Institution an und mußten wie die Senatoren

Seiner Majestät Treue schwören: »Ich gelobe, ein treuer und gehorsamer Diener zu sein, meinem natürlichen und wahren Herrscher untertan wie auch seinen erhabenen Nachfolgern, die er kraft seiner unumstößlichen Macht ernennen wird. Ich anerkenne, daß er der oberste Richter dieses geistlichen Kollegiums ist.« Diese Unterwerfung der religiösen Hierarchie unter die Staatsgewalt ging so weit, daß Peter die Geistlichen im Falle eines politischen Verbrechens oder eines Komplotts gegen seine Person vom Beichtgeheimnis entband. Jeder Priester, der den Behörden ein Bekenntnis dieser Art verheimlichte, wurde zum Komplizen des Schuldigen. Das Reglement verbot Laien auch, in ihrem Haus eine Kapelle mit einem ständigen Vikar einzurichten. Sie mußten die Pfarrkirchen besuchen. Das Recht zu predigen stand nur den Popen zu, die in den Akademien studiert hatten, und die Predigtthemen waren immer und ausschließlich der Heiligen Schrift oder den Schriften der Kirchenväter zu entnehmen. Die Nebeneinkünfte wurden reduziert, nur freiwillige Opfergaben blieben statthaft. Allen nicht vom heiligen Synod anerkannten Wallfahrtsorten wurde diese Würde genommen. Vor dem dreißigsten Lebensjahr durften Männer nicht in ein Kloster eintreten und Frauen ihr endgültiges Klostergelübde nicht vor dem fünfzigsten Lebensjahr ablegen. Den Mönchen war es verboten, Bücher zu schreiben oder zu kopieren, »denn nichts stört ihre Ruhe mehr als ihre unnützen und unsinnigen Schreibereien«.

Als Feind von Pomp und Müßiggang fand Peter die hohen Prälaten, die im Überfluß lebten, unerträglich. Er befahl ihnen, ihren Haushalt einzuschränken und jedes Jahr eine Rundfahrt durch ihr Bistum zu machen. Die Klöster mit ihrer Belegschaft religiöser Nichtstuer waren ihm ein Alptraum. Er löste eine große Anzahl auf, verbot den anderen den Ankauf neuen Bodens und säkularisierte ihre Einkünfte. »Wir wollen nicht das Schicksal von Byzanz erleiden«, sagte er, »wo man mehr als dreihundert Abteien zählte, aber nur sechstausend Verteidiger der Stadt gegen die Türken.« Am 31. Januar 1724 schrieb er den

Mönchen und Nonnen vor, Waisen aufzuziehen, Kranke und Verwundete zu pflegen. Sein Traum wäre es gewesen, alle Klöster in Spitäler und Schulen zu verwandeln.

Im Geiste der Toleranz beendete er die Verfolgung der Schismatiker und begügte sich mit der Vorschrift, daß sie auf den Kleidern ein rotes, gelbumrandetes Quadrat zu tragen hatten. Aber die Altgläubigen erwiesen ihm wenig Dankbarkeit für seine Milde. Sie sahen weiterhin in ihm den Antichrist, der mit Ausländern umging, der Bärte abschneiden ließ und sich um allerlei verworfene Wissenschaften kümmerte. Auch wenn sich die Amtskirche dem Willen des Monarchen beugte, stand sie doch den Reformen, die er förderte, in tiefer Feindseligkeit gegenüber. Ringsum haßten ihn die frommen Gemüter: die einen (die Altgläubigen) aus Liebe zu den althergebrachten Traditionen und die anderen (die Priester und Mönche), weil sie um die Privilegien ihrer Stellung fürchteten. Als Freund der Protestanten fühlte sich Peter manchmal wie einer von ihnen, verloren in der Masse der Orthodoxen. Aber er dachte nicht daran, dem Glauben seiner Väter untreu zu werden. Nur wollte er die religiösen Energien nicht auf das Mysterium des Jenseits, sondern auf die Misere dieser weniger mystischen, dafür aber näher liegenden Welt richten. Nach seiner Ansicht mußte auch die Religion wie andere staatliche Institutionen zum Wohl und zur Größe Rußlands beitragen.

Zum guten Funktionieren eines Staates war unabdingbar, daß alle Untertanen ihren Platz hatten und ihn unter keinem Vorwand verlassen durften, verfügbar wie Schachfiguren, über die sich der Großmeister beugt. Mit diesem Ziel führte Peter am 24. Januar 1722 die berühmte »Rangtafel« ein. Sie setzte an die Stelle der alten Adelsregister eine am Verdienst orientierte Hierarchie, die drei parallele Kategorien vorsah: die Zivilränge, die Militärränge und die Hofränge. Jede dieser Rangordnungen bestand aus vierzehn Klassen, die einander in der Bedeutung entsprachen. So war die unterste Stufe der Zivilränge der gewöhnliche Kanzleiregistrator, bei den Militärrängen der einfache Fähnrich und bei den Hofrängen der »Tafeldecker«: auf den Gipfeln der drei Hierarchien glänzten der Kanzler des Reiches, der Feldmarschall und der Großkämmerer. Zwischen diesen Extremen gab es jeweils eine subtile Stufenleiter der menschlichen Bedeutung, jede Stufe mit ihrem Titel und ihrem Wert. Von da an war es der Rang, der *Tschin*, der die Stellung eines Menschen in der Gesellschaft, in den Büros, in der Armee und im Palast definierte. So konnte ein junger Bürgerlicher nach einigen Jahren pflichtgetreuer Arbeit in der Verwaltung den einem Hauptmannsgrad entsprechenden Rang erreichen, ohne jemals unter der Fahne gedient zu haben. Der Zugang zu Ehrenämtern stand jedem offem: tapferen Soldaten niederer Abstammung, begabten Schreibern, geschickten Ausländern und tüchtigen Abenteurern.

Die kühnste Neuerung aber bestand darin, daß die Tafel zivile und militärische Amtsträger, egal ob Russen oder Ausländer, der acht obersten Ränge (ab Major und Kanzleiassessor) dem »besten alten Adel« gleichstellte, selbst wenn sie aus den niedersten Schichten der Gesellschaft stammten. Früher hatte die Regel des *Mestnitschestwo*, des Vorrangs, einem Mann verboten, unter dem Befehl eines anderen zu dienen, der seinerseits unter einem seiner Vorfahren gedient hatte. Indem er diese Traditionen umwarf, lud Peter die »Glücksritter« geradezu ein, sich dem hohen und niederen Adel anzuschließen und um den Zaren herum die neue herrschende Kaste des Landes zu bilden. Um die ehrgeizige Jugend aus dem Volk auf diesem Weg des Erfolges zu ermutigen, hielt er ihr die Beispiele aus seiner Umgebung vor Augen: Menschikow, der vom ehemaligen Bäckergesellen zum mächtigsten Mann nach dem Zaren im Reich aufgestiegen war, Schafirow, einst Hilfskraft bei einem Tuchverkäufer, heute Vizekanzler, Jaguschinski, Sohn eines Organisten in einer lutherischen Kirche in Moskau, jetzt Bevollmächtigter der Krone beim Senat, Devier, ein portugiesischer Jude, der als Schiffsjunge an Bord eines Kauffahrers gedient hatte, bevor er Polizeipräfekt von St. Petersburg wurde. Diese Institution einer neuen Meritokratie war unvermeidlich verbunden mit einer Einschränkung der alten Adelsprivilegien. Die höchsten Würdenträger waren denselben Strafen unterworfen wie Nichtadlige. Die Knute traf ohne Unterschied den Fürsten wie den Muschik, und kein Titel vermochte den Kopf eines Schuldigen zu retten. So wurde Fürst Alexej Bariatinski öffentlich ausgepeitscht, weil er Rekruten der Musterung entzogen hatte. Um sich Europa anzugleichen, strich Peter die alte Bezeichnung Bojar und ernannte in seiner Umgebung dutzendweise Grafen und Barone. Bei seiner Thronbesteigung gab es etwa zweitausend adlige Familien. In kurzer Zeit wurden es nun neuntausend.

Eine andere Reform veränderte spürbar den Status der aristokratischen Familien. Durch den Erlaß vom 23. März 1714 führte Peter eine Art Majorat ein. Danach mußte jeder Grundbesitzer in seinem Testament einen seiner Söhne oder, wenn er keine Söhne hatte, eine seiner Töchter zum Alleinerben des Besitztums bestimmen. Wenn einer es versäumte, sein Testament zu verfassen, erbte der älteste Sohn oder gegebenenfalls die älteste Tochter den gesamten Grund und Boden und die Leibeigenen, die auf dem Besitz lebten. Die anderen Kinder mußten sich in die bewegliche Habe teilen. Diese Einführung eines Alleinerben für Grund, Gebäude und Landarbeiter war eine Umsetzung des autokratischen Prinzips in das Privatleben. Sie vermied einerseits die Zerstückelung von Grundbesitz, zwang andererseits die enterbten Söhne, ihr Brot im Militärdienst, in der Industrie oder im Handel zu verdienen. Kurz, das Statut wirkte wie ein Appell an den jungen Adel, der nun auf dem Lande keinen Platz mehr fand, im Staatsdienst zu arbeiten.

Neben den Grundbesitzern gab es in Rußland die bäuerliche Bevölkerung, die bei der Thronbesteigung Peters zwei Gruppen umfaßte: die freien Muschiks und die Leibeigenen. Die ersteren bearbeiteten staatlichen Boden oder Klosterland, die anderen gehörten den Grundbesitzern. Durch die Einführung der Kopfsteuer erweiterte der Zar die Sklaverei praktisch auf beide Kategorien. Denn mit diesem Ukas war die normale Lebensbedingung des Landarbeiters von einem Ende Rußlands bis zum anderen die Leibeigenschaft. Der Gewalt ihrer Herren ausgeliefert, die das Recht hatten, sie mit der Knute zu strafen, nicht aber sie zu töten, das Recht, sie zu verkaufen, aber nur als ganze Familien, litten alle Teile der bäuerlichen Bevölkerung gleichermaßen unter der Überforderung durch den Staat. Sie mußten die Einquartierung von Truppen dulden, die die Lebensmittel beschlagnahmten, das vorbereitete Holz verbrannten, die Blockhäuser besetzten und ihre Bewohner mißhandelten. Die Regierung bürdete ihnen harte Fronarbeit auf (Nachschubtransporte, Festungsbau, Anlegung von Straßen, Kanalgrabungen), der sie sich nicht entziehen konnten und die sie von der notwendigen Feldarbeit fernhielt. Die Steuereinzieher verfolgten sie, der Militärdienst drohte, sie durften nicht ohne ein Erlaubnisschreiben ihres Herrn reisen und lebten in der doppelten Angst vor ihm und vor den Beamten. Der Sohn eines einfachen Handwerkers und erste russische Volkswirtschaftler seiner Zeit, Iwan Possoschkow, schrieb, daß in den Dörfern niemand lesen konnte und daß es genügte, ein angebliches »Kaiserliches Dekret« vorzuzeigen, um die Muschiks dazu zu bringen, dem Träger alles zu überlassen, was sie besaßen. Ihre Unwissenheit wurde nur noch durch ihre Gleichgültigkeit übertroffen. Sie schlugen junge Bäume und fischten alle Fische aus den Flüssen, ohne an die Folgen dieser Handlungen zu denken. Ihre Holzhütten waren düstere Löcher ohne Fenster, in denen sich die ganze Familie in einem lauwarmen Gestank zusammendrängte. Männer, Frauen und Kinder schliefen auf dem Ofen oder auf Bänken. »Sie erklärten mir, daß sie sich an diesem so warmen Ort vollkommen wohl fühlen und kein Bett brauchen«, schrieb Weber 1716 in seinen »Neuen Erinnerungen über den gegenwärtigen Zustand von Großrußland«. Und: »Sie bedienen sich keiner Kerzen, sondern tragen in den Händen oder quer im Mund lange Holzspäne, die ihnen leuchten . . . Sobald sie etwas Geld erhalten, verstecken sie es im Mund unter der Zunge.«

Wie Lasttiere behandelt, waren die Bauern für die Grundbesitzer eine Ware wie jede andere. Zwielichtige Adlige spezialisierten sich auf den Handel mit Mädchen, die sie ganz jung billig erwarben und dann sehr teuer an Liebhaber von jungem Blut verkauften. Diese Mädchen waren oft für die Prostitution bestimmt. In St. Petersburg gab es einen Sklavenmarkt, auf dem ganze Familien angeboten wurden. Der Preis eines Menschen stand oft auf einem an der Stirn klebenden Zettel.[1] Ein guter Leibeigener brachte bis zu sechshundert Rubel, etwas weniger als ein gutes Pferd. Die meisten Dienstboten in den großen Häusern waren Leibeigene. Sie übernahmen die verschiedensten Funktionen: Kammerdiener, Köche, Kutscher, Wäscher, Sticker, Possenreißer, Musikanten und Ammen. Oder sie hatten die Aufgabe, sich in einen Sessel zu setzen und den Sitz zu wärmen, bevor die Herrin oder der Herr Platz nahm. Die Kinder der Leibeigenen dienten oft als Vorreiter oder Postillione und waren im Winter auf dem Rücken ihrer Pferde vom Erfrierungstod bedroht. Selbst Kutscher erfroren auf ihren Sitzen. Häufig nisteten sich in Landhäusern, die im Winter geschlossen waren, Wanzen ein, und dann schickte man zu Beginn der schönen Jahreszeit zuerst Dienstboten dorthin, damit sie die unerwünschten Gäste auf sich zogen. Dann erst folgte der Herr mit seiner Familie. Wenn in einer Stadt eine Epidemie ausbrach, zogen die begüterten Leute mit ihrer ganzen Dienerschaft fort. Schien die Gefahr vorüber zu sein, schickten sie zunächst einige Leibeigene als Aufklärer in das betroffene Gebiet. Wenn keiner von ihnen starb, kehrte die ganze Familie in ihr Haus zurück. Die Dienstboten schliefen auf Hängeböden, in Wandschränken und auf den Gängen und zogen ihre Kleider nur aus, wenn sie ins Schwitzbad gingen, etwa einmal die Woche. Für das kleinste Vergehen gab es Schläge. Ein volkstümliches russisches Sprichwort lautete: »Die Seele gehört Gott, der Kopf dem Zaren und der Rücken dem Herrn.«

Wenn die Leibeigenen das Unglück hatten, zusammen mit dem Land an eine Fabrik verkauft zu werden, verschlimmerte sich ihr Los noch. Wenn sie, was selten vorkam, bezahlt wurden, erhielten sie eine Kupferkopeke pro Tag. Dem schottischen Ingenieur Perry, der versuchte, den Arbeitern in der Werft von Woronesch regulären Lohn auszuzahlen, antwortete Apraxin: »Noch nie hat das Schatzamt des Zaren Geld ausgegeben, um Leute zu bezahlen, die eine Arbeit tun: Es gibt genug Stöcke in Rußland, um jene zu stäupen, die sich weigern.« Die Arbeitszeit lag je nach Jahreszeit zwischen dreizehn und fünfzehn Stunden am Tag. Ständig von Ruten und Peitschen bedroht, in Fetzen gekleidet, schlecht ernährt, zu Dutzenden in Baracken voller Ungeziefer zusammengedrängt, lebten diese Unglücklichen wie Sträflinge, deren einziges Verbrechen es war, als Leibeigene geboren zu sein.

Zwischen dieser gewaltigen amorphen Masse rechtloser Analphabeten und der kleinen Schicht alter und neuer Aristokraten war nur wenig Platz für das aufstrebende Bürgertum der Städte. Aber auch in dieser Klasse bestätigte die Einführung der Gilden den Herrschaftsanspruch einer Führungsschicht. Die von den Gilden auf Lebenszeit gewählten Magistratsbeamten konnten für ihre Verdienste um den Staat geadelt werden. Auch hier wirkte sich Peters Idee einer neuen Schicht des Verdienstadels aus.

Ein anderes Interesse des Zaren galt der Bildung seiner Untertanen. Er wollte die Schulpflicht einführen, aber nicht für alle. Seiner Meinung nach sollten ihr nur die Kinder der Adligen, der Beamten und der Popen unterworfen sein. Sie sollten vor allem die »Zahlen«, das heißt Arithmetik, und ein wenig Geometrie lernen. Aber wo? Man mußte dringend russische Schulen eröffnen. 1705 berief Peter den Engländer Farwharson nach Moskau, der dort die erste Schule für Mathematik und Navigation begründete. 1715 nach St. Petersburg verlegt, wurde sie zur Marineakademie. Aber konnte man Schülern Kenntnisse über die Seefahrt vermitteln, wenn sie keinerlei Grundkenntnisse besaßen? Leider war es nötig, zunächst einmal lesen, schreiben und rechnen zu lehren. Zu diesem Zweck wandte sich Peter an den alten Propst Glück aus Marienburg, bei dem früher eine livländische Dienerin gelebt hatte, die mittlerweile Kaiserin Katharina von Rußland geworden war. Das »Gymnasium«, das Glück begründete, sollte nach seinem Plan »Geographie, Strategie, Politik, lateinische Rhetorik, kartesische Philosophie, an Sprachen Französisch, Deutsch, Latein, Griechisch, Hebräisch, Syrisch und Chaldäisch, Tanzkunst, französische und deutsche Höflichkeit, kavaliersmäßige Reitkunst und Pferdedressur in der Art der Hohen Schule« lehren. Dieses ehrgeizige Programm lockte anfangs keine vierzig Schüler an. Ein spezieller *Ukas* forderte daraufhin die »Standespersonen« auf, ihre Kinder »ohne jeden Zwang« ins Gymnasium zu schicken. Nichts geschah. Das Gymnasium vegetierte mit spärlicher Schülerzahl und wenig vertrauenerweckenden Professoren kümmerlich dahin. Peter überlegte es sich anders und beschleunigte die Einrichtung von Fachschulen. Ohne sich mit Instituten zur Vermittlung von Grundwissen aufzuhalten, ging er gleich zur höheren Bildung über: Ingenieurwesen, Navigation und Mathematik.

Neben der Marineakademie entstanden Schulen für Artillerie, Bauwesen, Chirurgie und Bergbau. Deutsche und englische Professoren wurden berufen. Aber die Bänke vor ihnen blieben fast leer. Ungebildet und faul hatten die meisten Studenten wenig Lust, diesen Kursen, die sie langweilten, zu folgen. In der Marineakademie standen ausgediente Soldaten mit der Reitpeitsche in der Hand an den Türen jedes Saales, um Störenfriede zu züchtigen und die Schüler am Fortgehen zu hindern. Die Studenten, die das Examen bestanden hatten, wurden in die Provinz geschickt, um dort selbst zu unterrichten. Dies war der erste ernste Versuch, in Rußland höhere Schulen einzuführen: 1716 waren es zwölf, dreißig weitere folgten. Doch kamen schon 1723 von siebenundvierzig in die verschiedenen Gouvernements entsandten Professoren achtzehn zurück, da sie keine Schüler finden konnten. Häufig suchte wie 1725 in Riasan die halbe Klasse mitten im Unterricht das Weite. 1713 stellte Peter fest, daß die Schule für Ingenieure nur dreiundzwanzig Schüler besaß, und verfügte die Aufnahme von siebenundsiebzig jungen

Leuten – meist Söhnen von Beamten der Krone. Ihre gelehrten Professoren begannen damit, ihnen das Alphabet beizubringen. Auch die Kirche bemühte sich. 1721 hatte ein Kirchengesetz die Bischöfe aufgefordert, in ihren Bistümern Diözesanschulen zu errichten, und in den folgenden Jahren wurden sechsundvierzig eröffnet. Aber sie hatten kaum mehr Erfolg als die weltlichen Schulen.

Ungeduldig wie immer übersah Peter die Basis und kümmerte sich nur um die Spitze. Gegen Lebensende kam ihm der Gedanke, eine Akademie der Wissenschaften ins Leben zu rufen. Dieser Plan ging ihm seit seinem Pariser Aufenthalt im Kopf herum. War er nicht inzwischen in der Sitzung vom 22. Dezember 1717 zum Mitglied der königlichen Akademie berufen worden, zu einem »außerordentlichen Mitglied«? Für die russische Akademie der Wissenschaften ließ er aus Deutschland fünfzehn Gelehrte kommen. Der Akademie angegliedert waren ein Gymnasium und eine Universität. Als die illustren Gäste ihre Stellung antraten, merkten sie, daß es keine Studenten gab, die sie unterrichten konnten. Da es so nicht ging, ließ man einige aus dem Ausland kommen. Und um dieses spärliche Publikum aufzustocken, hörten die Professoren gegenseitig ihre Vorträge an.[2]

In dieser ungeordneten Schlacht gegen die Unwissenheit seines Volkes wurde sich Peter zunehmend der unzureichenden Mittel bewußt, die ihm zur Verfügung standen. Man konnte nicht in ein paar Jahren ein ganzes Unterrichtssystem aus dem Boden stampfen. Die Blüte der Wissenschaft gedieh noch außerhalb der Grenzen. Also schickte er, während er sich bemühte, die Schulen in Rußland zu vermehren, weiterhin junge Leute ins Ausland. Sie reisten jedes Jahr an den ersten schönen Tagen in Gruppen zu hundertfünfzig ab, einige zu Werften und Fabriken in Holland und England, andere nach Berlin, um Deutsch zu lernen, wieder andere bis nach Afrika und Asien, um sich mit der arabischen Sprache vertraut zu machen. Italien und Frankreich nahmen die zukünftigen Kapitäne und Architekten auf.

Ein Fürst Lwow wurde mit der Überwachung der Schüler in den Niederlanden beauftragt. Das rauhe Benehmen dieser Eindringlinge wurde überall unliebsam vermerkt. Sie hatten kein Geld, klagten über Hunger und stritten sich bei jeder Gelegenheit. 1717 bat Fürst Repnin den Herrscher, seinen beiden Söhnen, die in Deutschland nichts lernten und sich nur in Schulden stürzten, die Rückkehr zu gestatten. In London erschlugen die russischen Studenten einige Bürger. In Venedig durchstreiften sie die Spelunken und stifteten überall Unruhe. In Toulon erweckten junge Russen, die als Seekadetten aufgenommen worden waren, durch ihre »schändliche Führung« die Empörung des Marschalls d'Estrées. Nach Aussagen der Lokalbehörden »prügeln sie sich untereinander und beschimpfen sich gröblich wie das verworfenste Gesindel. Das kommt bei uns nie vor: Man schlägt sich auch, aber ehrenvoll im Duell, Auge in Auge.«[3]

Dennoch kehrte dieses »verworfene Gesindel« mit einem Wissen nach Rußland zurück, das den Ansprüchen des Zaren offenbar genügte. Mit ihnen konnte er seine militärischen, wissenschaftlichen, handwerklichen und industriellen Kader auffüllen. Zur Zeit noch vom Ausland abhängig, war er doch sicher, daß Rußland in absehbarer Zeit nur seiner eigenen Söhne bedürfen würde, um in den Augen der Welt zu glänzen.

1721 arbeiteten dreißig Kartographen daran, Landkarten der verschiedenen Gegenden Rußlands zu zeichnen. Peters Instruktionen waren kurz: »In jeder Stadt bestimme man die Breite mittels des Quadranten und gehe dann in gerader Linie in den verschiedenen Himmelsrichtungen bis zur Grenze jedes Bezirks.« Forscher wurden zum Kaspischen Meer, nach Sibirien und an die Grenze nach Persien entsandt. Aus ihren Aufzeichnungen stellte der Sekretär des Senats, Iwan Kirilow, einen Generalatlas des Reiches zusammen.

Am 12. Dezember 1723 schickte der Zar zwei Fregatten unter dem Befehl Admiral Wilsters mit dem Befehl los, nach Madagaskar zu segeln und dem unbekannten König dieser Insel den Vorteil zu erklären, den ihm eine Anerkennung des russischen Protektorats bringen würde. Nachdem er Madagaskar »okkupiert« hatte, sollte er dann auf Westkurs bis in jenes sagenhafte Land, das der Großmogul regierte, weitersegeln. Aber die beiden Fregatten wurden schon bei der Abfahrt von einem jähen Sturm beschädigt und mußten sich in den Hafen von Reval flüchten. Da diese Schiffe offenbar für eine so lange, abenteuerliche Reise zu leicht gebaut waren, kam Peter auf den Gedanken, ihren Rumpf unterhalb der Wasserlinie mit Filzpanzern zu überziehen. Dann gab er angesichts der Schwierigkeiten das ganze merkwürdige Unterfangen auf. Aber nur, um sich sofort einem anderen Plan zuzuwenden. Der dänische Kapitän Vitus Bering wurde als russischer Seeoffizier mit der wissenschaftlichen Erforschung des Meeres zwischen der Halbinsel Kamtschatka und Alaska betraut. Er entdeckte dabei, allerdings erst 1728 nach Peters Tod, die Meerenge, die Asien und Amerika trennt.

Um die Ausbreitung des Wissens zu beschleunigen, befahl Peter mit der üblichen Radikalität die Übersetzung von tausend wissenschaftlichen, technischen und historischen Werken. Dazu schrieb er an Sotow: »Man soll sich nicht an jedes Wort klammern, sondern, nachdem man den Sinn des Textes erfaßt hat, ihn so in die eigene Sprache übertragen, daß er möglichst gut verständlich wird.« Er richtete in Moskau das erste Militärspital ein, dem er bald eine Schule für Chirurgie, ein Anatomiekabinett und einen botanischen Garten angliederte, eröffnete in allen größeren Städten Apotheken, als erstes in St. Petersburg, führte das Fernrohr in Rußland ein und ordnete die Sammlung aller historischen Dokumente an, die bis dahin auf eine Vielzahl von Klöstern verteilt waren. Unter seiner Regierung gab es die erste russische Zeitung und das erste russische Theater. Berufsschauspieler traten darin gemeinsam mit jungen Leuten aus der besten Gesellschaft auf, die die Schauspielerei als Unterhaltung betrachteten. Am 15. November 1722, schreibt Berkholz, hatte einer dieser Berufsschauspieler, der die Rolle eines Königs spielte, am Vorabend wegen Respektlosigkeit zweihundert Rutenschläge erhalten. Danach betrat der Komödiant mit noch schmerzendem Rücken und einer Krone auf dem Kopf die Bühne, und eine richtige Prinzessin spielte in dem Stück seine Frau. Berkholz amüsierte sich dermaßen über die Pikanterie dieser Situation, daß er es nicht merkte, als man ihm während der Vorstellung die Tabaksdose stahl. Beides, die Situation und der Diebstahl, mochte ein Hinweis darauf sein, daß die Literatur ebenso wie die Theaterkunst noch in den allerersten Anfängen steckte. Dem Reichtum Frankreichs mit Racine, Molière, Corneille, Pascal, La Bruyère, La Fontaine, La Rochefoucauld, Saint-Simon und vielen anderen konnte Peter nur den Historiker und Geographen Tatischtschew, den Volkswirtschaftler Possoschkow und den Dichter Antioch Dmitrijewitsch, Sohn des Hospodars der Moldau, entgegenhalten. Außerdem hatte der Herrscher in seinem fanatischen Interesse für die Wissenschaft nur Verachtung für die eitlen Künste der Feder. Und seine Höflinge folgten seinem Beispiel. Es war eine Zeit der Zahlen in Rußland, nicht eine der Träume. Peter kaufte zwar einige Bibliotheken, Bilder und Statuen, aber er tat das nicht aus persönlichem Interesse, eher aus dem Wunsch heraus, sein Verhalten dem der anderen europäischen Monarchen anzupassen. Kunstwerke waren ihm nichts als eine Bestätigung der eigenen Größe.

Der Wunsch, die russischen Bräuche umzuformen, veranlaßte ihn, nach dem Abschneiden der Bärte und der Einführung abendländischer Kleidung für Männer und Frauen den Brauch der »Assembleen« einzuführen. 1718 präzisierte er den Sinn dieser regelmäßigen Zusammenkünfte in einem Brief an den Polizeipräfekten: »›Assemblee‹ ist ein französisches Wort, das sich nur schwer übersetzen läßt: Es bedeutet eine freie Zusammenkunft, nicht nur zur Unterhaltung, sondern auch der Geschäfte wegen, bei der man jeden treffen und mit jedem sprechen kann und erfährt, was vor sich geht.« Die Verordnung schrieb vor, daß diese »Assembleen« dreimal in der Woche in großen Privathäusern zwischen vier Uhr nachmittags und zehn Uhr abends stattzufinden hätten. Ein Anschlag an der Tür des betreffenden Hauses würde als Hinweis für eine solche Zusammenkunft dienen. Man sollte »nach Gutdünken« kommen und gehen. »Adlige, Offiziere, Kaufleute, Schiffsbauer und Beamte der Staatskanzleien sollten bei diesen Assembleen mit Frauen und Kindern erscheinen.« Der Hausherr war weder verpflichtet, die Gäste zu empfangen noch sie hinauszubegleiten noch ihnen Gesellschaft zu leisten. Es genügte, wenn er für Sitzplätze, Licht und Heizung, Karten, Schachspiele und Getränke sorgte. Jedem war es freigestellt, zu tun, was ihm beliebte.

»Es wird dort«, sagt das Dokument, »einen Saal für den Tanz geben, einen andern für das Spiel, einen dritten, um zu rauchen und zu plaudern, und einen vierten, in dem die Damen Blindekuh und andere unschuldige Gesellschaftsspiele spielen konnten.« Wenn zuwenig Raum war, drängten sich alle in einem Saal, in dem dann Rauchwolken aus den Pfeifen aufstiegen und die Damen zum Husten brachten. Mit Tabak gefüllte Ledersäcke und dünne Holzspäne, um ihn anzubrennen, lagen auf allen Tischen. Das Geplauder und Gelächter der Gäste störte die in ihr Schach vertieften Spieler. Davon gab es in Rußland schon sehr viele, und Peter war einer der begeistertsten. Aber an erster Stelle stand im Programm dieser Abendveranstaltungen der Tanz. Da seine europäischen Formen im Land noch wenig verbreitet waren, wurde der Zar auch auf diesem Gebiet der Lehrmeister der Nation. Er machte an der Spitze der Kavaliere die Schritte vor, und alle ahmten ihn in seinen Pirouetten und Sprüngen bereitwillig nach. Selbst auf dem Gebiet der graziösen Gebärden war Nachahmung und Gehorsam gefordert. Anfangs zögerten die plötzlich aus der Abgeschlossenheit des Terem befreiten russischen Frauen, sich bei diesen fröhlichen und lärmenden Gesellschaften unter die Männer zu mischen.

Bei einer »Assemblee« anläßlich der Feier des Friedens von Nystad wurde durch einen speziellen Ukas angeordnet, daß »alle Damen über zehn Jahren unter Androhung einer schrecklichen Strafe« zu erscheinen hätten. Es gelang nicht, mehr als siebzig zusammenzubringen. Sie litten unter den Korsetts, die ihre Taillen einschnürten, und wurden durch die weiten Reifröcke, die die Mode vorschrieb, in ihren Bewegungen behindert. Manche verbeugten sich noch tief, wenn sie angesprochen wurden, erröteten unablässig, wollten von westlichen Gerichten nichts essen und wurden nur im Kreis ihrer russischen Gefährtinnen etwas lebhafter. Wenn sie nicht tanzten, blieben sie stumm und geistesabwesend an den Wänden sitzen und sehnten sich vielleicht nach ihrer früheren Zurückgezogenheit, eine Reihe schlecht herausgeputzter, zu sehr geschminkter Puppen, die gegen ihren Willen die eleganten Damen von Paris und Wien nachzuäffen gezwungen waren. Jedenfalls wählten sie ihre Tänzer nur unter ihren Landsleuten, was Berkholz, den Kammerherrn des Herzogs von Holstein, aufrichtig betrübte.

Aber die Atmosphäre taute von Monat zu Monat mehr auf. Die Frauen gewöhnten sich an ihren Putz und fanden an diesen freien Gesellschaften Geschmack. Die Tochter des Fürsten Tscherkaski erschien bald demselben Berkholz »so reizend und umgänglich für ihr Alter, daß man meinen konnte, sie hätte in Frankreich die beste Erziehung genossen«. Elisabeth, eine der Zarewnas, hatte eine Madame de La Tour de Launoy als Erzieherin, die ihr Französisch und französische Umgangsformen nahegebracht hatte.[4] Auf Peters Anweisung wurde ein Werk über gutes Benehmen, *Der Spiegel der Jugend*, aus dem Deutschen übersetzt, der empfahl, nicht mitten in den Saal zu spukken, sondern an den Rand, sich die Nase nicht mit den Fingern zu reinigen, nicht mit dem Messer in den Zähnen zu stochern ... Peter selbst befolgte diese guten Ratschläge kaum, und ihr Erfolg beim Publikum war gering. Wenn sich auch einige russische Damen ein verfeinertes Benehmen zu eigen machten, die meisten ahmten nur oberflächlich die deutschen und französischen Sitten nach. Allmählich aber gewannen die Tänze bei den »Assembleen« an Temperament, verloren dafür an Eleganz: So erfand man Figuren, bei denen die Damen gezwungen waren, sich von ihren Kavalieren auf den Mund küssen zu lassen. Berauscht von dem mit Wodka vermischten Wein, den sie in Mengen zu sich nahmen, lachten die Damen aus vollem Halse und rissen ihren Partnern die Perücken herunter. Jeder Vorwand war recht, um einen Gast zu zwingen, den »Kelch des Großen Adlers« zu trinken. Der zu einem »vollen Becher« Verurteilte war übrigens darüber am meisten begeistert. Trunkenheit hinderte niemanden am Tanzen. Dem englischen Rundtanz mit reichlich vielen Verbeugungen folgte ein Menuett, nach welchem sich die Paare zu einer Polonaise zusammenschlossen, die in einer wilden provenzalischen Farandole endete. Peter beobachtete zufrieden dieses einmütige Treiben, in dessen Verlauf sich die verschiedensten Gesellschaftsschichten untereinandermischten. Vom tänzerischen Strudel mitgerissen, lernten sich alter und neuer Adel, Kaufleute, Handwerker, Offiziere, Fürstentöchter und Gattinnen ausländischer Gesandter kennen, paßten ihre Kleidung an und tauschten ihre Meinungen aus.

Aber nicht auf diesen »Assembleen« tobten sich die Gäste am liebsten aus. Die üppigen Bankette, die der Zar im Palast Menschikows oder in der Poststation veranstaltete, waren die Stätte noch wilderer und pikanterer Szenen. Am 24. November 1724 speisten die Majestäten in vielköpfiger Gesellschaft im Senat. Ein betrunkener Senator stieg auf den Tisch und marschierte über dessen ganze Länge, wobei er mit den Füßen in die Schüsseln trat. Jeder Stapellauf eines Schiffes war ein Vorwand für eine Sauferei. Auf seine Ankündigung hin stürzte die Bevölkerung ans Newa-Ufer zum Hafenbecken der Admiralität. Der Zar überwachte persönlich die Vorbereitungen und hieb als erster eines der Taue durch, die das Schiff hielten. Hundert weitere Axthiebe von Zimmerleuten lösten die anderen. Der gewaltige Schiffsrumpf glitt langsam auf den talggeschmierten Planken hinab und sank schwer ins Wasser. Die Kanonen der Festung krachten, Trompetenstöße ertönten, und die Menge brüllte vor Begeisterung. Ein Fest versammelte den Hof und das Diplomatische Korps an Bord dieser neuen Einheit der russischen Flotte. Die Männer wurden in eine große Kabine geleitet,die Frauen in eine andere. Wie immer verhinderten Wachen an den Türen jedes Kommen und Gehen. Unter dem Getöse von Artilleriesalven brachte man zunächst einen Toast auf »die Familie Iwan Michailowitschs« aus, anders ausgedrückt, auf den Ruhm der russischen Marine, deren erster Großadmiral Iwan Michailowitsch Golowin gewesen war. Glas folgte auf Glas und rötete die Gesichter, betrunkenes Grölen und zotiges Gelächter nahm zu, während sich die Diplomaten ängstlich, aber vergebens bemühten, es den Russen gleichzutun. »Man trank ungeheuer viel«, schrieb Campredon 1721, »die Kabine füllte sich mit Tabakrauch und Lärm, so daß man kaum etwas verstand und kaum atmen konnte. Der Papa [Fürst-Papst] und die Kardinäle sangen, und da die Wachen niemanden gehen ließen, war ich einer so entsetzlichen Prüfung ausgesetzt wie nie zuvor in meinem Leben.« Vier Monate später gab es einen weiteren Stapellauf. Dieses Mal staunte Berkholz, der an der verordneten Ausschweifung teilnahm, über die Verrücktheit der Gäste in ihrem Rausch. Der alte Admiral Apraxin brach in Tränen aus; Menschikow fiel unter den Tisch; andere Würdenträger küßten oder beschimpften einander; der deutsche General von Steenpflicht ohrfeigte seinen Landsmann von Heklau und riß ihm die Perücke herunter.

Während der schönen Jahreszeit fanden die Empfänge und Bankette in St. Petersburg im Sommerpalast in den Gärten am Ufer der Newa statt. Bei flüchtigem Hinsehen hätte ein Fremder diese Gesellschaft europäisch gekleideter Höflinge inmitten von Baumgruppen, Springbrunnen, antiken Statuen und Blumenbeeten für eine Widerspiegelung von Versailles halten können. Die Perücken und die Konversation, das Gelächter und das Fächerspiel entsprachen dem westlichen Vorbild. Die einzige ungewöhnliche Note brachte eine Tischgesellschaft bärtiger Bischöfe hinein, die mit ihren hohen schwarzen Kopfbedeckungen vor einem Berg von Eßwaren und Schnapsflaschen saßen.

Aber dann erschienen die sechs unvermeidlichen Grenadiere und brachten auf einer Tragbahre einen gewaltigen Zuber voll Wodka. Ausgelassen verlangte der riesenhafte Zar, daß jeder seine Ration austrank. Durch die burlesken Gesänge des Fürst-Papstes und seiner Kardinäle drangen die schrillen Proteste der Frauen, die sich lachend gegen den Zwang zum Trinken wehrten. Plötzlich war von Versailles keine Spur mehr. Unter der französischen Tünche brach ein rauher, primitiver Geist hervor, der den Stempel des alten Rußlands trug.

In den Sommerresidenzen bei St. Petersburg oder Moskau zeigten der Herrscher und seine Umgebung noch weniger Zurückhaltung als in den Städten selbst. Der hannoveranische Gesandte Weber, der mit dem ganzen Diplomatischen Korps zu einem Empfang in Peterhof gewesen war, schrieb in seinen *Neuen Memoiren:* »Man zwang uns, so viel Tokajerwein zum Mittagessen zu trinken, daß wir kaum noch stehen konnten, als aufgebrochen wurde. Das hinderte die Zarin nicht, uns noch zu einem Glas Branntwein von ungefähr einem Liter Inhalt zu nötigen, worauf wir vollständig die Besinnung verloren und einschliefen, einige im Garten, andere im Wald und der Rest schließlich da und dort auf dem Boden. Man weckte uns um vier Uhr nachmittags und geleitete uns auf das Schloß, wo der Zar jedem von uns eine Axt gab und befahl, ihm zu folgen. Er führte uns in einen Wald, wo er uns eine Allee von beinahe hundert Fuß längs des Meeres zeigte, deren Bäume geschlagen werden müßten. Er begann, als erster zu arbeiten, und obgleich wir so schwere Arbeit nicht gewohnt waren, brachten wir sie schließlich nach drei Stunden zu Ende. Wir waren außer Seiner Majestät zu siebt. Der Weindunst hatte sich während dieser Zeit genügend verflüchtigt, und wir hatten keinen Unfall, außer daß einer von uns mit zu viel Schwung arbeitete und durch den plötzlichen Sturz eines Baumes leicht verletzt wurde. Der Zar dankte uns für die Mühe, bewirtete uns am Abend wie gewöhnlich und tischte uns eine solche Menge Schnaps auf, daß wir wie betäubt in den Schlaf sanken. Wir hatten kaum eineinhalb Stunden geschlafen, als uns ein Höfling des Zaren weckte und trotz unseres Protestes zum Fürsten von Zirkassien führte, der mit seiner Gemahlin im Bett lag. Wir mußten bis vier Uhr morgens bei ihnen bleiben und Wein und Branntwein trinken, so daß wir nicht mehr wußten, wie wir nach Hause zurückkommen sollten. Gegen acht Uhr lud man uns zum Frühstück ins Schloß ein. Aber statt Kaffee oder Tee, wie wir erwartet hatten, bot man uns große Gläser Branntwein an und schickte uns dann zum Auslüften auf einen hohen Hügel, an dessen Fuß wir einen Bauern mit acht erbärmlichen Schindmähren ohne Sattel und ohne Steigbügel vorfanden, die alle zusammen keine vier Taler wert waren. Jeder bemächtigte sich eines Gauls, und in diesem komischen Aufzug mußten wir vor Ihren erheiterten zaristischen Majestäten vorüberziehen, die am Fenster standen.«

Tatsächlich pfropfte Peter, seiner inneren Natur folgend, nur eine Entartung der Sitten auf die andere. Was er seinem Volk anbot, war eine Parodie auf die Zivilisation. An die Stelle der früheren Moskowiter Barbarei trat die neue Petersburger Barbarei.

Indessen strömten trotz aller Härte und Unbequemlichkeit des Lebens in Rußland die Ausländer herbei. In allen Adelshäusern wurden sie mit offenen Armen empfangen. Der kaiserliche Palast ging mit gutem Beispiel voran. Schon 1710 hatte die Heirat der Großherzogin Anna, einer Nichte Peters, mit dem Herzog von Kurland das Interesse des Zaren für deutsche Fürstenhäuser bekundet. Einige Monate nach der Hochzeit starb der junge Ehemann auf dem Weg nach St. Petersburg an den Folgen übermäßigen Alkoholgenusses. Nach Mitau, der Residenz der Herzöge von Kurland, zurückgekehrt, umgab sich seine Witwe mit einem kleinen Hofstaat kurländischer Edelleute, unter denen auch ihr zukünftiger Liebhaber Biron war. Wenig später heiratete Annas Schwester, die dicke und leichtfertige Katharina, einen anderen deutschen Fürsten, den Herzog von Mecklenburg. Und 1721 kam Karl Friedrich von Holstein, der gleichzeitig nach der schwedischen Krone und nach der Hand einer der Zarentöchter, Anna oder Elisabeth, schielte, nach St. Petersburg. Auch zwei junge Fürsten von Hessen-Homburg boten sich als mögliche Schwiegersöhne an. Um alle diese mit reichen Einkünften ausgestatteten Persönlichkeiten sammelten sich ränkesüchtige, ehrgeizige Landsleute. Der Hofstaat des Herzogs von Holstein lockte zahlreiche schwedische Offiziere an, frühere Gefangene, denen der Zar verboten hatte, ihre russischen Frauen nach Hause mitzunehmen. Sie mußten entweder allein heimreisen oder mit ihrer Familie in Rußland bleiben und sich durch ihre Arbeit in dem Land, das sie besiegt und aufgenommen hatte, nützlich machen.

Die vornehme ausländische Kolonie von St. Petersburg umfaßte natürlich auch das Diplomatische Korps. Die Bedeutung, die Rußland auf der internationalen Bühne gewonnen hatte, veranlaßte alle europäischen Regierungen, dort eine ständige Vertretung zu unterhalten. Vom Franzosen Campredon bis zum Österreicher Kinski, vom Preußen Mardefeld bis zum Engländer Whitworth beklagten sich alle Botschafter über die hohen Lebenshaltungskosten in der Hauptstadt, über die Schikanen der russischen Verwaltung und über die Exzesse bei Tisch, denen sie sich aus Gründen der Etikette nicht entziehen konnten. Es war unmöglich, eine reguläre Audienz bei Seiner Majestät zu erlangen. Um mit dem Zaren über politische Angelegenheiten zu sprechen, mußten sie ihm auch während eines Sturmes auf sein Schiff folgen oder versuchen, seine Aufmerksamkeit bei einem Bankett zu erregen, während er sich damit vergnügte, sie maßlos trinken zu lassen. Der Däne Juel, der Wodka wie Vitriol verabscheute, flüchtete einmal, um dem Zwang zum Trinken zu entgehen, in die Wanten des Schiffes. Der Zar kletterte ihm mit einem Glas in der Hand nach und zwang ihn, es in der gefährlichen Höhe auszutrinken.

Rings um diese einflußreichen Persönlichkeiten kreisten bescheidenere Ausländer, englische und holländische Schiffsbauer, Architekten, Handwerker und Kaufleute. Unter den Günstlingen Seiner Majestät waren auch einige deutsche Gelehrte:

sein Leibarzt Blumentrost, der erster Präsident der Akademie der Wissenschaften wurde, Schumacher, der Direktor der kaiserlichen Bibliothek, und Messerschmitt, der die ersten wissenschaftlichen Expeditionen nach Sibirien leitete. Die französische Kolonie brillierte weniger, aber immerhin gab es da Villebois, den Ordonnanzoffizier des Zaren, Saint-Hilaire, den Direktor der Marineakademie, den Architekten Le Blond, den Maler Caravaque und den Bildhauer Nicolas Pineau. Aber die meisten Franzosen in Rußland waren einfache Arbeiter oder Abenteurer niederer Herkunft. Mitten unter ihnen führte sich Pater Cailleau, ein ausschweifender Mönch, Querulant und Intrigant, übel auf. »Unter den Franzosen«, schrieb Campredon in seinem Bericht vom 10. März 1721, »gibt es Arbeiter und einige Kaufleute. Ich habe noch nie eine solche Liederlichkeit und Zwietracht gesehen, wie sie unter ihnen herrscht. Und am meisten Kummer bereitet mir der Skandal, den ein von ihnen mitgebrachter Mönch verursacht, der durch seine Heftigkeit die einen gegen die anderen aufhetzt und sich hinreißen läßt, auf diesen oder jenen mit den Fäusten loszugehen, sogar in der Kapelle ... Er hat kein festes Quartier, sondern bleibt mal in diesem, mal in jenem Haus, so daß er zum Gespött der Moskowiter Priester wird, so ausschweifend sie selbst auch sind.« Dieser Cailleau wurde schließlich »zur Ehre der Religion« nach Frankreich zurückgeschickt. Ein anderer Franzose, der Konsul de La Vie, zog sich den Tadel Campredons durch seine ungehörige Aufführung zu. »Ich wage zu behaupten«, schrieb der Gesandte, »daß es besser wäre, wenn der König überhaupt niemanden in diesem Land hätte als diesen de La Vie, der eine traurige Rolle spielt.« Und tatsächlich nahm es mit de La Vie ein schlechtes Ende, er verkaufte geheime Informationen an fremde Länder und machte aus seinem Haus, das gegenüber dem der Zarin stand, einen »öffentlichen Ort der Ausschweifung«.[5]

Mit Befriedigung nahm Peter zur Kenntnis, daß er auch außerhalb dieser kleinen kosmopolitischen Welt den Geist der deutschen Vorstadt, der ihm in seiner Jugend so teuer gewesen war, über sein ganzes Reich verbreitet hatte. Aber diese Vorliebe für Europa hinderte ihn nicht daran, im tiefsten Herzen ein Russe zu bleiben. Er mochte sich noch so sehr als Nacheiferer der Holländer, Engländer, Deutschen, Franzosen und selbst der Schweden bezeichnen – seine närrischen Vergnügungen, seine Unmäßigkeit, seine Ausdauer, Starrköpfigkeit und Vitalität, sein Mut, seine Verachtung des Komforts und seine Launenhaftigkeit, sein Überschwang und seine Schwermut, seine Zornesausbrüche und Freuden waren typische Merkmale des slawischen Charakters, der immer zu Exzessen neigt. Als Herrscher eines Landes mit übermäßig rauhem Klima verkörperte er selbst Rauheit und Übermaß. Übrigens beachtete er, obwohl er ein verschworener Anhänger ausländischer Bräuche war, gewissenhaft die großen nationalen Festtage.

Jeden Winter am Dreikönigsfest nahm er an der Zeremonie der Gewässersegnung teil. Man hieb ein viereckiges Loch in das Eis der Newa, die Geistlichkeit umstand diese Öffnung mit Ikonen und Fahnen. Alle Priester waren barhäuptig. Der Chor sang Kirchenlieder. Der Erzbischof tauchte dreimal ein Silberkreuz ins Wasser, dann segnete er die Fahnen der verschiedenen Regimenter. Auf einen Befehl des Zaren donnerten Artilleriesalven, Schneeflocken tanzten in der Luft. Nachdem die Priester gegangen waren, sprangen ein paar nackte Kinder in das eisige Wasser und stiegen mit vor Kälte blauer Haut lachend und zähneklappernd wieder heraus.

Zu Ostern empfing der Zar nach dem Gottesdienst alle Würdenträger, die zur Gratulation kamen. Auf einer langen Tafel lagen aufgereiht Windbeutel, Kulitsch (Osterbrote) und Pascha, die rituellen mit kandierten Früchten gespickten Quarkkuchen. Alle Hofbeamten traten der Reihe nach vor den Thron, überreichten ein bemaltes Ei, erhielten dafür ein anderes und tauschten mit ihrem Herrscher den Ostergruß: »Christus ist auferstanden!« – »Er ist in Wahrheit auferstanden.« Ein dreifacher Kuß zwischen Monarch und Untertan unterstrich diese freudige Bejahung. An diesem Tag hatte niemand das Recht, den christlichen Kuß zu verweigern. Der letzte Soldat konnte erwarten, von Seiner Majestät umarmt zu werden. Am Ende dieser Zeremonie hatte sich Peter so oft niedergebeugt, um die Glückwünsche seiner Besucher zu erwidern, daß ihn der Rükken schmerzte.

Während der Sommersaison liebte er es, auf der Newa »Wasserassembleen« zu veranstalten. Ein Kanonenschuß gab das Signal zu dem Fest. In den verschiedenen Vierteln von St. Petersburg wurden die Fahnen gehißt. Alle Schiffseigner waren unter Androhung einer Geldstrafe verpflichtet, an der Fahrt teilzunehmen. Die Spitze des Geleitzuges bildete das Schiff von Admiral Apraxin, das man nicht überholen durfte. Er hatte das Kommando über die Bewegungen der gesamten Flottille, und selbst der Zar, der aufrecht am Steuer seiner Galeote stand, gehorchte seinen Befehlen. Die reichgeschmückten Boote wurden von Männern in weißen Hemden gerudert. Die meisten der großen Herrn hatten ein Orchester an Bord, Trompeten- und Oboenklänge vermischten sich mit dem Plätschern des Wassers am Rumpf. Die lange Kette verschiedenartiger Schiffe schlängelte sich langsam zwischen den flachen Ufern dahin. Nachdem man den Fluß bis zur Mündung hinuntergefahren war, schwenkte die Flottille in einen kleinen Kanal und landete bei Katharinenhof, dem Vorstadtpalais der Zarin. Vor ihm auf einer Wiese waren Tische aufgestellt, auf denen allen Hungrigen eine reiche Auswahl kalter Speisen angeboten wurde. Man aß stehend bei heiterer Musik. Zahme Elche, darunter einige Zwölfender, näherten sich furchtlos dieser lärmenden Menge und ließen sich streicheln. Wie immer wurde viel getrunken, ungarischer Wein und Wodka taten ihre Wirkung. Betrunken fuhr die Gesellschaft in der Dämmerung nach St. Petersburg zurück. Die Ruderer waren so müde, daß sie kaum noch sprechen konnten, schrieb Berkholz. Manchmal bewölkte sich der Himmel, und Ströme von Regen ergossen sich über die Flußprozession. In ihren offenen Booten wurden die Damen bis auf die Haut durchnäßt, klapperten mit den Zähnen und bemühten sich, ihre Kleider zu schützen. Die Perücken der Herren hingen schlaff und aufgelöst herab. Vom Platzregen gepeitscht, stellten die Musikanten ihre Instrumente fort. Wenn man schließlich die Anlegestelle erreichte, liefen die Gäste in einem allgemeinen Durcheinander davon.

Ebenfalls auf der Newa feierte man 1724 festlich die Ankunft der sterblichen Überreste des heiligen Alexander Newski, die auf der *Kliasma* aus Wladimir ankamen und für das Alexander-Newski-Kloster bestimmt waren. Eine Menge kleiner Boote schaukelte auf den Wellen vor dem Kloster, als die Admiralsgaleere mit dem Silbersarg unter einem Baldachin an der Landungsbrücke anlegte. Geistliche in Meßgewändern umgaben die ehrwürdige Reliquie und geleiteten sie ins Kircheninnere. Der Kaiser, die Kaiserin, die beiden Prinzessinnen und alle Würdenträger folgten mit gesenkten Köpfen der Prozession. Als der Sarg im Allerheiligsten abgestellt wurde, krachten Artilleriesalven, läuteten die Glocken, und Peter hob stolz den Kopf. Indem er hier die Reliquien dessen empfing, der 1240 an dieser Stelle die Schweden geschlagen hatte, knüpfte er, der neue Sieger, an die alte russische Tradition an. Er war nicht nur der Reformator, er war auch der Bewahrer und Fortsetzer einer großen Tradition. Am nächsten Tag ging er an Bord des »Ahnen der russischen Flotte«, des kleinen morschen Bootes, auf dem er einst unweit von Moskau seine ersten Navigationsversuche gemacht hatte, und steuerte zur Peter-Pauls-Festung. An die hundert beflaggte Boote folgten ihm. Die vor Anker liegenden Kriegsschiffe begrüßten ihn mit mehreren Kanonensalven. Stolz fuhr er in seiner kleinen Nußschale an den hochragenden Einheiten seiner Flotte vorbei. Welchen weiten Weg hatte er zurückgelegt, seit er sich unter der Regentschaft seiner Schwester, der Zarewna Sophie, auf dem See von Perejaslawl mit den Anfangsgründen der Segelkunst vertraut gemacht hatte! Nachdem er an Land gegangen war, reichte ihm Katharina einen Pokal voll Wodka. In den Gärten Menschikows wurde unter Zelten ein Festmahl serviert. Bis ein Uhr nachts tranken Peter und seine Gäste auf das Gedeihen Rußlands. Da es sehr kalt war, schreibt Berkholz, suchte der Zar eine Perücke, um sich zu bedecken, packte eine und setzte sie auf, obwohl sie blond war. Alle lachten und applaudierten. Bei Seiner Majestät waren Stolz und Narrenpossen die beiden Aspekte des einen Gefühls der Macht.

14. Kapitel
Der Tod des Giganten

An einem der Triumphbögen, die zur Feier des Friedensschlusses mit Schweden in Moskau aufgestellt worden waren, hatte Peter sein Bild neben das von Iwan dem Schrecklichen hängen lassen. Er hatte diese Verbindung gewünscht, da er auf eine Art historischer Verwandtschaft ihrer beider Herrschaftszeiten stolz war. Er wollte es seine Untertanen immer unterschwellig fühlen lassen, daß sie nicht essen, trinken, schlafen, lieben und atmen konnten, ohne an ihn zu denken. Die Tage seiner despotischen Regierung waren von ebenso vielen Leiden wie Festen gekennzeichnet. Die Inquisition, deren blutige Arbeit er ermunterte, lebte von den täglichen Denunziationen. Ein der Folter unterworfener Beschuldigter nannte wahllos einige Komplizen, aber wenn seine Enthüllungen ungenügend erschienen, führte man ihn mit der Verpflichtung durch die Straßen, andere Schuldige unter den Passanten zu bezeichnen. Bei seinem Anblick ging der Warnruf: »Verräter! Verräter!« durch die Straßen, und alle flüchteten eilig, denn um seine Haut zu retten, würde jener nicht zögern, völlig Unschuldige anzuklagen. Um Denunzianten zu ermutigen, versprach Peter Prämien, deren Höhe gewöhnlich zehn Rubel betrug. Aber dieser Satz wurde in schweren Fällen automatisch angehoben. So ließ der Zar 1722 in Moskau an einem Mast zehn Sack zu je hundert Rubel aufhängen. Nach den Worten eines darunter angebrachten Anschlages sollte diese beträchtliche Summe demjenigen zukommen, der den Autor eines Pamphlets gegen Seine Majestät, von dem eine Kopie in einer Kirche des Kreml gefunden worden war, anzeigte. Auch sollte er eine Grundzuteilung und ein Amt erhalten. Es genügte, daß sich der Nächstbeste bei der Polizei meldete und die geheiligte Formel aussprach: »Slowo i diélo« (Wort und Tat), um mit größtem Interesse angehört zu werden.

Ein einfacher Verdacht genügte, um eine gerichtliche Untersuchung auszulösen. Ein Bauer wurde gefoltert, weil er nicht wußte, daß der Zar nun den Titel Kaiser trug; ein Priester, der von einer angeblichen Krankheit des Zaren sprach, wurde nach Sibirien verbannt; ein betrunkener Student hatte ungehörige Worte ausgesprochen: dreißig Knutenhiebe, abgeschnittene Nasenflügel, Zwangsarbeit lebenslänglich ...[1] »In St. Petersburg«, schrieb de La Vie, »gibt es eine allgemeine Seuche. Man kann hier nur Ankläger oder Angeklagter sein.« An ein Leben in Angst gewöhnt, betrachtete das russische Volk schließlich diese Schicksalsschläge als eine dem natürlichen Schlaganfall ähnliche Erscheinung, gegen die eine Auflehnung vergeblich wäre. Man zog den Kopf ein, bedauerte den Mitmenschen, den es getroffen hatte, und hoffte, daß auch der nächste Schlag einen anderen traf. Diese Unterwerfung unter das Schicksal nahm solche Formen an, daß selbst das Verhalten eines Denunzianten in der breiten Masse nicht mehr verurteilt wurde. Wie hätte man es ihm zum Vorwurf machen können, daß er seinen Nachbarn angezeigt hatte, wenn es ihm der Zar persönlich befahl? Die Rolle des Denunzianten war ebenso achtbar wie die des Opfers, der Denunziant war ja selbst ein Opfer.

Auch die unmittelbare Umgebung des Zaren blieb nicht verschont. Nicht einmal der prunkliebende Menschikow entging dem hungrigen Mißtrauen des Zaren. Aus dem Nichts kommend, war er in einigen Jahren der Günstling, Vertraute, Gefährte und Schatten des Zaren geworden. Titel regneten auf ihn herab: Großfürst, Herzog von Ischoren (Ingermanland), Graf von Dubrowna, Gorki und Potschep, Erbherr von Oranienbaum und Baturin, Feldmarschall, Admiral, Generalgouverneur von St. Petersburg, Oberstleutnant von drei Garderegimentern, Senator, Ritter aller großen Orden des Reiches ... Er war gewalttätig, habsüchtig, lasterhaft, eigensinnig, konnte kaum lesen und schreiben und hatte eine Leidenschaft für den Luxus. In seinem Palais, dem schönsten von St. Petersburg, unterhielt er einen ganzen Hofstaat mit Kammerherren, Edelleuten und Pagen. Seine Festmähler wurden von französischen Köchen zubereitet und in goldenen Schüsseln serviert. Wenn er sich zum Zaren begab, stieg er in eine Kutsche, die einem Fächer nachgebildet war, sein Wappen an den Türen trug und eine Goldkrone auf dem Dach. Sechs Pferde mit roten, golddurchwirkten Samtschabracken zogen das Gefährt. Diener in Livree und Musikanten ritten vor ihm her. Dieser ganze Prunk kostete eine Menge Geld, und auch der beträchtliche Reichtum Menschikows – man sprach von einigen Dutzend Millionen Rubel – genügte seiner Prunksucht nicht. Er ergriff jede Gelegenheit, sich die Taschen zu füllen. Seine Empfehlungen waren nie unentgeltlich. Überall, wo er hinkam, stahl, spekulierte, betrog und erpreßte er. In der Ukraine kaufte er fünfzehntausend Seelen aus den ehemaligen Domänen Mazeppas auf. In Polen zwang er die Gutsherren, ihm riesige Gebiete zu Spottpreisen abzutreten. Er veruntreute das Geld, das zur Verproviantierung seiner Truppen bestimmt war, verkaufte seinen Einfluß dem Meistbietenden und beschlagnahmte die Getreideernten für sich.

Es hieß allgemein, er könne nach Riga, nach Livland und bis nach Derbent an der persischen Grenze reisen und dabei überall auf eigenem Grund und Boden schlafen. Ein Pfosten mit seinem Wappen in einem Dorf hatte den gleichen Wert wie ein Besitztitel, und um jedem Widerstand vorzubeugen, ließ er neben dem Pfosten einen Galgen errichten. Seine Grausamkeit war ebenso legendär wie sein Reichtum. Als er bei der Durchfahrt durch ein Dörfchen angegriffen wurde, kehrte er mit Soldaten zurück und befahl, ausnahmslos alle Einwohner aufzuhängen: Männer, Frauen, Kinder und sogar den Popen ... Peter war verärgert und amüsiert zugleich über diese gemeine Karikatur seiner selbst. Als sich die Denunziationen gegen seinen Günstling häuften, beschloß er, streng vorzugehen, ordnete eine Untersuchung an, prügelte den Schuldigen mit seiner *Dubina* und begnadigte ihn schließlich. Sogleich begann Menschikow wieder mit seinen Erpressungen, Schiebungen und Unterschlagungen von Geldern. Während einer stürmischen Auseinandersetzung mit dem Zaren rief Menschikow aus: »Nun gut! Ja, ich habe gestohlen! Ich weiß selbst nicht, wieviel . . . Aber erinnert Euch daran, was Euch Jaguschinski geantwortet hat, als Ihr ihm angekündigt habt, Ihr würdet alle der Veruntreuung Schuldigen hängen lassen: Eure Majestät wollen also allein bleiben, ohne Untertanen?«

Ein anderes Mal drohte Peter, aufs höchste erzürnt, dem hochmütigen Schurken, ihn in seinen früheren Stand zurückzuversetzen. Am Abend erschien dieser vor ihm in Bäckerkleidung mit einem Korb auf dem Kopf und rief: »Pirogui [Pastetchen] zu verkaufen, frisch aus dem Ofen!« Entwaffnet brach der Zar in Lachen aus. Wieder einmal hatte Menschikow die Situation gerettet. In seinem bewegten Verhältnis zum Zaren konnte er auf Katharinas Unterstützung rechnen. Sie war seine Geliebte gewesen und erinnerte sich dessen mit einer gewissen Rührung. Außerdem wußte Peter, obwohl er die unersättliche Gier seines alten Freundes tadelte, selbst nur allzu gut, daß dieser Mann in schwierigen Augenblicken Tatkraft, Phantasie und Mut bewiesen hatte – er war ein Schurke, aber ein unentbehrlicher Schurke. Doch auf die Dauer wurde der Zar es müde, diesen ungewöhnlichen, von Gold und Edelsteinen strotzenden Mann, der sich jedesmal, wenn man ihn niederdrückte, wie ein Stehaufmännchen wieder aufrichtete, mit Tadel und Geldstrafen zu belegen. Als 1723 Katharina einmal vor ihm den Günstling verteidigte, rief er aus: »Menschikow ist so zur Welt gekommen, wie er lebt; seine Mutter hat ihn in Sünde geboren, und als Betrüger wird er sterben; wenn er sich nicht bessert, lasse ich ihn köpfen!« Damit war der Bann gebrochen. Auf Befehl Seiner Majestät entzog man Menschikow die Präsidentschaft des Kriegskollegiums, nahm ihm die von den Kosaken gestohlenen fünfzehntausend Seelen wieder ab und entzog ihm den Großteil seines Grundbesitzes. Aber er blieb in seinem Palais, bestraft, aber auch begnadigt, ausgeschlossen und doch immer zur Stelle, die zweifelhafte Rückkehr in die Gunst erwartend.

Das gleiche Jahr 1723 erlebte einen noch aufsehenerregenderen Sturz. Während der ganzen Regierung Peters hatte sich der »kleine Jude« Schafirow ebenfalls ungeheuer bereichert. Als Vizekanzler des Reiches, frisch gebackener Baron, Ritter des Andreas-Ordens, mächtig, beneidet und gefürchtet lebte er auf großem Fuß in seinem Palais, verheiratete fünf Töchter an die ersten Fürsten des Staates: Dolgoruki, Golowin, Gagarin, Chowanski, Soltykow, und schöpfte wie sein Rivale Menschikow reichlich aus der Staatskasse. Er hielt sich für unverwundbar, bis ihn der Zorn des Zaren traf wie ein Blitz. Die Angelegenheit wurde in Moskau, wo sich der Hof versammelt hatte, vor einem Staatsgericht verhandelt. Der Veruntreuung für schuldig befunden, wurde Schafirow am 12. Februar 1723 zum Tode verurteilt. Drei Tage später führte man den dicken Mann in Anwesenheit der Würdenträger, des Diplomatischen Korps und des Volkes zum Schafott.

Nach der Verlesung des Urteils nahmen ihm die Henkersknechte die Perücke und seinen Pelzmantel ab und führten ihn zur Mitte des Podests. Er bekreuzigte sich, kniete nieder und legte seinen Kopf in sehr unbequemer Stellung auf den Richtblock, so daß ihn die Knechte an den Füßen ziehen mußten, bis sein Bauch auf den Brettern auflag. Der Scharfrichter hob sein Beil und ließ es hart auf das Holz neben dem Kopf fallen. Während sich Schafirow noch fragte, ob er einen zweiten, genauer geführten Schlag abwarten müsse, trat Makarow, der Sekretär des Zaren, vor ihn und verlas das kaiserliche Begnadigungsschreiben, durch das die Todesstrafe in lebenslängliche Verbannung umgewandelt wurde. Der Besitz des Schuldigen wurde eingezogen. »Noch zitternd und mit erloschenen Augen«, wie ein Augenzeuge schrieb, begab sich Schafirow in den Senat zur gerichtlichen Bestätigung des Aktes. Dort stürzten dieselben Senatoren, die ihn einstimmig verurteilt hatten, auf ihn zu, umarmten und beglückwünschten ihn, daß er mit dem Schrecken davongekommen war. Diese schauerliche Szene hatte ihn so erschüttert, daß der Chirurg Kowi genötigt war, ihn zur Ader zu lassen. Schließlich entging er sogar Sibirien und machte sich auf den Weg nach Nowgorod, wo er eingesperrt werden sollte. Seine Frau erreichte beim Zaren, daß er statt im Gefängnis bei einem seiner Schwiegersöhne leben durfte. Diese milde Stimmung Seiner Majestät nützte auch die Witwe Abraham Lopuchins aus und bat demütig um die Gnade, daß der Kopf ihres Ehemanns von den Lanzen genommen werde, auf denen er seit mehr als sechs Jahren steckte. Diese Kugel ausgetrockneten pergamentartigen Fleisches zeigte den Passanten leere Augenhöhlen und vorspringende Zähne. Er sollte an die Verbrechen eines Anhängers Alexejs erinnern. Aber hatten sich die Moskowiter nicht schon so sehr an diesen Anblick gewöhnt, daß er sie heute nicht mehr beeindruckte? Peter gewährte ihr großzügig ihren Wunsch.

Am zweiten Tag nach der Scheinhinrichtung Schafirows nahm der ganze Hof an einem Maskenumzug teil. In offenen Schlitten glitten die kostümierten Würdenträger in langsamer Folge über den Schnee. Man grüßte und bewunderte einander, die Damen zitterten in ihren Hirten-, Bajaderen- und Kolombinenkostümen vor Kälte. Peter hatte seinen großen Schlitten zu einem Schiff umbauen lassen mit Mastbaum, Segeln und einer Mannschaft Matrosen an Bord. So hatte er sogar auf dem Festland die Illusion, zur See zu fahren.

Gelegentlich wunderte sich der Zar, daß er gegen niemanden mehr Krieg führte. Seine größte Sorge in dieser Zeit war die Verheiratung seiner Töchter. Es fehlte ihnen weder an Grazie noch an Geist. »Ich glaube nicht«, schrieb Mardefeld 1724 in bezug auf Anna, die älteste (sechzehnjährig), »daß es gegenwärtig in Europa eine Prinzessin gibt, die ihr die Palme majestätischer Schönheit streitig machen könnte. Sie ist größer als alle Damen am Hofe, aber so zart gebaut und so graziös ... ihre Gesichtszüge sind so vollendet, daß keinem antiken Bildhauer ein Wunsch bliebe ... Ihr Benehmen ist ungekünstelt, ausgeglichen und heiter. Sie zieht die Lektüre historischer und sittlich veredelnder Werke jeder anderen Zerstreuung vor.« Elisabeth, die zweite (fünfzehnjährig), beschrieb Campredon folgendermaßen: »Über die Person der Prinzessin läßt sich nur Angenehmes berichten. Sie ist eine Schönheit in bezug auf Gestalt, Teint, Augen und Hände. Allenfalls könnte man ihre Erziehung und ihr Benehmen als mangelhaft bezeichnen.«

Der spanische Herzog von Liria überbot ihn mit folgenden Worten: »Sie ist eine Schönheit, wie ich sie noch nie gesehen habe, mit einem wunderbaren Teint, feurigen Augen, einem vollkommenen Mund und einer Brust von seltener Weiße. Sie ist groß und sehr lebhaft. Man fühlt deutlich ihre große Intelligenz und Leutseligkeit, aber auch einen gewissen Ehrgeiz.« Die Jüngste, Nathalie, erst sechs Jahre alt, interessierte die Diplomaten noch nicht. Campredon betrieb beharrlich den Plan einer Heirat zwischen der Prinzessin Elisabeth und dem Herzog von Chartres, dem man den polnischen Thron versprochen hatte. Peter schien von dieser Idee einer Verschwägerung mit Frankreich sehr angetan. Aber Kardinal Dubois, der französische Premierminister, stellte sich taub. Bevor er sein Einverständnis gab, wollte er den seiner Ansicht nach baldigen Tod Friedrich Augusts II. und die Vorschläge für die polnische Thronfolge abwarten. Es war aber er, der zuerst starb. Der Regent wurde sein Nachfolger als Premierminister und blieb bei dieser vorsichtigen zögernden Haltung Rußland gegenüber. Es erschien ihm zumindest riskant, seinen Sohn, den Herzog von Chartres, zu einem ehelichen Abenteuer mit diesem Mädchen orthodoxen Glaubens aus dem Norden, deren Mutter einst eine livländische Dienstmagd gewesen war, zu veranlassen.

Der Zar erhielt keine offizielle Reaktion auf seine Sondierungen und erfuhr einige Monate später, daß der Herzog von Chartres eine deutsche Prinzessin heiraten würde. Campredon war untröstlich. »Das gefiel den Russen gar nicht«, schrieb er. Peter selbst war nicht sonderlich enttäuscht. Seine Töchter waren jung, schön und in jeder Hinsicht begehrenswert. An Bewerbern fehlte es nicht. Der eifrigste unter ihnen war der junge Herzog von Holstein. Doch Peter, der das Treiben dieses kleinen, ehrgeizigen und frivolen Prinzen beobachtete, konnte sich nicht entschließen, ihm eine seiner Töchter zu geben. Das war kein Schwiegersohn nach seinem Geschmack. Auch nachdem er die Krönung Katharinas zur Kaiserin in der Erzengel-Michael-Kathedrale des Kreml veranlaßt hatte, betrachtete er das Problem der Thronfolge nicht als gelöst. Gewiß, Rußland kannte das salische Gesetz nicht, das eine weibliche Thronfolge ausschloß, aber die Krönung war eine feierliche Ehrung der Gefährtin des Zaren, weiter nichts. Sie gab jener, die sie empfangen hatte, bei einer Thronvakanz nicht das Recht zu regieren.

Man erwartete, daß Peter seine Nachfolge testamentarisch regeln würde. Vielleicht würde seine Wahl doch auf seine Gemahlin fallen? Seine Töchter, sei es nun Anna oder Elisabeth, waren zu unerfahren, um ihnen das Schicksal eines so riesigen Reiches anzuvertrauen. Und würden die Männer, die sie heirateten, das Format haben, sie zu unterstützen? Bei Katharina konnte Peter beruhigt sein: sie war gesund, klug und mit den höfischen Intrigen vertraut. Sie kannte seine politischen Absichten genau. Und hatte sie ihm nicht unzählige Beweise ihrer Zuverlässigkeit gegeben? Ja, sicher war sie es, mehr als seine Töchter, an die er bei seinen Überlegungen über die Nachfolge dachte. Bei seinen Banketts versäumte er es selten, ihr seine Wertschätzung durch bedeutsame Trinksprüche zu erweisen. Bei Feuerwerken erschien der Name Katharinas in der Formel: *Vivat Katharina, Imperatrix russorum.* Sie ihrerseits bat ihn liebevoll, im Ausland Spitzen klöppeln zu lassen, »in die dein und mein Vorname eingeflochten sind«.[2] Als er einmal in St. Petersburg eintraf, während sie sich zur Erholung in Peterhof befand, schrieb er ihr noch beim Stiefelausziehen: »Als ich unsere Wohnung betrat, wollte ich gleich wieder entfliehen, alles ist leer ohne dich.«[3]

Dann aber erfuhr er durch Indiskretionen, daß sich seine vor kurzem noch so uneigennützige und rechtschaffene Frau allmählich von der Korruption, die in der Umgebung Peters herrschte, hatte anstecken lassen. Nach dem Beispiel Menschikows und Schafirows hatte sie begonnen, sich ihren Einfluß bezahlen zu lassen, sie forderte Kommissionszahlungen für ihre Interventionen beim Senat und legte ihr Geld im Ausland an. Konnte der Zar bei ihr tolerieren, wofür er andere hart bestraft hatte? Aber wie konnte er sie bestrafen, ohne sich selbst zu bestrafen, nachdem er sie in der Achtung des Volkes so erhoben hatte?

In seine Wut und seine Unentschlossenheit hinein platzte eine anonyme Anzeige, daß ihn Katharina mit seinem Kammerherrn William Mons betrog. Bei Hofe war dies eine längst bekannte Tatsache. Die Diplomaten erwähnten es gelegentlich in ihren Depeschen. Nur der Zar hatte in blindem Vertrauen zu seiner Gemahlin keine Ahnung von dieser Liebschaft. Seltsamerweise war dieser William Mons der Bruder der charmanten Anna Mons, die Peter in seiner Jugend leidenschaftlich geliebt hatte. Der Bursche war jung, schön, heiter, ritterlich und versuchte sich gelegentlich sogar als Dichter. Er war sehr abergläubisch und trug immer vier Ringe, je einen aus Gold, Blei, Eisen und Kupfer, die ihm als Talismane dienten; der Goldring war das Symbol der Liebe. Die Polizei ermittelte ohne große Mühe den Verfasser der Anzeige, einen Untergebenen von Mons. Als er in einer Zelle der Peter-Pauls-Festung in Anwesenheit des Zaren gefoltert wurde, gestand der Mann alles, was er über die Angelegenheit wußte. Matriona, eine andere Schwester von Mons und Gattin General Balks, Ehrendame und Vertraute Katharinas, arrangierte die Treffen des Paares. Überdies waren auch die anderen Ehrendamen Katharinas in dieses galante Komplott verwickelt. Die Liebesbriefe, die Mons der Kaiserin geschickt hatte, waren alle mit einem Frauennamen unterschrieben und an eine Dame Soltykow gerichtet. Peters Zorn wuchs mit jedem Detail, aber er ließ sich wenig anmerken. In den Palast zurückgekehrt, soupierte er in Gesellschaft der Kaiserin und einiger Freunde wie immer und plauderte freundschaftlich mit Mons. Plötzlich sagte er, er sei müde, und fragte, wie spät es sei. Katharina sah auf ihre Repetieruhr und erwiderte: »Neun Uhr.« Da ergriff Peter mit eisigem Blick die Uhr, öffnete das Gehäuse, stellte den großen Zeiger drei Runden weiter und erklärte trocken: »Ihr habt Euch geirrt; es ist Mitternacht, und alle müssen zu Bett gehen!« Die kleine Gesellschaft trennte sich unter vielen Verbeugungen. Einige Augenblicke später wurde Mons in seinem Zimmer verhaftet. Man brachte ihn in den Winterpalast und unterzog ihn einem scharfen Verhör, das der Zar persönlich leitete. Ohne zu zögern gestand er alle Hinterziehungen und Veruntreuungen, deren man ihn beschuldigte. Der Name der Kaiserin fiel nicht. In stillschweigendem Einverständnis spielte niemand bei Gericht auf die amourösen Beziehungen des Angeklagten zu Katharina an. Der Ruf der Kaiserin war unverletzlich, und Mons wurde verurteilt, weil er dem Staat Geld, nicht aber dem Zaren die Frau gestohlen hatte. Matriona Balk gab ihre Verwicklung in die Affäre nach dem ersten Peitschenschlag auf den bloßen Rücken zu.

Zwei Tage lang, am 13. und 14. November 1724, gingen Ausrufer durch die Straßen von St. Petersburg und verkündeten unter Trommelwirbel, daß der Kammerherr Mons, seine Schwester, die Generalin Balk, und mehrere andere weniger bedeutende Personen schwerer Verbrechen für schuldig erkannt worden seien und daß sich alle, die ihnen Schmiergelder bezahlt hätten, unter Androhung schwerer Strafen zu melden hätten. Am 15. November forderten die Ausrufer das Volk auf, am nächsten Tag um zehn Uhr morgens vor dem Senatspalais der Vollstreckung der Todesstrafe an Mons und geringerer Strafen an anderen beizuwohnen. Der ganze Hof geriet in tiefe Unruhe. Jedermann kannte die wahren Motive des kaiserlichen Urteils und mußte doch vorgeben, zu glauben, daß Peter nicht den Liebhaber, sondern den pflichtvergessenen Beamten abstrafte. Katharina, bloßgestellt und gedemütigt, trug eine schwer erkämpfte Heiterkeit zur Schau, in den Räumen des Winterpalastes herrschte eine Atmosphäre von Angst, Mißtrauen und Unsicherheit. Die Höflinge begegneten einander mit verschlossenen Mienen. Peters Gesicht zuckte wie in den schlechtesten Tagen.

Am 16. November bestieg der schöne William Mons mit festem Schritt das Schafott. Der lutherische Pastor Nazius geleitete ihn und sprach leise auf ihn ein. Die Menge auf dem Platz war noch zahlreicher als bei der Hinrichtung des Oberfiskals Nesterow. Der Gerichtssekretär verlas das Urteil, seine Stimme schallte heiser durch die eisige Luft. William Mons dankte ihm, grüßte die Anwesenden mit viel Würde, zog den Pelzmantel und seinen Rock aus, legte seinen Kopf auf den Richtblock und bat den Henker, sich zu beeilen. Das Beil sauste herab, schlug aber nicht ins Holz wie bei Schafirow, dem Glücklichen, sondern ins Genick. Ein roter Blutstrom schoß hervor. Das Urteil war vollstreckt. Der Zar hatte keinen Rivalen mehr. Der Henker hob den blutigen Kopf auf, steckte ihn auf eine Lanze und band den kopflosen Leib auf ein Rad. Sogleich danach erhielt die Generalin Balk elf Knutenhiebe auf den nackten Rücken. Auf ihr Schmerzgeschrei folgte das ihrer Komplizinnen, die ebenfalls mit der Knute oder mit Ruten geschlagen wurden. Sie alle wurden nach Sibirien verbannt. Ihre beiden Söhne, ein Kammerherr und ein Page, erhielten den Befehl, sich als einfache Soldaten zur Armee an der persischen Grenze zu verfügen. Eine Schandliste, die in der Nähe des Schafotts angeschlagen wurde, enthielt die Namen aller jener, die sich die Dienste des Verurteilten und seiner Schwester durch Bestechung gesichert hatten. Man konnte darin die Namen einer großen Zahl von Würdenträgern lesen, angefangen bei dem des Kanzlers Golowkin. Die Zarin Praskowia Feodorowna, Fürst Menschikow, der Herzog von Holstein tauchten ebenfalls in den Aufzählungen auf. Der ganze Hof war beschmutzt.

Inmitten all dieser Prüfungen zeigte Katharina eine verblüffende Ruhe. Am Tage der Hinrichtung ließ sie die jungen Prinzessinnen mit ihrem Tanzlehrer kommen und übte heiter mit ihnen die Schritte des Menuetts. Campredon allerdings schrieb in seinem Bericht: »Obgleich die Kaiserin ihren Kummer soweit wie möglich verbirgt, steht er ihr doch im Antlitz geschrieben ... Jeder wartet darauf, was noch mit ihr geschehen wird.« Am nächsten Tag erfuhr sie, daß der Zar einen Ukas an alle Minister gerichtet und ihnen eingeschärft hatte, künftig keinem Befehl und keiner Empfehlung der Herrscherin mehr nachzukommen. Dann ließ er das Büro schließen, in dem einige Beamte das Vermögen der Ungetreuen verwalteten. Über Nacht geriet Katharina so in finanzielle Nöte, daß sie sich von ihren Hofdamen Geld leihen mußte. Würde Peters Rachsucht hier haltmachen? Oder würde er Katharina der Folter ausliefern, wie er es mit seinem Sohn Alexej gemacht hatte? Würde er sie in ein Kloster verbannen wie seine erste Frau Eudoxia? Als er mit Katharina zusammentraf, war es mit seiner mühevollen Beherrschung vorbei. Er ergriff ein venezianisches Glas, zerschmetterte es vor Katharinas Augen und brüllte: »Genauso mache ich es mit dir und den Deinen!« Unerschütterlich erwiderte sie: »Du hast gerade eines der schönsten Schmuckstücke unseres Hauses zerstört. Gefällt es dir nun besser?« Er fuhr sie eigenhändig im Schlitten zur Hinrichtungsstätte, wo der Kopf und der Leichnam von Mons noch immer ausgestellt waren. So dicht fuhr er an der Leiche vorüber, daß die vom Rad herabhängenden Beine das Kleid der Kaiserin streiften. Sie sah die kopflose Gestalt an, ohne mit der Wimper zu zucken. Einige Zeugen behaupteten sogar, sie habe reizend gelächelt. Eine solche Kaltblütigkeit reizte den Zaren aufs äußerste, und als Katharina am Abend in ihr Zimmer kam, entdeckte sie auf einem Tisch in einem mit Branntwein gefüllten großen Glasbehälter den Kopf ihres Liebhabers mit aufgerissenen Augen und verzerrtem Mund. Ohne die geringste Überraschung zu zeigen, erledigte sie unter dem glasigen Blick dieser Augen ihre Arbeiten. Nachdem er sie mehrere Tage und Nächte in der makabren Gesellschaft des eingelegten Kopfes belassen hatte, erkannte Peter, daß nichts die stählernen Nerven seiner Gemahlin erschüttern konnte, und ließ den Kopf entfernen. Aber verzeihen konnte er noch immer nicht. »Man spricht fast nicht mehr miteinander«, schrieb der sächsische Gesandte Jean Lefort, ein Neffe von Peters Günstling François Lefort, in einer Depesche an den Kurfürsten von Sachsen, »man ißt nicht mehr gemeinsam, man schläft nicht mehr zusammen.« Nach Ansicht des Hofes war Katharina verloren. »Der Zar sagt nichts, nur geht er mit seiner Frau um wie einst der englische König Heinrich VIII. mit Anna Boleyn«, stellte Villebois fest. Was ihn noch zurückhielt, glaubte man, war der Wunsch, die Zukunft seiner Töchter zu ordnen. Anna, die ältere, sollte den Herzog von Holstein heiraten, und für Elisabeth träumte Peter noch immer von einer Verbindung mit einem französischen Prinzen oder gar dem König von Frankreich selbst. Der französische Regent, der einer solchen Heirat feindlich gegenübergestanden hatte, war am 3. Dezember 1723 gestorben, und das Projekt wurde nun wieder aufgegriffen. Tolstoi und Ostermann, die mit Campredon unterhandelten, setzten Peter allerdings auseinander, daß eine entehrende Verurteilung der Mutter den ehrgeizigen Eheplan sofort vereiteln würde. Peter ließ sich überzeugen.

Am 23. November 1724 gab der Herzog von Holstein mit einem Orchester unter den Fenstern seiner zukünftigen Schwiegermutter im Winterpalast ein Ständchen. Es war eisig kalt. Diener mit Fackeln in den Händen leuchteten den Musikanten, die erbärmlich froren und Mühe hatten, ihren Instrumenten Töne zu entlocken. Am nächsten Tag feierte man die offizielle Verlobung des jungen Herzogs mit der ältesten Tochter des Zaren. Das kaiserliche Paar, das zu dieser Gelegenheit gemeinsam erschien, überquerte das Eis der Newa, um einer Messe in der Dreifaltigkeitskirche beizuwohnen. Um vier Uhr nachmittags steckte der Zar in Anwesenheit des ganzen Hofes und des Diplomatischen Korps die vom Erzbischof geweihten Ringe dem Paar an die Finger. Der Zeremonie folgten ein Bankett, ein Ball und ein Feuerwerk. Im Licht der Kandelaber zeigte die prächtig geschmückte Katharina das Gesicht einer sorglosen Gemahlin und glücklichen Mutter. Aber niemand ließ sich täuschen.

Als die Zeit fortschritt, wurde Peter der Unversöhnlichkeit müde. Jean Lefort schrieb: »Die Zarin hat in einem langen unterwürfigen Kniefall vor dem Zaren um die Vergebung ihrer Schuld gebeten; das Gespräch dauerte drei Stunden; man speiste zusammen, dann trennte man sich.« Das war keine zärtliche Versöhnung, sondern das bittere Hinnehmen eines Tatbestandes. Auf sich selbst angewiesen, fühlte sich Peter so einsam wie noch nie. Ringsum in seiner Umgebung sah er niemanden, dem er Vertrauen schenken konnte. Seine nächsten Freunde, die ersten Würdenträger des Reiches und hochgestellten Beamten hatten ihn für Geld verraten. Die Frauen, die er erkoren hatte, waren ihm eine nach der anderen untreu geworden. Einst von Anna Mons gefoppt, dann von Eudoxia lächerlich gemacht, die es gewagt hatte, ihn sogar in dem Kloster zu betrügen, in dem er sie eingesperrt hatte, mußte er jetzt erfahren, daß seine »Katerinuschka«, seine »kleine Herzensfreundin«, wie er sie eben noch genannt hatte, nicht mehr wert war als alle anderen. Dennoch glaubte er, daß sie ihn aufrichtig ihr ganzes Leben lang geliebt hatte. Auch wenn er eigentlich immer seine Mätressen gehabt hatte, war ihr doch immer seine Zuneigung geblieben. Nun mißtraute er ihr wie einer Fremden. Er war geistig und körperlich am Ende seiner Kräfte. Das Ehedrama hatte ihn sehr mitgenommen, schlimmer aber war eine langwierige Erkrankung der Harnwege. Seine Nieren schmerzten; eitrige Geschwüre bedeckten seine Lenden. Dennoch weigerte er sich, weniger zu arbeiten und zu trinken. Bei einem Spaziergang hörte er im Haus eines deutschen Metzgers nahe dem Winterpalast Lärm, trat dort ein, traf auf eine Hochzeitsgesellschaft, setzte sich zu Tisch und trank mit seinen in Ehrfurcht erstarrten unfreiwilligen Gastgebern, bis er sich nicht mehr erheben konnte. Unfähig, in seiner Unruhe an einem Ort zu bleiben, fuhr er trotz winterlicher Kälte zu den Arbeiten am Ladogakanal, dann zu den Fabriken von Staraja-Russa und zu den Schmieden von Olonez. Dort stellte er sich an einen Amboß, bearbeitete gegen dreihundert Kilogramm Eisen, verlangte, wie ein einfacher Arbeiter vom Fabriksherrn ausgezahlt zu werden, steckte den Lohn ein und erklärte, daß er sich für dieses Geld ein Paar neuer Stiefel kaufen werde. Trotz des schlechten Wetters verließ er Olonez zu Pferd.

In Lachta, einem kleinen Marktflecken unweit von St. Petersburg, sah er ein Schiff, das nahe dem Ufer auf eine Sandbank gelaufen war. An Bord lief aufgeregt eine Gruppe Soldaten herum, die auf dem Rückweg von Kronstadt waren. Ohne Zögern ritt der Zar in die eisige Flut, um sich an der Rettungsaktion zu beteiligen. Er befehligte das Unternehmen und arbeitete selbst wie ein Wahnsinniger. Bis zur Brust stand er im Wasser, stolz darauf, noch immer zu so übermenschlichen Leistungen fähig zu sein. Er, der so viele Male dem Staat viele Tausende von Menschenleben geopfert hatte, wagte unbedenklich sein eigenes Leben, um ein paar Hilfsbedürftige aus dem Wasser zu ziehen. Alle gelangten gesund und heil ans Land. Der Zar strahlte. Mit zweiundfünfzig hatte er gehandelt wie ein Zwanzigjähriger. Aber diese Heldentat untergrub endgültig seine Gesundheit. Er kehrte mit starkem Fieber nach St. Petersburg zurück, achtete aber wie immer nicht weiter auf die Erkrankung. »Er ging jeden Tag in die vornehmsten Häuser«, vermerkte Campredon, »gefolgt von zweihundert Personen, Musikanten und anderen, die sangen und sich bei Essen und Trinken auf Kosten der Leute, die sie besuchten, unterhielten.«

Das Nachtmahl am Weihnachtsabend war für den Zaren ein weiterer Anlaß zu hemmungsloser Völlerei. Mit fieberglühendem Kopf aß und trank er trotz des Flehens seiner Ärzte maßlos. Wenig später mußte er das Bett hüten. Sogar liegend arbeitete er noch. Er erinnerte sich der Forschungsreise, mit der er den dänischen Kapitän Vitus Bering beauftragt hatte, und schrieb ihm: »Meine schlechte Gesundheit zwingt mich, im Zimmer zu bleiben. Also habe ich Zeit zu überlegen und erinnere mich jetzt einiger Pläne, die ich nicht verwirklichen konnte. Da die Heimat keine Feinde mehr zu fürchten hat, muß ich daran denken, zum Ruhm des Landes durch Kunst und Wissenschaft beizutragen.« Sein Zustand verschlechterte sich rasch. Die Ärzte Paulson und Blumentrost stellten Harngrieß fest, verbunden mit einem Wiederaufflammen einer alten syphilitischen Infektion. In der Nacht vom 20. auf den 21. Januar 1725 klagte Peter über eine schmerzhafte Harnverhaltung. Am 23. Januar wurde auf Rat des italienischen Arztes Lazarotti durch den englischen Chirurgen Horn ein Einstich vorgenommen. »Man entnahm ihm fast vier Liter Urin«, schrieb Campredon. »Er stank entsetzlich und war vermischt mit Gewebeteilen.« Für den Augenblick erleichtert, aß der Zar einige Löffel Hafergrütze. Er beichtete und kommunizierte. Dreimal in drei Tagen. »Ich glaube, ich hoffe«, murmelte er. Er wollte sein Leben als frommer Sohn der orthodoxen Kirche beschließen, vielleicht um seine früheren Kränkungen der Geistlichkeit vergessen zu lassen.

Sehr rasch kehrten die Schmerzen wieder. Die Ärzte zweifelten nicht mehr daran, daß die Entzündung schon auf den Blasenhals übergegriffen hatte. Von Schmerzen gequält, ächzte Peter leise: »Ich fühle mich so schlecht. Es ist, als liege mir ein Haus auf der Brust.« Katharina wich weder bei Tag noch bei Nacht von seiner Seite. Sie schluchzte herzzerreißend und wurde sogar mehrmals ohnmächtig, obwohl allem Anschein nach dieser Todeskampf für sie eine glückliche Lösung bedeutete. In den Sälen des Winterpalastes warteten die Mitglieder des Senats und des heiligen Synods, die Hofbeamten und die Offiziere der Garde und der Marine schweigend auf Nachrichten aus dem Krankenzimmer. In den Kirchen betete das Volk. Aber was erhoffte es sich wirklich? Die Genesung oder den Tod? Gewiß, Peter hatte der Nation gut gedient, er hatte die Grenzen seines Reiches erweitert und seine Reichtümer erschlossen. Doch war den einfachen Leuten dieser Erfolg weniger gegenwärtig als der Preis, den sie dafür hatten bezahlen müssen. Sie hätten Livland gerne an Schweden zurückgegeben, wenn ihnen das eine Verringerung der Steuerlast eingetragen hätte. Der Ladogakanal ließ sie die Tausende nicht vergessen, die bei seinem Bau umgekommen waren. Die Prunkfassaden am Newa-Ufer schmeichelten ihren Augen, füllten aber nicht ihre Mägen. Für sie war Peter der Große teures Brot, Denunziation, Folter, unterdrückte Religion und erweiterte Leibeigenschaft. Wenn ihn Gott zu sich rief, würde Rußland dann nicht leichter atmen?

Diese Frage stellte sich für die hohen Würdenträger, die im Vorzimmer über die Folgen seines Todes diskutierten, in ganz anderer Form. Durch seinen Ukas vom 5. Februar 1722 hatte sich der Zar das Recht vorbehalten, seinen Nachfolger zu bestimmen. Aber er hatte seine Wahl noch nicht eindeutig bekanntgegeben. Jetzt oder nie war für den Zaren der Augenblick gekommen, sich endgültig zu äußern. Wenn er in seinem Schweigen verharrte, würde ihm der zehnjährige kleine Peter, der Sohn des »Märtyrers« Alexej, als legitimer Erbe auf den Thron folgen. Wünschte er das? Katharina war besorgter als alle anderen. Noch halb in Ungnade fürchtete sie, den Sterbenden zu reizen, wenn sie ihn über diesen heiklen Punkt befragte. Sie begnügte sich also damit, zu schluchzen, um ihm zu zeigen, wie teuer er ihr war und wieviel Grund er hatte, sie zu seiner Nachfolgerin zu proklamieren. Sobald er in einen unruhigen Schlummer fiel, stürzte sie ins Nebenzimmer, um mit Menschikow, Buturlin und Tolstoi zu beraten.

Am 26. Januar nimmt der Zar alle Kraft zusammen und diktiert einige Anweisungen. Aber es handelt sich nicht um die Thronfolge. Nachdem er ein Dekret bezüglich des Verkaufs von Fischleim unterschrieben hat, befiehlt er die Freilassung aller Sträflinge mit Ausnahme der Mörder und die Begnadigung mehrerer Verbannter, die aufgrund ihrer Verstöße gegen das Militärgesetz verurteilt worden sind. Am nächsten Tag um zwei Uhr nachmittags erwacht er aus seiner tiefen Bewußtlosigkeit, verlangt sein Schreibgerät und kritzelt mühsam Worte auf das Papier. Ängstlich liest Katharina: »Übergebt alles an ...« Die Feder entgleitet seinen Fingern und fällt zu Boden. Sein Kopf sinkt auf das Kissen. Er kann den Satz nicht beenden. An wen hat er gedacht, als er diese Botschaft begann: An den kleinen Peter oder an Katharina? Einen Augenblick später kommt er wieder zu Bewußtsein und läßt seine Tochter Anna rufen. Sie eilt herbei. Durch Gesten gibt er ihr zu verstehen, daß er ihr die Fortsetzung diktieren will. Sie beugt sich über das Bett. Hinter ihr erwartet Katharina gequält das Verdikt. Nur ein gurgelndes Geräusch entringt sich seinen Lippen. Es ist unmöglich zu verstehen, was er sagt. Dann befallen ihn wieder Krämpfe, die ihn aus dem Bett zu werfen drohen. Man stützt ihn: Er keucht und krümmt sich, Speichel fließt ihm aus dem Mund. Nachdem er die Letzte Ölung empfangen hat, beruhigt er sich und schläft ein. Er, der seine Machtvollkommenheit auch noch dadurch beweisen wollte, daß er zu seinen Lebzeiten entschied, wer nach ihm Rußland regieren sollte, hat nun weder die Kraft noch das Verlangen, es zu tun. Er hat die Gelegenheit, dieses Problem bei klarem Verstand zu lösen, verstreichen lassen. Jetzt interessieren ihn irdische Belange nicht mehr. Es gibt nur noch Bestürzung angesichts des Todes, Schwäche und schließlich Ergebung in das Mysterium des Jenseits.

Während er mit verzerrtem Mund vor sich hin röchelt, treffen sich Katharina, Menschikow, Tolstoi und Buturlin neuerlich, um sich abzustimmen. Der Hof ist in zwei Parteien gespalten. Die eine Seite will den Großfürsten Peter, den Enkel des Kaisers, als Thronfolger sehen. Ihr gehören nur wenige Leute von mittelmäßigem Einfluß an, die Vertreter der alten Aristokratie, die der Zar zugunsten der Emporkömmlinge ihrer Macht beraubt hat. Die andere Fraktion um Katharina umfaßt den mächtigen Klan all jener, die die besten Diener Peters gewesen sind, Männer von Energie und Erfahrung im Umgang mit den Machtmitteln des Staates: Menschikow, Tolstoi, Apraxin, Buturlin. Sie wissen, daß ihnen eine Zukunft in Glück und Ehren sicher ist, wenn die Krone Katharina zufällt. Ohne Zweifel stehen sie hinter ihr. Der heilige Synod ist ebenfalls auf ihrer Seite und, was noch mehr ins Gewicht fällt, auch die Garde. Sind Menschikow und Buturlin nicht die Obersten der Regimenter Preobraschenski und Semjonowski? In der Nacht vom 27. auf den 28. Januar tauchen von Katharinas Anhängern geschickte Boten in den Kasernen auf, alarmieren die Offiziere und bereiten die Truppen auf die Thronbesteigung einer Frau vor. Im Palast schläft niemand. Peter atmet immer schwerer. Sein Gesicht unter der weißen grünbebänderten Nachthaube ist zu einer Grimasse verzerrt. Er erkennt kaum noch die Gesichter, die ihn umgeben. Alles um ihn herum wartet wie erstarrt. Man wird fast ungeduldig, ihn so lange um sein Leben kämpfen zu sehen. Noch immer steckt eine ungeheure Widerstandskraft in diesem von Ausschweifungen gezeichneten dreiundfünfzigjährigen Körper. Schließlich, am 8. Februar 1725 um sechs Uhr morgens, tut er seinen letzten Atemzug. Katharina fällt auf die Knie und ruft aus: »Öffne dich, Paradies, diese engelhafte Seele aufzunehmen!« Aber in ihrem Innersten wird sie Gott gedankt haben, daß er sie zu so passender Zeit von einem argwöhnischen und rachsüchtigen Gatten befreit hat. Mit wächsernem Gesicht, verkniffenem Mund unter dem aufgezwirbelten Schnurrbart, die Lider geschlossen, bläulich und vorgewölbt, ruht der Gigant unter seinem Betthimmel. Man legt ein für allemal diese großen arbeitsfreudigen Hände zusammen. Riesige Kerzen brennen rund um sein Lager. Die Priester sind zur Stelle. Schwere Weihrauchfässer werden geschwenkt und verbreiten ihren süßlichen Duft. Von der Festung donnern hundert Kanonenschüsse. In allen Kirchen läuten die Totenglocken. Es schneit in großen Flocken auf die Stadt, die eben erst aus dem Schlaf erwacht.

Ohne Zeit zu verlieren, begab sich Katharina in den Sitzungssaal des Senats, »wobei sie Ströme von Tränen vergoß«, und befragte die dort Versammelten, welches Schicksal sie ihr bestimmt hätten. Sie wußte bereits, daß die Mehrzahl von ihnen ihr ergeben war. Es war eine reine Formsache. Herbeigerufen, versicherte Makarow, der Privatsekretär Peters, an Eides Statt, daß ihm der Verstorbene kein Testament anvertraut habe.[4] Nun erklärte Menschikow, der Kaiser habe durch die Salbung seiner Gemahlin im Vorjahr zeigen wollen, daß er in ihr seine Nachfolgerin sehe. Das war ein durchsichtiges Manöver, denn in keiner Monarchie der Welt verlieh die Krönung der Gemahlin eines Herrschers ihr das Recht auf die Thronfolge. Aber viele der Senatoren gaben vor, dieser Deutung des kaiserlichen Willens zu glauben. Sogleich verlas Apraxin ein Manifest, das Katharina zur legitimen Herrscherin von Rußland erklärte. Die wenigen Würdenträger der aristokratischen Gruppe, darunter die Fürsten Pepnin, Golizyn und Dolgoruki, versuchten zu protestieren. Die Debatte fand ein jähes Ende, als die Gardeoffiziere, lauter glühende Anhänger Katharinas, in den Saal im Winterpalast, in dem die Versammlung stattfand, stürmten, ihrer neuen Herrscherin zujubelten und schworen, ihr unter Einsatz ihres Lebens zu dienen. Schon erschollen vor dem Palast die Trommeln und Querpfeifen der treuen Regimenter. Man hatte ihnen zur rechten Zeit Wodka zugeteilt. Die Gegner wußten, daß sie verloren hatten, und senkten die Köpfe. Katharina triumphierte.

Die einbalsamierte Leiche des Zaren wurde in den großen Saal des Palais getragen und auf einem Prunkbett niedergelegt. Die Menge zog stumm an dem Katafalk vorüber. Jeder wollte den Mann unbeweglich und still daliegen sehen, der das Volk so unermüdlich angetrieben, geschlagen und angeschrien hatte, um Rußland aus seiner jahrhundertealten Stumpfheit aufzurütteln. Da lag er in seiner ganzen riesenhaften Größe in einer scharlachroten Uniform mit dem blauen Band des Andreas-Ordens schräg über der Brust, eine Perücke auf dem Kopf, Stiefel an den Füßen und Sporen an den Fersen. Offiziere des Garderegiments hielten unbeweglich die Totenwache. Lange widersetzte sich Katharina der Schließung des Sarges. Morgens und abends verbrachte sie bei ihrem ungefährlich gewordenen Gemahl eine halbe Stunde. Sie sprach zu ihm, küßte ihm die Hände und schluchzte. Das Ausmaß ihrer Tränenfluten erstaunte die, die sie kannten. »Man konnte sich nicht vorstellen«, schrieb Villebois, »daß sich im Kopf einer Frau ein so großer Vorrat an Wasser befand . . . Unmengen von Leuten kamen nur ins Palais, um sie weinen und seufzen zu sehen. Unter anderen versäumten, wie ich weiß, zwei Engländer keinen einzigen dieser vierzig Tage, und ich muß gestehen, daß ich selbst, obgleich ich wußte, was von der Ernsthaftigkeit dieser Tränen zu halten war, auch so gerührt war, als hätte ich an einer Aufführung der *Andromaque* teilgenommen.«

Trotz aller Vorsichtsmaßnahmen begann sich der Leichnam zu verfärben und zu verformen. Am 4. März, fünf Wochen nach dem Hinscheiden des Zaren und noch vor seiner Bestattung, starb seine jüngste Tochter Nathalie an den Folgen von Masern. Tief betrübt durch diesen zweiten Todesfall, beschloß die Kaiserin, Vater und Kind am gleichen Tag zu begraben. Öffentliche Ausrufer verkündeten, daß die Totenfeier für beide am 10. März in der Peter-Pauls-Kathedrale stattfinden würde. An alle Würdenträger und ausländischen Gesandten erging der Befehl, die Fenster ihrer Häuser mit schwarzem Tuch zu verhängen. Sofort stieg der Preis dieses Stoffes auf dem Markt. Die Diplomaten beklagten sich darüber, zu einer unvorhergesehenen Ausgabe gezwungen zu sein, die ihre Mittel überstieg. Von einem Geschäft zum anderen ging die Jagd nach den letzten schwarzen Stoffresten.

Am festgesetzten Tag setzte sich der Leichenzug in Schnee und Hagel in Bewegung. Der Sarg des Zaren wurde von zwölf Obersten getragen. Acht Generalmajore hielten die Goldquasten des Baldachins aus Goldstoff und grünem Samt. Der kleine Sarg Nathalies wurde von einem Baldachin aus golddurchwirktem Gewebe mit weißen und roten Federbüschen überdeckt. Zahllose Geistliche schritten rings um die heiligen Banner. Die Kaiserin in großer Trauerkleidung wurde von Menschikow und Apraxin gestützt. Ihre Töchter Anna und Elisabeth folgten ihr. Dann kamen die hohen Würdenträger, Generäle, Admirale, Hofbeamten und Diplomaten mit entblößten Häuptern im Schneetreiben. Abteilungen der Armee und der Marine marschierten zu den traurigen Klängen der Trompeten und Trommeln unter einem Wald von Fahnen. Hundertvierundvierzig Kanonen schossen Salven ab, deren Donner die Musik für Augenblicke übertönte. Man mußte den zugefrorenen Fluß überqueren, um zur Festung zu gelangen. Die Entfernung betrug gute zwei Kilometer, schätzte Campredon. Als man das Eis der Newa erreichte, verstärkte sich das Unwetter. Der Sturm zerzauste die Perücken und zerrte an den schwarzen Umhängen. Der Vorbeimarsch des Trauerzuges dauerte zwei Stunden. Trotz ihrer Größe konnte die Kathedrale nicht alle fassen. Die ganze Feier hindurch hörte man das Schluchzen der Frauen. Theofan Prokopowitsch, der Erzbischof von Nowgorod, hielt die Grabrede: »Was ist uns geschehen, o Männer von Rußland? Was sehen wir? Was tun wir? Wir begraben Peter den Großen ...« Schmerzensschreie unterbrachen ihn. Er selbst war so bewegt, daß er weinte. Endlich vermochte er weiterzusprechen und fuhr fort: »Er ist dahingeschieden, aber er hat uns nicht in Mangel und Elend zurückgelassen ... Der gewaltige Schatz an Kraft und Ruhm, die Frucht seines Wirkens, bleibt uns ... Rußland besteht fort, wie er es geformt hat. Er hat es für die Guten liebenswert gemacht, und sie werden es weiterhin lieben. Er hat es für die Feinde furchtbar gemacht, und sie werden es weiterhin fürchten. Vor der ganzen Welt hat er es mit unsterblichem Ruhm überhäuft ...«

Ein letztes Mal noch dröhnte eine Kanonensalve der Festung durch den Schneesturm. Man beweihräucherte den Sarg, schloß ihn, bedeckte ihn mit dem kaiserlichen Purpur, und dann wandte sich die Masse der Überlebenden der neuen Herrschaft zu.

Im Ausland wurde der Tod Peters des Großen mit Erleichterung aufgenommen. Der österreichische Gesandte Graf Rabutin stellte sogar fest, daß »die Freude allgemein war«. In Rußland beglückwünschten sich nicht nur die Altgläubigen und die traditionalistischen Aristokraten zu seinem Hinscheiden. Das einfache Volk, das unter der eisernen Faust des Herrschers so viel gelitten hatte, fühlte sich wie aus einem Alptraum erwacht. Ein satirischer Kupferstich ging im Volk um: »Die Mäuse begraben den Kater.« Er zeigt einen Zug winziger Mäuse, die den riesigen Kater, der sie zu Lebzeiten terrorisiert hat, auf seinem letzten Gang geleitet. Naiv stellten sich die kleinen Leute vor, daß sich ihr Schicksal unter dieser Katharina I., die man die Großmütige nannte, ändern würde.

Doch schon in den ersten Tagen ihrer Regierung erklärte sie, daß sie beabsichtige, »mit Gottes Hilfe all das zu einem guten Ende zu führen, was Peter begonnen hat«. Aber das waren nur Worte, die sie als der Situation angemessen empfand. In Wirklichkeit interessierte sie das Schicksal Rußlands wenig. Nachdem sie mehr als zwanzig Jahre im Schatten eines Despoten gelebt hatte, erfuhr sie jetzt ein plötzliches Aufflammen ihrer Instinkte, einen unbändigen Drang zu Freiheit, Hemmungslosigkeit und Sinnesfreuden. Diese verfettete sechsundvierzigjährige Frau mit prallen Brüsten, dickem Kinn und gierigen Augen gab üppige Banketts für die Gardeoffiziere, soff wie ein Loch, fraß wie ein Dragoner und nahm den Auserwählten für die Nacht mit in ihr Zimmer: Löwenwalde, Devier, den Grafen Johann Sapieha ... Im Morgengrauen des 1. April 1725, kaum drei Wochen nach Peters Begräbnis, weckte die Sturmglocke die Einwohner von St. Petersburg jäh aus dem Schlaf. Sie eilten auf die Straßen, weil sie an eine Feuersbrunst oder Überschwemmung glaubten. Die Garden belehrten sie lachend eines Besseren: Die Kaiserin habe ihren Untertanen einen »Aprilscherz« spielen wollen. Die Russen, die diesen westlichen Brauch nicht kannten, hatten wenig Verständnis für die Situationskomik ihrer Herrscherin. War es eine Erinnung an die gewaltigen Possen von früher, eine nachträgliche Huldigung an Peters Hang zur Narretei? Sogar Berkholz erklärte sich in seinem Journal über das Ereignis verärgert.

Am 21. Mai fand die Hochzeit der Großfürstin Anna mit dem Herzog Friedrich Karl von Holstein-Gottorp statt. Die Trauung wurde in slawischer Sprache durch Theofan Prokopowitsch, den Erzbischof von Nowgorod, vorgenommen, aber ein Dolmetscher übersetzte die wichtigsten Teile ins Lateinische, damit der Bräutigam sie verstand. Während der Feierlichkeiten spielte ein Orchester, die Kanonen donnerten. Man trank an der Tafel der Damen ebensoviel wie bei den Herren. Wie zur Zeit Peters sprangen ein Zwerg und eine Zwergin aus zwei riesigen Pasteten. Aber diesmal waren sie angekleidet, er als Kurier und sie als Hirtin.

Die neue Kaiserin vergaß die Familie, aus der sie stammte, nicht. Sie ließ jene Brüder und Schwestern aus der Provinz kommen, die Peter alle durch Zuwendungen ferngehalten hatte. Diese livländischen Bauern erschienen prächtig gekleidet mit blendenden Namen und Grafentiteln in St. Petersburg: Graf Simon Hendrikow, Graf Michail Efimowski und so fort...

Man rief die unter der früheren Regierung in Ungnade gefallenen Höflinge aus dem Exil zurück, insgesamt mehr als zweihundert. Schafirow, der wunderbar Begnadigte, erschien wieder feist und lächelnd, bereit zu neuen Intrigen. Die Feste folgten in schwindelerregendem Tempo aufeinander mit Artilleriesalven, Feuerwerken und Unterhaltungen aller Art. Die Vertrauten der Kaiserin erklärten Berkholz, der sich über die Schießpulververschwendung wunderte, daß seine Herstellung in Rußland weniger koste als irgendwo sonst.

Eine vorübergehende Enttäuschung war es für Katharina I., daß im August 1725, sechseinhalb Monate nach dem Tode Peters, ihrer Tochter Elisabeth, die Ludwig XV. als Braut versprochen war – Gott weiß warum? –, die höchst bescheidene Maria Leszczynska, Tochter des entthronten Königs von Polen, vorgezogen worden war. Das Kabinett zu Versailles, wahrhaft unverbesserlich, ignorierte weiterhin die Macht Rußlands. Es würde dies noch bereuen, schwor die verletzte Mutter. Und so trat sie dem Lager der Feinde Frankreichs bei und unterzeichnete am 6. August 1726 ein Bündnis mit Österreich.

Die Regierungsgeschäfte legte Katharina, weise an ihrer eigenen politischen Kompetenz zweifelnd, in die Hände ihres früheren Geliebten Menschikow. Nachdem ihn der Bannstrahl des verstorbenen Zaren lange belastet hatte, fand sich der Günstling nun plötzlich wieder in höchster Gunst. Er war an der Seite einer alternden Frau, die nur an ihr Vergnügen dachte, der wirkliche Herr Rußlands. Von ihm geleitet, ernannte sie einen »Hohen Geheimen Rat« mit sechs Mitgliedern, dessen Oberhaupt er war und dem außer ihm noch Apraxin, Golowkin, Tolstoi, Golizyn und Ostermann angehörten. Unter praktischer Ausschaltung des Senats führte diese neue Körperschaft die Staatsangelegenheiten. Sie gab einige umsichtige Gesetze heraus, milderte das Los der Altgläubigen und begründete die Akademie der Wissenschaften, die Peter geplant hatte.

Die Staatsführung unter Menschikow, die sich als schlaff und ziellos erwies, ließ bereits bald manche Leute mit Sehnsucht an die energische Regierung des Zaren zurückdenken. Allmählich heilten die Wunden, die Peter seinem Volk geschlagen hatte, und die wesentlichen Linien seiner Politik erschienen im Licht der Unvergänglichkeit. Man vergaß seine Untaten und erinnerte sich seiner Siege. Sogar jene, die ihn zu Lebzeiten bekämpft hatten, ermaßen den Verlust, den sie durch seinen Tod erlitten hatten. »Im Grab trauerte man ihm so sehr nach, wie man ihn auf dem Thron gefürchtet hatte«, versicherte Campredon. Und: »Dieser große Herrscher hat Wunder vollbracht, und wenn er auch seine Untertanen innerlich nicht verändert hat, so bemerkt man doch wenigstens äußerlich eine beachtliche Wandlung. Alle, die Rußland vor dreißig Jahren gekannt haben und sehen, was heute dort vorgeht, werden zugeben müssen, daß es eines so mutigen, aufgeklärten und arbeitsamen Monarchen bedurfte, um einen so glücklichen und allgemeinen Umschwung zu erreichen.«

Tatsächlich hatte Peter mit grausamer Hartnäckigkeit stets das Glück der Russen dem Ruhm Rußlands geopfert. Mit der Umgestaltung seines Vaterlandes wollte er Europa auf dem Weg des Fortschritts einholen, ja sogar überholen. Zum Vorbild hatte er sich nicht das verfeinerte, nörgelnde, katholische Frankreich genommen, sondern die rauhen, aktiven, protestantischen Fürstentümer Deutschlands. Diese Vorliebe hatte ihn nicht daran gehindert, im tiefsten Herzen ein Russe zu bleiben.

Und das erkannten seine Zeitgenossen schon bald nach seinem Tod. Sie hatten den Eindruck, mehr als dreißig Jahre unter der Herrschaft eines außergewöhnlichen Mannes gelebt zu haben, der mit übermenschlicher Intelligenz und Macht begabt und unvergleichlich in seinen Fähigkeiten wie in seinen Fehlern gewesen war. Er war ein kulturhungriger Barbar, ein heiterer, aber immer zu mörderischer Wut fähiger Gefährte, ein von der Arbeit besessener, ein militärischer, aber auch an ziviler Verwaltung interessierter Führer, ein Henker, ein Tyrann, der abwechselnd Zuckerbrot und Peitsche einsetzte, ein Herrscher, der bald Triumphbögen zu seinem Ruhm errichten ließ, bald sich selbst verspottete, ein tiefgläubiger orthodoxer Christ und ein Veranstalter blasphemischer Zeremonien. So vereinigte er alle Widersprüche in seiner Person und ließ sich mit völliger Unbekümmertheit zu allen Ausschweifungen hinreißen.

Konnte man diesen von Instinkten überkochenden Giganten an gängigen Moralbegriffen messen? Hätte er es geschafft, Rußland aus seiner Erstarrung zu reißen, wenn er nicht wie ein Sturmwind darüber hinweg gebraust wäre? Nach seinem Verschwinden fürchteten die Einsichtigen einen Rückfall des Landes in die Anarchie. Die Staatsangelegenheiten waren nun den Launen der Großen und der Gunst der Garde ausgeliefert. Das Senatspalais war ein Schiff in Seenot, auf dem alle außer dem Kapitän kommandierten. Die Hauptsorge des Hohen Geheimen Rates war – bereits! – die Nachfolge Katharinas. Tatsächlich litt die Kaiserin nach ein paar Monaten ausschweifenden Lebens an so häufigen Herzstörungen, daß sie selbst ihr baldiges Ende voraussah. Sie wollte testamentarisch ihre Tocher Elisabeth zur Zarin proklamieren. Die öffentliche Meinung begünstigte jedoch die Thronfolge durch den Enkel des verstorbenen Kaisers, den Zarewitsch Peter. Mit der ihm eigenen Raffinesse schlug Ostermann daher vor, sich dieser Gegenstimmen dadurch zu versichern, daß man den zwölfjährigen Jungen mit seiner bereits siebzehnjährigen Tante Elisabeth verheiratete. Diese Lösung mißfiel der jungen Elisabeth nicht, aber Menschikow lehnte sie schließlich ab und setzte Peter als einzigen Thronerben durch. Der »Durchlauchtigste Fürst« hatte die Absicht, seine eigene Tochter Maria mit dem Burschen zu vermählen und so als Schwiegervater des Zaren mächtiger zu werden als je zuvor. Er umgarnte Katharina und entlockte ihr die Einwilligung, als sie schon nicht mehr ganz bei Verstand war. Nachdem sie sich zwei Jahre lang in ihrer Rolle als Herrscherin vergnügt hatte, erlag sie am 17. Mai 1727 einem hitzigen Fieber.

Während ihrer Regierung hatte sie Eudoxia, die erste Frau Peters des Großen, aus dem Kloster holen lassen, um sie nach Schlüsselburg in eine dreckige, kleine, von Ratten bevölkerte Zelle zu sperren. Die Gefangene war krank und hatte nur eine alte Zwergin, die sie pflegte und ihre Wäsche wusch. Sie erwartete, in dieser Schmutzhöhle zu sterben, als plötzlich der Riegel knirschte, die Tür sich öffnete, kostbar gekleidete Menschen sich vor ihr verbeugten und sie aufforderten, ihnen zu folgen. Verblüfft erfuhr sie, daß die Kaiserin Katharina I. gestorben und der neue Kaiser, der den Namen Peter II. trug, ihr Enkelsohn war. Übergangslos trat sie aus dem finsteren Gefängnis in das strahlende Licht der Paläste. Von außergewöhnlicher Achtung umgeben, mit allen Vorrechten vor den anderen Fürstinnen, begab sie sich nach Moskau und wohnte dem Festakt bei, in dem der junge Herrscher, der Sohn des »Märtyrers« Alexej, gesalbt wurde. Aber dieser Umschwung des Schicksals kam zu spät für sie. Das Gepränge bei Hof ermüdete sie. Sie kehrte freiwillig in ein Kloster in Moskau zurück, um dort im September 1731 ihre Tage in Stille, Gebet und Erinnerungen zu beschließen.

Nach der Krönung Peters II. kannte Menschikow keine Hemmungen mehr. Mit äußerstem Hochmut beherrschte er den Hohen Geheimen Rat, teilte Lob und Tadel nach Gutdünken aus, verkündete offiziell die Verlobung seiner Tochter mit dem Herrscher und ließ sich den Titel Generalissimus verleihen. Seine zügellose Arroganz vergrämte allmählich auch seine treuesten Parteigänger. Alexej Dolgoruki, der inzwischen selbst im Hohen Geheimen Rat saß, bereitete heimlich den Sturz des Ehrgeizigen vor. Er gewann die Freundschaft des jungen Zaren Peter II. und hetzte ihn gegen diesen vermessenen Mann auf, der sich anmaßte, an seiner Stelle über das Land zu regieren. Er erreichte, daß Menschikow festgenommen, verurteilt, seiner Titel verlustig erklärt, seiner unermeßlichen Reichtümer beraubt und mit seiner Frau, seinem Sohn und seinen beiden Töchtern, darunter Maria, der Verlobten des Herrschers, nach Sibirien verbannt wurde.

Als nun Dolgoruki Peters II. Vertrauensmann geworden war, bot er ihm nach dem Beispiel seines Vorgängers seine dreizehnjährige Tochter Katharina als Braut an. Der Klan der Traditionalisten triumphierte. Umgeben von Mitgliedern der alten Aristokratie, träumte der junge Zar davon, seine Untertanen miteinander auszusöhnen, sowohl jene, die für die Reform, wie jene, die für die alten Bräuche waren. Moskau sollte wieder die Hauptstadt des Reiches werden, und St. Petersburg würde ein Handelshafen bleiben. Wollte Peter II. bewußt das Gegenteil dessen, was sein gefürchteter Großvater geplant hatte? War seine Bewunderung für Peter den Großen weniger stark als der Haß gegen ihn, der seinen Vater unter der Folter hatte sterben lassen? War er ein zweiter Alexej, ein Träger der Hoffnungen des alten Rußlands? Manche glaubten das. Aber er war so jung! Unter dem Einfluß Dolgorukis erlosch sein Interesse an der Regierung rasch, und sein Sinn richtete sich nur noch auf die Freuden der Jagd und der Tafel. Am 15. Mai 1728 verlor er seine Tante Anna, die ältere Tochter Peters des Großen, die den Herzog Friedrich Karl von Holstein-Gottorp geheiratet hatte.

Inzwischen war der Hof nach Moskau verlegt worden. Katharina Dolgoruki wurde am 10. Dezember 1729 zur »Verlobten des Herrschers« erklärt. Aber kurz darauf erkrankte Peter an den Blattern. Er starb am 9. Februar 1730 im Alter von vierzehn Jahren, an dem Tag, der zur Feier seiner Hochzeit bestimmt war.

Wem sollte nun die Krone zufallen? Wieder handelte der Hohe Geheime Rat. Die männliche Linie des gewaltigen Reformators war erloschen. Anna, der Tochter des schwachsinnigen Iwan, folgte ihr zweijähriger Großneffe Iwan VI. auf den Thron; seine Mutter Anna Leopoldowna von Braunschweig-Lüneburg-Bevern war die Regentin. Ihm folgte Peters jüngere Tochter Elisabeth und ihr der bedauernswerte Peter III. aus dem Hause Holstein-Gottorp, der bereits nach einer Regierungszeit von sechs Monaten bei einer Revolte ums Leben kam. Erst seine Frau, die bis dahin unbekannte deutsche Prinzessin Sophie Auguste von Anhalt-Zerbst, die 1762 als Katharina II. zur Alleinherrschaft gelangte, setzte das grandiose Werk Peters des Großen fort.

Anhang

Anmerkungen

1. Kapitel

[1] *Mémoires* des Fürsten Peter Dolgoruki (Genf 1867). Die Frage der Abstammung Peters des Großen ist nie geklärt worden. Sicher ist nur, daß er als Erwachsener mehr als zwei Meter groß war wie auch der Patriarch Nikone, daß er die Willenskraft und Intelligenz von Strechnew besaß, daß er weder in physischer noch moralischer Hinsicht Zar Alexej Michailowitsch ähnelte und daß die Zarin, nach Aussage von Zeitgenossen, zahlreiche Liebhaber hatte. Aber das sind keine ausreichenden Beweise. Schließlich wäre Peter der Große nicht die erste geniale Persönlichkeit, die von einem kraftlosen Vater abstammt.

[2] Die Zarin ist die Frau des Zaren, der Zarewitsch sein Sohn, die Zarewna seine Tochter oder seine Schwester. Sophie, Tochter des Zaren Alexej I., war Zarewna.

[3] La Neville: *Relation curieuse et nouvelle de la Moscovie,* La Haye 1699.

[4] Im Russischen bedeutet *Strelets* ursprünglich Bogenschütze.

[5] Im Altrussischen waren ›rot‹ und ›schön‹ Synonyme. Man könnte daher auch von der ›Roten Treppe‹ oder der ›Schönen Treppe‹, vom ›Roten Platz‹ oder vom ›Schönen Platz‹ sprechen.

[6] V. Klutchewski: *Pierre le Grand et son œuvre.*

2. Kapitel

[1] Constantin de Grunwald: *La Russie de Pierre le Grand.*
[2] Ustrialow: *Histoire du Règne de Pierre le Grand.*
[3] Ebda.
[4] Eine Werst entspricht etwa einem Kilometer.
[5] Die Saporoger waren die Kosaken der Ukraine.
[6] Hetman: der gewählte Führer der Kosaken.
[7] Avril: *Voyage en Divers Etats d'Europe et d'Asie.*

3. Kapitel

[1] Die Einwohner von Moskau hatten den ersten deutschen Bewohnern der Ortschaft den Beinamen *niemtsy* gegeben; *niemets* war von *niémoi* abgeleitet, der Stumme, derjenige, der die Landessprache nicht beherrscht, der Fremde.
[2] Constantin de Grunwald: *La Russie de Pierre le Grand.*

4. Kapitel

[1] Henry Vallotton: *Pierre le Grand.*
[2] Brief des Kapitän Sénébiew aus Moskau mit dem Datum des 22. September 1693.
[3] Waliszewski: *Pierre le Grand.*
[4] Ein Wortspiel: *chmelnoï* ist das russische Wort für betrunken.
[5] Enthalten in der Korrespondenz von Lefort. Zitiert in: Henry Vallotton: *Pierre le Grand.*
[6] Villebois: *Mémoires Secrets pour Servir à l'Histoire de la Cour de Russie.*
[7] Constantin de Grunwald: *La Russie de Pierre le Grand.*
[8] Villebois: *Mémoires Secrets pour Servir à l'Histoire de la Cour de Russie.*

5. Kapitel

[1] Anspielung auf die Manöver von Koschuchow.
[2] Zweifellos hatte er beabsichtigt, auf deutsch *Mein Herr König* zu schreiben.

6. Kapitel

[1] Henry Vallotton: *Pierre le Grand.*
[2] Henry Vallotton: *Pierre le Grand.*
[3] Der spätere König von Preußen, Friedrich I.
[4] Friedrich August von Sachsen war ein Sohn von Johann Sobieski.
[5] Waliszewski: *Pierre le Grand.* Einzelheiten des Zusammentreffens in *Correspondance des deux Princesses avec Fuchs.*
[6] Dieses Häuschen existiert noch. Es ist jetzt durch Ziegelsteinmauern abgestützt und für die Öffentlichkeit freigegeben. Zu den wichtigsten Besuchern gehörten Großherzog Paul von Rußland, Joseph II., Gustav III., Alexander I., Napoleon und seine Gemahlin Marie-Louise, Alexander II. und der Dichter Joukowski.
[7] Zitiert bei Waliszewski: *Pierre le Grand.*
[8] Brief von Jacques Lefort. In Henry Vallotton: *Pierre le Grand.*
[9] Nartow. Zitiert von Waliszewski.
[10] Das Porträt hängt jetzt im Kensington Palace.

7. Kapitel

[1] Constantin de Grunwald: *La Russie de Pierre le Grand.*
[2] Manche Biographen Peters I. haben Anstoß daran genommen, daß der Zar eigenhändig mehrere Verurteilte geköpft haben soll, und behaupten, die Berichte der Zeitgenossen be-

ruhten nur auf Hörensagen, und man müsse sie ablehnen, da sie das Bild dieses großen Mannes trüben. Aber Peters heftiger, rachsüchtiger und maßloser Charakter macht eine direkte Beteiligung an der Hinrichtung durchaus wahrscheinlich.

3 Brief von Pierre Lefort, zitiert bei Henry Vallotton: *Pierre le Grand.*

4 Ustrialow: *Histoire du Règne de Pierre le Grand.*

5 Der Zeitunterschied beträgt 12 Tage im 19. Jahrhundert und 13 Tage im 20. Jahrhundert. Die Differenz zwischen der alten und der neuen Zeitrechnung wurde am 18. Februar 1918 von der Regierung der UdSSR aufgehoben.

6 Henry Vallotton: *Pierre le Grand.*

7 Ebda.

8 Waliszewski: *Pierre le Grand.*

9 1711 wird Anna Mons Witwe; sie hat noch eine Affäre mit einem schwedischen Offizier namens Miller und stirbt dann einige Jahre später. Zitate nach Waliszewski: *Pierre le Grand.*

10 Miliukow, Seignobos und Eisenmann: *Histoire de Russie.*

8. Kapitel

1 Depesche vom 19. August 1699.

2 Henry Vallotton: *Pierre le Grand.*

3 Waliszewski: *Pierre le Grand.*

4 Waliszewski: *Pierre le Grand.*

5 Ustrialow: *Histoire du Règne de Pierre le Grand.*

6 Constantin de Grunwald: *Pierre le Grand.*

7 Henry Vallotton: *Pierre le Grand.*

8 Henry Vallotton: *Pierre le Grand.*

9. Kapitel

[1] Dieser Ausdruck stammt ursprünglich von Puschkin und wurde von Graf Francesco Algarotti in seinen *Lettres sur la Russie* (1769) aufgenommen (vgl. Henry Vallotton).
[2] Constantin de Grunwald: *La Russie de Pierre le Grand.*
[3] 1721 begann er mit dem Bau des Schlosses von Sarakoje, im folgenden Tsarskoje-Selo genannt.

10. Kapitel

[1] Von diesen fünf Kindern waren drei schon früh wieder gestorben.
[2] *Journal* Peters des Großen.
[3] Henry Vallotton: *Pierre le Grand.*
[4] Waliszewski: *Pierre le Grand.*
[5] Waliszewski: *Pierre le Grand.*
[6] Waliszewski: *Pierre le Grand.*
[7] Brief an Chauvelain vom 3. Oktober 1760, zitiert bei Waliszewski.
[8] *Mémoires* des Marschalls de Tessé.
[9] Henry Vallotton: *Pierre le Grand.*

11. Kapitel

[1] Nach den *Notizen* von Huyssen, zitiert von Ustrialow.
[2] Henry Vallotton: *Pierre le Grand.*
[3] Brief vom 14. Oktober 1711.
[4] Nathalie starb 1728.
[5] Das Gerücht, sie sei damals gar nicht in St. Petersburg gestorben, sondern nach Louisiana geflohen und nach einer neuerlichen und glücklichen Heirat in hohem Alter in Brüssel gestorben, ist eine durch alle Dokumente widerlegte Legende.

[6] Im Text unterstrichen.
[7] Goltsew: *Les Mœurs au XVIIIe siècle.*
[8] Erklärung des Zarewitsch vor der Untersuchungskommission am 8. Februar 1718.
[9] Ebda.
[10] Ebda.
[11] Ebda.
[12] Nach den Notizen des Vizekanzlers Schönborn, die später von Ustrialow in seinen Dokumenten über die Herrschaft Peters des Großen veröffentlicht wurden.
[13] Von Peter selbst unterstrichen.
[14] Den Sohn des Zaren und der Zarin Katharina.
[15] Henry Vallotton: *Pierre le Grand.*
[16] Waliszewski: *Pierre le Grand.*
[17] Vom Schicksal des Kindes ist nichts bekannt. Es wurde der Mutter offenbar sofort nach der Geburt genommen.
[18] Henry Vallotton: *Pierre le Grand.* Voltaire sollte zu diesem Thema schreiben: »Angesichts dieser Katastrophe erbebten die empfindlichen Seelen, während die strengen sie billigten.«

12. Kapitel

[1] *Journal* von Berkholz.
[2] *Erinnerungen* der Markgräfin von Bayreuth.
[3] Titel einer Erzählung Puschkins, die seinem Urgroßvater gewidmet war.
[4] Fürst Golizyn: *Erinnerungen.*
[5] Scherer.
[6] Berkholz: *Journal.*
[7] Weber: *Correspondance.*
[8] Bericht von Korb.
[9] Waliszewski: *Pierre le Grand.*
[10] Berkholz: *Journal.*

[11] Golizyn: *La Russie au XVIIIe siècle.*
[12] Henry Vallotton: *Pierre le Grand.*
[13] Nach seinem Tode ließ Peter Bourgeois ausstopfen. Noch im Jahre 1800 thronte er in Peters Raritätenkabinett.
[14] Der Beutel mit extrahierten Zähnen wird noch immer in Leningrad getreulich aufgehoben.
[15] Waliszewski: *Pierre le Grand.*
[16] Ebda.
[17] Henry Valloton: *Pierre le Grand.*
[18] Ebda.
[19] Waliszewski: *Pierre le Grand.*
[20] Pöllnitz: *Memoiren.*
[21] Bassëwitsch.

13. Kapitel

[1] André Jatsëwitsch: *Le Saint Pétersbourg du servage.*
[2] Constantin de Grunwald: *La Russie de Pierre le Grand.*
[3] Constantin de Grunwald: *op. cit.* und Waliszewski: *Pierre le Grand.*
[4] Diese Dame sollte später aus Rußland verbannt werden, da ihr ehemaliger Zögling – nun Kaiserin Elisabeth – ihr unziemlichen Lebenswandel vorwarf.
[5] Bericht vom 10. März 1721.

14. Kapitel

[1] Semewki: *Slovo i diélo.*
[2] Brief Katherinas vom 19. April 1717.
[3] Brief Peters vom 26. Juni 1724.
[4] Peter hat tatsächlich kein Testament hinterlassen. Der Text, der am Anfang des 19. Jahrhunderts auftauchte, hat keinen historischen Wert. Darin ist nicht von der Thronfolge die

Rede, sondern von einer russischen Eroberung Europas. Niemand hat das Original jemals gesehen. Allem Anschein nach handelt es sich um ein gefälschtes Dokument, erfunden von Pariser Publizisten, die Napoleons Kriegserklärung gegen Rußland (1811) rechtfertigen wollten.

Bibliographie

Die widersprüchliche Gestalt Peters des Großen hat nach seinem Tod in Rußland wie im Ausland zu ganz unterschiedlichen Wertungen geführt. Die Enzyklopädisten waren zunächst geneigt, ihn als den Mann zu feiern, der den Geist seines Volkes dem aufklärerischen, fortschrittlichen Denken öffnete und die Vorherrschaft der Kirche in Rußland wirkungsvoll bekämpfte. »Peter I. hat Rußland gemacht«, schrieb Voltaire, »vor ihm existierte es nicht.« Aber Jean Jacques Rousseau klagte ihn an, die russische Seele verraten zu haben, als er sie nach dem europäischen Vorbild zu formen versuchte. Joseph de Maistre ging noch weiter und sah in dem Monarchen »den Mörder seiner Nation«. Bald nach seinem Tode wurde Peter in Frankreich, England, Deutschland als eine Art Monstrum betrachtet, das »die Natur des Menschen vergewaltigt hatte«.

In Rußland gehörte es ein Jahrhundert lang geradezu zum guten Ton, Peter als ein Genie ohne Makel zu betrachten. »Er ist dein Gott, er war dein Gott, Rußland!« rief der Dichter und Gelehrte Lomonossow aus. Aber am Beginn des 19. Jahrhunderts, als das Nationalgefühl in Rußland erwachte, warfen zahlreiche Intellektuelle dem Reformator vor, den tiefen Sinn der alten Moskowiter Sitten verkannt zu haben. Ein tiefer ideologischer Konflikt entzweite die Slawophilen, die die russischen Traditionen aufrechterhalten wollten, und die Okzidentalisten, die Peter den Großen als den Herrscher feierten, der seine Untertanen aus ihrer Apathie gerissen hatte. 1860 schrieb Aksakow: »Er hat Rußland und seine Vergangenheit verkannt, deshalb ist sein Werk verdammt.« Der große Historiker Karamzin seinerseits behauptete: »Wir sind Weltbürger geworden, aber in gewisser Hinsicht haben wir aufgehört, Bürger Rußlands zu sein. Die Schuld dafür liegt bei Peter I.« Eine neue Einschätzung des Zaren ging von den Liberalen aus. Schon Bjelinski hob das Genie des Gründers von St. Petersburg hervor und schlug vor, ihm an allen Wegkreuzungen des Reiches Altäre zu errichten. Tschaadajew meinte, daß Rußland ohne die Reformen Peters »zu einer Provinz Schwedens geworden wäre«, und Herzen selbst feierte ihn aus dem Exil als »gekrönten Revolutionär, den wahren Repräsentanten jenes revolutionären Prinzips, das in der Seele des russischen Volkes lebt«.

In der UdSSR ist die offizielle Einschätzung Peters vorsichtiger. Marx und Engels haben die Bedeutung von Peter als Staatsführer anerkannt. Lenin und Stalin haben seine Maßnahmen »progressiv« genannt, während sie ihn gleichzeitig anklagten, die Massen der Arbeiterschaft verachtet zu haben. In ihrem Gefolge erweisen die sowjetischen Historiker heute Peters politischem Werk alle Achtung, werfen ihm aber auch vor, die Knechtschaft des russischen Volkes verschärft zu haben. Für sie verdient Peter ebenso wie für seine Zeitgenossen das Attribut »der Große«.

Die Veröffentlichungen, die Peter dem Großen gelten, sind unzählbar. In meiner Bibliographie sind die wichtigsten jener Werke enthalten, die ich konsultiert habe.

I Quellen

Briefe und Dokumente des Zaren Peter des Großen (russisch), 5 Bde., St. Petersburg, 1887.

Briefwechsel Peters I. mit Katharina (russisch), Moskau, 1861.

Journal de Pierre le Grand, depuis l'année 1698 jusqu'à la paix de Nystad, 2 Bde., London, 1773.

Archives du ministère des Affaires étrangères à Paris. Correspondance politique de Russie, Bd. 1 bis 18 c. sowie Anhang 1 bis 3.

Recueil des instructions données aux ambassadeurs et ministres de

France, Bd. 8, Rußland (Einführung von Rambaud), F. Alcan, 1890.

Correspondance diplomatique des représentants étrangers à la cour de Pierre le Grand, veröffentlicht in *Recueils de la Societé impériale d'histoire de Russie.*

Correspondance secrète de Louis XV, 2 Bde., Plon, Paris, 1866.

Berichte und Beschlüsse des Senats während der Herrschaft Peters des Großen (russisch), 6 Bde.

Avril, R. P. Philippe: *Voyage en divers Etats d'Europe et d'Asie*, Barbin, Paris, 1692.

Berkholz: *Journal* (russisch), 4 Bde.

Bogoslowski, M.: *Peter der Große* (russisch), 5 Bde., Moskau, 1946.

Golizyn, Augustin: *La Russie au XVIIIe siècle, Mémoires inédits*, Paris, 1863.

Gordon, Patrick: *Journal* (russisch), veröffentlicht von Brückner, St. Petersburg, 1878.

Jeliaboujski, Ivan: *Memoiren*, 1682 – 1709 (russisch), St. Petersburg, 1840.

Juel, Juest: *Journal* (1709–1711), (russisch), Moskau, 1899.

Korb, J. G.: *Journal du voyage en Moscovie*, Paris, 1859 – *Récit de la sanglante révolte des Strélitz en Moscovie*, Paris, 1859.

Kurakin, Fürst: *Archive*, Bd. 1 (russisch), St. Petersburg, 1890.

Lamberty: *Mémoires pour servir à l'histoire du XVIIIe siècle*, 14 Bde.

Leibniz: *Recueil de Lettres et de Mémoires*, St. Petersburg, 1873.

Manstein: *Mémoires historiques, politiques et militaires sur la Russie*, Lyon, 1772.

Markgräfin von Bayreuth, Friederike Sophie Wilhelmine: *Mémoires*, Mercure de France, Paris, 1967.

Matweiew, Krekschin, Jeliaboujski: *Memoiren* (russisch), St. Petersburg, 1841.

Moreau de Brasey, Jean-Nicole: *Mémoires politiques . . . d'un brigadier des armées de Sa Majesté czarienne*, 3 Bde., Paris, 1735.

Nachtschokin: *Memoiren, 1707–1759* (russisch), St. Petersburg, 1893.
Nartow: *Berichte über Peter den Großen* (russisch), St. Petersburg, 1891.
Neuville, de La: *Relation curieuse et nouvelle de Moscovie,* Den Haag, 1699.
Perry, John: *Etat présent de la Grande Russie,* Den Haag, 1717.
Pleyer, Othon: *Le Gouvernement de la Moscovie en 1710.*
Saint-Simon, Herzog von: *Mémoires.*
Villebois, de: *Mémoires secrets pour servir à l'Histoire de la Cour de Russie,* Dentu, Paris, 1853.
Vockerodt, Johann: *Rußland unter Peter dem Großen,* 1737.
Weber: *Nouveaux Mémoires sur l'état présent de la Grande Russie ou Moscovie,* 2 Bde., Paris, 1725.

II Werke über Peter I. und seine Zeit

Akademie der Wissenschaften der UdSSR: Peter der Große, Sammlung der Studien unter der Leitung von A. Andrejew (russisch), Moskau–Leningrad, 1947.
Alexandrow, Victor: *Les Mystères du Kremlin,* Fayard, 1960.
Baschutski, A.: *Panorama von St. Petersburg* (russisch), St. Petersburg, 1834.
Basseville, de: *Récit historique sur la vie et les exploits de François Lefort,* Lausanne, 1786.
Body, Albin: *Pierre le Grand aux eaux de Spa,* Brüssel, 1872.
Bogoslowski, M.: *Peter I.* (russisch), 6 Bde., Moskau, 1946.
– *Die russische Gesellschaft und die Wissenschaften unter Peter dem Großen* (russisch), Moskau, 1925.
Brantisch-Kamenski: *Illustration de la Russie ou Galerie des personnages les plus remarquables,* Paris, 1829.
Brian-Schaninow, N.: *Histoire de Russie,* Paris, Fayard, 1929.
Brückner: *Geschichte Peter des Großen* (russisch), St. Petersburg, 1882.

Cabanès: *Fous couronnés,* Albin Michel, Paris.
Cartier, Raymond: *Pierre le Grand,* Hachette, Paris, 1963.
Funk u. Nazarewski: *Histoire des Romanow,* 1613–1913, Payot, Paris, 1930.
– *Große sowjetische Enzyklopädie,* Artikel über Peter den Großen (russisch), Moskau, 1955.
Grekow, B.: *Les Paysans en Russie des origines jusqu'au XVIIIe siècle,* Moskau-Leningrad, 1940.
Grunwald, Constantin de: *La Russie de Pierre le Grand,* Hachette, Paris, 1933.
– *Trois Siècles de diplomatie russe,* Calmann-Levy, Paris, 1945.
Guichen, de: *Histoire d'Eudoxie Feodorowna, première épouse de Pierre le Grand,* Leipzig, 1861.
Haumant, Emile: *La Russie au XVIIIe siècle,* Paris.
Hubert, Jean: *Le czar Pierre le Grand à Charleville* (in: »Mèlange d'histoire ardennaise«), Charleville, 1876.
Ikonnikow: *Die russische Frau vor und nach den Reformen von Peter dem Großen,* Kiew, 1874.
– *Neue Materialien für eine Geschichte Peter des Großen* (russisch), 1887.
Jatsevitsch, André: *Das St. Petersburg der Knechtschaft* (russisch), Leningrad, 1937.
Karamzin, M.: *Histoire de la Russie,* 11 Bde., Paris, 1819.
Kersten, Kurt: *Pierre le Grand* (aus dem Deutschen übersetzt), Albin Michel, Paris, 1939.
Klutschewski, V.: *Pierre le Grand et son œuvre,* Payot, Paris, 1953.
Kowalewski, Pierre: *Manuel d'histoire russe,* Payot, Paris, 1948.
– *Histoire de la diplomatie,* 3 Bde., Médicis, Paris, 1946–1947.
Krakowski, Hg.: *Histoire de Russie,* Deux-Rives, Paris, 1954.
Labry, Raoul: *Pierre le Grand* (in: »Les grandes figures«), Larousse, Paris.
Lamartine, A. de: *Pierre le Grand* (»Civilisateurs et conquérants«), Lacroix, Paris, 1865.
Leningrad, enzyklopädischer Führer (russisch), 1959.

Leroy-Beaulieu, A.: *L'Empire des tsars et les Russes,* 3 Bde., Hachette, Paris, 1883.
Lortholary, A.: *Le Mirage russe en France au XVIIIe siècle,* Boivin, Paris, 1951.
Louppow: *Die Erbauung von St. Petersburg* (russisch), 1957.
Maikow, V. V.: *Agissements et amusements de l'empereur Pierre le Grand* (in: »Les monuments des annales anciennes«), 1895.
Mérimée, Prosper: *Histoire du règne de Pierre le Grand,* Plon, Paris, 1929.
Miakotin: *Geschichte der russischen Gesellschaft* (russisch), 1902.
Miliukow, Seignobos u. Eisenmann: *Histoire de Russie,* Librairie Ernest Leroux, Paris, 1932.
Muravieff, Boris: *Le Testament de Pierre le Grand,* La Baconnière, Neuchâtel, 1949.
Nowik u. Llona: *Pierre le Grand,* Plon, Paris, 1933.
Nougaret: *Beautés de l'Histoire de Russie,* Paris, 1814.
Oudard, Georges: *La Vie de Pierre le Grand,* Plon, Paris, 1929.
Ustrialow, N.: *Geschichte der Herrschaft Peters des Großen* (russisch), 6 Bde., St. Petersburg, 1859–1863.
Pascal, Pierre: *Histoire de la Russie,* Presses universitaires de France, 1957.
Pingaud, Léonce: *Les Français en Russie et les Russes en France,* Paris, 1889.
Pirenne, Jacques: *Les Grands Courants de l'histoire universelle,* 7 Bde., La Baconnière, Neuchâtel.
Platonow, S.: *Histoire de la Russie,* Payot, Paris, 1929.
Portal, Roger: *Pierre le Grand,* Club français du livre, Paris, 1969.
Rambaud, Alfred: *Histoire de Russie,* Hachette, Paris, 1879.
Réau, Louis: *Pierre le Grand,* Hachette, Paris, 1960.
– *L'Art russe de Pierre le Grand à nos jours,* Paris, 1922.
Reynold, Gonzague de: *Le Monde russe,* Paris, 1950.
Saint-Pierre, Michel de: *Le Drame des Romanov,* Robert Laffont, Paris, 1967.

Schakowskoy, Zinaida: *La Vie quotidienne à Moscou au XVIIe siècle,* Hachette, Paris, 1963.
Schmourlo, E.: *Peter der Große in der Einschätzung seiner Zeitgenossen und der Nachwelt* (russisch), St. Petersburg, 1912.
Ségur, de: *Histoire de Russie et de Pierre le Grand,* 2 Bde., 1829.
Semewski, M. J.: *Die Zarin Katharina Alexejewna, Anna und William Mons* (russisch), St. Petersburg, 1884.
– *Slovo i diélo* (russisch), St. Petersburg, 1884.
Soloviow, Serge: *Conférences publiques sur Pierre le Grand,* Moskau, 1872.
Staehlin, M. de: *Anecdotes originales de Pierre le Grand,* Straßburg, 1787.
Stolpianski: *Wie St. Petersburg gegründet wurde und wie es sich erweiterte* (russisch), 1918.
Tschebalski: *Die Regentschaft der Zarewna Sophie* (russisch), Moskau, 1856.
Teil, Joseph du: *Le czar à Dunkerque,* Dunkerque, 1902.
Tolstoi, Alexis: *Pierre le Grand,* Gallimard, Paris, 1929.
Turgeniew, Alexis: *La Cour de Russie, 1725–1783,* Berlin, 1858.
Vallotton, Henry: *Pierre le Grand,* Fayard, Paris, 1958.
– *Sept Souverains de Suède,* Payot, Lausanne, 1950.
Vandal, Albert: *Louis XV et Elisabeth de Russie,* Plon, 1882.
Vernet, Georges: *Pierre le Grand en Hollande et à Zaandam,* Broes, Utrecht, 1863.
Voltaire: *Histoire de l'Empire de Russie sous Pierre le Grand,* Firmin Didot, Paris, 1885.
– *Histoire de Charles XII.*
Waliszewski, K.: *Pierre le Grand,* Plon, Paris, 1887.
– *L'Héritage de Pierre le Grand,* Plon, Paris, 1900.
Weidlé, W.: *La Russie absente et présente,* Paris, 1949.
Zabéline, L.: *Das Privatleben der Zaren und Zarinnen Rußlands im 16. und 17. Jahrhundert* (russisch), Moskau, 1872–1875.

Namens- und Sachregister